U0580199

| 心理学经典译丛 |

STEPS TO AN ECOLOGY OF MIND

◆ Gregory Bateson ◆

心灵生态学导论

[英] 格雷戈里·贝特森　著

殷晓蓉　译

关于作者

格雷戈里·贝特森（1904年5月9日－1980年7月4日），英国人类学家、社会学家、语言学家、视觉人类学家、符号学家、精神病学家和控制论学家。贝特森在其广泛的学术领域探索中，贡献了独特的和先驱性的贡献。他一生的工作涉及多个领域，尤其是人类学、精神病学、传播学以及基于系统论和生态学的认识论的发现。他将系统论和控制论引入社会和行为科学领域，晚年则致力于发展一种认识论的“元科学”，整合系统论的各种早期形式。贝特森代表作包括《心灵与自然》《心灵生态学导论》《纳文》等。

关于本书

本书是著名学者贝特森学术生涯的集大成之作，通过本书的阐述和探索，贝特森不仅回溯和发展了使他最早成名的人类学理论，而且循着问题思考的轨迹，进入心理学、精神病学、遗传学、信息理论和传播学等诸多学科。

贝特森在历史发展和学科汇通的背景下考察人类心灵的本质，认为心灵与人类关系、社会或生态系统以及各种内外通道不可分离。在此意义上，人类心灵是个体与社会、物种，乃至整个世界连接在一起的互动网络。本书体现的世界观、科学观、文化观和对人本身的观点，极具挑战性，为理解当代信息社会提供了深远的启示。

赞誉之辞

20 世纪伟大的著作之一。

——查尔斯·凯尔（Charles Keil）

哲学的深度、概念的严谨和神奇的科学想象是这部珍贵文集的特点，作者是本世纪具有影响的思想家之一。

——卡洛斯·E. 斯卢茨基（Carlos E. Sluzki）

这部文集是其一生工作的回顾与展示……贝特森的职业生涯进入这样一个阶段，不仅带入了其最初所学的人类学，而且进入了精神病学、遗传学和传播理论领域。他考察心灵的本质，不是将心灵视为模糊不清的，或以某种方式被存放于每个人的身体之中，而是将其视为把个体与社会、物种，乃至整个世界连接在一起的彼此作用的网络。

——D. W. 哈丁（D. W. Harding）

贝特森的世界观、科学观、文化观以及对人的看法意义深远，充满挑战。他所做的努力引人入胜……这是一本我们都应该阅读与思考的伟大著作。

——罗杰·基辛（Roger Keesing）

治疗性的工程，成为战后传播思想欢乐的第二个场所。……G. 贝特森一只脚踏着信息论控制信息的激情，另一只脚踏着传播作为治疗手段的精神治疗视野。他是一个重要人物。

——约翰·彼得斯（John Durham Peters）

贝特森是一个真正的跨学科学者，在他的知识兴趣中不存在什么界限。……他最重要的著作《心灵生态学导论》复杂而难读。贝特森论证说，人类心灵不在大脑或身体的其他部位之中，而是外在于身体，在个体与他人的关系之中，因此有了“心灵生态学”这一标题。这个概念强调个体与他人的传播关系的重要性，因此反映了帕洛阿尔托小组的中心论题。

——埃弗雷特·罗杰斯（Everett M. Rogers）

译者序

第二次世界大战之后，美国加州帕洛阿尔托地区活跃着一个团体，其成员围绕个体之间的互动网络或关系模式，从事深入广泛的理论探索与临床工作，并构成了人类关系和交往行为的一个特殊的研究阶段。这个形式松散、主题一致的团体后被称为帕洛阿尔托学派或帕洛阿尔托小组，格雷戈里·贝特森(Gregory Bateson，1904—1980，以下简称 G. 贝特森)是它的开创者、代表人物和精神领袖。

G. 贝特森是英国遗传学先驱 W. 贝特森(William Bateson)之子，也曾是著名人类学者玛格丽特·米德(Margaret Mead)的丈夫——他们合作进行了新几内亚雅特穆尔、印度尼西亚巴厘岛等重要的人类学研究。G. 贝特森本人的学术足迹遍布诸多领域：哲学、人类学、心理学、精神病学、社会学、进化论、信息科学、动物传播和人类传播，等等。他不仅为相关学科做出了重要贡献，而且被公认为“20 世纪最有影响的思想家之一”。G. 贝特森的成果包括《纳文》(*Naven*，1936)、《巴厘人性格：摄影分析》(*Balinese Character*：*A Photo-*

graphic Analysis，与米德合著，1942)、《传播：精神病学的社会矩阵》[*Communication*：*The Social Matrix of Psychiatry*，与于尔根·吕施(Jurgen Ruesch)合著，1951]、《心灵与自然：应然的合一》(*Mind and Nature*：*A Necessary Unity*，1979)，等等。

《心灵生态学导论》(*Steps to an Ecology of Mind*，1972)是 G. 贝特森学术生涯中的一部承前启后的著作，汇集了他几十年来的多方位探索，涵盖了他已发表或未发表的文本精粹，并为此后的研究方向奠定了基础。G. 贝特森关于哲学、科学、文化及与多学科相互勾连的传播理论的探讨，也为当代信息社会提供了意义深远的启示。

一

《心灵生态学导论》除序言和导言之外，包括 6 个部分。第一部分是“元对话”(metalogues)，7 篇论文的写作从 20 世纪 40 年代末延续至 60 年代末，有些未曾发表。这部分可被看作 G. 贝特森思想的起点和基石，其主体不仅是对话者的参与和表达，而且是对话的整体结构对于对话者的表达与思想的关联，也就是对话者之间的关系、对话本身与对话情景之间的关系。就此而言，元对话是 G. 贝特森著名的元传播(metacommunication，即关于传播的传播)概念的表现形式之一。在此，G. 贝特森以他幼年及成长期的女儿玛丽·凯瑟琳·贝特森(Mary Catherine Bateson)为交谈对象，注重思想在相互作用过程中的创造与产生。M. 贝特森后来也成为著名的人类学家，先后任教于哈佛大学、阿默斯特学院和乔治·梅森大学等处。G. 贝特森的元对话引导女儿，或与之共同对若干深奥问题进行原初探索，以避免业已定型或僵化的学术标签的影响。他的定义是："元对话是关于某些有疑问的主题的对话。这种对话应该是这样：不仅参与者讨论问题，而且作为整体的谈话结构也与同一个主题相关。"(Bateson，2000，p. 1)

第二、第三、第四、第五部分大致对应人类学、精神病学、生物进化和遗传学，以及来自系统论和生态学的新认识论四个领域，它们各自也由若干论文组成；而宏观意义的传播理论贯穿于相互作用、从动植物到一般人类和特殊个体的传播过程等重要问题的分析之中，又被称为"互动的传播理论"。以第二部分"人类学的形式与模式"为例，它主要包括"文化接触和分裂生成(schismogenesis)""关于思考可观察的人种学材料的实验""士气和国民性""巴厘：一个稳态的价值系统""原始艺术中的风格、优雅和信息"等论题。这部分虽以人类学为主，但其论述跨度已明显超越了固定的学科界限。G. 贝特森的重点在于形式与模式，并独树一帜地从类比角度进行探求，讨论各学科得以比较和关联的基本条件。也正是在这里，G. 贝特森通过重要概念"分裂生成"的对称与互补分析，提出了"最终联动"的假定，后者标志着思考的转折点，他"开始……有意识地关注语境(context)的质的结构，而不是相互作用的强度。……最终联动现象表明，语境结构本身可以是讯息"。从认识的发展来说，写作《文化接触和分裂生成》(1935)时，G. 贝特森还未清楚地把握语境的重要性；"语境即讯息"的重要观点也未见于《士气和国民性》(1942)的分析中；而当语境概念重新出现在《原始艺术中的风格、优雅和信息》(1967)中时，它“已经发展到能够对应‘冗余’‘模式’‘意义’等相关思想了”。(Bateson，2000，pp. 155-156)显然，这一部分的论述并不限于人类学的特定主题，而是涉及更广泛的研究对象的实例或组成部分，以及重要思想在相关学科中的呼应与发展。

最后一部分讨论“心灵生态学的危机”，它延续第五部分的认识论透视镜，从总体上聚焦人类文明的生态学问题。值得强调的是，在这些组成部分中，交往、关系作为传播过程的基本要素和元理论，借助类型、序列、悖论、显性和隐性、信息及其特性等问题的阐述，始终贯穿或交织其中。贝特森将有机体与环境的相互作用确定为生物进化的生存单位，并认为心灵与其结构——人类关系、社会或生态系统以及各种通道等——不可分离。就此而言，进化生存的单位原来是与心灵的单位相同一的，而“一个健康的人类文明生态学应被限定为以下一些方面：一个与高度人类文明相结合的环境系统，在那里，文明的灵活性将与环境的灵活性相匹配，以创造一个持续发展的复杂系统……”(Bateson，2000，p. 502)。

《心灵生态学导论》基本以时间为线索，体现G. 贝特森学术生涯不同阶段的关注点，它们彼此呼应，逻辑形态上或是递进，或是回归，相互牵连。可以说，截至20世纪60年代末酝酿和写作这一著作时，G. 贝特森对其学术研究的不同线索进行全面思考的条件业已成熟，他开始搭建一个组合平台，而成就一门新科学的目标也清晰地呈现出来。G. 贝特森本人说道：“只是到了1969年年底，我才完全意识到我一直都在做什么。……我发现，在我从事的原始人、精神分裂症、生物对称的工作中，以及在我对传统的进化和学习理论的不满中，我看出了一套非常分散的基准点或参照点，从中可以限定出一片新的科学领域。”(Bateson，2000，p. xxiv)

以时间为线索的著述格式并非少见，尤其是阐述学说史或认识发展的论文集。但《心灵生态学导论》的这一格式又有着与众不同的特点。它本身就是一种语境结构，它所构建的关系使其中的内容得到了限定，它也是作者思想萌芽、积淀、发展之旅的记录，或曰“知识自传”。《心灵生态学导论》的英文书名为“*Steps to an Ecology of Mind*”，直译为“迈向心灵生态学的进程”，这些进程随时间的流逝而逐步展开和明晰，即便是对于作者本人来说也是如此。1999 年，M. 贝特森为其父的这一著作重印本作序，她写道：“多年来，甚至对 G. 贝特森来说都不甚清楚的是：他的那些精心构建和论证的异类文章，即这一标题下的若干‘进程’，都是关于一个主题的，但是，到了开始将这些论文组合成书时，他能够将该主题——也就是 40 年探索的终极目标——的特点归结为‘心灵生态学’。”(M. Bateson，2000，p. viii)在 20 世纪 70 年代初完成此书后尚不足 10 年的学术旅程中，G. 贝特森充满了紧迫感，笔耕不辍，撰写了《心灵与自然：应然的合一》(1979)、《天使的畏惧》(1987，由 M. 贝特森整理、补充)等著作和论文，努力将心灵生态学的思想完善和传播开来。

与论述主题相呼应，《心灵生态学导论》的思想结构也反映了有机生长和发展的模式。“就像一个有机体一样，它被分化为具有不同功能的部分或器官，其中每一个都随时间的发展按照表观遗传学的(epigenetic)顺序出现(或消亡)。”(M. Bateson，

p. xiii)G. 贝特森在认识论框架中阐述了一系列重要的观点：基础性的知识模式见于最早的学术成果之中，随后则是连续的、富有意义的发展变化，以及新的认识对于原有框架及内容的融入、修正和补充。

这一著作中的许多文章是在不同语境下，针对不同领域的研究者而作。例如，第二部分中的《文化接触和分裂生成》，从社会科学研究理事会的一份备忘录中的谬误着手，阐述其如何普遍存在于人类学家之中，因此是必须予以回应和评论的紧迫问题，而评论本身必定伴有贝特森自己关于文化适应、文化接触、文化特质分类等方面的独特论述。《原始艺术中的风格、优雅和信息》是参加 1967 年温纳一格伦原始艺术会议时提交的一篇论文，由几个相对独立的阐述组成，中心是文化和非言语艺术的传播理论。第三部分中的《学习和传播的逻辑类型》写于 1964 年，当时作者在国家心理健康研究所职业发展奖的资助下，任职于传播研究所。在此，G. 贝特森运用英国哲学家罗素的"逻辑类型论"思想，对作为一种传播现象的学习进行分析。第四部分中的《鲸目动物和其他哺乳动物传播中的问题》通过对海豚等哺乳动物的传播研究，试图探讨数字传播(digital communication)、类比传播(analogic communication)及两者之间的关系和不可替代的问题。第五部分中的《形式、实体和差异》是纪念普通语义学创始人科日布斯基(Korzybski)第 19 届年会的演讲。它在信息论、控制论和系统论的语境下，重新思考了科日布斯基的"地图非疆域"的著名论断。简言之，如果说科日布斯基的问题是，无论地图多么精确，都不是疆域本身，就像语言并不是周遭的世界，而是我们观看世界之不可缺少的先导一样；那么，G. 贝特森则从关系和差异的角度提出“什么东西进入了地图?”的重要问题。“事实上，进入地图的是差异，这是海拔的差异，是植被的差异，是人口结构的差异，是地表的差异，或者是无论什么样的差异。差异是进入地图的东西。”(Bateson，2000，p. 457)那么，差异在哪里？又何以生成？G. 贝特森指出，差异不在疆域中，也不在地图中，差异是一个抽象物，是思考和选择的结果。“在其最基本的意义上，语词‘思想’(idea)是‘差异’的同义词。康德在《判断力批判》中主张，最基本的美学行为是对事实的选择——如果我的理解是正确的话。他论证说，在一支粉笔中，存在无限数量的潜在事实。自在之物(即粉笔)绝不可能因为这种无限而进入传播或心理过程。感觉受体不可能接受它，这些受体把它过滤掉了。感觉受体所做的事情是从这支粉笔中选择特定的事实——用现代术语来说，就是信息。”(Bateson，2000，p. 459)按照 G. 贝特森的观点，进而可将康德的思想表达成：围绕着这支粉笔，并在这支粉笔之中，有着无限数量的差异；在粉笔和宇宙的其他部分之间也存在差异。而且在这支粉笔中，对于每一个分子来说，都存在其位置和其可能有的位置间的差异。人们在这一无限中选择一个非常有限的数量，它就是信息。

仅从以上数例中，我们就可以看出 G. 贝特森研究跨度的纵横交错、收放自如，至少在他本人的论述中是如此。由此涉及关于“跨学科”的基本理念和实际运用，这也是理解《心灵生态学导论》主要思想时特别需要重视的问题。贝特森认为，跨学科研究自“第二次世界大战”以来渐成风尚，他剖析了其中的两种意义：“这通常意味着，例如：一个生态学家将需要一个地质学家来告诉他有关其正在研究的特定地块的石头和土壤的知识。但是，关于科学工作可以号称跨学科工作的说法，还有另外一种意义。”(Bateson，2000，p. 153)后者正是贝特森关注的重点，它以特定的关系为中心，而关系则是信息交换过程的产物。正如语言学和(植物)解剖学的共同之处不是说一个名词就应该像一片叶子，甚至不是说叶和茎的关系与名词和动词之间的关系是一样的。“这里首先主张的是：在语法和(植物)解剖学两者之中，各个部分都是根据它们之间的关系来分类的。在这两个领域中，关系总是以某种方式被认为是主要的，关系体则是次要的。除此之外，这里主张的是：那些种类的关系是由信息交换过程所产生的。”(Bateson，2000，p. 154)关系是分类的基础，关系相当程度上要比关系体(relata)更重要；而关系就是信息的交换，或关系是由信息交换所构建的，它就内在于信息交换之中。形式与内容、语境与语境中的发生物、关系与关系体的问题普遍存在于各学科之中，因此它们之间的类比和借鉴才有可能，当人们意识到语法和生物结构等领域都是传播和组织过程的产物时，或当信息技术革命的发展使得传播与关系的重要性日益突出时，新的跨学科研究就应运而生和紧迫起来了。

《心灵生态学导论》的第四部分，是贝特森的论述主干与不同语境下的分支之间关系的又一典型，它亦可说是一个跨学科研究的样本。其中，《体细胞改变在进化中的作用》扩展了《精神分裂症理论的最低要求》背后的思想；《鲸目动物和其他哺乳动物传播中的问题》是《学习和传播的逻辑类型》在某种动物上的运用。而“贝特森规则”(Bateson's rule)则是其父 W. 贝特森约在19世纪末的一个发现，涉及遗传变异现象中的规律或定律；直至《心灵生态学导论》写作时，它仍是生物学的一个未解之谜。G. 贝特森的目的就是要将之置于新的理论视野之中，后者是由信息理论所决定的。因此，看上去开辟了新领域的《"贝特森规则"的再审视》，实际上与书中的其他部分紧密关联，"因为它扩展了信息控制的思想，以便能够包括形态发生学领域，并且通过讨论在必需信息缺失的情况下会发生什么的问题，阐述信息在其中得以接收的那个语境的重要性"(Bateson，2000，p. 400)。

G. 贝特森在全书的不同部分常常提出类似的问题：一切传播系统中必不可少的等级结构是什么？这样的等级如何决定跨学科的规范和限度？在怎样的程度上，受制于逻辑的数字传播可以运用于类比传播？又为什么不能完全取代类比传播？语前哺乳动物研究怎样有助于填补传播理论的空白？如此等等。

总体上，如何看待《心灵生态学导论》的跨学科性，是讨论和解答这一系列问题的关键，也涉及如何对待G. 贝特森的知识遗产。这一著作最早问世于20世纪70年代初。"随着时间的推移，关于G. 贝特森的知识遗产的问题，人们不得不做出各种定论……其中一个定论是要尊重和保存G. 贝特森工作的跨学科性，即维护他本人所选择的思想生态学。"(M. Bateson，2000，pp. xii-xiii)毋庸置疑，G. 贝特森关于跨学科观的基本立场，是他的关系与关系体、形式与内容以及语境等思想得以如此展开的先决条件。这样，尽管这一著作的各组成部分发表于不同时间和背景之下，但除了看到它们对各个不同领域具有的持久影响以外，更重要的是遵循G. 贝特森的思路，从一条线索走向另一条线索，并从关系和联系的角度对它们进行解读，否则将难以捕捉其思想真谛，也难以感悟《心灵生态学导论》何以是一部经典之作。

因此，对《心灵生态学导论》进行简单的解构和分拆，或者，出于便利而采用特定学科包的方式来对待它，便有可能使跨学科研究成为遁词，流于表面与肤浅，或不明就里地牵强附会、生拉硬拽。

二

G. 贝特森学术生涯的特点之一是，并非事先设定一个成熟庞大的计划，然后一步一步地照此搭建思想的大厦，而是行进在探索和迷茫中。这自然也会常常遭遇误解与忽视，甚至对自己的努力都不那么确信。他本人的说法是："有些人似乎能够在几乎没有成功和外界肯定的情况下，继续心平气和地工作。我不是那样的人。我需要知道其他什么人相信我的工作有前途和方向，我也常常感到惊讶的是，当我对自己都不怎么有信心的时候，其他人会对我有信心。"(Bateson，2000，p. xix)

终其一生，G. 贝特森都缺乏稳定的职业，也始终处于为研究项目筹措资金的忙碌烦恼之中。幸运的是，几次关键时刻，都有援助之手伸向了他。例如，在他有关新不列颠白宁人(Baining)的人类学田野工作失败后，剑桥大学圣约翰学院的研究员理事会随即提供了一笔研究基金；由他领导的帕洛阿尔托小组关于精神分裂症患者的传播[①]研究先是得到了洛克菲勒基金会的资助，主题是“抽象悖论在传播中的作用”，但随着两年资助基金的到期，项目发展遭受挫折，几乎夭折，“最后，弗兰克·弗莱蒙特—史密斯和梅西基金会拯救了我们。……在此之后，有了来自精神病学基金会基金的资助，以及国家心理健康研究所的资助”。(Bateson，2000，p. xx)

作为一部晚年成果，《心灵生态学导论》的意图、目标和主题都十分明确和清晰，脉络发展上也是顺理成章，水到渠成。其标题就是对内容的准确限定，而“那些贯穿了 35 年的论文结合起来提出一种探索思想的新思路，以及探索被我称为‘心灵’的那些思想之集合体的新思路。我把这一思路视为‘心灵生态学’(ecology of mind)，或思想生态学。这是一种尚未作为有组织的理论或知识体系而存在的科学”(Bateson，2000，p. xxiii)。可以说，心灵生态学是 G. 贝特森学术生涯的终极目标，直至晚年顺其思想发展和逻辑演进而成正果。

G. 贝特森关注认识论意义上的生态学：感知、传播过程、编码与解码、差异的转换、信息加工的精神领域或心灵，等等。这种生态学重视逻辑层次的分类，重视认识者与认识对象、信息传递者与接收者之间的关系，重视认识系统中的循环回路的互动、回归或递进，也重视认识要素之间的内外通路(它们往往是信息加工和交换的渠道)的彼此连接和有机作用。

---

① “communication”一词在精神病学和心理治疗领域或译作“沟通”，但就贝特森的理论而言，该词通常指向“传播”这一语义范围更大的概念，考虑到这一点，本书中除涉及精神病学(如第三部分)的相关概念外，该词统一译作“传播”。——编者注

“心灵”是一个非常古老的概念，G. 贝特森的独特处在于：不是把心灵当作什么模糊不清的东西，也不是通过某种方式将心灵存放于身体中的某一处，或身体之外的圣坛之上，而是将之看作个体与社会，与其物种，并与其所生存的整个世界连在一起的相互作用的网络。

对于心灵问题的探索源于哲学，古希腊人最早对心灵等一般问题产生了好奇心，因而成为西方哲学的始祖。希腊哲学探讨各种二元论对人类认识的普遍影响，善与恶、和谐与冲突、心与物、自由与必然、无限与有限等，它们从此成为哲学家们讨论或争辩的对象。米利都学派、毕达哥拉斯学派、赫拉克利特等的观点绵延不绝地出现在后来的笛卡尔、贝克莱、黑格尔等人那里。通常情况下，一个学派攻击二元中的一个方面，后来一派提出批判，并支持另一个方面，而第三个学派则会以某种妥协取代前面两者。如此循环，生生不已，人类认识也在这一过程中不同程度地得到了发展。

罗素认为，为了表明哲学一直探讨不同类型的问题，可用一种粗略且便利的方式，来区分以某种方式相互联系的各种二元论。“真与假的问题在逻辑中讨论。从表面上看，善与恶、和谐与冲突属于伦理学的问题。现象与实在、心与物的问题，可以被确定为知识论或认识论的传统问题。余下的二元论或多或少属于本体论，即存在论。当然，这些划分绝不是固定不变的。事实上，希腊哲学某些比较鲜明的特征正在于这些界限被打破的方式。”(罗素，2017，p. 12)G. 贝特森深受罗素思想的影响，《心灵生态学导论》对他投以极大的关注，尤其致力于将其“逻辑类型论”运用到传播等类型的分析之中；G. 贝特森本人的认识论的心灵生态学，也屡屡尝试以特有的方式打破传统哲学二元论的界限。

帕洛阿尔托学派的前身是两个理论小组，它们都直接源于第二次世界大战结束后医治人的精神疾病的迫切需要，并都以此为契机，将精神疾病视为心灵生态整个系统的互动关系的组成部分。因此，精神分析及相关的双重束缚(double bind)等问题“不再是个体心理学的问题，而成为系统或‘心灵’中的思想生态的组成部分，这里的系统或‘心灵’的界限不再与参与者个体的外壳相重合”(Bateson，2000，p. 339)。将个体与语境、与其他个体的关系网络视为分析单位的方法，内在地具有人际传播的研究导向，也因此成为当代人际传播的一个开创性的阶段。

G. 贝特森是其中一个小组的领导者，重镇是帕洛阿尔托退伍军人管理局医院，以精神病学为主要方向之一，主要研究精神分裂症患者的传播、交流过程的双重束缚和悖论的一般意义及特殊意义。小组成员关注范围广泛的基本传播现象，同时秉持传播具有与行为相关的实用性理念。另一个小组以唐·杰克逊(Don Jackson)创建的精神研究所为中心，重点研究的是精神疾病、精神疗法尤其是家庭治疗。G. 贝特森为这两个小组提供理论指导，而互动传播是它们的共同旨趣。后来，两组学者逐渐合并，成为在 20 世纪 70 年代末被称为帕洛阿尔托学派或小组的松散机构。

精神问题成为一个研究重点，并构成心灵生态学的一面透视镜，并非偶然。如同约翰·彼得斯(John Peters)指出的那样，治疗性工程，是第二次世界大战后推动传播问题凸显出来的重要场所之一，而“贝特森一只脚踏着信息论控制信息的激情，另一只脚借力交流(传播)作为治疗手段的精神治疗的视野”(彼得斯，2003，p. 21)。当时的精神治疗仍普遍信奉弗洛伊德的精神分析法，这种方法的盛行始于第一次世界大战，主要被用来医治参战军人的精神问题。20 世纪 30 年代希特勒掌权后，精神治疗大规模传入美国，几百名精神分析学家从德国和奥地利流亡到此，也正好迎合了这个国家传统与现实的特定需要。第二次世界大战后，信息科学的技术话语和精神分析的治疗话语继续推动了传播观念的发展，而 G. 贝特森成为一个少有的综合者，他借力这两种话语，同时带入自己的独到见解，将它们都纳入到心灵生态学的构建之中。

对弗洛伊德精神分析的评析和发展，是 G. 贝特森认识论的心灵生态学的重要一环。弗洛伊德学说对心理学、社会学、政治学、人类学等学科产生了深刻的影响；G. 贝特森以及帕洛阿尔托学派的重要之处在于实现视野转换，即立于心灵生态学的角度，以个体和个体的人际关系为出发点，探讨传播如何影响人类行为。在 G. 贝特森看来，“弗洛伊德的心理学向内扩展了心灵概念，使之包括身体之内的全部传播系统：自主的、习惯的和大量的无意识过程”(Bateson，2000，p. 467)。就此而言，弗洛伊德的精神分析学说做出了杰出的贡献。但围绕心灵或精神问题，G. 贝特森更强调的是他与弗洛伊德学说的差异。他阐述的观点向外扩展心灵，这虽然与弗洛伊德的精神分析一样，都减小了意识的领地，但方法和路径截然不同。G. 贝特森重视个体与他人之间的关系，并认为唯其如此，才能理解个体的行为，他从个体的内在动力转向个体互动模式或关系模式。“在盎格鲁一撒克逊人的刻板系统中，通常的假定是，如果把什么无意识的东西给弄成了有意识的东西，这不知怎么就成了一件更好的事情。据称，连弗洛伊德都说过，‘本我所在之地，就有自我’，好像这种增加了有意识的知识和控制的做法，既是有可能的，也当然是一个进步。这个观点是一种几乎完全扭曲的认识论的产物，也是一种关于人是什么，或任何其他有机体是什么的问题的完全扭曲的观点的产物。”(Bateson，2000，pp. 136-137)G. 贝特森不赞成弗洛伊德等人的“行为主要是各种精神内部的力量作用的结果”的假定，也不认可将这些力量限于物理学的能量守恒和转换定律的做法。他反复指出，“能量和物质守恒定律与其说关涉形式，不如说关涉质料。但是，心理过程、思想、传播、组织、差异、模式等，与其说是质料问题，不如说是形式问题”(Bateson，2000，p. xxxii)。在他看来，通过归纳推理而从经验中获得的定理并非能够解决一切问题，在心灵问题上，“我们恰恰应该回溯到科学和哲学思想的真正源头上；实际上是回到科学、哲学和宗教成为由独立领域中的专业人士分别追求的独立活动之前的一段时期”(Bateson，2000，p. xxix-xxx)。

总之，在无意识的性质和转变，行为科学的模式、范围和通道等心灵问题上，G. 贝特森与弗洛伊德有着本质的区别。弗洛伊德重视个体精神内部的模式，强调个人认识的重要性，并认为那种认识是在谈话疗法中，通过剖析过去的经历和无意识精神状态而获得的。G. 贝特森和帕洛阿尔托小组对于仅限于个体精神内部的活动不那么感兴趣，他们的分析单位不是单个的个体，而是个体之间的关系网络，关系的阐述内在地偏向一对一的人际交往及其对于个体行为的构建。

无意识作为弗洛伊德思想的核心，在 G. 贝特森那里并没有引起同等程度的共鸣。他声称，无意识并非能够被弄得有意识，而是持续不断地表现在信息交换的过程之中。他并不认为无意识能够被转变为有意识，相反，他声称，我们的生活确实是这样的，“它的无意识成分持续不断地以其所有的多重形式而呈现出来。由此可推论，我们在我们的关系中，不断交换有关这些无意识材料的讯息，而同样也变得重要起来的是交换元讯息(metamessages)，通过这个途径，我们互相告知依附于我们的讯息的无意识(或意识)的秩序和种类是什么”(Bateson，2000，p. 137)。涉及“元讯息”的传播，自然包含着不可为意识所解读的内容，无论这种解读是通过什么方式，都是如此。并非偶然的是，《心灵生态学导论》反复引用帕斯卡尔(Pascal)的诗句：“心有心的理由，而理性就是不能认识这些理由。”在艺术、宗教和人性等领域中，心灵活跃的程度超出了意识能够解读的程度；它们涉及的是关系，在 G. 贝特森那里，此类关系最为明显地表现为爱、恨、尊重、依赖、观看、表演、统治等方面。

《心灵生态学导论》是 G. 贝特森论述心灵生态学的成熟著作，本质上是一种生态认识论。如果说达尔文的自然选择和进化论的生存单位是个体、家系、物种或亚物种，那么 G. 贝特森则将之矫正为包括环境和有机体与环境的相互作用。因此，心灵生态的危机与环境的危机是一致的。同样，G. 贝特森的生态认识论不像弗洛伊德的理论那样，仅仅关注个体，并认为个体行为是其精神内部各种力量作用的结果，而是从个体转向了社会网络和各种关系。在此意义上，与身体相分离、与社会相分离、与自然相分离的完整心灵是不存在的，也就是说，亚里士多德、圣托马斯·阿奎那等人的尊贵古老的最高心灵，那个不会出错的“上帝”是不存在的。

G. 贝特森在不同上下文中提出和论证的一个观点是，就理想状态而言，生物界的模式和关于它的理解之间的关系是和谐一致的，是适应的关系，是一种更开阔和更普遍的相似性。鉴于此，《心灵生态学导论》最后落于心灵生态危机的问题上，也就顺理成章了。G. 贝特森引用圣保罗《加拉太书》中的经文“上帝是轻慢不得的”，并认为“这个看法适合于人与他的生态之间的关系。下述辩护是没有用的，即一个特殊的污染或开发的罪恶只是一个小罪恶，或者，它不是故意的，或者它是出自善意。或者，‘如果我不做，其他什么人也会做’。生态过程轻慢不得”(Bateson，2000，p. 512)。

三

相当程度上，G. 贝特森的观点之所以能够超越特定学科和他的时代，是贯穿信息传播新理论的结果，也正是借助于这方面的敏锐洞见和深刻领悟，他能够用一种与众不同的视野来探究相关问题。可以说，信息论、系统论、控制论等对 G. 贝特森的影响，以及他本人对此的阐发乃至思想先驱的作用，既深远弥漫，又独具特色。“最近 25 年间，在我们关于环境是怎样一回事，有机体是怎样一回事，尤其心灵是怎样一回事的认识方面，已经取得了非常巨大的进步。这些进步来自控制论、系统论、信息论以及相关科学。”(Bateson，2000，p. 315)当时诸多领域已经有了令人瞩目的成就，如弗洛伊德的精神分析学、达尔文的生物进化论、作为遗传学创始人的W. 贝特森留下的重要“规则”，等等。而G. 贝特森则致力于将它们纳入心灵认识的新理论，并开创性地尝试将新理论扩散到社会/行为科学领域之中。

G. 贝特森运用信息理论分析社会生态和心灵生态，在延续新理论汇集多门学科之特性的同时，又为新的跨学科视域奠定了基础。《心灵生态学导论》对于社会计划和二次学习概念、游戏和幻想理论、哺乳动物传播、冗余和编码、传播病理学、认识论的病理、生态危机的根源等问题的讨论，都与信息科学理论有着密切的关联，后者成为心灵生态学不可缺少的重要部分，并通过这种论述获得了独特的理解和发展。

《心灵生态学导论》与信息科学有着共同的关注点，即强调信息和信息的处理。与克劳德·香农(Claude Shannon)等人的数学和通信工程意义上的阐述相比，G. 贝特森更加重视语境结构，重视将信息组合起来的规则和信息本身的逻辑分类，也因此更加重视个体与整体、个体与其他个体之间的关系。G. 贝特森提出，系统依赖于信息，而不是能量。系统的特点包括信息流动、能量流动、物资流动以及其他变量的流动，但最主要的是信息流动。信息流动的渠道是内在之物与语境、情境或外在之物相连互动的通道，因此也是心灵和心灵生态的成分。《心灵生态学导论》涉足原始艺术、生物遗传、人种学、精神分裂症、学习理论等论题，但并非随意而散漫，将它们勾连起来的中心问题是：关于精神或心灵整合的信息以怎样的形式被包含或编码于其中？风格、材料、构图、节奏、技巧、秩序等所谓“形式”本身究竟是怎么一回事，或者，它们之中到底含有哪些尚未得到详尽思考的重要因素？

换言之，对于信息论的创始人克劳德·香农来说：“在通常的工程师关于一条从 A 发送到 B 的讯息的讨论中，习惯上会忽略观察者，并认为 B 从 A 那里接收了信息，而这个信息根据发送的字母数量是可以测量的，能够被文本中的诸如可允许 B 做出某种猜测的冗余所减少。”但在 G. 贝特森看来，意义、模式、冗余、信息等的本质有赖于人们所处的位置。“在一个更广阔的域中，也就是在由观察者的观点所限定的域中，这似乎不再表现为一种信息的‘传递’，而是一种冗余的延展。A 和 B 的行为已经连接起来使得这个域的观察者更有预测性，更有秩序，也更有冗余。”(Bateson，2000，p. 413)

因此，《心灵生态学导论》重点阐述信息得以产生的语境，信息如何从一个语境进入另一个语境，或者信息之产生的语境内外相互作用的状态或过程，而信息也正是在这样一个语境中得以接收的。

作为一个行走于哲学、心理学、人类学、语言学、传播学等学科的学者，G. 贝特森不赞成将香农的通信或数学的模式直接套用于人类传播，因此他坚决反对从信源到信宿、从传递者到接收者的线性模式。他将信息定义为造成差异的差异，或差异的转换，再或思想的转换：“可以将一个信息‘比特’定义为一种构成差异的差异。当其在一个回路中行进或经历成功的转换时，这种差异就是一个基本的思想。”(Bateson，2000，p. 315)在人类生态系统中，信息并非固守在某一个点上，而是必须围绕整个回路进行差异转换的传递。G. 贝特森以人用斧头砍树为例："斧头每砍一次都根据前面砍树留下的切面而得到改变或矫正。这个自我矫正(即心理)的过程是由一个整体系统带来的……正是这个整体系统才具有内在心灵的特性。……更准确地说，我们应该将这个问题阐述如下：(树的差异)—(视网膜的差异)—(大脑的差异)—(肌肉的差异)—(斧头运动的差异)—(树的差异)，等等，围绕这个回路而传递的是差异的转换。而且如上所述，一个造成差异的差异是信息的思想或单位。"(Bateson，2000，pp. 317-318)

正因为如此，贝特森特别强调对于通道，也就是信息传播渠道的分析。他认为，在传播世界中，语境与讯息、外与内的二分法是没有意义的。"语境只要和讯息一样有效，即只要它们在我们正研究的传播系统的多重部分中被(正确或歪曲地)表征或反映，它们就具有传播的现实性；这个系统不是物理的个体，而是一个广泛的讯息通道网络。其中有些通道正好处于物理个体之外，其他通道则处于其之内；但是系统的特性绝不依赖于任何我们可以置于传播地图上的边界线。"(Bateson，2000，p. 251)从传播的角度来看，提出不同的媒介形态(如盲人的拐杖或科学家的望远镜)是不是使用者的组成部分的问题，是不恰当的。它们都是重要的传播通道，各种差异沿着它们转换和传递。这样，如果要在此类通道上的任何地方划出一条分界线，那就是切断了人的行为系统，也就无法真正理解他们的自我。

因此，G. 贝特森更感兴趣的主题与其说是信息本身，不如说是信息的转换规则，也就是信息的密码、编码和解码等关联问题。他认为，一般系统论和理论生物学的创始人贝塔朗菲(Bertalanffy)，控制论创始人诺伯特·维纳(Norbert Wiener)，电子计算机之父和博弈论创始人约翰·冯·诺依曼(John von Neumann)，信息论创始人香农，心灵模式概念的提出者克雷克(Craik)等，已经做了大量的工作，“所有这些在不同的智力中心产生的独立发展都涉及传播问题，特别是涉及何为一个有组织的系统的问题”(Bateson，2000，pp. 482-483)。

这一批群星灿烂般的其人其说，是《心灵生态学导论》的基本问题之所以能够进行如此讨论的先期积累，包括对于传统认识二元论的思考与超越。在G. 贝特森看来，正是“随着控制论、系统论和信息论等理论的发现，我们终于开始有了一个形式的基础，能够让我们思考心灵，也能够让我们以一种完全背离大致从1850年直到第二次世界大战的方法，来思考所有这些问题。我必须讨论的问题是：在控制论和信息论的影响下，认识论的巨大二分法是如何发生转变的”(Bateson，2000，p. 456)。也正是由此出发，G. 贝特森可以超出这些学说各自的适用范围，开始在社会行为领域中研究和阐述关于心灵生态学的新观点了。

在《心灵生态学导论》中，系统论作为一门关注整体的科学，进入原始绘画中的优雅，巴厘人和雅特穆尔人的比较，美、英、法、德的国民性分析，精神分裂症患者与其家庭沟通，退伍军人管理局医院中的嗜酒病人样本研究等，以讨论系统中的各个组成部分之间的关系和相互作用。系统论产生的学理目标之一是针对还原主义的方法，这在G. 贝特森那里，特别表现为以个体之间的网络和关系取代关于个体传播行为的原子式研究。他把第二次世界大战期间在不同地方发展起来的许多思想的“集合体称为控制论，或传播理论，或信息论，或系统论”(Bateson，2000，pp. 482-483)。系统思维视相互作用为生命系统的本质，生命系统一般处于体内平衡(homeostasis)的状态，也就是系统内的平衡，它是通过生命系统在反馈基础上调节自己的行为而达到的，由此使得系统论与控制论直接关联起来。G. 贝特森反复指出并论证说，对于系统来说，最重要的不是能量，而是信息；系统的控制离不开“造成差异的差异”(即“差异的转换”)的信息，或者说，系统是通过调节各部分的关系而得以维系、控制和矫正的。G. 贝特森将系统论、控制论和信息论等最新理论组合起来，用以思考自然、社会与人的问题。

20 世纪 60 年代，系统论风靡一时，G. 贝特森在 70 年代初问世的《心灵生态学导论》将之引入生命、社会系统和相关领域方面，这是一个经典性的尝试。他重视系统的层次、等级和相互作用，并由此出发来分析计算机能否思维、心灵是否在人脑之中等问题。他对此类问题的回答是否定的：“就计算机的某些内部变量而言，它是自我矫正的。例如，它可以包括温度计或其他敏感元件……这转而矫正温度。因此，我们可以说，系统在其内部温度方面，表现出心理特性。但是，下述说法就不对了，即计算机的主要事务——就是将输入差异转换为输出差异——是‘一个心理过程’。计算机只是一个更大回路的一段弧，而这更大回路总是包括人和环境，信息在其中得到接收，从计算机输出的讯息也对之产生作用。”(Bateson，2000，p. 317)相对于线性因果关系的科学方法，系统论是一个重要的转变。G. 贝特森将系统论纳入自己的论题之内，进而探讨系统的层次、等级和类型问题，使得其理论具有超出时代和一般信息理论的意义，这对于长期偏向因果系列的线性模式的传播研究来说尤其如此。

这样，如果将心灵视为一个系统的话，那么它就包含若干特性。例如，不是一个超越的实体；思想内在于通道的网络之中，差异的转换沿此进行；不限于意识，而是包括所有无意识的活动；不以外壳为界，而是触及所有内外通道；等等。“如果我们说一条讯息有意义，或说它与某个指涉对象(referent)‘有关’，那么，我们的意思是说存在一个更大的关联域，它由讯息加上指涉对象(message-plus-referent)组成，而冗余或模式或可预测性便被这条讯息引入这个域。”(Bateson，2000，p. 413)针对传播理论关于“信息定位”的难题，G. 贝特森提出，从关系的角度来说，信息、形式与比较、频率、对称、相应、适合、一致等相类似，都是不能被准确定位的。“这张白纸和那个黑咖啡之间的比较不在这张纸和那个咖啡之间的什么地方……那个比较也没有在这两个物体和我的眼睛之间。它甚至不在我的头脑之中；或许，如果它在的话，那它也肯定是在你的头脑之中。但作为读者的你，没有看到我所说的纸和咖啡。我在我的头脑里有它们之间的这个比较的想象，或转换，或名称；而你在你的头脑中有一个我在我的头脑中的东西的转换。但是，我们之间的一致是不可定位的。”(Bateson，2000，p. 414—415)对于冗余性的文本来说，信息与其说是能够定位在某一处，不如说是对整体文本的统计归纳的结果。它与非冗余的信息相比，具有完全不同的秩序，或完全不同的逻辑类型，也就是“元讯息”。

在有关信息理论的评价方面，G. 贝特森超出了通常乐观主义和悲观主义的二元态度。他把第二次世界大战中发展起来的信息理论的聚合视为最重要的历史事件之一，因为它们极大地促成了人的价值和态度的变化。这些理论的出现，导致了社会关系模式的巨变，人与人之间在爱、恨、尊重、依赖、信任等抽象活动中的位置也亟须重新得到审视。

G. 贝特森并非认为信息理论能够完全解决人类的问题，也不回避从信息理论出发，同样有可能落入单向线性思维的陷阱。他提出需要时间来对此进行消化，并认为其中存在许多潜在的危险。在《心灵生态学导论》的最后部分，他说到，新理论“本身具有完整性，能够帮助我们免受其诱惑而陷入更加疯狂的境地，但是我们无法相信它会使我们远离罪恶”(Bateson，2000：484)。无论是国际交往中依靠计算机博弈规则的决策，还是所有政府档案的计算机化等，都必定要与系统、控制、信息、传播打交道，但“问题不是：在这些规则现有的范围内，我们目前最好能够做什么。问题是：我们如何能够摆脱我们在过去10年或20年……一直在其中运作的那些规则。关键是改变那些规则，而只要我们任凭自己的控制论发明——计算机——将我们引入越来越僵化的境地，我们实际上就将滥用和摧毁自1918年以来的第一个有希望的进步”(Bateson，2000，pp. 484-485)。

此处的规则亦可理解为思想、价值或上面所说的“态度”。G. 贝特森将西方文化思维和态度中的某些错误看作人类生存危机的根本原因之一，包括：人与环境的对立；人与他人的对立；人可以单向控制环境，并要为此奋斗的观念；认为人生活在一个可以无限扩张的边界之内；以经济决定论为常识；认为技术可以解决人的问题；等等。

G. 贝特森指出，西方文化中的一些根深蒂固的观念——人与自然、人与社会、人对自然的征服等——恰恰是把部分从整体中分离，使之对立，并使其中一方凌驾于另一方之上，从而忽略了两者都是一个更大系统的有机组成部分。在此意义上，心灵本质的发现，促使人类回归康德的美学判断、荣格的“受造之物”以及马丁·布伯的“我与你”的世界。它们的共同点是：超越“我与它”的物质的或硬科学的世界，具有人性和人类关系的特征，不因依靠清晰的数字信号进行的传播的快速发展，而忽略更加古老的身势语和副语言。身势语和副语言已经被整合为艺术等复杂形式，是心灵中不可为意识所解读的部分，“人类将仅仅依靠清晰的数字信号进行传播——逻辑学家的这个梦想并没有成为现实，也不可能成为现实”(Bateson，2000，p. 418)。

结　语

综上所述，G. 贝特森思想的核心概念是关系；汇集其精粹的《心灵生态学导论》的基本立场是：人类的心灵或精神不在大脑或身体的其他部位之中，而是在个体与环境、与他人的关系之中，只有在这个意义上，才可以说人的心灵外在于身体。这里的心灵概念强调关系的重要性，由此凸显了 G. 贝特森和帕洛阿尔托学派的中心论题。

G. 贝特森本人直到晚年，或直到写作《心灵生态学导论》时，才完全意识到自己多年来的探索中心。他说口袋里没有入门手册和旅行指南，心灵深处的某种东西引导着他迈向相关的经验和思想。事实上，围绕 G. 贝特森的思想，也一直存在争论和不同的看法。就其独特的经历而言，G. 贝特森毕生都是一个理智的流浪者，从一个领域走到另一个领域，未曾驻足在一个安全的壁龛。就其文体而言，他的文字有“愉快、难懂而又优雅”之说。他涉猎广泛，不易被追随，并惯用复杂而模棱两可的表达，而在将其思想解释得便于理解方面，他却常常不能做到心想事成。《心灵生态学导论》整合了传统人文科学、自然科学、社会科学的发展和新的信息传播理论，但其作者又是一个双重的、与时代不合的人——既超越了时代，也落后于时代。对此，M. 贝特森的解释是：“他落后于他的时代，特别是在他的最后 10 年，是因为他不能吸收相关领域的最新成就。”他超越了他的时代，是因为“21 世纪开端之际，重读 G. 贝特森则表明：在许多方面，他仍然立于当代思想之前列，他的见解还没有被完全吸收”(M. Bateson，2000，p. xii)。

就对当代学术界和研究领域的深层影响来说，G. 贝特森本人及其学说采用了一种另类的、难以回归却又发人深省的方式，撼人心魄。他是一位无法确定学科归属的人物，是一位博学多识、思想渊博的“文艺复兴式”的学者。这样的学者受现代性的影响，早已日渐稀少。在作为分工结果的各个领域中，无暇他顾的专家们必须摒弃种种色彩斑斓的好奇心，在一个个逼仄的学术分支中精进。研究者与原始基地的、活生生的现实世界之间的链条越拉越紧，彼此间的传播、沟通和交流也越发不通畅了。

《心灵生态学导论》无疑是G. 贝特森最重要的著作，一本复杂艰深的著作，同时也是深邃无比、常读常新的著作。它充满不易被理解的思想，这些思想罕见于其他地方，但却有趣和能够唤起新思考。"首次阅读令人眩晕，是对人们熟悉的思维习惯的挑战。重新阅读则令人惊喜，是对各种新层次的意义的揭示。"(M. Bateson，2000，p. xii)G. 贝特森研究的跨学科性，尤其是他晚年倾力构建的心灵生态学以及宏观传播理论，为当代信息社会的研究者提供了不可多得的宝贵遗产。

《心灵生态学导论》的英文版最早问世于1972年。这里的中译本出自2000年芝加哥大学出版社的版本。著作本身有晦涩拗口之句，也有缜密雅致之美。其中，人文科学、社会科学和自然科学等理论纵横交错，元传播、精神气质、分裂生成、双重束缚、产生差异的差异、数字传播和类比传播等重要观念贯穿其中，也不时出现名人名篇中的美文佳句，并伴有不少警句俚语，且大多用典无痕。所有这一切，都对译者的知识结构、理解能力和文字表达，提出了极大的挑战。

译者虽有人文社科背景和多年翻译学术著作的经历，但最初接手此书时，仍对其难度和自己的能力估计不足。真正进入之后，方知"这潭水"之深之险，故前后几年时间，常处于殚精竭虑之中，甚至有过悔意和退缩。好在继续前行的过程中，译者深为G. 贝特森的思想和文字所折服，也渐渐有心随他做一番思想与智力的遨游。这样，译文的行文落笔自然分外小心谨慎，或是反复查阅，仔细思索，或是请教方家，多做商讨，也常常会将之搁置与悬疑起来，结合全书的语境与框架，以及

G. 贝特森等相关人物和流派的整体思想，再三权衡与斟酌。

一路走来，感谢北京师范大学出版社的选题计划和团队的帮助；也特别感谢周益群女士的大力支持和竭诚合作，作为本书的策划编辑与责任编辑，她周到、细致、耐心、宽容、督促、锲而不舍。有这样一个促人奋进的译事氛围，是译者的幸运。

电脑上敲下《心灵生态学导论》的最后一键，心中仍满是忐忑与敬畏，对“翻译是一件遗憾的工作”又有了更深的感受。学术翻译的繁复艰辛难以一一备述，肩负的责任也是十分重大，尤其是这样一部非常独特的经典之作。中译稿虽几经研磨，肯定还会有不妥之处，非常恳切地期待读者诸君的批评指正。

殷晓蓉
2022 年夏

参考文献

Gregory Bateson, *Steps to an Ecology of Mind*, Chicago, University of Chicago Press, 2000. (originally published 1972)

[英]伯特兰·罗素：《西方的智慧——从苏格拉底到维特根斯坦》，瞿铁鹏、殷晓劳保、王鉴平、俞吾金译，上海，上海人民出版社，2017。

[美]彼得斯：《交流的无奈——传播思想史》，何道宽译，北京，华夏出版社，2003。

目　录

第一部分　元对话

第二部分　人类学的形式与模式

第三部分　关系中的形式与病理

第四部分　生物学与进化论

第五部分 认识论与生态学

第六部分 心灵生态学的危机

序(1999年)

玛丽·凯瑟琳·贝特森

本书是一次知识之旅的记录。它包括若干进程，随时间的 vii
流逝而逐步展开。它的最终目的是形成一门新科学，而随着本书1971年进入付梓阶段，这一最终目的正在清晰起来。G. 贝特森逝世于1980年，但这一知识之旅仍在继续，并且越来越紧迫，而在这些文本中仍然可发现理解各种关系模式的基本线索。

20世纪最后几年的一些最令人难忘的成就，或许确实已经遮蔽了这样一种理解。例如，绘制人类基因组的非凡而详尽的工作容易使人遗忘个体表型是由多重遗传因素的相互作用形成的，而不是由它们中的任何一个因素独立形成的；它们都表现在与周围环境、空气和地球以及其他有机体的复杂共舞之中。即便目前在混沌和复杂性理论方面取得了进展，但相比关于实体(即物)的思考来，我们还是不那么擅长探讨相互作用的问题。与G. 贝特森的著述年代相比，我们对于如何设计计算机计算的问题，具有多得多的认识；对于被称为大脑器官的结构和生物化学，也具有多得多的知识。但是，这已导致了一种妄自尊大，似乎诸如此类的研究最终会解释创造性的想象。

G. 贝特森终生献身科学，戴维·利普塞特(David Lipset)的传记(1980)对G. 贝森特的早期生涯描述得最好，对他中年的描述也不错，而对他生命最后10年的描述则不尽如人意，当时利普塞特开始脱离贝特森于1972年着手书写的叙述。G. 贝特森生长在一个关注自然历史和生物学，特别是关注围绕进化和遗传学而展开争论的家庭。他选择人类学作为研究领域，
viii 由此离开了直接的家庭传统，但还不足以摆脱这一传统。第二次世界大战之前，他在新几内亚和巴厘从事民族志研究。不过，第二次世界大战后，他的知识路径不完全符合任何为人们所熟悉的领域。他与于尔根·吕施合作撰写了《传播：精神病学的社会矩阵》(1951)，在帕洛阿尔托的一家退伍军人管理局医院，他以不规范的“人种学家”的职务头衔和精神病人打交道。他也参与了由梅西基金会(Macy Foundation)资助的关于控制论之形成的讨论。多年来，甚至对G. 贝特森来说都不甚清楚的是：他的那些精心构建和论证的异类文章，即这一标题下的若干“进程”，都是关于一个主题的，但是，到了开始将这些论文组合成书时，他能够将该主题——也就是40年探索的终极目标——的特点归结为“心灵生态学”。他在学术生涯的最后10年中，致力于描述和完善自己关于这一终极目标的理解，并试图将之传递下去。

这本著作中的论文针对不同读者而写，并发表于不同的背景之下。其中有些论文在每次看见其中一篇的读者群中颇有影响，而这些读者从未在论文之间建立联系。同样，许多人类学

家阅读出自G. 贝特森在新几内亚工作的著作《纳文》(1936，它仍是一部经典之作)，并陷入与这里由《关于思考可观察的人种学材料的实验》代表的思路的争议之中，但长期以来，他们这么做的时候，并没有阅读G. 贝特森关于心理学和生物学主题的著述，也没有在它们之间建立联系，反之亦然。他们根据G. 贝特森与米德合作的著作(1942)将G. 贝特森看作视觉人类学家的先驱，而某个独立的专业群体则将其视为家庭治疗的先驱。每一组专家都常常会将不符合他们框架的工作看作一种转向——甚至是一种不忠。鲸鱼和海豚专家阅读《鲸目动物和其他哺乳动物传播中的问题》，而嗜酒方面的专家则阅读《"自我"控制论：嗜酒理论》，以便阐述他们自己的狭义主题，却没有充分意识到它们都是更广泛的研究对象的实例。

在《心灵生态学导论》出版之前，G. 贝特森肯定给人留下了这样的印象：涉足一系列不同的领域，而后又放弃了它们，即便对于他的那些最虔诚的崇拜者来说，也是如此；有的时候，他确实肯定会觉得在一个又一个领域中遭受了失败。由于缺乏一种清晰的职业身份，他也就缺乏一种舒适的职业基础和一份稳定的收入。在其他方面，他也成了一个局外人。第二次世界大战爆发之际，他全身心地投入击败德国及其同盟的紧迫
任务，他已经确信良好的意图也存在危险。从对"凡尔赛(条 ix
约)"的歪曲中产生了纳粹和法西斯主义的病理，对抗这些病理的努力反过来又产生了新的病理，后者在麦卡锡时代和冷战中逐渐扩散，并一直延续到21世纪。在第二次世界大战后的精神病学和人际传播的研究工作中，G. 贝特森也开始认识到治疗努力本身也可能会引起疾病。多年来，他行走在孤独和沮丧

的旅途之中，以某种独一无二的思维方式为特点，而不是以某个特定和具体的主题为特点。并非偶然的是，一组被他称为“元对话”的父女谈话(特别是那些写于20世纪50年代的对话)列于这本著作的开端：女儿没有被学术标签所腐蚀，因此成为父亲在那些深奥问题的边界之外而探讨它们的理由。其中大部分对话都和控制论一样，发表在有关“普通语义学”运动的杂志上，这些杂志为讨论传播过程提供了跨学科的背景。

直到20世纪60年代，将G. 贝特森不同工作线索组合起来的平台才得以搭建。环境运动开始出现，它重新唤起了他的生物学之源。这里包括了一项晚期研究成果，即《“贝特森规则”的再审视》，它是G. 贝特森在自己不断发展的认识语境下，对其父亲关于昆虫畸形观察的再次思考。反战运动的高涨，重新唤起了G. 贝特森早期对于战争之系统特性的关注。在长期涉入各种病理研究之后，按照系统论来搭建这些不同主题的框架，便也需要一种健康的总体系统的视野，构建这种视野从而成为一项中心任务。与此同时，新一代研究者准备跨越学科界限，以新的方式进行思考，其中有人带着疯狂的欣快，还有人则具有勇气和严谨，以回应G. 贝特森本人的勇气和严谨，并具有投入社会活动的激情。到了20世纪60年代中期，G. 贝特森的文章作为对人类社会发展方向的批判性作品而成形。1968年，也就是在这10年之末，他准备召集一次跨学科会议，将来自不同领域的思想家汇集在他自己的探险之中(参见M. C. Bateson, 1972)。会议的名称是“有意识的目的对人类适应的作用”(这也是全文发表在此的立场论文的标题)，它回应和配合了这本著作的名称——其中每一篇论文都是在生物学语境下审视心理现象和观念世界的模式。在上述两个标题背后，都有G. 贝特森正在浮现的对于整体变化的关注，它们将会为不断发展的系统健康提供可能性。这本著作的第六部分，以及第五部分的许多内容都展现了20世纪60年代的G. 贝特森，它们把认识论的视角集中在生态学和社会决策的问题上。

这本著作的最后一篇论文是《都市文明中的生态学和灵活 x
性》，它始于下述论断，即一个健康的"与高度人类文明相结合的环境系统，在那里，文明的灵活性将与环境的灵活性相匹配，以创造一个持续发展的复杂系统——它对于即便是基本……特性的缓慢变化来说，都是开放的"。具有讽刺意义的是，这是一篇立场论文，为当时纽约市市长约翰·林赛(John Lindsay)办公室的那些计划制订者而写，在那个背景下，极端约束与失控变化相结合，与政治进程之独特的盲目与僵化相结合。正如他再三强调的那样，系统调节的过程将需要一定程度的自我意识，后者对于政治家们来说，并非是轻而易举之事。

在1980年去世之前，G. 贝特森只有不足10年的时间来阐明他自己思考的各个领域之间的关系，这些关系在这本选集中还只能通过并列的方式得到表述。在这一晚期阶段，他更多地撰写了一些面向专业人士的论文，它们构成了《心灵生态学导论》的核心[例如见：《恍惚社会化的一些组件》("Some Component of Socialization for Trance")，见Donaldson，1991]。他做了大量的演讲，通常面向普通人或学生听众，在那些演讲中，他以不同方式重申《心灵生态学导论》的模式，这就是说，通过提供自己的一部分知识自传——从中可以看到两三个形成模式的关键时刻——的形式，他努力引导读者沿着通向其结论的道路行进。他的最有独立见解的稿件，以及一些旧稿件和一份权威书目(它取代了原先包括在《心灵生态学导论》中的文献目录)，都汇集在唐纳森(Rodney Donaldson)所编的《神圣的统一：心灵生态学的下一步进程》(*Socred Unity：Further Steps to an Ecology of Mind*，1991)之中。G. 贝特森参与撰写了两部旨在为他的工作建构语境的著作(Brockman，1977；Wilder and Weakland，1981)。他还着手再写两本著作，它们将按照“心灵生态学”从 G. 贝特森毕生工作中已经浮现的面貌，来限定和推进这个领域。

其中第一本著作是《心灵与自然：应然的合一》(1979)，它是 G. 贝特森著作中最有可读性的著作。因为不是为某个特定的专业人群而写，它避免了玄奥的参考书目和令人生疏的词汇，并包括一个带有 G. 贝特森独特用法的术语表。G. 贝特森论证说，心灵生态学是一种模式、信息和思想的生态学，它们恰恰体现在事物—物质的形态之中。一门科学如果将其自身限于计算和衡量这些体现物，就有可能得到一种非常扭曲的理解。G. 贝特森已经开始在《认识论的病理》中描述他所说的心灵[或心理系统(mental system)]的特性，在那里，对于 G. 贝特森来说，已经显而易见的是：心理系统是一种能够以自我矫
xi 正的方式加工和回应信息的系统，这是从细胞到森林再到文明的生命系统的特性。现在，他将那个特性描述扩展成为一份能够为心灵确定标准的清单。显而易见的是：心灵是由多重物质部分组成的，其布局允许过程和模式。心灵因此是不能与其物质基础相分离的，而传统的分割心灵和身体或心灵和物质的二元论是错误的。心灵能够既包含多重有机体，也包含非生命要

素，既会延续发挥作用，也会短暂发挥作用，其未必由诸如皮肤这样的外在界限来限定，而意识如果终究要出现的话，也始终不过是部分地出现。心理系统包括的东西超出了各种单个有机体，而对于这些系统的重视，导致 G. 贝特森坚持认为，生存单位始终是有机体和环境。

通过对心理系统的描述，G. 贝特森能够展示一系列其他特性。他阐明了这样的思想，即在心理过程的世界中，差异类似于原因（“造成差异的差异”），并论证说，嵌入的和相互作用的系统有能力从随机要素中选择模式，就像在进化和学习（G. 贝特森将二者称为“两大随机过程”）中所发生的事情那样。他阐释了类比作为一切“联结的模式”之基础的途径，并针对思维方式方面的那些习惯性错误提出了一种类型学，其中有些错误则潜在地具有致命的危险。

G. 贝特森计划撰写的第二本著作是《天使的畏惧》[*Angels Fear* 这一名称是“天使不敢涉足之地”（Where Angels Feat to Trend）的缩写]，在他去世时这还是一堆未及整合的草稿和手稿，应他的要求，我将它们与补充材料放在一起，从而构成了一本合作著作（G. Bateson and M. C. Bateson，1987）。G. 贝特森认为，有些主题甚至对于天使来说都太难了，它们是关于美学和宗教、美和神圣的主题，由于物质主义和超自然主义的双重压力，它们中的大部分都没有得到探究。G. 贝特森将破坏性的人类行为追溯到不恰当的描述，并论证说，“我们对自己的认识应该与我们对周围世界的认识相匹配”（G. Bateson and M. C. Bateson，1987，p. 177），即便知识和信仰本身都涉及未知的深渊，也是如此。不过，他认为，对于敬畏与认知的反应涉及对于作为一种认识模式的反应，从而导致尊重自然的系统完整性，而在这一整体之中，就像植物和动物，我们都是彼此环境的组成部分。

今天，如同名著导读和教科书中的情形那样，存在一种用简单概括来总结思想家们的结论的倾向，我们可以借助漫画手法将这种倾向描绘为知识史。在G. 贝特森后期作品中有某种
xii 流动和戏谑，它们抵制这个过程，尽管许多思想作为被标示为后现代主义和社会建构论、自创生(autopoiesis)或二阶控制论的一套东西的组成部分，在他去世后都出现在其他地方。那些思想品牌标签学派的危险在于：我们很少回到原初文本去发现那些概括所无法把握的宝藏。不过，今天潜回到《心灵生态学导论》，我发现与自己更近期的工作相连接的那些线索得到了揭示和澄清。在维持灵活性(以及弹性)方面重视多样性，对支持适应的基本连续性进行研究，包括了解如何从改变与文化差异中学习，这些都是直接来自G. 贝特森工作的主题。还有就是作为一种思想形式的描述(story)的重要性。我发现，许多在G. 贝特森写作时不为人所知而流行于今天的构想(诸如可持续性)都由他的研究成果所阐述，后者既表现在它们的意义方面，也表现在它们容易受到歪曲的方面。

利普塞特(1980，p. xii)评论说，G. 贝特森是“一个双重的与时代不合的人，他既超越其时代，也落后于其时代”。他落后于他的时代，特别是在他的最后10年，是因为他不能吸收相关领域的最新成就。另一方面，21世纪开端之际，重读G. 贝特森则表明：在许多方面，他仍然立于当代思想之前列，他的见解还没有被完全吸收。这本著作充满不易理解的思想，

它们在其他地方看不见，是能够唤起新思考的有趣思想。首次阅读令人眩晕，是对人们熟悉的思维习惯的挑战。重新阅读则令人惊喜，是对各种新层次的意义的揭示。我们带着关于认识论问题的新的自我意识进入一个新千年，但是，我们仍然对我们文明的生态健康的本质感到困惑，并通过许多努力来寻找矫正的办法，后者却已使问题变得更加糟糕。人口增长已经放缓，但它仍然是一个问题，而每一个新增个体对环境的影响都在上升。有些环境退化已经被阻止。学龄儿童喜爱鲸鱼和老虎，但是物种和栖息地则持续丧失。“冷战”已经结束，但战事不断，这表明以往的诊断是错误的，以往的治疗方法是失效的。尽管经济差距正在扩大，但竞争作为所有问题的唯一解决办法被原教旨主义者的热情向前推进。生态健康仍离我们很远，或许的确有赖于思维模式的重建。人们希望，因版权方面的问题而被耽搁的《心灵生态学导论》的再版，将成为重新出版 G. 贝特森阐述其成熟科学的晚期作品的第一步。

随着时间的推移，关于 G. 贝特森的知识遗产的问题，人们不得不做出各种定论，在他本人偏好和获得更广泛的可理解性与权威性之间进行的平衡努力，常常表现在例如会议的设计
中。其中一个定论是要尊重和保存 G. 贝特森工作的跨学科 xiii
性，即维护他本人所选择的思想生态学。在这本著作中，他将自己的论文分成几大类，这样读者们就能够遵循一条特殊的思想脉络，然后继续前行，去追随另一条线索。唐纳森在《神圣的统一》中提倡同样的基本计划。但是，那些要解构 G. 贝特森思想的计划，以及打算为了有利于心理学家或系统理论家或人类学家，而以便利的学科包的方式来出版 G. 贝特森作品的

计划，似乎有可能强化现有的盲目性。

在《心灵生态学导论》的基本规划范围内，排序主要是编年史的，因为G. 贝特森的思想结构清楚地反映了一种有机生长和发展的模式。就像一个有机体一样，它被分化为具有不同功能的部分或器官，其中每一个都随时间的发展按照表观遗传学的顺序出现（或消亡）。有些读者认为，从他最早的出版物开始，或从那些他们最早看见的出版物开始，基础性的知识模式就已经存在了。包括我在内的其他人看到了连续性，但也看到了重大的发展，看到了新思想融入了一个紧迫的秩序之中。G. 贝特森本人反复利用自己的认识发展史来传播他的思想。在这里，对于每一个读者来说，反思性地研究这些论文，探求将要出现的见解，都会面临着挑战。《心灵与自然》最能满足那些追寻G. 贝特森本人的综合工作的读者；《心灵生态学导论》和其身后出版物则吸引着那些喜欢在提出探索性观点时抓住G. 贝特森、并做出他们自己的综合思考的读者们。

在研究G. 贝特森的学者中，彼得·哈里斯-琼斯（Peter Harries-Jones）之所以引人注目，是因为他以G. 贝特森的成熟著述为语境，来考察其"心灵生态学"，并使用与那个时期相关联的术语——"递归认识论"（recursive epistemology）或"生态认识论"（ecological epistemology）。G. 贝特森关注的过程本质上是认识过程：感知、传播、编码和转换。因此，其是认识论。但是，这一认识论的基础是逻辑层次的差异，包括认识者和被认识者之间的关系，即作为一种扩展自我的知识而循环的知识。因此，是一种递归认识论。在理想状态下，生物界的模式和我们对它的理解之间的关系会是一致的关系，是适应的关系，是一种更广泛、更普遍的相似关系，而不仅仅是有赖于简化和选择性注意的实验环境下的预测能力。在我看来，颇有益处的是，将G. 贝特森的心灵生态学看作一种认识论生态学，以便与学术部门中的大量物质主义生态学形成对比。基本问题似乎在于强调指出，递归性是这种认识论的必要特性(或许也 xiv
是每一种认识论的必要特性，因为关于认识之认识的每一种努力都会像那只试图吞下自己尾巴的猫)。

G. 贝特森在生命的最后几年总是有紧迫感，他感到，技术强化下的对于人类目的的狭隘限定，将导致不可逆转的灾难，只有一种更好的认识论可以拯救我们。的确，不可逆的东西包围着我们，无处不在；诸如全球变暖，臭氧层的衰减，以及有毒物在全球食品链中的流动等许多不可逆的东西，都处于欲予改变但为时过晚的进程中，尽管我们还不得不遭受它们的全部效应的危害。这种状况还没有像他预测的那样迅速地恶化，而他或许有时受到将某个讯息戏剧化的诱惑，从而以一种后来会损害那个讯息的方式来传达它。但是，他所描绘的心灵习性可以见于任一报纸或新闻广播：随着时间的流动，对短期解决方案的寻求(往往是通过对它的镜像反应，诸如以暴制暴)使问题变得更加糟糕；孤立地看待个人或有机体，甚至物种；趋向于以技术的可能性或经济指标来取代反思；努力使那些单一变量(像利润)达到最大化，而不是尽可能地完善一组复杂变量之中的关系。

这本著作以及随后出版物中的论文，提示了一条道路。重要的问题是：从这条道路开始起步，重视它，从而超越它，这样下一个进程就会变得清楚起来。关于G. 贝特森的著述的学术分析只是该任务的一小部分，因为分析总是一种控制手段。现在更重要的是做出回应。沿着 G. 贝特森开辟的道路前行，或许是为仍需采纳的那些进程做好准备的最佳方式，而充满想象力的认识契机就在前方。

参考文献

Bateson，Gregory. 1936. *Naven：A Survey of the Problems Suggested by a Composite Picture of the Culture of a New Guinea Tribe Drawn from Three Points of View*. Cambridge：Cambridge University Press. Reprint，Stanford，CA：Stanford University Press，1958.

Bateson，Gregory. 1979. *Mind and Nature：A Necessary Unity*. New York：E. P. Dutton.

Bateson，Gregory. 1991. *Scared Unity：Further Steps to an Ecology of Mind*. Ed. Rodney E. Donaldson. New York：Harper Collins.

Bateson，Gregory and M. C. Bateson. 1987. *Angels Fear：Towards an Epistemology of the Scared*. New York：Macmillan.

xv Bateson，Gregory and Margaret Mead. 1942. *Balinese Character：A Photographic Analysis*. Publications of the New York Academy of Sciences，Vol. 2. New York：New York Academy of Sciences.

Bateson，Gregory and Jurgen Rusch. 1951. *Communication：The Social Matrix of Psychiatry*. New York：Norton. Reprint，New York：Norton，1968.

Bateson，Mary Catherine. 1972. *Our Own Metaphor：A Personal Account of a Conference on Conscious Purpose and Human Adaptation*. Second edition. Washington，D. C.：Smithsonian Institution Press：1991.

Brockman，John，ed. 1977. *About Bateson：Essays on Gregory*

Bateson. New York：E. P. Dutton.

Harries-Jones，Peter. 1995. *A Recursive Vision：Ecological Understanding and Gregory Bateson*. Toronto：University of Toronto Press.

Lipset，David. 1980. *Gregory Bateson：The Legacy of a Scientist*. Englewood Cliffs，NJ：Prentice Hall.

Wilder，Carol and John Weakland，eds. 1981. *Rigor and Imagination：Essays from the Legacy of Gregory Bateson*. Report of a conference in honor of Gregory Bateson，Feb. 15-18，1979，Pacific Grove，CA. New York：Praeger.

序(1971年)

xix 有些人似乎能够在几乎没有成功和外界肯定的情况下，继续心平气和地工作。我不是那样的人。我需要知道其他什么人相信我的工作有前途和方向，我也常常感到惊讶的是，当我对自己都不怎么有信心的时候，其他人会对我有信心。有时候，我甚至通过“可他们实际上不知道我在做什么。当我自己都不知道的时候，他们怎么能够知道呢?”的想法，来试图摆脱他们的持续信任所加给我的那种责任。

我在新不列颠的白宁人中的第一个人类学田野工作是个失败，我在研究海豚时，也有一段部分失败的经历。而这两个失败都还没有被人用来反对我。

因此，我必须感谢在那些连我都不认为自己是一个好赌注的时候，许多人和机构对于我的支持。

首先，我要感谢剑桥大学圣约翰学院的研究员理事会，它在我关于白宁人的研究失败后，随即为我提供了一笔研究基金。

其次，按照年代秩序，我对玛格丽特·米德致以深深的谢意，在巴厘和新几内亚，她是我的妻子和非常亲密的合作者，从那以后，她仍然是一个朋友和专业同事。

1942年，在一次梅西基金会会议上，我遇见了沃伦·麦卡洛克（Warren McCulloch）和朱利安·比奇洛（Julian Bigelow），他们当时正兴奋地谈论着“反馈”。《纳文》的写作已经把我带到后来成为控制论的边缘上，但是我缺少负反馈的概念。当我战后从海外归来时，我找到梅西基金会的弗兰克·弗里蒙特-史密斯（Frank Fremont-Smith），请求召开关于这个当 xx
时还是一个神秘问题的会议。弗兰克说，他刚刚在和作为主席的麦卡洛克一起安排这样一个会议。这样，我碰巧有幸成为著名的梅西控制论会议的一名成员。我感谢麦卡洛克、约翰·冯·诺依曼、伊夫林·哈钦森（Evelyn Hutchinson），而这些会议的其他成员都显见于自第二次世界大战以来我撰写的所有著述之中。

在我第一次尝试将控制论思想与人类学材料综合起来的时候，我受惠于古根海姆学者奖。

在我进入精神病学领域的时期，和我一起在兰利·波特诊所工作的于尔根·吕施邀请我进入精神病世界的许多有趣特征的研究之中。

从1949年至1962年，我在帕洛阿尔托的退伍军人管理局医院里有了“人种学家”的头衔，在那里，我被赋予了独一无二的自由，可以从事凡是我认为有趣的任何研究。医院主任约翰·J.普鲁斯马克（John J. Prusmack）博士使我不受制于外在的要求，并给了我这样的自由。

在这一时期，在伯纳德·西格尔（Bernard Siegel）的建议下，斯坦福大学出版社出版了我的《纳文》一书。此书1936年首次出版时，一败涂地。我还非常幸运地得到弗莱什哈克动物园[1]的水獭们玩耍系列的电影胶片，它对于我这个有着此类理论兴趣的人来说，似乎为开展一个小型研究项目提供了证据。

我在精神病学领域的第一笔研究资助归功于洛克菲勒基金会已故的切斯特·巴纳德(Chester Barnard)，几年来，他始终将一本《纳文》置于床边。这是一笔对于"抽象悖论在传播中的作用"的研究资助。

凭借这笔资助，杰伊·黑利(Jay Haley)、约翰·维克兰德(John Weakland)和比尔·弗赖伊(Bill Fry)参与了我的工作，由此在退伍军人管理局医院组成了一个小型的研究团队。

但是失败再次出现。我们的资助只有两年，切斯特·巴纳德已经退休，在基金会的工作人员看来，我们没有足够多的成果来证实继续资助的合理性。资助用完了，但是我的团队忠诚地与我站在一起，没有报酬。工作继续进行，在资助结束后的几天里，当我就关于在哪里可以获得下一笔资助的问题给诺伯特·维纳写了封孤注一掷的咨询信时，双重束缚假说(the double bind hypothesis)开始形成了。

最后，弗兰克·弗里蒙特-史密斯和梅西基金会拯救了我们。

在此之后，有了来自精神病学基金会基金的资助，以及国家心理健康研究所的资助。

越来越明显的是，为了传播的逻辑分类研究的下一步进

---

① Fleishhacker Zoo，后更名为旧金山动物园。——译者注

展，我应该有动物的材料，于是我开始研究章鱼。我的妻子洛伊丝·贝特森(Lois Bateson)和我一起工作，大概一年多的时间，我们在客厅里养了12条章鱼。这个先期工作是有前景的， xxi
但需要在更好的条件下重复进行和加以扩展。对此，我们无法得到资助。

就在这时，约翰·利利(John Lilly)出现了，他邀请我做他的维尔京群岛上的海豚实验室主任。我在那里工作了约一年，并开始对鲸目动物传播的问题产生了兴趣，但我认为自己不适合在一个后勤工作有着令人难以忍受的困难的地方，管理一个资金不确定的实验室。

正是在与这些问题进行搏斗的同时，我获得了国家心理健康研究所的一项“职业发展奖”。该奖是由伯特·布思(Bert Boothe)所管理，我非常感谢他的持续信任和关注。

1963年，夏威夷海洋基金会的泰勒·普赖尔(Taylor Pryor)邀请我在他的研究鲸目动物和其他动物与人类传播问题的海洋协会工作。这本著作的一半以上的文章就是在那里写就的，包括第五部分的所有内容。

在夏威夷的时候，我也与夏威夷大学东西方文化研究中心进行合作研究，与“三型学习”有关的一些理论见解归功于在那个中心的讨论。

我对温纳-格伦基金会的感谢显然出于这样的事实：这本著作中的至少四篇立场论文是为温纳-格伦会议而作。我也希望以个人的名义感谢利塔·奥斯蒙得森(Lita Osmundsen)女士，她是那个基金会的研究部主任。

一路走来，还有许多人辛勤工作，为我提供帮助。其中大部分都无法在这里提到了，但是我必须特别感谢为文献目录做了准备工作的维恩·卡罗尔(Vern Carroll)博士，以及我的秘书朱迪思·范·斯洛坦(Judith Van Slooten)，后者花费了大量时间，严谨工作，忙于这本著作的出版事宜。

最后，每一个科学家都受到了以往巨人的恩惠。每每当下一个思想还不能得到发现、整个事业似乎是徒劳无益的时候，想起那些更伟大的人物已经和同样的问题做过搏斗，并不意味着安慰。相当程度上，我个人的灵感来自那些在最近 200 年间使得心灵和身体之间的统一的思想保持活力的人：拉马克(Lamarck)，进化论的创始人，悲惨、年迈和失明，并受到相信“神创论”的居维叶(Cuvier)的指责；威廉·布莱克(William Black)，诗人和画家，他“透过眼睛而不是凭借眼睛”看事物，并且比任何其他人都更加了解人是什么；塞缪尔·巴特勒(Samuel Butler)，达尔文进化论的最有才能的当代批评家，
xxii 精神分裂症源性家庭的最早分析者；R. G. 科林伍德(Collingwood)，第一个认识语境(context)的本质的人，也是第一个用通俗易懂的文字对之进行分析的人；以及 W. 贝特森，我的父亲，他确实是在 1894 年就为接受控制论思想做好了准备。

项目的选择与安排

这本著作几乎包括我已经撰写的一切东西，除了那些时间太久以至于不能被包括的项目(items)以外，如一些著作和大量的资料分析；以及过于琐碎或短暂的项目，如书评和有争议的评论等。

我主要关注四个主题：人类学，精神病学，生物进化论和遗传学，以及来自系统论和生态学的新认识论。关于这些主题的论文构成了本书的第二、第三、第四、第五部分，这些部分的顺序对应着我生命中的四个互相重叠的时期的年代顺序，在那里，这些主题是我的思考中心。而在每个部分中，论文都是按照编年史顺序来安排的。

我认为，读者可能最为仔细地注意本书中的那些与他们的特定主题相关的部分。因此，我就没有删除一些重复的内容了。对嗜酒问题有兴趣的精神病学家们将在《“自我”控制论》中碰见某些思想，它们在《形式、实体和差异》中会以更加哲学的面貌再次出现。

1971 年 4 月 16 日

于夏威夷海洋协会

导　言

心灵与秩序的科学[①]

xxiii　这本汇集了论文和演讲稿的著作的名称旨在准确地限定内容。那些贯穿了35年的论文组合起来提出一种探索思想的新思路，以及探索被我称为“心灵”的那些思想之集合体的新思路。我把这一思路视为“心灵生态学”(ecology of mind)，或思想生态学。这是一种尚未作为有组织的理论或知识体系而存在的科学。

不过，比起通常的定义来，各种论文组合起来而提出的某种“思想”的定义要广泛和形式化得多。这些论文必须为自己说话，但在这里，让我申明我的看法：诸如动物的两侧对称、植物叶子的图案排列、军备竞赛的逐步升级、求婚过程、游戏的本质、句子的语法、生物进化的秘密，以及人与其环境之间关系的当代危机，都只能根据我所提出的那样一种思想生态学才能够得到理解。

---

① 这篇论文写于1971年，尚未在其他地方发表。

本书提出的问题是生态学的：思想如何相互作用？是否存在某种自然选择，以决定某些思想的生存、另一些思想的灭绝或死亡？什么样的经济学限制了特定心灵领域的思想多样性？这样一个系统或子系统的稳定(或生存)的必要条件是什么？

某些此类问题在论文中有所触及，但本书的主要冲击力在 xxiv
于：扫清道路，以便使诸如此类的问题能够被富有意义地提出来。

只是到了1969年年底，我才完全意识到我一直都在做什么。在为科日布斯基年会写作《形式、实体和差异》的演讲稿时，我发现，在我从事的原始人、精神分裂症、生物对称的工作中，以及在我对传统的进化和学习理论的不满中，我看出了一套非常分散的基照点或参照点，从中可以限定出一片新的科学领域。在本书的标题中，我已把这些基照点称为“进程”(steps)。

理所当然的是，一个探索者可能直到他所探索的东西已经被探索了，才知道他正在探索的是什么。他的口袋里没有入门手册，没有旅行指南，它们将会告诉他应该访问哪些教堂或该住在哪些旅馆里。他只有已经走过那条道路的其他人的模糊不清的民间传说。毫无疑问，心灵的更深层次指引着科学家或艺术家迈向与那些问题——它们不知怎么地是他的问题——相关的经验和思想，而早在科学家对其目的获得了任何有意识的认识时，这种指南似乎就在发挥作用了。但是，我们不知道这一切究竟是怎么发生的。

我常常无法忍受那些好像不能区分琐碎之物和深刻之物的同事们。但是，当学生们要求我来限定这种差异时，我会紧张得发呆。我已经含糊地说过，任何可以启示宇宙“秩序”(order)或“模式”的本质的研究都肯定不是琐碎的。

但这一回答不过是用未经证明的假定来进行辩论。

在帕洛阿尔托退伍军人管理局医院，我曾经为精神科住院医生上过一门非正式的课程，试图使他们思考某些见于这些论文的思想。他们往往规矩顺从地出现在课堂上，甚至对我所讲的内容怀有浓厚的兴趣，但是，在每年的三四次课之后，他们都会提出这样的问题：“这门课是关于什么的?”

对于这个问题，我尝试了各种各样的解答。有一次，我草拟了一种教学问答题，作为问卷样本在课堂上分发，并希望他们在这个课程结束之后能够进行讨论。问题从“什么是**圣礼**”到“什么是**熵**”和“什么是**游戏**”。

作为一种教学方法，我的教学问答题失败了：它使班级陷入沉默。但是其中有一个问题却是有用的。

> 有位母亲在她幼小的儿子吃了菠菜以后，习惯性地奖
> 给他冰淇淋。你们还需要什么其他信息，以便能够预测这
> xxv 个孩子将会：a. 喜欢或讨厌菠菜，b. 喜欢或讨厌冰淇淋，
> 或者 c. 喜欢或讨厌母亲?

我们用了一两次课来阐释关于这个问题的许多结果，而我开始清楚地看到：一切必需的其他信息都与母亲和儿子的行为语境(context)有关。事实上，**语境**现象和有着密切关联的“**意义**”现象限定了“硬”科学与我正在试图建立的那种科学之间的差异。

我渐渐发现，要告诉学生这门课是关于什么的，困难在于这样的事实：我的思维方式与他们的思维方式是不一样的。这种差异的一个线索来自一个学生。那是这门课的第一讲，而我已经说过英国和美国之间的文化差异——当一个英国人必须给美国人讲授文化人类学的时候，这应该总是一个要被触及的问题。在结束那次课的时候，一个住院医生走过来，他扭过头看了一下，确定其他人都正在离开，然后非常犹豫地说道："我要问一个问题。""好。""就是，你是不是要我们'学习'你正在告诉我们的东西?"我犹豫片刻，但他继续脱口而出："或者，这就是一个例子，一个关于其他什么东西的说明?""是的，就是!"

但这是一个关于什么的例子呢?

于是，几乎每年都有一种含糊不清的抱怨，它通常就像一个谣传那样向我袭来。它的意思是，"贝特森知道某种他不告诉你们的东西"，或者，"在贝特森所说的东西背后，还有某种东西，但是他从不说那是什么"。

显然，我没有回答那个问题——"一个关于什么的例子?"

在沮丧中，我画了一张图表来描绘我所认为的科学家的任务。通过使用这张图表，下述问题逐渐变得清楚起来：造成我的思维习惯和我的学生的思维习惯之间的差异的事实是，他们被训练得从材料到假说而归纳性地进行思考和论证，但是从来不借助演绎从科学或哲学的基本原理那里获得的知识来检验这些假说。

这张图表有三个栏目。在左边一栏，我列举了各种各样的未加解释的资料，诸如人或动物行为的微缩胶片记录，关于一次实验的描述，关于一只甲虫腿的描述或照片，或人的话语的一段录音。我所强调的事实是："资料"不是事件或物体，而始终是关于事件或物体的记录、描述或记忆，始终存在关于原始
xxvi 事件的转化或记忆，它介于科学家和他的对象之间。一个物体的重量是通过某种其他物体的重量来衡量的，或被记录在计量表上。人的声音被转化为磁带的可变磁化强度。而且，始终如此和不可避免的是，存在对于资料的选择，因为不管是过去还是现在，整个宇宙都不受来自任何特定观察者之立场的观察的支配。

因此，在严格意义上，任何资料都不是真正"原始的"，每一个记录都以某种方式受到人或人的工具的编辑和转换的影响。

但是，资料仍是最为可靠的信息来源，而科学家必须由此起步。它们为科学家提供最初的灵感，科学家以后也必须回到它们那里。

在中间一栏，我列举了一系列定义不完善的解释性概念，它们通常被用于行为科学之中："自我""焦虑""本能""目的""心灵""自我""固定的行为模式""智力""愚蠢""成熟"等。出于斯文，我把它们称作"启发式"(heuristic)概念；但说真的，它们中的大部分都是松散地得到的，相互之间也是如此没有关联的，以至于它们融合在一起就构成了某种概念谜团——其在相当程度上拖延了科学的进步。

在右边一栏，我列举了我称之为"基本原理"(fundamentals)的东西。它们有两种：不言而喻的命题和命题系统，以及通常为真的命题或"定律"。在不言而喻的命题中，我把数学

的“永恒真理”(eternal verities)包括于其中，在那里，真理被同义反复地(tautologically)限定在一些领域之中，而一批批人造公理和定义就是在此范围内获得的：“**如果**数字被适当地定义，**如果**加法的运作被适当地定义；**那么**，5+7=12。”在我会将之描绘为在科学的意义上，或在普遍和经验的意义上为真的那些命题中，我将列入质量和能量守恒定律、热力学第二定律等。但是，同义反复的真理和经验概括之间的分界线无法得到清楚的限定，而且，在我的“基本原理”中，存在许多命题，明智的人不可能怀疑其真理性，但是它们也不能被轻而易举地区分为经验的类别或同义反复的类别。概率“定律”不可能被陈述得让人理解，也不可能被陈述得让人不相信，但是，它们究竟是经验的“定律”还是同义反复的“定律”，则是不容易决断的；香农信息论中的定理也是这样。

借助于这样一张图表，我们可以围绕全部科学努力以及科学努力中的任何特定探索的立场和方向等问题谈论许多东西。 xxvii
“解释”是对于通向基本原理的资料的描述，但科学的最终目的是增进基础知识。

许多研究者，特别是行为科学中的研究者，似乎相信科学进步是由归纳居支配地位的，而且应该是归纳的。按照这个图表，他们相信进步是通过研究“原始”资料而获得的，由此导致了新的启发式概念。于是，启发式概念被认为是“工作假说”(working hypotheses)，并会根据更多的资料而得到检验。人们渐渐地希望启发式概念将得到矫正和改进，直到它们最后配得上在基本原理的清单中拥有一个位置时为止。实际上，由数以千计的聪明人所参与的大约50年的工作，已经产生了几百个启发式概念的丰硕成果，可惜几乎没有一个单一原则值得在基本原理的清单中占有一席之地。

异常清楚的是，当代心理学、精神病学、人类学、社会学和经济学的大部分概念都完全是从科学的基本原理之网络中分离出来的。

很久以前，莫里哀(Mlière)对一次博士生答辩做了描述，在答辩中，主考官要求答辩者陈述鸦片致人睡觉的“原因和理由”。那个答辩者得意扬扬地用不正规的拉丁语回答说：“因为它包含着一个催眠原则(dormitive principle)。”

具有代表性的是，科学家遇到了一个复杂的相互作用系统，在这个例子中，是人与鸦片之间的相互作用。他看到这个系统中的一个变化：人睡着了。科学家然后处于相互作用系统中的这个或那个组件之中，通过命名一个虚构的“原因”来解释这个变化。要么是鸦片包含一个具体的催眠原则，要么是人包含一个具体的睡眠需求，即一种安眠剂(an adormitosis)，它“表现”在人对于鸦片的反应上。

还具有代表性的是，所有诸如此类的假说都使得科学家本人的内在“批判能力”(另一个固定的虚构原因)处于睡眠状态，在此意义上，它们都是“催眠的”。

从资料到催眠假设，再回到资料——这种精神状态或思维习惯是自我强化的。在所有科学家中，都存在一套高值预测，而且，能够预测现象的确是件好事情。但是，预测对于假说来说是一种非常糟糕的检验，对于“催眠假说”(dormitive hypotheses)来说，尤其如此。如果我们声称，鸦片中包含着某种催眠原则，那么，我们就可以终生致力于这一原则的特性的研

究。它是热稳定的吗？它位于馏分的哪个部分？它的分子式是 xxviii
什么？等等。在实验室中，许多这样的问题都可以得到解答，并将导致各种派生假说，这些派生假说的“催眠作用”比起我们由此起步的东西来，并不会更少。

事实上，催眠假说的倍增是过分偏爱归纳的一种表现，而这种偏爱必定总是会导致某种类似于行为科学目前状态的东西：一大堆与基本知识的任何核心部分都没有关联的准理论性思考。

与之相比，我试图要教给学生的，同时也是这本论文集相当程度上打算要传递的主题是，在科学研究中，你们从**两个**开端起步，其中每一个都有其自身的权威性：观察不能被否定，基本原理必须被符合，而你们必须获得一种钳形策略。

如果你们正在测量一片土地，或者绘制群星图，你们便有两个知识体系，其中每一个都不能被忽略。一个是你们自己的经验测量，另一个是欧几里得几何学。如果这两个知识体系不能结合起来的话，那么，或者资料是错误的，或者你们由此产生的论证是错误的，**要不**就是你们做出了一个重大的发现，它将会导致对整个几何学的修正。

那些将要成为行为科学家的人如果对科学的基本结构毫无了解，对 3 000 年来关于人——他既不能定义熵也不能定义圣礼——的审慎的哲学和人文思想毫无了解，那么，他们与其加入现存的肤浅假说的混乱之中，还不如保持沉默。

但是启发式思想和基本原理之间的鸿沟不仅仅来自经验主义和归纳的习惯，甚至也不仅仅来自快速应用的诱惑和不完善的教育体系，后者从几乎不关心科学基本结构的人中培养专业科学家。它也是出于这样的环境：相当程度上，19世纪的科学的基本结构与生物学家和行为科学家面临的问题与现象不相适应，或者没有关联。

因为至少200年来，也就是从牛顿时代到19世纪后半叶，科学中占统治地位的东西是那些原因和结果的链条，它们可以说是力和冲击。牛顿所能运用的数学偏重量化，这一事实与对于力和冲击的主要关注结合起来，导致人们以距离、时间、物质和能量等明显的精确数量来进行测量。

xxix 由于观察者的测量必须与欧几里得几何学相一致，所以科学思想就必须与伟大的守恒定律相一致。关于物理学家和化学家所考察的事件的任何描述，都要建立在质量与能量预算的基础上，这个规则赋予硬科学中的整体思想以一种特殊的严谨性。

行为科学的早期先驱者向往一种同样严谨的基础，以便指导他们的思考，由此，他们自然而然地开始了对于行为的探索。长度和质量是他们描述(不管可能是什么样的)行为时几乎不能使用的概念，但是能量似乎更加方便。将“能量”与诸如情感“力量”、性格“力量”或“活”“力”等业已存在的隐喻结合起来，是一件颇具吸引力的事情。或者，将“能量”设法看作“疲劳”或“冷漠”的反义词。新陈代谢(在“能量”一词的严格意义上)服从于能量预算，而行为中消耗的能量必定要被包括在这一预算之中；因此，将能量视为行为的一个决定因素，似乎就是合情合理的了。

如果把能量的**缺失**看作行为的障碍，那就会更加富有成效了，因为一个饥饿的人最终会停止行为。但是，就算这样也不行：失去食物的变形虫一段时间会变得**更加**活跃。它的能量消耗是能量输入的一种反函数。

19 世纪的那些试图在行为材料和物理化学的基本原理之间架设桥梁的科学家们（如著名的弗洛伊德），在坚持认为有必要建立这种桥梁方面的确是正确的，但我认为，选择“能量”作为这座桥梁的基础，则是错误的。

如果质量和长度不适合用来描述行为，那么，能量就不可能是更加合适的东西。能量毕竟**是**质量×速度的平方，而行为科学家实际上都不认为“心理能量”具有这些维度。

因此，有必要在基本原理中再次寻找一套合适的思想，凭借它们，我们可以检验我们的启发式假说。

但有些人会论证说，时间尚不成熟；科学的基本原理确实都是通过归纳推理而从经验中获得的，所以我们应该继续使用归纳，直至我们得到了基本的答案。

我认为，科学的基本原理始于对经验的归纳的观点，并非完全正确，而我要提出，在探索基本原理中的桥头堡时，我们恰恰应该回溯到科学和哲学思想的真正源头上；实际上是回到 xxx
科学、哲学和宗教成为由独立领域中的专业人士分别追求的独立活动之前的一段时期。

例如，想想犹太教—基督教民族的中心起源神话。这个神话关注的基本的哲学和科学的**问题**是什么？

> 起初，神创造天地。地是空虚混沌；渊面黑暗。神的灵运行在水面上。
>
> 神说，要有光，就有了光。神看光是好的，就把光暗

> 分开了。神称光为昼，称暗为夜。有晚上，有早晨，这是头一日。
>
> 神说，诸水之间要有空气，将水分为上下。神就造出空气，将空气以下的水、空气以上的水分开了。事就这样成了。神称空气为天。有晚上，有早晨，是第二日。
>
> 神说，天下的水要聚在一处，使旱地露出来。事就这样成了。神称旱地为地，称水的聚处为海。神看着是好的。[①]

从《圣经》开头的这几段，我们便可以抽取出古代迦勒底人思想的某些前提或基本原理，看到现代科学的许多基本原理或问题如何被预示在古代文献之中，这真是一件奇特而近乎令人不安的事情。

第一，物质的起源和本质的问题被立即消除了。

第二，上述篇章详细地论及了秩序的起源问题。

第三，因此，在两种问题之间产生了区分。这种对于问题的区分有可能是错误的，但无论是错还是对，这个区分在现代科学的基本原理中都得到了保持。物质和能量守恒定律仍然是与秩序、负熵和信息定律相区分的。

xxxi 第四，秩序被看作一个分类和区分的问题。但是，所有分类的基本概念是：某个差异在后来的时间内，将会造成某个其他差异。如果我们将黑球从白球中分出来，或把大球从小球中分出来，球的区分随后便有了球的位置上的差异：一种类型的

---

① 此处采用的是联合圣经公会 1988 年出版的《圣经》中文版的译文。——译者注

球放到一个袋子里，另一种类型的球放到另一个袋子里。对于这样一种运作，我们需要某种好像一个格筛、一个门槛或特别是一个感官的东西。因此，可以理解的是，应该诉诸一个感知“实体”，使其履行创造一种否则就不可能创造出来的秩序的功能。

第五，与分类和区分紧密相连的是类型之谜，随之而来的是作为人类非凡成就的命名活动(naming)。

还不够清楚的问题是：这个神话的各个组件都是来自经验的归纳推理的产物。当这个起源神话与其他体现着不同的基本前提的神话构成对比时，问题就变得更加令人困惑不解了。

在新几内亚的雅特穆尔人(Iatmul)中，像《创世纪》的故事一样，中心起源神话涉及旱地如何与水相分离的问题。他们说，起初，鳄鱼卡沃克马里(Kavwokmali)用前腿涉水，也用后腿涉水；它的涉水行为使得泥浆悬浮在水上。伟大的文化英雄凯维姆布安格(Kevembuangga)手持长矛，杀死了卡沃克马里。当泥浆沉淀，旱地也就形成了。凯维姆布安格然后脚踩旱地，骄傲地宣布：“这是好事情。”

对于从与归纳推理相结合的经验中获取神话来说，这里有一个更强有力的例子。毕竟，如果泥浆被随意搅动，它就会浮起，当搅动停止时，泥浆就会沉淀下来。而且，雅特穆尔人住在塞皮克河(Sepik River)峡谷的辽阔沼泽地区，在那里，地和水的区分是不完全的。可以理解的是，他们或许对于地与水的差异感兴趣。

无论如何，雅特穆尔人已经获得了一种秩序理论，它几乎正是《创世纪》中的理论的颠倒。在雅特穆尔人的思想中，如果随机行为得到了制止，分类将会产生。在《创世纪》中，人们引入一个天使来进行分类和区分。

但是两种文化都假定了两样东西之间的基本区分，其一是物质创造的问题，其二是秩序和差异的问题。

现在回到以下问题，即在原始层次上，科学的基本原理和/或哲学的基本原理是不是通过来自经验资料的归纳推理而
xxxii 获得的，而我们发现，答案并不是简单的。难以理解的是，质料与形式之间的这个二分法如何可能通过归纳论证而达到。毕竟没有人看到或经历过无形式的、未加分类的物质；正如没有人看到或经历过某种“随机的”事件一样。因此，如果关于一个“没有形式和空间”的宇宙概念是通过归纳所获得的话，那么，这是借助巨大的、也许是错误的外推法的跳跃而获得的。

即便这样，关于原始哲学由以产生的出发点是观察的问题，仍是不清楚的。至少同样有可能的是：形式和质料之间的二分法是一种无意识的**演绎**，来自原始语言结构中的主谓关系。不过，这是一个超出有用推测范围的问题。

尽管如此，我曾用来给精神病住院医生讲课的中心的、通常也是不明确的主题，以及这些论文的主题是：行为资料与科学和哲学的“基本原理”之间的桥梁；而我上面关于行为科学对“能量”的隐喻使用的批判性评论，综合起来意味着对我的许多同事的一个相当简单的谴责，因为他们试图在古老的关于形式与质料二分法**一半是错误**的情况下，建立二者之间的桥梁。能量和物质守恒定律与其说关涉形式，不如说关涉质料。但是，心理过程、思想、传播、组织、差异、模式等，与其说是质料问题，不如说是形式问题。

最近 30 年来，在基本原理体系中，涉及形式的那一半已经通过控制论和系统论而得到了极大的丰富。这本著作关注在二者之间建立桥梁的问题：一是生活和行为的事实，二是我们今天了解的模式和秩序的本质。

第一部分

元对话

定义：元对话是关于某些有疑问的主题的对话。这种对话应该是这样：不仅参与者讨论问题，而且作为整体的谈话结构也与同一个主题相关。在这里呈现的谈话中，只有某些谈话达到了这一双重格式。

引人注目的是，进化论的历史必定是人与自然之间的一种元对话，在此，思想的创造和相互作用必定是进化过程的范例。

PART 01

1 元对话：

为什么东西会陷入混乱？[1]

女儿：爸爸，为什么东西会陷入混乱？ 3

父亲：你什么意思？东西？混乱？

女儿：哦，人们花了好多时间来整理东西，但是他们好像从来都不花时间把东西弄乱。东西就像是自己陷入混乱之中。而人们后来又得重新收拾它们。

父亲：但是，如果你不去碰它们，你的东西会陷入混乱吗？

女儿：不会——如果**没人**碰它们，就不会。但是，如果你碰了——或者，如果任何人碰了——它们就会陷入混乱，而且，如果不是我碰的话，那就会是更糟糕的混乱。

父亲：是的——这就是我为什么不让你碰我书桌上的东西的原因。因为如果某个除**我**之外的人碰了我的东西，那么，它们就会更加混乱。

女儿：可人们**总是**把别人的东西弄乱吗？他们为什么要这样？

---

① 写于 1948 年，以前未曾发表。

爸爸？

父亲：哦，等一下。没那么简单。首先，你说的混乱是什么意思？

女儿：我的意思是——这样我就找不到东西，这样看上去一切都是乱哄哄的。弄得什么东西都不整齐——

父亲：好，但你确信你说的混乱与任何其他人说的混乱是一回事吗？

4 女儿：可是，爸爸，我想我确信——因为我不是一个太爱整齐的人，如果我说东西一片混乱，那么，我相信其他人也会同意我的看法的。

父亲：好吧——但是你认为你说的“整齐”和其他人说的“整齐”是一回事吗？如果你妈妈帮你把东西整理好，你知道到哪里找到它们吗？

女儿：嗯……有时候——因为，你看，她收拾的时候，我知道她会把东西放在哪儿——

父亲：对，我也不想让她收拾我的书桌。我相信她说的“整齐”和我说的“整齐”意思不一样。

女儿：爸爸，你说的“整齐”和我说的“整齐”是一样的意思吗？

父亲：我说不准，亲爱的——我怀疑。

女儿：可是，爸爸，当人们说“混乱”时，他们的意思都是一样的，但是当他们说“整齐”时，意思又都有不同了——这难道不是一件可笑的事情吗？可“整齐”是“弄得混乱”的反面，不是吗？

父亲：好，我们开始进入更难的问题了。让我们从头说起。你说：“为什么东西总是陷入混乱？”现在，我们来制订出一两个步骤——并把问题变成“为什么东西成了凯茜所说的‘不整齐’的样子?”你明白我为什么要做这样的改变吗?

女儿:……我明白,我也这么想。因为如果我对“整齐”有特殊的意思的话,那么,某些其他人的“整齐”对我来说就像是混乱,即便对于我们所说的混乱,我们确实几乎大部分还是看法一致的。

父亲:这就对了。现在——让我们来看看**你**说的整齐是什么。你的颜料盒什么时候给放在了整齐的地方,在哪里?

女儿:在这个架子边上。

父亲:好——那如果它在其他什么地方呢?

女儿:不行,那就不整齐了。

父亲:在这个架子的另一边呢,这里?像这样?

女儿:不行,它不该在那里,而且不管怎样,它该是给放**正**的,根本不是像你那样放歪的。

父亲:哦——放在右边,**而且**是正放。

女儿:是的。

父亲:好,那意味着对你的颜料盒来说,只有非常少的位置是“整齐的”——

女儿:只有**一个**位置——

父亲:不对——是非常少的位置,因为如果我把它移动了一点 5
点,像这样,那么它仍然是整齐的。

女儿:对——但是非常非常少的地方。

父亲:好,非常非常少的地方。那么,你的泰迪熊和娃娃呢?《绿野仙踪》(*Wizard of Oz*)和毛衣呢?你的鞋呢?所有的东西都是这样，不是吗，每件东西都只有非常非常少的地方才能够使它“整齐”吗？

女儿：是的，爸爸——但是《绿野仙踪》可以放在那个架子上的任何地方。还有，爸爸——你知道我讨厌什么吗？我不喜欢我的书和你的书、妈妈的书混在一起。

父亲：是，我知道。（停顿）

女儿：爸爸，你还没有说完。为什么我的东西是我觉得不整齐的样子？

父亲：但是，我已经说完了——这就是因为比起你所说的“整齐”的样子来，有更多的样子被你认为是“不整齐”的。

女儿：但这不是为什么的理由——

父亲：但是的，就是了。这是真正、唯一和非常重要的理由。

女儿：哦，爸爸！别说了。

父亲：不不，我可不是开玩笑。就是这个理由，而所有的科学都是与那个理由有联系的。我们来看另一个例子。如果我把一点沙子撒在这个杯子的底部，并将一点糖撒在沙子的上面，现在，用调羹来搅拌它，沙子和糖就会混合在一起，对吗？

女儿：是的，但是，爸爸，当我们谈论“混乱”时又转向“混合”，这合适吗？

父亲：嗯……我想想……但我认为是合适的——是的——因为我们说，可以找到什么人，他认为把所有的沙子都放在所有的糖下面，会更加整齐。而且如果你愿意的话，我会说我就想这样——

女儿：嗯……

父亲：好了，看看另一个例子。有时候，你会在电影里看到字母表的许多字母，它们都散落在银幕上。都乱七八糟的，有些甚至是颠倒的。然后某种东西摇动桌子，字母开始移动，而随着摇动的继续，字母都汇集到一起拼出了那部电影的名字。

女儿：是的，我看过这个——它们拼出了DONALD(唐老鸭)。 6

父亲：它们拼出了什么，这不重要。关键在于，你看到了某种东西被摇动和搅和，还有，这些字母不是比以前更加混乱，而是开始排列成一种秩序(order)，都走对了，拼出了一个词——它们编造了某种东西，而许多人会同意说，这种东西是有道理的……

女儿：是的，爸爸，可是你知道……

父亲：不，我不知道。我想说的是，在真实世界中，事情从来不会像那样发生。它只是在电影里才会发生。

女儿：但是，爸爸……

父亲：我告诉你，你可以摇晃东西，而它们似乎比以前更有秩序和有道理——这事只能发生在电影里……

女儿：但是，爸爸……

父亲：这次等我说完……他们通过把事情倒着做，而让它看起来像电影里那样。他们按秩序摆放字母，以拼出DONALD一词，然后开始拍，然后开始摇晃桌子。

女儿：哦，爸爸——我知道，我也就想告诉你这个——然后，放电影时，他们倒着播放，以便使事情看起来是向前发生的。但是，实际上，摇动是向后的。他们必须倒着拍……他们为什么这样做，爸爸？

父亲：哦，天哪。

女儿：他们为什么一定要倒着拍？

父亲：不，我现在不回答这个问题，因为我们正处于有关混乱的问题的中心。

女儿：哦——好，但是别忘了，爸爸，你有一天已经回答了关于摄影机的问题了。别忘了！你不会忘，是吗，爸爸？因为我不记得了。求你了，爸爸。

父亲：好，好——但那是在另一天。我们眼下在哪儿？哦，是在说事情绝不会倒着发生。如果我们能够表明，那种方式比起其他方式更容易发生的话，那么，我想告诉你为什么这是事情以某种方式发生的原因。

女儿：爸爸——不要胡说。

7 父亲：我没胡说。让我们重新开始。只有一种能够拼出 DONALD 的方式，同意吗？

女儿：是的。

父亲：好。有成千上万种把六个字母散在桌子上的方式，同意吗？

女儿：是的。我想是。有些字母还可以倒着放。

父亲：是的——它们正是以那种乱七八糟的混乱样子出现在电影中。但是，这样的混乱可能有成千上万，不可能吗？可只有一个 DONALD 对吧？

女儿：对啊——是的。但是，爸爸，同样的字母也可以拼出 OLDDAN。

父亲：不用担心。电影制片人不要它们拼出 OLDDAN。他们只要 DONALD。

女儿：他们为什么这样？

父亲：去他的电影制片人。

女儿：但是你先提起他们的，爸爸。

父亲：是的——但那是为了告诉你事情为什么那样发生，其中存在许多它们能够发生的方式。哦，现在你该睡觉了。

女儿：但是，爸爸，你从来没有告诉我为什么事情是那样发生的——就是在有许多方式的情况下。

父亲：好。但是不要再生出更多的枝节问题了——一个就足够了。不管怎样，我对 DONALD 感到厌烦了，我们来看另一个例子。让我们扔硬币决定。

女儿：爸爸，你是不是还在谈论我们开始说起的那同一个问题？“为什么东西陷入混乱？”

父亲：是的。

女儿：那么，爸爸，关于硬币，你其实是想说什么？还有 DONALD，还有糖和沙子，还有我的颜料盒，还有硬币？

父亲：是的——没错。

女儿：哦——我就是不明白，不明白。

父亲：现在，看看我这次能不能把它说清楚。我们回到沙子与糖的例子吧，假定某个人认为沙子在杯底是“整齐”或“有序的”。

女儿：爸爸，在你可以继续谈论当你搅拌时东西怎么会混合在一起的问题之前，有人必须这么说吗？

父亲：是的——这正是关键的地方。他们说他们希望的事情将 8
会发生，而我告诉他们那不会发生，因为有如此之多的其他事情都有可能发生。我还知道更有可能的事，就是许多事情中的一个会发生，而不是很少事情中的一个会发生。

女儿：爸爸，你不过是一个老博彩人，支持所有的其他马，就反对我下赌注的那一匹。

父亲：就是这样，亲爱的。我让他们对所谓"整齐"的方式下赌注——我知道一定存在许多混乱方式——所以，事情将总是朝着混乱和混合的方向走。

女儿：但是，爸爸，你为什么不一开始就这么说呢？我就会马上明白那回事了。

父亲：是的，我想是。不管怎样，现在该睡觉了。

女儿：爸爸，为什么成年人有战争，而不是用孩子们争斗的方式？

父亲：不说了——该睡了。去吧，我们下次来谈论战争。

2 元对话：

法国人为什么这样？①

女儿：爸爸，法国人为什么挥舞手臂？ 9

父亲：你什么意思？

女儿：我的意思是在他们说话的时候。他们为什么那样挥舞手臂？

父亲：哦——你为什么笑？或者，你为什么有时候要跺脚？

女儿：但那不是一回事。爸爸，我不像法国人那样挥舞手臂。我想他们不可能不这么做，爸爸，是这样吗？

父亲：我不知道——他们也许觉得这难以停下来……你可以不笑吗？

女儿：但是，爸爸，我不是**一直**笑的。在我喜欢笑的时候，就难以停下来。但是我不是一直**都**喜欢笑的，这时我就会停下来。

---

① 这篇元对话原载《冲动》(*Impulse*，1951)。《冲动》是一本现代舞年刊，选入本书时获得出版公司的允许。它也见于《普通语义学评论》(*ETC.*：*A Review of General Semantics*，Vol. X，1953)。

父亲：对的——可法国人不是一直以同样的方式挥舞手臂的。有时候，他以这种方式挥舞手臂，有时候又以另一种方式挥舞手臂——我想，还有的时候，他就不挥舞了。

※ ※ ※

父亲：你想什么？我的意思是，当一个法国人挥舞手臂时，使你想到了什么？

女儿：爸爸，我想这看上去很傻。但是我不认为另一个法国人也会这么想。他们不可能你看我傻，我看你傻。因为如果他们彼此认为对方傻的话，那么他们就不会这么做了。不是吗？

父亲：或许是——但这不是一个很简单的问题。他们还有什么东西激发了你的思想？

女儿：哦——他们看上去都激动……

父亲：对了——“傻”和“激动”。

女儿：但是，他们真的像看起来的那么激动吗？如果我要是那么激动的话，我就会跳舞或唱歌，要不就是按某人的鼻子……可他们只是继续挥舞手臂。他们可能不是真的激动。

父亲：好吧——他们真的像你认为的那么傻吗？不管怎样，为什么你有的时候想跳舞唱歌和按某人的鼻子呢？

女儿：哦，有时候，我只是喜欢那样。

父亲：或许法国人挥舞手臂时，就是“喜欢那样”。

女儿：但是，他不能**一直**喜欢那样。爸爸，他就是不能。

父亲：你的意思是——当法国人挥舞手臂时，他的感觉的确和你挥舞手臂时的感觉不一样。你倒是对的。

女儿：可是，那么，他是怎么感觉的呢？

父亲：好吧——我们来设想你正和一个法国人讲话，然后，在谈话当中，就是在你刚刚说了什么之后，他突然停止挥舞手臂了，而只是说话了。那么，你会怎么想呢？他已不再傻和激动了吗？

女儿：不……我被吓住了。我会想我说了什么伤害他感情的事，还有或许他可能真的生气了。

父亲：是的——你可能是对的。

※ ※ ※

女儿：对了——所以当他们生气的时候，就会停止挥舞手臂了。

父亲：等一等。问题是：当一个法国人挥舞手臂时，他告诉另一个法国人的到底是什么？而我们已经有了部分答案——他告诉另一个法国人某种他怎么看待那个人的事
情。他告诉另一个法国人他没有很生气——他愿意成为 11
和能够成为你说的“傻”人。

女儿：可是——不——这没道理。他不能都这么做，这样他以后就能通过不挥舞手臂而告诉另一个人他是生气了。他怎么知道他后来会生气呢？

父亲：他不知道。但是，只是万一……

女儿：不，爸爸，这没有意义。我不笑，是为了能告诉你，如

果我以后不笑了，就是生气了。

父亲：是的——我想这就是笑的部分理由。而有许多人的笑，是为了告诉你他们没有生气——当他们实际上生气的时候。

女儿：但是，爸爸，这是不一样的。那是当面撒谎。就像是玩扑克牌似的。

父亲：是的。

※ ※ ※

父亲：现在我们在哪儿了？法国人如此费力，以便互相告知他们没有生气或伤心，你觉得这是没有道理的吗？但是，大多数谈话到底是关于什么的？我的意思是，美国人的大多数谈话是关于什么的？

女儿：可是，爸爸，这会关系到各种各样的东西——棒球、冰激凌、花园和游戏。还有人们谈论其他人，谈论他们自己以及他们圣诞节得到了什么礼物。

父亲：是的，是的——但是谁在倾听？我的意思是——没错，所以他们谈论棒球和花园。但是，他们在交换信息吗？还有，如果是的话，那是什么信息？

女儿：当然——你钓鱼回来，我问你："你钓到什么没有？"你说"什么都没钓到"，你告诉了我，我才知道你什么都没有钓到。

父亲：嗯嗯。

※ ※ ※

父亲：好啊——你提到了我钓鱼的事——一件我敏感的事情——然后，有一个中断，谈话中的一会儿沉默——那个沉默告诉你我不喜欢聊我没有钓到许多鱼的话题。这就像法国人伤心时不再挥舞手臂似的。

女儿：对不起，爸爸，但你的确是说……

父亲：不，不，——等一等——我们不要被对不起给弄糊涂 12
了——我明天还要出去钓鱼，而且我仍将知道我可能钓不到鱼……

女儿：可是，爸爸，你说过所有谈话都只是告诉其他人你没有对他们生气……

父亲：我说过吗？不，不，——不是*所有*谈话，而是许多谈话。有时候，如果双方都愿意仔细倾听，这就有可能不仅仅是相互打招呼和相互祝福。甚至不仅仅是交换信息。这两个人甚至可能发现什么他们以前都不知道的东西。

※ ※ ※

父亲：无论怎样，大部分谈话都仅仅是关于人们是生气了还是其他什么。他们忙于告诉对方他们是友好的——这有时候是一个谎言。可当他们想不出说什么的时候，究竟会发生什么呢？他们都会感到不舒服。

女儿：但是，爸爸，难道那不是讯息吗？我的意思是——关于他们没生气的讯息？

父亲：当然，是的。不过那是一种不同于“猫在垫子上”的讯息。

※ ※ ※

女儿：爸爸，人们为什么就不能说“我没有和你生气”，并到此为止呢？

父亲：嗯，现在我们进入真正的问题了。关键在于：我们用手势交换讯息，可随着这些手势转化为语词，讯息实际上就不一样了。

女儿：我不明白。

父亲：我的意思是，有人仅用语词告诉他人自己生气或没有生气，这可完全不同于他可以通过手势或声调来告知的东西。

女儿：但是，爸爸，你不可能有不带某种声调的语词，是吗？即便某人尽量少用声调，其他人也会听出他正在克制自己——而那就是一种声调，不是吗？

父亲：是的——我想是。这就是我刚才关于手势所说的东西——法国人可以通过停止他的手势而说出什么特定的东西。

※ ※ ※

父亲：可是，——如果没有“纯语词”(mere words)的话，那 13
么，我所说的“纯语词”绝不能传递和手势一样的讯息，是什么意思呢？

女儿：哦，语词可以被写下来。

父亲：不行——那不能使我摆脱困境。因为书写语还是有某种韵律，还是有暗示。关键在于：**不存在**纯语词。**只**存在要么带有手势、要么带有声调或此类东西的语词。不过，通常情况下，没有语词的手势当然就足够了。

※ ※ ※

女儿：爸爸，当他们在学校里教我们法语的时候，为什么不教我们挥手？

父亲：我不知道。我真的不知道。那可能是人们为什么会发现学习语言是如此困难的事情的一个原因。

※ ※ ※

父亲：不管怎样，那都是胡说。我的意思是，以为语言(language)是由语词(words)组成的，这种看法是胡说，而当我说手势不能被转换为“纯语词”时，我是在胡说，因为不存在诸如“纯语词”之类的东西。所有的句法和语法，以及所有的那种东西都是胡说。它完全建立在认为存在“纯”语词的观点的基础上——而它们是不存在的。

女儿：但是，爸爸……

父亲：我告诉你——我们必须再次完全从头开始，并假定语言首先是一个手势系统。动物毕竟只有手势（姿态）和声调——语词是后来发明的，是很久以后的发明。而就在那以后，他们又发明了教师。

女儿：爸爸？

父亲：是这样的。

女儿：如果人们放弃语词，回到仅仅使用手势（姿态）的时代，那会好吗？

父亲：嗯嗯，我不知道。当然，我们就不能进行任何像现在这样的谈话了。我们只能嚎叫，或喵喵叫，挥舞手臂，还有笑、哼、抽泣。但这或许很有趣——它会把生活变成一场舞剧，带有编写他们自己音乐的跳舞者。

3 元对话：

关于游戏和认真[①]

女儿：爸爸，这些谈话是认真的吗？ 14

父亲：当然。

女儿：它们不是一种我们一起玩儿的游戏？

父亲：但愿不是……可它们是一种我们一起玩儿的游戏。

女儿：那么，它们**就不是**认真的！

※ ※ ※

父亲：你该告诉我你理解的“认真”和“游戏”是什么。

女儿：好……如果你是……我不知道。

父亲：如果我是什么？

女儿：我的意思是……对我来说，这些谈话是认真的，但是如果你是在玩游戏的话……

---

① 这篇元对话原载《普通语义学评论》(*ETC.：A Review of General Semantics*，Vol. X，1953)，选入本书时获得该刊允许。

父亲：别急。我们看看关于“玩儿”和“游戏”的好与不好的问题。首先，我不在意——不很在意——输赢。当你的问题使我陷入困境时，真的，我尽量仔细想想，尽量讲清楚我的意思。但是，我不吓唬人，也不设陷阱，不想作弊。

女儿：正是这样。对你来说，这不是认真的。这是一场游戏。作弊的人就是不知道怎么玩**游戏**，他们把游戏弄得像是认真的事情一样。

父亲：但它**是**认真的事情。

女儿：不，它不是——对你来说不是。

父亲：因为我根本不想欺骗？

女儿：是的——有点是。

父亲：但是你想一直欺骗和唬人吗？

女儿：不——当然不想。

父亲：那么怎样？

女儿：哦——爸爸——你**永远**都不会明白的。

父亲：我想，我不会。

父亲：看，我刚才通过迫使你承认你不想欺骗，而在辩论中得了一分，然后，我将你的承认连接到了特定结论上，即谈话因此对你来说也不是“认真”的。这是一种欺骗吗？

女儿：是的——是一种欺骗。

父亲：我同意——我想它是的。对不起。

女儿：你看，爸爸——如果我欺骗了或者想要欺骗，那就意味着我对于我们谈论的问题来说，是不认真的。这就会意味着我只是在和你玩一场游戏。

父亲：是的，这说得通。

※ ※ ※

女儿：可这没有意义啊，爸爸。这是可怕的混乱。

父亲：是的——一个混乱——但仍然是一种意义。

女儿：怎么说，爸爸？

※ ※ ※

父亲：等一下。这不容易说。首先——我想我们通过这些谈话有了些进展。我非常喜欢它们，我想你也是。但除此之外，我想我们直接得到了一些思想，并且我认为那些混乱也是有帮助的。我的意思是，如果我们始终按照逻辑来讲话，那么，我们肯定不会有任何进展。我们只能机械地复述所有那些古老的铅板(clichés)——它们是几百年来为所有人重复的东西。

女儿：什么是铅板，爸爸？

父亲：铅板？它是一个法语词，我想它原初是印刷工的用词。当他们印一个句子时，必须采用分开的字母，把它们一个个地放在一种有槽的拼字盘里，来拼出那个句子。但是，对于人们经常使用的那些语词和句子，印刷工将其在小排字盘里准备好。而这些现成的句子就被称为铅板。

女儿：但现在我已经忘了你关于铅板在说什么了，爸爸。 16

父亲：是的——它是有关我们在这些对话中陷入混乱以及陷入混乱怎么能够产生意义的问题。如果我们没有陷入混乱，我们的谈话就会像是没有先洗牌就玩需要两副牌的那种游戏一样。

女儿：是的，爸爸——但那些东西是怎么回事呢——现成的字母盘？

父亲：铅板？是的——那是一样的。我们都有许多现成的词语和思想，印刷工有现成的字母盘，它们都被分类出来组成语句。但是，如果印刷工要印出某种新东西——就是说，某种采用新语言的东西，那么，他就必须打破所有旧的字母分类。同样，为了考虑新思想，或说出新东西，我们必须打破所有我们现成的思想，必须洗牌。

女儿：可是，爸爸，印刷工不会把所有的字母都洗来洗去，是吗？他不会在一个袋子里把它们都搅在一起。他会把它们一个挨一个地放在各自位置上——所有的 a 放在一个盘子里，所有的 b 放在另一个盘子里，等等。

父亲：是的——是这样。否则，当他要找 a 的时候，就会发疯了似的想找到它。

※ ※ ※

父亲：你在想什么？

女儿：没什么——只是想有那么多的问题。

父亲：例如？

女儿：好，我明白当说到我们陷入混乱时你的意思是什么了。

它能够使我们谈论各种新东西。但是，我在想印刷工的事。即便他打乱了所有的现成语句，他也得把所有小字母进行分类。而我困惑的是我们的混乱。我们必须使我们思想的小碎片处于某种秩序之中——以免陷入疯狂吗？

父亲：我想是这样——是的——但我不知道是“**什么样**”的秩序。那会是一个非常难以回答的问题。我觉得我们今天不能得到那个问题的答案。

※ ※ ※

父亲：你说过有“那么多的问题”。还有别的问题吗？ 17

女儿：有的——关于游戏和认真。那是我们一开始说到的问题，而我不明白它们怎么或为什么引导我们谈论起我们的混乱来了。你把每件事都混在一起的方式——那是一种欺骗。

父亲：不，绝对不是。

※ ※ ※

父亲：你提出了两个问题。实际上，问题还多得多……我们从关于这些谈话的问题开始——它们是认真的吗？或者，它们是一种游戏吗？当我可能在玩一场游戏而你是认真的话，那你会感到受到了伤害。如果一个人带着一套情感或想法参加一次谈话，那么这次谈话看上去就像是一场游戏——但是如果他的想法或情感是不同的，那么这次谈话看上去就不像是一场游戏了。

女儿：是的，如果你关于谈话的想法与我关于谈话的想法是不同的话，那么，它就是了……

父亲：如果我们都有游戏的想法，那不就行了吗？

女儿：是的——当然。

父亲：这样，看来我得说清楚我关于游戏的想法的意思是什么。我知道对于我们谈论的问题我是认真的——无论那意味着什么，都是这样。我们谈论思想。而且我知道我玩(play)思想，为的是理解它们，并把它们组合在一起。这种“玩”与一个小孩“玩”积木有同样的意义……而一个搭积木的孩子对他的“玩”是非常认真的。

女儿：但是，那不是一场游戏吗，爸爸？你在和我比赛吗？

父亲：不，我想它就像是你和我一起玩搭积木——就是搭思想。有时候，有点儿像是比赛——但是比谁能够产生下一个思想。有时候，我们相互攻击对方的搭建，或者，我想捍卫自己建立起来的思想，使它们免受你的批评。但是我们终将总是一起工作，以便能够把思想建立得有根据。

※ ※ ※

女儿：爸爸，我们的谈话有规则吗？游戏和单纯玩乐之间的不同就在于游戏有规则。

父亲：是的。让我想一想。我认为，我们的确有一种规则……

而且我认为玩积木的孩子也有规则。积木本身造成了一种规则。它们在某些位置上将是平衡的，在其他位置上 18
将是不平衡的。如果孩子用胶水使积木立在某个地方——而不这样的话，这些积木在那里就立不起来，那就是一种作弊。

女儿：可**我们**的规则是什么？

父亲：好，我们摆弄的那些思想带来了一种规则。关于思想如何立足、如何相互支持，是存在规则的。如果它们被错误地结合在一起，那么，整个建筑将会倒塌。

女儿：不是胶水吧，爸爸？

父亲：不——不是胶水。就是逻辑。

※ ※ ※

女儿：但是你说过，如果我们总是按照逻辑来谈话，并且不陷入混乱，那我们就永远说不出什么新东西？我们只能说现成的东西。你把那些东西称作什么来着？

父亲：铅板，是的。胶水就是把各种铅板粘在一起的东西。

女儿：但你说的是“逻辑”，爸爸。

父亲：是的，我知道。我们又陷入了混乱。只是我没有看到一条走出这个特殊混乱的道路。

※ ※ ※

女儿：我们怎么陷入混乱的，爸爸？

父亲：好吧，看看我们是不是能够回溯我们的步骤。我们正讨论这些谈话的“规则”。我说，我们玩的思想具有逻辑规则……

女儿：爸爸！我们多一点规则，并更谨慎地服从它们，难道不是一件好事情吗？那样的话，我们就不会陷入这些可怕的混乱了。

父亲：是的。不过等一等。你的意思是我使我们陷入这些混乱，因为我违背了那些我们没有的规则。或这么说吧，我们本该有规则的，它们会使我们免于陷入混乱——只要我们服从它们的话。

女儿：是的，爸爸。那就是游戏规则的用处。

父亲：好的，可你想把这些谈话变成那种游戏吗？我倒更情愿玩纸牌——那也好玩。

19 女儿：是的，说得对。我们可以在想玩的时候就玩纸牌。但是现在，我可更愿意玩这个游戏。只是我不知道这是一种什么样的游戏，也不知道它的规则都是些什么。

父亲：不过我们已经玩了一会了。

女儿：是的，它有趣。

父亲：对。

※ ※ ※

父亲：让我们回到你提出的、而我认为今天难以回答的问题上去。我们当时正在谈论打乱其铅板的印刷工，你说他仍然会保持他的字母中的某种秩序——免得疯找。然后，你问道："我们应该遵守哪种秩序，以便当我们陷入混乱时不至于发疯？"对我来说，游戏"规则"似乎只是那种秩序的另一个说法。

女儿：是的——而欺骗就是使我们陷入混乱的东西。

父亲：在某种意义上，是的。那是对的。除非游戏的全部要点在于，我们确实陷入了混乱；另一方面，我们确实会走出来，而且如果没有混乱，我们的"游戏"就会像纸牌或象棋一样——这可不是我们想要它成为的样子。

女儿：难道是你制订那些规则，是吗，爸爸？那公平吗？

父亲：女儿，挖苦我呢。或许是件不公平的事。但是让我表面上接受它。是的，是我在制订那些规则——我毕竟不想让我们陷入疯狂。

女儿：好吧，可是爸爸，你又想改变那些规则吗？有时候？

父亲：嗯嗯，又是挖苦。是的，女儿，我不断地改变它们。不是所有的规则，而是其中某些规则。

女儿：我希望当你打算要改变它们的时候，会告诉我！

父亲：嗯——好——又来了。我希望我能够。但不像是那回事。如果它和象棋或纸牌一样，那么我就可以告诉你规则，而且如果我们愿意的话，我们就能停下游戏，讨论规则。然后，我们就可以按照新规则开始一场新游戏。但是，什么样的规则会使我们停留在两个游戏之间？就是在我们正讨论规则的时候呢？

女儿：我不明白。

父亲：是的。问题在于这些谈话的目的是发现"规则"。这就像
生活——一场旨在发现规则的游戏，它的规则总是在变 20

化，也总是无法发现。

女儿：但是，我不把它称作游戏，爸爸。

父亲：或许不是。我会把它称作游戏，或者，无论如何，称作“玩儿”。但是，它肯定不像象棋或纸牌。它更像是小猫小狗做的事。可能是，我不知道。

※ ※ ※

女儿：爸爸，小猫小狗为什么要玩儿？

父亲：我不知道——不知道。

4 元对话：

你知道多少？[1]

女儿：爸爸，你知道多少？ *21*

父亲：我？嗯——我大约有一磅的知识。

女儿：别傻了。是一英镑还是一磅重？我的意思实际上是你知道多少？

父亲：好，我的大脑约两磅重，我想我大约用了它的四分之一——或约四分之一的效能。所以我们可以说是半磅。

女儿：但是你比约翰尼的爸爸知道得多吧？你比我知道的多吧？

父亲：嗯，嗯——我曾知道有个英国小孩问他父亲：“父亲总是比儿子知道得多吧？”他父亲说：“是的。”下一个问题是：“爸爸，谁发明了蒸汽机？”父亲说：“詹姆斯·瓦特。”这时儿子回答说：“——但为什么不是詹姆斯·瓦特的父亲发明了蒸汽机呢？”

---

① 这篇元对话原载《普通语义学评论》(*ETC.*：*A Review of General Semantics*，Vol. X，1953)，选入本书时获得该刊允许。

※ ※ ※

女儿：我明白。我比那个男孩知道得多，是因为我知道为什么詹姆斯·瓦特的父亲没有发明蒸汽机。因为在**任何什么人**能够发明蒸汽机之前，其他某个人必须思考某种其他的事情。我的意思是某种类似的东西——我不知道——但在任何什么人能够制造发动机之前，其他什么人得先发现石油。

父亲：是的——那就产生了个区别。我的意思是，它意味着知
22 识像各种各样的布料一样，是编织或编排在一起的，而每一个知识碎片都只是因为其他多个知识碎片，才是有意义的，或有用处的——还有……

女儿：你觉得我们该不该用尺来测量它呢？

父亲：不行，我觉得不行。

女儿：但是我们买布料就是这样。

父亲：是的。可我的意思不是说它**就是**布料。它只是像布料——而它确实不会像布料那么扁平——但处在三个维度中，也许四个维度中。

女儿：爸爸，你什么意思啊？

父亲：我真的不知道，亲爱的。我刚才正试着去思考。

父亲：我觉得我们今天上午不能很好地解决它。假定我们从另一个方向开始。我们必须思考的问题是：知识的碎片怎样编织在一起。它们怎样互相帮助。

女儿：它们怎样做到的呢？

父亲：好——它就像是两个事实有时候给加在了一起，而你所能够有的就是两个事实。但是，有时候，不是加，而是乘——这样你就有了**四个**事实。

女儿：你不能 1 乘 1 等于 4。你知道你不能。

父亲：哦。

※ ※ ※

父亲：但是，我也能。如果被乘的东西是各种知识碎片，或事实或诸如此类的东西。因为它们每一个都是双重的东西。

女儿：我不明白。

父亲：是的——至少是双重的东西。

女儿：爸爸！

父亲：是的——以“二十个问题”为例。你想到某件事。就是说你想到“明天”。好。现在我问：“它是抽象的吗？”你说：“是。”那么从你的“是”里我得到双倍的信息。我知道它**是**抽象的，我也知道它不是具体的。或者这么说——从你说的“是”里，我可以把问题可能性的数量**分成相等的两个部分**。这是乘二分之一。

女儿：难道不是除法吗？

父亲：是的——是一回事。我的意思是——好吧——它是乘 0.5。重要的是它不只是减法或加法。

女儿：你怎么**知道**它不是？

父亲：我怎么知道的？好吧——假设我提出了另一个问题，这 23

将把抽象物中的可能性减半。然后又是另一个。它将把总的可能性降到它们开始时的八分之一。2 乘 2 乘 2 等于 8。

女儿：而 2 加 2 再加 2 只是 6。

父亲：对的。

女儿：但是，爸爸，我不明白——“二十个问题”会是怎么样呢？

父亲：问题在于，如果我恰当地选择了我的问题，我就能够在对事情的 2 乘 2 乘 2 乘 20 次——2 的 20 次方的事情——之间做出决定。你可能要考虑一百多万件事情。一个问题在两件事情之间就足以做出决定，两个问题将在四件事情之间做出决定，等等。

女儿：爸爸，我不喜欢算术。

父亲：是的，我知道。把它算出来是单调乏味的，但其中有些思想是有趣的。无论如何，你要知道如何测度知识，如果你开始测度事情，那就总是要导向算术。

女儿：我们还没有测度任何知识呢。

父亲：还没有。我知道。但是如果想测度的话，我们就已经朝着知道我们如何测度知识的方向，迈出了一两步了。这意味着我们有点更趋近于了解知识是什么了。

女儿：爸爸，那会是一种有趣的知识。我的意思是说关于知识的知识——我们可以同样测度那种知识吗？

父亲：等一下——我不知道——那实际上是关于这个主题的

“64美元的问题”（$64 Questions）[①]。因为——好吧，让我们回到“二十个问题”的游戏上。关键在于我们从没有提到的是：这些问题一定要处于某种秩序之中。首先是宽泛的普遍问题，然后是具体问题。而且只有从对宽泛问题的回答中，我才知道提出什么样的具体问题。但是我们认为它们都是相似的。我不知道。不过现在你问我：关于知识的知识是否能像其他知识那样得到测度。答案肯定是不能。你看，如果早先在游戏中的问题告诉我后来要提出什么样的问题，那么，它们肯定部分地是关于认识的问题。它们在探求认识的事情。

女儿：爸爸——有谁测度过什么人知道多少吗？ 24

父亲：哦，是的。经常有。但是我不十分清楚那些答案的意思是什么。他们用考试、测验和问答比赛来做这件事，但是，它就像是想通过扔石头的方式来测度一张纸有多大一样。

女儿：你什么意思呢？

父亲：我是说——如果你从同样的距离，朝着两张纸扔石头，你就会发现你更经常地击中其中的一张纸，这样，你击中最多的那张纸就有可能比另一张纸大。同样，在一场考试中，你向学生提出了许多问题，如果你发现你从一个学生那里获得的知识要多于其他学生，那么，你就认

---

① 第二次世界大战期间，美国哥伦比亚广播公司经常举办一种有奖问答活动，问题由易到难，资金数额也按照1—2—4—8—16—32—64的顺序递增，最后最难的问题如果答对了，就可获得64美元的最高奖。后来，人们就把最后、也是最难回答的问题称作“64美元的问题”。——译者注

为那个学生一定知道得更多。那就是思想。

女儿：但是，人们可以那样来测度一张纸吗？

父亲：当然可以。它甚至可能是测度一张纸的一个非常好的方法。我们用这样的方法来测度许多东西。例如，我们通过看一杯咖啡有多黑，来判断它有多么浓烈——就是说，我们来看有多少光被阻止了。我们朝它扔光波而不是石头，这是同样的思想。

女儿：哦。

※ ※ ※

女儿：但是，那么——我们为什么不该那样测度知识？

父亲：怎么测度？通过问答比赛？不——但愿不会是这样。麻烦在于：那种测度没有考虑到你的关键问题，即存在三种不同的知识——而且还存在关于知识的知识。应该给那个能回答最普遍问题的学生更高的分数吗？要不，或许针对不同**种类**的问题，应该有不同种类的分数。

女儿：对，我们就这么做，再把分数加在一起，然后……

爸爸：不行——我们不能把它们加在一起。我们可以用另一种分数乘或除一种分数，但是我们不能把它们加在一起。

女儿：为什么不能，爸爸？

父亲：因为——因为我们不能。如果他们在学校里不告诉你那种事情的话，也就难怪你不喜欢算术——他们告诉你什
25 么呢？天哪——我奇怪的是那些老师是怎么看待算术的？

女儿：算术是什么？爸爸？

父亲：不。我们还是围绕如何测度知识的问题吧——算术是一套使思维清晰起来的技能，它唯一有趣的地方就在于它的清晰。而关于清晰的首要之事在于：不要把实际上彼此不同的思想混在一起。关于两个橘子的思想确实与关于两英里[①]的思想不同。因为如果你把它们加在一起，你就只会一头雾水，弄不清楚了。

女儿：但是，爸爸，我不能使思想分开。我应该把它们分开吗？

父亲：不——不——当然不能。把它们组合起来。但不是把它们相加起来。就是这样。我的意思是——如果思想是数字，而你要把两种不同的思想组合起来，要做的事情就是使之彼此相乘，或彼此相除。然后，就会得到某种新思想，一种新数量。如果你头脑中有英里，也有小时，那么，用英里除以小时，你就有了“英里/小时”的思想——那就是一种速度。

女儿：是的，爸爸。如果我们把它们乘起来的话，我得到的会是什么呢？

父亲：哦——嗯——我们想你会得到英里—小时。是的。我知道它们是什么了。我的意思是，知道英里—小时是什么了。它就是你付给出租车司机的东西。他的计程表测度英里，他也有测度小时的钟表，计程表和钟表一起工作并用英里乘小时，然后再用其他将英里—小时变成美元

① 1英里约为1.61千米。——译者注

的东西来乘英里—小时。

女儿：我曾做过一次实验。

父亲：是吗？

女儿：我要弄清楚自己是不是能在同一时刻思考两种思想。所以，我想“这是夏天”，我也想“这是冬天”。然后，我试图一起思考这两个思想。

父亲：是吗？

女儿：但是，我发现我没有两个思想。我只能具有*关于*有两个思想的一个思想。

父亲：就是这样。你不能混合思想，你只能组合它们。最终，
26 这意味着你不能一个个地数它们。因为数数实际上只是
把东西加在一起。而你几乎不能这么做。

女儿：那么，我们*实际上*只有一个大的、包括许多分支的思想——许多许多的分支？

父亲：是的，我想是。我不知道。无论如何，我想这是一个探讨它的比较清楚的思路。我的意思是说，比起讨论一点知识并试图数它们来说，这要更加清楚。

※ ※ ※

女儿：爸爸，你为什么不使用大脑的另外四分之三？

父亲：哦，是的——那个——你看麻烦在于我也有过中学老师。他们把我大脑的四分之一塞满了迷雾。然后我读报纸，听别人说什么，它们又把另一个四分之一塞满了迷雾。

父亲：还有其他部分呢，爸爸？

父亲：哦——当我试图去思考的时候，我自己又在里面制造了迷雾。

5 元对话：

为什么事物有轮廓？[①]

27 女儿：爸爸，为什么事物有轮廓(outlines)？

父亲：它们有吗？我不知道。你说的是哪种事物？

女儿：我的意思是当我画东西的时候，为什么它们有轮廓？

父亲：好，其他种类的事物呢——一群羊？或一次谈话？它们有轮廓吗？

女儿：别傻了。我不可能画一次谈话。我说的是*事物*(things)。

父亲：是的——我刚刚正想弄清楚你的意思是什么。你是说"当我们在画事物时为什么要给它们轮廓"，或者，你的意思是说不管我们是不是画它们，事物总*有*轮廓？

女儿：我不清楚，爸爸。告诉我，我的意思是什么。

父亲：我不知道，亲爱的。曾经有个一度非常气愤的艺术家，他草草地记下了各种事物，在他去世后，人们翻看他的

---

① 这篇元对话原载《普通语义学评论》(*ETC.: A Review of General Semantics*, Vol. Ⅺ, 1953)，选入本书时获得该刊允许。

书，在一个地方看到他写着“聪明的人看到轮廓，因此画了它们”，可在另一个地方，他又写着“疯狂的人看到轮廓，因此画了它们”。

女儿：可哪一个是他的意思？我不明白。

父亲：好，威廉·布莱克——这是他的名字——是一个伟大的艺术家，也是一个非常容易生气的人。有时候，他把自 28
己的思想揉起一团，朝人们扔过去。

女儿：但是他为什么疯狂，爸爸？

父亲：但他为什么疯狂？哦，我想——你的意思是“生气”。如果要谈论布莱克，我们必须把“疯狂”的这两种意思弄清楚。因为许多人认为他是疯狂的(mad)——真的疯狂——狂热(crazy)。那是他疯狂—生气的原因之一。他还对某些艺术家感到疯狂—生气，因为这些人画画就像事物没有轮廓似的。他把他们称作“口水派”(the slobbering school)。

女儿：他不是很宽容，是吧，爸爸？

父亲：宽容？哦，天啊，是的，我知道——那就是他们在学校里反复向你灌输的东西。是的，布莱克不是很宽容。他甚至不认为宽容是件好事情。它更像是在吐口水。布莱克认为，宽容把所有的轮廓都给弄模糊了，并把所有的东西都搅和在一起——弄得没有区别，难分彼此(make all cat gray)。所以，没有人能够清楚明确地认识任何事物。

女儿：是的，爸爸。

父亲：不，这不是答案。我的意思是说“是的，爸爸”不是答案。它所说的不过是你不知道你的观点是什么——你根本不在乎我说什么或布莱克说什么，这个流派使你对关于宽容的谈话感到如此困惑，所以你不能说出任何事情之间的区别。

女儿：（抽泣）。

父亲：哦，天啊。对不起，但是我生气了。可真的不是因为你而生气。只是因为人们在如何行动和思想方面的普遍糊涂而生气——因为他们怎样鼓吹把事情搅和在一起，又将之称为宽容的做法而生气。

女儿：但是，爸爸——

父亲：是不是？

女儿：我不知道。我好像不大清楚。都是一团糟。

父亲：对不起。我想是我一开始就发脾气，把你给弄糊涂了。

※ ※ ※

女儿：爸爸？

父亲：什么？

女儿：为什么要生气呢？

29 父亲：这是生气的事吗？

女儿：我的意思是——关于事物是不是有轮廓的事情。你说布莱克因为这个而生气。然后，你也为这个生气。为什么会是这样的，爸爸？

父亲：是的，在某种程度上，我想是这样的。我认为这很重要。也许在某个方面，重要的是*那个*事物。其他事物只因为是它的组成部分，才会重要。

女儿：你什么意思，爸爸？

父亲：我的意思是，好吧，让我们说说宽容吧。当非犹太人因为犹太人杀了耶稣而要欺侮犹太人时，我不能宽容。我认为非犹太人脑子糊涂了，把一切轮廓都弄得含糊不清。因为犹太人没有杀耶稣，意大利人杀了耶稣。

女儿：是意大利人，爸爸？

父亲：是的，只是那些做了这件事的人今天被称作罗马人，我们还用另外的语词来指称他们的后代。我们把他们称作意大利人。你看，存在两种混乱，而我故意制造了第二种混乱，这样我们就能够理解它。第一个混乱是把历史弄错，说是犹太人干的这件事，然后是另一个混乱，即说他们的后代应该为其祖先没有做的事负责任。这完全是糊里糊涂的。

女儿：是的，爸爸。

父亲：好，我尽量不再生气了。我试图要说的不过是：把问题搅和在一起就是件让人生气的事情。

女儿：爸爸？

父亲：是吗？

女儿：我们有一天也谈到了把问题搅和在一起。现在，我们真的是在谈论同样的事吗？

父亲：是的，我们当然是在说同样的事。这就是它重要的原因——就是我们那天说的东西。

女儿：你说过科学关注的就是把事情弄清楚。

父亲：是的，这还是一回事。

※ ※ ※

女儿：我不是十分理解它。每件事似乎又都是其他每件事，而我找不到方向了。

父亲：是的，我知道这是困难的。问题在于我们的谈话的确有某种轮廓，无论怎样——只要人们能够清楚地看到它就行。

30 父亲：我们来个变化吧，即设想一个真正彻底的混乱的例子，看看是不是会有帮助。你记得《爱丽丝梦游仙境》(*Alice in Wonderland*)里的槌球比赛吗？

女儿：是的——与火烈鸟？

父亲：对的。

女儿：还有用作球的豪猪？

父亲：不，是刺猬。它们是刺猬。英国没有豪猪。

女儿：哦，是在英国吗，爸爸？我不知道。

父亲：当然是在英国。美国也没有公爵夫人。

女儿：但是，爸爸，有"温莎公爵夫人"。

父亲：是的，但她没有羽毛，不像一头真的豪猪那样。

女儿：继续说爱丽丝，别犯傻了，爸爸。

父亲：是的，我们刚刚正在谈论火烈鸟。问题在于那个写爱丽丝的人想的和我们一样。他通过想象一场完全混乱、绝对混乱的槌球比赛，用小爱丽丝来给自己取乐。所以，他说他们应该把火烈鸟用作槌，因为火烈鸟会弯下头颈，这样参与者甚至就会连他的槌是不是能够击中球或怎么击中球都不知道。

女儿：不管怎样，槌球会主动走开的，因为它是一只刺猬。

父亲：那就对了。因此这就都搅和成一团了，没人能够说出会发生什么。

女儿：球门也转着圈子，因为它们是士兵。

父亲：对呀——每个东西都能动，可没人能够说出它会怎么动。

女儿：是不是每个东西都必须是**活的**，这才造成了一片混乱？

父亲：不——作者本来可以通过……而把它弄得混乱的，不，我想你是对的。那是有趣的。是的，一定得那样。等一等。它是稀奇古怪的，可你是对的。因为如果作者用任何其他方式把各种东西搞得混乱的话，那么，参与者就会知道怎么对付混乱不堪的细节了。我的意思是，假定槌球比赛的草地崎岖不平，或球是一种可笑的样子，槌 31
头只是晃来晃去，而不是活的东西，那么人们就仍然会学习，而比赛就只会是更困难了——这并不是不可能的。但是，一旦你把活的东西带入进去，它就变得不可能了。我没有料到是这样的。

女儿：你不会，爸爸？我倒会。我觉得那样看起来很自然。

父亲：自然？的确——很自然。但是，我没有料到它是那样运作。

女儿：为什么不？那正是我想预料的。

父亲：是的。但那不是我会预料的东西。那些动物自己能够看到前面的事情，并且能够依据它们认为要发生的事情来行动——猫可以跳到地上捉老鼠，而当它完成跳跃动作时，那个老鼠有可能还在那里——但事实是：动物能够看到前面的事情，并且能够学习，这使得它们成为这个世界上唯一真正不可预测的东西。想想看，我们试图制定法律，就好像人们是非常守规则的和可以预测似的。

女儿：或许，他们制定法律就是因为人是不可预测的？而制定法律的人希望其他人是可预测的吗？

父亲：是的，我想是。

※ ※ ※

女儿：我们刚刚谈论的是什么？

父亲：我不很清楚——还不清楚。但是你通过提出问题而开始了一个新思路，这个问题就是：槌球比赛是不是只要使其中所有东西都是活的，就能够被弄得陷入真正的混乱之中。而我正追随着这个问题，我认为我们还没有把握这个问题。在这里，有某种好玩的东西。

女儿：什么？

父亲：我不很清楚——还不清楚。就是某种关于活的东西以及它们与不活的东西(机器、石头等)之间的区别的东西。马在汽车世界中就不适应。那是同一观点的一部分。它们是不可预测的，就像那个槌球比赛中的火烈鸟一样。

女儿：那么人呢，爸爸？

父亲：他们怎样？

女儿：哦，他们是活生生的。他们适应吗？我的意思是那些走在大街上的人。

父亲：不，我猜想他们实际上不适应——或者只有通过非常努力地工作以保护自己，并使自己能够适应。是的，他们必须把自己变得可预测，否则那些机器就会生气，就会杀了他们。 32

女儿：别傻了。如果机器会生气的话，那么*它们*就会是不可预测的。它们就会像你一样，爸爸。你不能预测你什么时候生气，你能吗？

父亲：不能，我想不能。

女儿：但是，爸爸，我倒情愿你不可预测——有的时候啊。

※ ※ ※

女儿：你说谈话有轮廓，这是什么意思呢？这个谈话有轮廓吗？

父亲：哦，当然有。但是，我们还不能看到它，因为谈话还没有结束。当你还身处轮廓中时，你永远都看不到它。因为如果你能看到它，你就是可预测的——像机器一样。我就是可预测的——我们两个就都是可预测的——

女儿：但是，我不明白。你说重要的是要把事情弄清楚。你对那些把轮廓弄得混沌的人感到生气。不过，我们还是觉得不可预测更好，而且不喜欢像一部机器。你还说我们直到谈话结束，才能够看到它的轮廓。那么，不管我们是否清楚都无关紧要。因为我们对此*无能为力*。

父亲：是的，我知道——而且我自己也无法理解它……但是，不管怎样，谁愿意对它有*作为*呢？

6 元对话：

为什么是天鹅？[①]

33 女儿：为什么是天鹅？

父亲：是的——又为什么是《彼得鲁什卡》（*Petroushka*）中的木偶？

女儿：不——那不一样。木偶毕竟是某种人——而那个特殊的木偶是非常通人性的。

父亲：比人还要有人情味？

女儿：是的。

父亲：但仍是**某种**人？而这只天鹅毕竟也是某种人。

女儿：是的。

※ ※ ※

女儿：但是，那个跳舞者是怎么回事呢？她是人吗？当然，她

① 这篇元对话原载 1954 年《冲动》，选入本书时获得冲动出版公司的允许。

真的是人，可是在舞台上，她似乎不是人或是非人了——或许是超人。我不知道。

父亲：你的意思是——当那天鹅只是**某种**天鹅时，脚趾之间没有织带，跳舞者看来只是**某种**人。

女儿：我不知道——或许有点儿像是这样。

※ ※ ※

父亲：不——当我把“天鹅”和跳舞者当作两种不同的事物来谈论时，我陷入了混乱。我还不如说我在舞台上看到的事物——天鹅造型——既是“某种”人，也是“某种”天鹅。

女儿：但这样你会在两个意义上使用“某种”。

父亲：是的，是这样。不过无论怎样，当我说天鹅造型是“某 34
种”人的时候，我的意思不是说它（或她）是这个我们称为人的物种或种类的一个成员。

女儿：不是，当然不是了。

父亲：更确切地说，她（或它）是一个大群体中的另一个分支的成员，这个大群体会包括彼得鲁什卡木偶、芭蕾舞天鹅和人。

女儿：不，它不像属和物种。你的大群体包括鹅吗？

※ ※ ※

父亲：好吧。那么我显然不知道“某种”一词的意思是什么。但是，当我说天鹅造型是一“种”天鹅或一只“假”天鹅时，我的确知道一般而言，所有的幻想、诗歌、芭蕾和艺术都因为我所说的那种关系而有了意义和重要性。

女儿：那么，我们将永远无法说出为什么一个跳舞者是一只天鹅、一个木偶或不管什么，而且，除非某人说出“某种……”的真正意思是什么，否则我们也永远无法说出艺术或诗歌是什么。

父亲：是的。

※ ※ ※

父亲：但是我们不必回避双关语。在法语中，语词 *espèce de*（“某种”的字面意思）带有一种特殊的力量。如果一个人称另一个人“一头骆驼”，那么也许是友好的冒犯。但是，如果他称他为 an *espèce de chameau*（某种骆驼），那就坏了。要是把一个人称为 an *espèce d'espèce*（某种中的某种），那可就更坏了。

女儿：什么某种中的某种？

父亲：没有什么东西——就是某种中的某种。另一方面，如果你说一个人是一头真正的骆驼，那么，这个冒犯带有勉强的赞美的味道。

女儿：但是，当一个法国人称一个人是某种骆驼时，他是不是以我说天鹅是某种人时的同样方式，来使用“某种”这个词呢？

※ ※ ※

父亲：是同样的——在《麦克白》(*Macbeth*)里有一段话。麦克白正在对一些刺客说话，而这些刺客是他派出去杀班柯的。他们自称是人，而麦克白告诉他们：他们是某种人。

> 嗯，按说，你们也算是人，正像家狗、野狗、猎 35
> 狗、巴儿狗、狮子狗、杂种狗、癞皮狗，统称为狗一样。
>
> （《麦克白》，第三幕，第一场）

女儿：不是——那不是你刚才说的东西。那是什么？“一个大群体中的另一个分支？”我认为它根本不是那个。

父亲：是的，它不仅仅是那个。麦克白毕竟是以他的直喻来使用语词狗。而“狗”要么意味着高贵的猎狗，要么意味着吃垃圾的狗。如果他使用了家猫品种——或野玫瑰的亚种话，就不会是一样的了。

女儿：对了，对了。但是，我的问题的答案是什么？当一个法国人称呼一个人为“某种”骆驼时，当我说天鹅是“某种”人的时候，我们两人用的“某种……”指的是同样的东西吗？

※ ※ ※

父亲：好吧，我们试着分析“某种”的意思是什么。我们以一个简单的句子为例来考察它。如果我说“木偶彼得鲁什卡是某种人”，那么，我陈述了一种关系。

女儿：什么和什么的关系？

父亲：思想之间的关系，我认为。

女儿：不是木偶与人之间的关系？

父亲：不是。是我关于木偶的思想和我关于人的思想之间的关系。

女儿：哦。

※ ※ ※

父亲：好吧，那是什么种类的关系？

女儿：我不清楚。一种隐喻的关系？

※ ※ ※

父亲：这样就有了另一个关系，它的重点不在于“某种……”。许多人已经不惜一切代价来维护“面包和红酒不是某种身体和血液”的命题了。

女儿：但这是一回事吗？我的意思是——天鹅芭蕾舞是一场圣礼吗？

父亲：是的——我想是——至少对有些人来说是。在新教语言
中，我们可以说，天鹅般的服装和跳舞者的动作是女性
“某些内在的、精神优雅的外在的可见标志”。但是，在 36
天主教语言中，那会使得芭蕾舞变成一个单纯的隐喻，
而不是一场圣礼。

女儿：但你说过，对于某些人来说，它是一场圣礼。你的意思是对于新教徒来说吗？

父亲：不，不。我的意思是说，如果对于有些人来说，面包和酒只是一个隐喻，而对于其他人——天主教徒——来说，面包和酒就是一场圣礼；如果对于有些人来说，这场芭蕾舞是一个隐喻，那么，对于其他人来说，可能更加强调的是圣礼，而不是隐喻。

女儿：在天主教的意义上？

父亲：是的。

※ ※ ※

父亲：我的意思是，如果对于“面包和酒**不是**‘某种’身体和血液”这个命题，我们能够清楚地说出它的意思是什么的话；那么，不论当我们说那只天鹅是“某种”人的时候，还是说那场芭蕾舞是一场圣礼的时候，我们都应该更清楚地知道我们的意思是什么。

女儿：好吧——你怎么说出区别呢？

父亲：什么区别？

女儿：一场圣礼和一个隐喻之间的区别。

※ ※ ※

父亲：等一等。我们毕竟正在谈论演员、艺术家或诗人，或观众中的一个特定成员。你问我，我怎么能够说出一场圣礼和一个隐喻之间的区别。但我的回答肯定涉及人而不是讯息。你问我，我会怎样判定一个特定日子里的一个特定舞蹈，对于特定的跳舞者来说，是不是像圣礼一样。

女儿：对了——但是继续。

父亲：好——我认为这是一种秘密。

女儿：你的意思是你不会告诉我。

父亲：不——不是那种秘密。它不是某种人们一定不告诉的东西。它是某种人们**不能**告诉的东西。

女儿：你什么意思？为什么不能？

父亲：假定我们问一个跳舞者，“X小姐，告诉我，你表演的舞蹈——对你来说是一场圣礼，还是一个单纯的隐喻？”让我们想象我可以把这个问题弄得容易理解。她或许将
37 搪塞我说：“你看过它——如果你愿意的话，你来决定对你来说它是不是圣礼吧。”要不，她会说：“有时候它是，有时候它不是。”或者她也会说：“我怎么了，昨天晚上？”但是，无论如何，她都无法直接控制这个问题。

※ ※ ※

女儿：你的意思是任何知道这个秘密的人，都有能力成为一名

伟大的舞蹈演员或诗人？

父亲：不，不，不。完全不是那样。我的意思首先是，伟大的艺术和宗教以及它的其他一切都与这个秘密相关；但是，以普通的、有意识的方式来认识这个秘密，不会使认识者获得控制力。

※ ※ ※

女儿：爸爸，怎么啦？我们刚刚正试图解决的问题是：当我们说到天鹅是“某种”人的时候，“某种”的意思是什么。我说一定存在两个意义的“某种”。一个是在语句“天鹅造型是‘某种’天鹅”之中，另一个是在语句“天鹅造型是‘某种’人”之中。而现在你却谈论不可思议的秘密和控制。

父亲：好吧。我会重新开始。天鹅造型不是一只真正的天鹅，而是一只假装的天鹅。它也假装不是人。它还“真的”是一位穿着白裙子的年轻女士。而一只真天鹅在有些方面会像一位年轻女士。

女儿：但是，其中的哪一个是圣礼般的？

父亲：哦，上帝，我们又走到这儿了。我只能说：不是这些陈述中的哪一个，而是它们的组合，构成了一场圣礼。“假装是”和“假装不是”以及“真的就是”不知怎么就混合在一起了，构成了单一的意义。

女儿：但我们应该把它们区分开。

父亲：是的。那就是逻辑学家和科学家试图做的事。但是，他们不会那样创造芭蕾舞——也不会那样创造圣礼。

7 元对话：

什么是本能？[①]

38 女儿：爸爸，什么是本能？

父亲：亲爱的，本能是一种解释性原则。

女儿：可是，它解释什么呢？

父亲：任何事情——近乎所有事情。任何你想要它解释的事情。

女儿：别傻了。它不解释地球引力。

父亲：它不能。但那是因为没有人想要“本能”去解释地球引力。如果人们想要的话，它就能够对之做出解释。我们完全可以说月球有本能，其强度与距离的平方成反比……

女儿：但那是胡说，爸爸。

父亲：是的，确实是胡说。不过，是你提到了“本能”，而不

① 这篇元对话原料载《动物传播引论》(*Approaches to Animal Communication*, edited by Thomas A. Sebeok, 1969)，选入本书时获得穆顿出版公司(Mouton & Co.)的允许。

是我。

女儿：好吧——可是，什么东西可以解释地球引力呢？

父亲：没有，我亲爱的女儿。因为地球引力是一个解释性原则。

女儿：哦。

※ ※ ※

女儿：你的意思是不是说你不能用一个解释性原则去解释另一个解释性原则？从来没有吗？

父亲：嗯……几乎没有。那就是牛顿所说的“我没有编造假说”(*hypotheses non fingo*)的意思。

女儿：可那是什么意思呢？请告诉我吧。

父亲：好的，你知道“假说”是什么。任何将两个描述性陈述连 39
在一起的陈述就是一个假说。如果你说，2 月 1 日有一轮满月，3 月 1 日有另一轮满月；那么，你就是以什么方式把两个观察连接在一起了，把它们连在一起的陈述就是一个假说。

女儿：是的——我知道 *non* 的意思是什么。但 *fingo* 呢？

父亲：哦——*fingo* 是一个晚期拉丁词，意思是“做”(make)。它构成了一个动名词 *fictio*，我们从中得到了语词“编造”(fiction)。

女儿：爸爸，你的意思是不是说，艾萨克·牛顿认为一切假说都像故事一样只是被编造出来的？

父亲：是的——正是这样。

女儿：但是，他不是发现了地球引力吗？用苹果？

父亲：不，亲爱的。他发明了它。

女儿：哦……爸爸，谁发明了本能？

※ ※ ※

父亲：我不知道。可能是《圣经》上说的。

女儿：但是，如果地球引力的思想连接了两个描述性的陈述，那么它肯定是一个假说。

父亲：对的。

女儿：那么，牛顿还是编造了一个假说。

父亲：是的——他确实编造了假说。他是一位非常伟大的科学家。

女儿：哦。

※ ※ ※

女儿：爸爸，解释性原则与假说是一回事吗？

父亲：差不多，可不完全一样。你看，假说试图解释某个特殊的事情，而解释性原则——像"地球引力"或"本能"——实际上什么都不解释。它是科学家之间的一种约定俗成，用来在某一个点上停止试图解释事物的行为。

女儿：那么，这是牛顿的意思吗？如果"地球引力"什么都不解释，只是一系列解释的一种句号，那么，发明地球引力就与发明假说不一样，而牛顿就可以说他没有编造任何假说了。

父亲：说得对。不存在对于一个解释性原则的解释。它就像是一只黑箱(a black box)。

女儿：哦。

※ ※ ※

女儿：爸爸，什么是黑箱？

父亲：“黑箱”是科学家之间的一种约定俗成，用来在某一个点 40
上停止试图解释事物的行为。我猜想它通常是个临时的一致意见。

女儿：但是，那听上去不像是一只黑箱。

父亲：是不像——但是它就是这么被称呼的。事物往往听上去不像它们的名字。

女儿：对的。

父亲：这个语词来自工程师。在画出复杂机器的图表时，他们使用一种速记法。他们不是把所有的细节都画下来，而是画一只箱子，来代表一大堆零件，并给这个箱子贴上标记，表明那一大堆零件应该**做**什么用。

女儿：所以，一个“黑箱”就是一个标记，表明一堆东西应该做什么用……

父亲：对呀。但它不是一种关于这堆东西**如何**运作的解释。

女儿：那地球引力呢？

父亲：它是一个表示地球引力应该做什么用的标记。它不是关于它如何运作的解释。

女儿：哦。

※ ※ ※

女儿：爸爸，什么是本能？

父亲：它是一个关于某种黑箱应该做什么用的标记。

女儿：但是，它应该做什么用呢？

父亲：嗯。这是一个非常困难的问题……

女儿：说呀。

父亲：这样吧。它应该控制——部分地控制——有机体的行为。

女儿：植物有本能吗？

父亲：没有。如果一个植物学家在谈到植物时，使用了“本能”一词，那他就会被指责为“赋予神以动物特征”(zoomorphism)。

女儿：那不好吗？

父亲：是的，对于植物学家来说，是件很不好的事。因为一个植物学家犯了“赋予神以动物特征”的错误，就像一个动物学家犯了(用人的特征来解释动物的)“拟人说”(anthropomorphism)的错误一样糟糕。很不好，真的。

女儿：哦，我明白了。

※ ※ ※

女儿：你说的“部分地控制”是什么意思？

父亲：哦。如果一个动物从悬崖上掉下去，它的下落是由地球引力控制的。但是它如果下落时扭动身体，那就可以归结于本能。

女儿：自我保护本能？ 41

父亲：我想是。

女儿：什么是自我，爸爸？狗是否知道它有自我呢？

父亲：我不清楚。但是如果狗真的知道它有自我，而它扭动身体为的是保护那个自我，那么，它的扭动身体就是*理性的*，而不是本能的。

女儿：哦。那么“自我保护的本能”就是一个矛盾。

父亲：嗯，它是对“拟人说”的一种折中(a sort of halfway house)。

女儿：唉，那可不好。

父亲：但是，狗也许*知道*它有自我，可又不知道那个自我应该得到保护。这样，它不去扭动身体就是合理的。所以，如果狗还是扭动身体，那么，就会是本能的行动。但是如果*学会*扭动身体，那么它就不是本能的行动。

女儿：哦。

※ ※ ※

女儿：什么不会是本能的呢，爸爸？是学习还是扭动身体？

父亲：不——只有扭动身体不会是本能的。

女儿：那么*学习*会是本能的？

父亲：嗯……是的。除非狗不得不*学会*学习。

女儿：哦。

※ ※ ※

女儿：但是，爸爸，应该怎样解释本能？

父亲：我一直试图回避这个问题。你看，在任何人知道有关遗传学的任何问题之前，本能就被发明出来了，而在任何人知道关于传播理论的任何问题之前，大部分现代遗传学就被发现了。所以，将“本能”转换成现代术语和思想，就成了一个双重困难的事情了。

女儿：是的，接着说。

父亲：好，你知道，染色体包含基因，基因是某种讯息，这些讯息肯定关系到有机体如何发育，以及有机体如何行为。

女儿：爸爸，发育不同于行为吗？区别是什么？哪个是学习？是“发育”还是“行为”？

父亲：不，不！不要这么快。让我们把发育—学习—行为(developing-learning-behavior)都放在一个篮子里，来避免这些问题。这是个单一的现象谱系。现在，我们试着谈论本能如何能够解释这个谱系。

42 女儿：但它是一个谱系吗？

父亲：不——那只是一个松散的谈话方式。

女儿：哦。

※ ※ ※

女儿：可是，难道本能不是完全处在那个“谱系”的行为末端吗？学习难道不是都由环境而非染色体所决定吗？

父亲：让我们把这点弄清楚——在染色体本身那里，不存在行为，不存在解剖学，也不存在学习。

女儿：它们难道没有自己的解剖学吗？

父亲：当然有。还有它们自己的生理学。但是，基因和染色体的解剖学和生理学不是整个动物的解剖学和生理学。

女儿：当然不是。

父亲：但它是与整个动物的解剖学和生理学相关的。

女儿：关于解剖学的解剖学？

父亲：是的，就像字母和语词有它们自己的形式和形状，而这些形状是语词或句子等的组成部分——语词和句子可以与任何事物相关。

女儿：哦。

※ ※ ※

女儿：爸爸，基因和染色体的解剖学是关于整个动物的解剖学吗？基因和染色体的生理学是关于整个动物的生理学吗？

父亲：不，不是。没有理由这么想。不是这么回事。解剖学和生理学不是那么分开的。

女儿：爸爸，你不是正把解剖学和生理学放在一个篮子里吗，就像你把发育—学习—行为放在一个篮子里那样？

父亲：是的，当然。

女儿：哦。

※ ※ ※

女儿：是*同样的*篮子吗？

父亲：为什么不是？我想，*发育*就在那个篮子中间。在正中。

女儿：哦。

43 女儿：如果基因和染色体有解剖学和生理学，它们就必须有发育。

父亲：是的。顺理成章。

女儿：你认为它们的发育可能是*关于*整个有机体的发育吗？

父亲：我连这个问题的意思是什么都不明白。

女儿：我知道。它的意思是染色体和基因可以在婴儿发育的同时，也以某种方式改变和发育，染色体中的改变会与那个婴儿的改变*有关*。控制它们，或者*部分地*控制它们。

父亲：不，我不这么认为。

女儿：哦。

※ ※ ※

女儿：染色体*学习*吗？

父亲：我不知道。

女儿：它们的确听起来非常像是黑箱。

父亲：是的，但是如果染色体或基因能够学习的话，那么它们就是复杂得多的黑箱，比现在任何人所认为的都要复杂。科学家们总是假定或希望事物是简单的，然后发现它们是不简单的。

女儿：是的，爸爸。

※ ※ ※

女儿：爸爸，那是一种本能吗？

父亲：什么是一种本能？

女儿：假定事物是简单的。

父亲：不。当然不是。科学家们必须被教会那么想。

女儿：但是，我认为有机体不能每次都被教错。

父亲：小姐啊，你可是失礼了，也错了。首先，当科学家假定事物是简单的时候，并非每一次都是错的。相当多的情况下，他们往往是对的，或者是部分对，更为经常的是，他们认为自己是对的，并且相互之间这样告知。那就足够稳固了。所以，无论如何，你说有机体不能每次都被教错，那是不对的。

※ ※ ※

女儿：当人们说某种东西是“本能的”，他们是不是想把事情弄得简单？

父亲：是的，确实是这样。

44 女儿：他们错了吗？

父亲：我不知道。那要看他们是什么意思。

女儿：哦。

女儿：他们**什么时候**这么做？

父亲：哦，这样提问题更好。当他们看到一个生物正在做什么的时候，他们就想把事情弄得简单，而且确信：首先，那个生物没有学会如何做那件事，其次，那个生物太愚蠢了，不能理解为什么它应该做那件事。

女儿：还有其他什么时候呢？

父亲：有的。当他们看到其物种的所有成员在同样环境下都做同样事情的时候；还有当他们看到即便环境变了，而该生物还在重复做同样事情、从而导致行为失败了的时候。

女儿：因此，有四种方式能够认识到它是本能的。

父亲：不对。是有四种条件，在这些条件之下科学家能够谈论本能。

女儿：可是，如果某个条件不存在了，会是怎样呢？本能听上去更像是一种习惯或习俗。

父亲：可习惯是习得的。

女儿：是的。

※ ※ ※

女儿：习惯总是**二次**习得的吗？

父亲：你什么意思？

女儿：我的意思是——当我学习一组吉他和弦时，我先学习它们或找到它们；然后，当我练习（practice）时，我有了那样弹奏它们的**习惯**。而且有时候我有了不好的习惯。

父亲：**每次**都学会？

女儿：哦——对的。但是那个二次是怎么回事呢？如果吉他弹奏是本能的，那么学习的两个部分就**都**不存在了吧？

父亲：是的。如果学习的两个部分明显地都不存在了，那么，科学家就会说吉他弹奏是本能的。

女儿：但是，如果只是学习的一个部分缺失了呢？

父亲：那么，在逻辑上说，缺失的那部分就可以由“本能”来解释。

女儿：**随便哪一个**部分都可能缺失吧？

父亲：我不知道。我觉得谁也不知道。

女儿：哦。

※ ※ ※

女儿：鸟儿**练习**唱歌吗？

父亲：是的。有些鸟儿据说是练习的。 45

女儿：我猜想，本能给了它们唱歌的第一部分，但是它们必须做第二部分的工作。

父亲：或许是。

※ ※ ※

女儿：练习有可能是本能的吗？

父亲：我想它可能是——但是我不确定在这个谈话中，“本能”一词的意思会是什么样子。

女儿：它是一个解释性原则，爸爸，就像你说过的那样……还有一件事我不明白。

父亲：是吗？

女儿：是不是有一大堆本能啊？或者，是不是有许多本能？

父亲：哦。这是个好问题，科学家已经对它做了大量的讨论，列出了各种本能的清单，然后再把它们重新归并在一起。

女儿：但答案是什么？

父亲：嗯。不很清楚。但有件事是确定的：解释性原则肯定没有增加到超出需要的程度。

女儿：这什么意思？请告诉我，好吗？

父亲：这是一神教背后的思想，即相比两个小神的思想，一个大神的思想更加可取。

女儿：神是解释性原则？

父亲：哦，是的——一个非常大的解释性原则。你不应该用两只黑箱或两个本能去解释一只黑箱将会解释的东西……

女儿：如果它足够大的话。

父亲：不。它的意思是……

女儿：有大本能和小本能吗？

父亲：嗯——事实上，科学家谈论起来确实就像有大本能和小本能似的。但是他们用其他名称来称呼小本能，如“反射”(reflexes)、“先天释放机制”(innate releasing mechanisms)、“固定行为模式”(fixed action patterns)，等等。

女儿：我想——就像有一个大神解释宇宙，许多小“魔鬼”或“妖怪”解释所发生的小事情一样。

父亲：嗯，是的。非常相似。

女儿：但是，爸爸，他们怎么把这些东西归并在一起，弄出了 46
大本能？

父亲：嗯，例如，他们不说狗有一种本能——当它从悬崖上掉下来时，这种本能使得它扭动身体，也不说狗有另一种本能使得它逃离火。

女儿：你是说这两个行为都可以用自我保护的本能来解释？

父亲：有点像这样。是的。

女儿：但是，如果你把这些不同的行为都放在一个本能之下，那么，你就不能不说狗使用了“自我”的概念。

父亲：对，或许不能不说。

女儿：关于唱歌的本能和关于练习唱歌的本能，你会怎么想呢？

父亲：嗯——依据唱歌用来干什么而定。唱歌和练习都可以放在领土本能或性本能之下。

女儿：我不会把它们放在一起。

父亲：不会？

女儿：因为如果鸟儿也练习叼啄种子或某种东西呢？你就必须

把本能——它是什么——增加到超出需要的程度了。

父亲：你什么意思？

女儿：我的意思是说用获取食物的本能去解释练习叼啄种子的行为，用领土本能来解释练习唱歌的行为。为什么没有一个**练习**本能(practicing instinct)来解释这两者呢？那就省去了一只黑箱了。

父亲：但是，那样你就会抛弃了把它们归并在同样的本能行为之下的思想了，而这些同样的本能行为具有同样的目的。

女儿：是的——因为如果练习是为了一个目的的话——我的意思是说，如果**鸟儿**有目的的话——那么，练习就是**理性的**，而不是本能的。你不是说过某种类似的话吗？

父亲：是的，我确实说过某种类似的话。

※ ※ ※

女儿：我们可以没有“本能”的思想吗？

父亲：那么，你怎么解释事情？

女儿：嗯。我就只看小事情：当有东西爆了，狗就跳。当大地不在它的脚下了，它就扭动身体。

父亲：你的意思是说——都是小魔鬼，没有神？

女儿：是的，差不多是这样。

47 父亲：好。是有科学家试图这样讨论问题，而且这开始成为非常时尚的做法。他们说，这是更加**客观的**。

女儿：是吗？

父亲：哦，是的。

※ ※ ※

女儿：“客观的”是什么意思？

父亲：嗯，它的意思是，你非常努力地考察那些你选择考察的事物。

女儿：听起来是对的。但客观的人如何选择将会是客观的那些事物呢？

父亲：嗯，他们就选择那些容易具有客观性的事物。

女儿：你的意思是：选择对他们来说是容易的事物？

父亲：是的。

女儿：但是，他们怎么知道那些是容易的事物？

父亲：我想他们尝试不同的事物，然后通过经验来发现。

女儿：所以，这是一种主观的选择？

父亲：哦，是的。一切经验都是主观的。

女儿：但它是属于人的和主观的。他们通过诉诸人的主观经验，来决定哪些动物的行为是客观的。你不是认为“拟人说”是一件不好的事情吗？

父亲：是的——但他们的确试图成为非人类的研究者。

※ ※ ※

女儿：他们要排除的是什么？

父亲：你什么意思？

女儿：我的意思是说——主观经验向他们表明什么样的事物容易成为客观事物。因此，他们就去研究那些事物。但是，他们的经验把哪些事物展示为困难的呢？这样，他们就可以避开那些事物。他们避开的事物是什么？

父亲：哦，早先你提到了某种被称为“练习”的事情。那就是很难客观的事情。同样，还有些其他事情也很难是客观的。例如，玩耍和探索。一只老鼠**真的**是在探索还是**真的**是在玩耍，这就很难是客观的。因此，他们不研究这些事情。还有爱，当然还有恨。

女儿：我知道。那些我想要为它们发明单独本能的事情就不行。

48 父亲：是的——就是那些事情。别忘了，还有幽默。

※ ※ ※

女儿：爸爸——动物是客观的吗？

父亲：我不知道——可能不是。我认为它们也不是主观的。所以我想它们不是那样分裂的。

※ ※ ※

女儿：是不是人的本性中包含更多的动物成分，所以人就特别难以成为客观的？

父亲：我想是。不管怎样，弗洛伊德这么说过，我觉得他是对的。你为什么要问呢？

女儿：因为，哦，亲爱的爸爸，那些可怜的人。他们试图研究动物。他们专攻那些他们能够客观地研究的事物。而只是就他们自己最不像动物的那些事物来说，他们才能是客观的。这对他们来说肯定是困难的。

父亲：不对——不一定是这样的结果。在人的动物本性中，还是**有些**东西能够使人成为客观的。你还没有证明全部动物行为都在那一组人不可能具有客观性的事物的范围之内呢。

女儿：没有吗？

※ ※ ※

女儿：人和动物之间真正的大区别是什么？

父亲：哦——理智、语言、工具。诸如此类。

女儿：人容易在语言和工具方面达到理智上的客观吗？

父亲：是的。

女儿：但是，那肯定就意味着，在人那里，有一整套思想或有一种什么都连在一起又难以归类的东西。整体人中的一种第二生物(creature)，而这第二生物肯定对事物有着完全不同的思维方式——一种客观的思维方式。

父亲：是的。通往意识和客观性的捷径就是语言和工具。

女儿：可是，当这个生物看着人的所有那些很难做到客观的部分时，会是怎么样呢？它只是看呢？还是涉入？

父亲：涉入。

女儿：又会怎么样？ 49

父亲：这是一个非常可怕的问题。

女儿：继续说啊。如果我们打算研究动物，我们就必须面对这个问题。

父亲：嗯……诗人和艺术家比科学家有更好的答案。我来给你念一段：

> 思想把无限变成了一条蛇
> 可怜的蛇落入了吞噬的火焰
> 人从它面前逃离，躲进黑夜的森林：
> 于是，所有的永恒森林被分裂成大地，大地在循环的空间滚动，就像海洋在奔流
> 淹没一切，除了这道有限的肉身之墙
> 然后，蛇庙形成了，无限的想象
> 封锁在有限的运行之中；人变成了天使
> 天变成了旋转的大圆圈，上帝变成加了冕的暴君[①]

※ ※ ※

女儿：我不懂。听上去挺可怕的。但它是什么意思啊？

父亲：嗯。这不是一个客观的陈述，因为它在谈论主观性的效应——就是诗人在这里称为关于整体人或整体生命的"思想"的东西。"思想"应该仍是整体的一部分，但它反

---

① W. 布莱克：《欧洲：一个预言》(1794，由作者印刷和分发)。

而扩展自己，并且涉入其他。

女儿：继续说下去。

父亲：好。它把所有的东西都分割成碎片。

女儿：我不明白。

父亲：嗯，首先是将客观的东西和其他东西分割开来。然后，在以理智、语言和工具的模式制造的那个生物中，目的将自然而然地会演变出来。工具是为了目的，任何对于目的的阻止，都是一种障碍。客观生物的世界分成“有益的”东西和“有碍的”东西。

女儿：是的。这个我明白。

父亲：好。然后这个生物就将那种分割运用到整个人类世界
中，“有益的”和“有碍的”东西变成了“善”与“恶”，于是 50
世界分成了“上帝”与“魔鬼”。再以后，越来越多的分割随之出现了，因为理智总是在做分类和将事物区分开来的事情。

女儿：超出必需，增加解释性原则？

父亲：是的。

女儿：这样不可避免的就是，当这个客观生物考察动物时，就把事物分开，并在其理智涉入动物的灵魂之后，使得它们看上去就像人一样。

父亲：完全正确。这是一种非人类的拟人说。

女儿：那么，这就是客观的人为什么研究所有的小东西，而不是大事物的原因吗？

父亲：是的。它被称为刺激－反应心理学(S-R psychology)。性容易成为客观的，而爱不容易成为客观的。

※ ※ ※

女儿：爸爸，我们已经谈论了两种研究动物的方式——大本能的方式和S-R(刺激—反应)的方式，它们似乎都不是很可靠。现在我们做什么呢？

父亲：我不知道。

女儿：你不是说通往客观性和意识的捷径是语言和工具吗？通往另一边的捷径是什么？

父亲：弗洛伊德说是梦。

女儿：哦。

※ ※ ※

女儿：什么是梦？它们怎么能够组合在一起？

父亲：嗯——梦就是构成我们的那种材料的小块或碎片。非客观的材料。

女儿：但是它们怎么能够组合在一起？

父亲：你看，我们不是远离了那个解释动物行为的问题了吗？

女儿：我不知道，可我不这么认为。不管做什么，看来我们似乎都在以这种或那种方式走向拟人说。把我们的拟人说建立在人的最不像动物的本性的那一边的基础上，这显然是错误的。所以，让我们试试另外那一边。你说梦是通往另一边的捷径。所以……

父亲：不是我说的，是弗洛伊德说的。或某种类似的东西。

女儿：好吧。但是怎么把梦组合在一起呢？

父亲：你的意思是两个梦如何彼此相连？ 51

女儿：不是。因为像你说过的那样，它们只是小块和碎片。我的意思是说，一个梦如何在它自身中组合在一起？动物行为可以用同样的那种方式组合在一起吗？

※ ※ ※

父亲：我不知道从哪儿开始。

女儿：好吧。梦是反的吗？

父亲：哦，上帝！古老的民间想法。不，它们不预测未来。梦在时间上是一种暂停。它们没有任何时态。

女儿：可是一个人如果害怕什么他知道明天将会发生的事情，那他就会在今天晚上梦到它呀？

父亲：当然。或梦到某件他过去的事情，或梦到既是过去也是现在的事情。但是，梦没有什么标记能够在此意义上来告诉他：梦是"关于"什么的。它就是那样。

女儿：你是不是说，这就好像梦没有书名页？

父亲：是的。它就像一部已失去了开头和结尾的旧手稿，或一封信，历史学家必须猜想它都说了什么，谁写下了它，什么时候写的——就根据它**里面的**东西。

女儿：这样，我们也就必须是客观的？

父亲：是的，确实如此。但是，我们知道自己得小心翼翼地对待它。我们必须留意不把那个生物用来处理语言和工具的概念强加给梦的材料。

女儿：你什么意思？

父亲：嗯。例如，如果不知怎的，梦没有时态，也不知怎的在时间上暂停了，那么，它会迫使那种错误的客观性说梦“预示”了什么事情。同样错误的是，说它是关于过去的一个陈述。它不是历史。

女儿：只是宣传(propaganda)？

父亲：你什么意思？

女儿：我是说——它是不是就像宣传家写下的那种故事，他们说这些故事是历史，可实际上这些故事只是虚构？

父亲：对，是的。梦在许多方面都像是神话和寓言。但不是由宣传家们有意识地编造的。不是被计划出来的。

52 女儿：梦总有某种寓意(moral)？

父亲：我不知道是不是**总**有。但**经常**有，是的。可是，寓意不是在梦中陈述的。精神分析学家试图使病人发现那种寓意。实际上，整个梦就是某种寓意。

女儿：那是什么意思？

父亲：我不十分清楚。

※ ※ ※

女儿：嗯。梦是反的吗？寓意是与梦好像要说的东西相反吗？

父亲：哦，是的。经常是。梦往往带有一种讽刺或挖苦的扭曲。一种归谬法(reductio ad absurdum)。

女儿：例如？

父亲：好的。我的一个朋友在第二次世界大战中是一名战斗机飞行员。战后，他成为一名心理学家，并不得不参加博士生答辩。他一开始害怕这场答辩，但是在答辩前夜，他做了一个噩梦，在梦里，他再次经历坐在一架已被击中的飞机上。第二天，他毫无畏惧地去参加了答辩。

女儿：为什么？

父亲：因为一名战机飞行员害怕一群不可能真的把他击落的大学教授，那是愚蠢的。

女儿：但他怎么知道的？梦本可以告诉他教授们会把他击落。他怎么知道这是一种讽刺？

父亲：嗯，答案是他不知道。那个梦没有一个标记说它是讽刺的。而当人们在清醒谈话中具有讽刺意味的时候，他们往往不告诉你他们是有讽刺意味的。

女儿：是不会告诉的。就是这样。我总觉得这是一种残忍。

父亲：是的。经常是这样。

※ ※ ※

女儿：爸爸，动物会讽刺或挖苦吗？

父亲：不会。我想不会。但是，我不确定那些语词就是我们应该使用的语词。“讽刺的”和“挖苦的”是用来分析语言中的讯息材料的语词。动物没有语言(language)。语言或许是那种错误的客观性的组成部分。

女儿：是的。那么，动物反向行事吗？

父亲：嗯，是的。事实上，它们是这样。不过，我不确定这是 53
一回事……

女儿：继续说。它们**怎么**做？还有，在什么时候？

父亲：嗯。你知道小狗仰躺着，把它的肚皮给大狗看吗？这就是一种吸引大狗攻击的一种方式。但是它以相反的方式起作用。它制止了大狗对它的攻击。

女儿：是的。我明白。这是一种反向方式的使用。但它们**知道**这个吗？

父亲：你的意思是说大狗知道小狗在说着与它的意思相反的东西？小狗知道这是制止大狗攻击的方式？

女儿：是的。

父亲：我不知道。有时候，我想对此小狗比大狗知道得多一点点。不管怎样，小狗并没有发出任何信号来表明它是知道的。它显然无法那么做。

女儿：那么，这就像是梦一样。没有什么标记说梦是反的。

父亲：对的。

女儿：我想，我们有了某种进展了。梦是反的，动物反向行事，它们都不带什么标记，来表明它们什么时候正在反向行事。

父亲：嗯。

※ ※ ※

女儿：为什么动物要战斗？

父亲：哦，出于许多原因。领土、性、食物……

女儿：爸爸，你像本能论那样谈论问题。我以为我们不同意那么做的。

父亲：好的。但是对于动物为什么战斗的问题，你想要的是哪种答案呢？

女儿：嗯。它们是反向行事吗？

父亲：哦，是的。许多战斗都是以某种调解的方式而告终的。而且，在某种程度上，玩耍式的战斗的确是确认友谊的一种方式。要不就是发现或重新发现友谊的一种方式。

女儿：我想是这样……

※ ※ ※

女儿：可是为什么没有标记？动物和梦都是出于同样的理由而没有标记吗？

父亲：我不清楚。但是，你知道，梦可不总是反的。

女儿：对——当然不是——动物也不是。 *54*

父亲：那就对了。

女儿：我们回到梦的问题上来吧。它对这个人的总体效应就像某人对他说过的那样，"'战机上的你'不等于'答辩中的你'"。

父亲：是的。但梦并不清楚地把那个说出来。它只是说，"你在战机上"。它省去了"不"，它也省去了把梦与其他什么做比较的指令，它没有说这个人应该拿什么东西来与之做比较。

女儿：对的。我们先说一说"不"吧。在动物行为中，有"不"吗？

父亲：怎么会有？

女儿：我的意思是说动物可以通过行为而说“我不会咬你”吗？

父亲：嗯，首先，借助行为的沟通不可能有时态。时态只在语言中才是可能的。

女儿：你不是说过梦没有时态吗？

父亲：嗯。是的，我说过。

女儿：好吧。那“不”是怎么回事呢？动物可以说，“我没有在咬你”吗？

父亲：它仍然有时态。但别在意。如果动物没有*在*咬其他动物，那么，它就没有在咬它，就是这样。

女儿：但是它可能没有在做所有其他的事情，睡觉，吃东西，奔跑，等等。它怎么能说“我就是没有咬”？

父亲：如果咬的动作不知怎的被提到了，那么它就只能那么做了。

女儿：你的意思是不是它可能说，“我没有咬你”，但先露出尖牙齿，*然后*没有咬？

父亲：是的，有点像这么回事。

女儿：但如果是*两个*动物呢？它们都必须露出尖牙齿吗？

父亲：是的。

女儿：还有，在我看来，它们可能彼此误解了，所以战斗起来。

父亲：是的。当你反向行事，并不做或不能说你正在做的事情的话，总是存在那种危险。尤其是当你不*知道*你正在做的是什么事情的时候。

女儿：但是动物会知道它们露出尖牙齿就是为了要说，“我不会咬你”。

父亲：我不确定它们会不会知道。的确，两只动物都不知道另一方的情况会是怎样。做梦的人在梦开始的时候不知道梦如何正在走向结束。 55

女儿：那么，这是一种实验……

父亲：是的。

女儿：所以它们可能进行战斗，为的是发现战斗是不是它们必须做的事。

父亲：对的——不过，我倒更愿意把它说得不那么有目的性——战斗向它们表明了过后它们会有哪种关系。它不是被计划出来的。

女儿：那么，当动物露出尖牙齿的时候，实际上是不存在“不”的吗？

父亲：我想是不存在的。或者，往往是不存在的。或许老朋友可能进行玩耍式的战斗，并且一开始就知道它们在做什么。

※ ※ ※

女儿：好吧。这样，动物行为中没有“不”，因为“不”是口头语言的一部分，对于“不”来说，不可能存在任何行为符号。也因为没有“不”，所以赞同某种否定的东西的唯一途径是运用整体**归谬法**。你必须运用战斗来证明它不是一次战斗，然后你必须作出服从的样子来证明另一方不会吃掉你。

父亲：是的。

女儿：动物必须知道这个吗？

父亲：不。因为它都是**必然**为真的。而它必然为真，就能支配你做的事情，不管你是不是知道它必然为真，都是如此。如果你用 2 个苹果加上 3 个苹果，那么你就将得到 5 个苹果——尽管你不能数。这是“解释”事物的另一种方法。

女儿：哦。

※ ※ ※

女儿：但是，为什么梦去掉了“不”？

父亲：我想实际上是因为某种非常相似的理由。梦大部分是由形象和情感构成的，如果你要用形象和情感以及诸如此类的东西进行沟通的话，那么你就再次被不存在关于“不”的形象的事实所支配。

56 女儿：但是，你可能梦到一个“停车”标记，有一条线从头到尾压着它，而这会意味着“禁止停车”。

父亲：是的。但那是在通往语言的半途中。而禁止线不是语词“不”。它是语词“不做”。“不做”可以由一个动作语言来传递——如果**其他**人有个动作，提到你要制止的东西的话，就是这样。你甚至可以用文字做梦，而语词“不”可能就在其中。但是，我怀疑你是否能够梦到一个有关这个梦的“不”。我的意思是说一个意味着“不要把这个梦当真”的“不”。有时候，在一个非常浅的睡眠中，人们知道他是在做梦。

※ ※ ※

女儿：但是，爸爸，你还是没有回答梦是如何组合在一起的问题。

父亲：我想我实际上已经回答了这个问题。但我再试试。一个梦就是一个隐喻或一团隐喻。你知道什么是一个隐喻吗？

女儿：是的。如果我说你像一头猪，那就是一个明喻。但如果我说你是一头猪，那就是一个隐喻。

父亲：差不多是这样。当一个隐喻被标记为一个隐喻，那么，它就变成了一个明喻。

女儿：梦省去的就是那个贴标签的动作。

父亲：对。隐喻对事物进行比较，却不说出这种比较，它将一组事物的真理运用于另一组事物。当我们说一个国家“腐烂了”，我们用了一个隐喻，暗示一个国家中的某些变化就像细菌在水果中造成的变化一样。但是我们没有停下来提到水果或细菌。

女儿：而梦就像是那样吗？

父亲：不是。它是用相反的方式。梦会提到水果，可能也会提到细菌，但是不会提到国家。梦精心编制关系，但是不能识别相互关联的事物。

女儿：爸爸，你可以给我一个梦吗？

父亲：你是说，就照这个处方？不。我们来看一段我刚刚念给你的诗，并把它变成一个梦。它近乎就是个梦的材料。

对于它的大部分内容，你要做的不过是用形象替换文字。而文字足够生动。但是，隐喻或形象的整体线索给
57 固定下来了(pegged down)，而在梦中，是不会这样的。

女儿：你说的“固定下来了”是什么意思？

父亲：我的意思是被第一个词“思想”固定下来了。作者故意使用了这个词，有了这个词，你就会知道这首诗的其他部分说的是什么了。

女儿：在梦里也是这样？

父亲：那个词本该也是隐喻的，那样的话，整首诗就会难得多。

女儿：哦——那么改变它。

父亲：“芭芭拉把无限变成了……”(*Barbara* changed the infinite…)等，怎么样？

女儿：但是，为什么？她是谁？

父亲：哦，她是粗野的，她是女性，她还是一个三段论模式容易记住的名字。我想她作为“思想”的一个巨大符号，会非常合适。我现在可以看见她用一把卡尺，夹着自己的大脑改变她的宇宙。

女儿：停下来。

父亲：好。但是你明白我说的在梦中隐喻没有固定下来的意思了。

※ ※ ※

女儿：动物固定它们的隐喻吗？

父亲：没有。它们不必这样。你看，当一只成年鸟像一只小鸟那样正在接近一只异性鸟时，它使用了一个来自孩子和父母之间关系的隐喻。但是，它不一定要把它正在谈论的**那种**关系固定下来。那显然是它和其他鸟之间的关系。它们都在场。

女儿：但是除了它们自己的关系以外，它们从来不使用其他隐喻——表现出其他隐喻？

父亲：我想不会。不——不是哺乳动物。我还认为鸟也做不到。蜜蜂——有可能。当然，还有人。

※ ※ ※

女儿：我还有一件事不明白。

父亲：是吗？

女儿：我们已经看到了梦和动物行为之间的许多共同之处。它们都反向行事，都没有时态，都没有“不”，都借助于隐
喻而行动，都不把隐喻固定下来。但我不明白的是—— 58
为什么当动物做这些事情的时候，就会产生意义。我的意思是它们要反向行事。而且它们**不**一定固定它们的隐喻——但是我不明白为什么梦也该像是那样。

父亲：我也不懂。

女儿：那还有其他的东西。

父亲：是吗？

女儿：你谈到携带发育讯息的基因和染色体。它们像动物和梦一样说话吗？我的意思是用隐喻和没有“不”吗？或者，它们像我们一样说话吗？

父亲：我不知道。但是我相信它们的讯息系统不包含“本能理论”的简单转换。

第二部分

人类学的形式与模式

PART 02

8 文化接触和分裂生成[①]

由“社会科学研究理事会”撰写的“备忘录”(《人》，1935， 61
p. 162)激发我提出一种与之完全不同的观点；而且，尽管本文的开头也许像是对该“备忘录”的批评，但我希望从一开始就清楚地表明，任何对于文化接触(culture contact)研究的各种类别的认真尝试，在我看来，都是一种真正的贡献。再有，既然我还不十分理解“备忘录”中的几段话(其中包括“定义”)，所以我的批评往往带有几分犹豫，它们与其说是针对“理事会”的，不如说是针对普遍存在于人类学家中的某些错误。

(1)**诸如此类的类别系统的使用**。一般来说，在其旨在阐明的问题已被清楚地提出来之前，建构这种系统是不明智的举动；就我所知，“理事会”制订的那些类别在没有涉及任何具体限定的问题的情况下，便被建构起来了，但它们涉及了对文化

① 以这篇论文为其一部分的全部论战曾被选入《超越边界》(*Beyond the Frontier*)一书，该书由保罗·博安农(Paul Bohannon)和弗雷德·普洛格(Fred Plog)所编。但这一论战的涟漪此后就长久地陷入沉寂，这篇论文只是因其积极贡献而被收录在此。这篇论文选自《人》(*Man*，Article 199，Vol. xxxv，1935)，未做改动，并获得大不列颠和爱尔兰皇家人类学协会(the Royal Anthropological Institute of Great Britain and Ireland)的允许。

62 适应“问题”的一般阐述，尽管这个问题本身还是含糊不清的。

(2)由此推论，我们当下需要的不是如此急于建构一套将会普照所有问题的类别体系，而是以其能够被分别加以研究的方式制订问题纲要。

(3)虽然“理事会”没有限定他们的问题，我们还是可以从对这些类别的仔细研读中，大致推测他们就此提出的问题是什么。事实上，“理事会”似乎受到了行政管理人员向人类学家提出的那些问题的影响——“在文化接触中使用武力是好事情吗?”“我们如何使某个特定民族接受一种特定的品性?”等等。当回答这类问题时，我们发现在关于文化适应的定义中，有一种强调接触群体之间的差异、强调作为结果的变迁的做法；诸如“强加给一个民族的要素和他们自愿接受的要素”之间的二分法[①]同样可被看作这种行政问题式的思考方法的症状。对于类别 V、A、B 与 C，“接受”“采纳”“反应”也可以这么说。

(4)我们可以赞同说，对于行政管理的这些问题而言，答案是极其必要的，而且，关于文化接触的研究也有可能提供这些答案。但近乎确定无疑的是：对于接触问题的科学阐述，将不会遵循这些思路。在犯罪学研究的类别建构中，我们似乎就是从将个体分为有罪和无罪而起步的，并且，长期以来，那个奇特的科学确实就是被这种限定某种“犯罪类型”的尝试所羁绊。

(5)“备忘录”建立在一个谬误的基础上，即我们可以在诸如经济、宗教等标题之下，对文化特质进行分类。例如，有人要求我们把文化特质分成三类，它们出于以下原因而分别得到

① 无论如何都显而易见的是，在关于过程和自然定律的科学研究中，这种诉诸自由意志的做法将是不可能有地位的。

呈现：①经济利益或政治统治；②实现移入群体价值适应的期
待；③道德的和宗教的考虑。每个特质要么具有一种单个功
能，要么至少具有某个超出其他功能的功能——这个思想经过 63
扩展导致了另一个思想：文化可以被细分为若干“机构”(insti-
tutions)，在那里，形成一个机构的许多特质的主要功能是相
似的。细分文化的这一方法的弱点在马林诺夫斯基(Malinows-
ki)及其学生那里已经得到结论性的证实，他们表明，一个文
化整体几乎可以从不同角度被看作修正或满足个体性需求的机
制，或是强化行为规范的机制，或是为个体供给食物的机
制。[①] 根据这个详尽的论证，我们必定期望：一种文化的任何
单个特质经考察都将不会仅仅是经济的，或宗教的，或结构
的，而是根据我们看待它的出发点来分有这些特性。如果从一
个共时部分来看待文化是这样的，那么，它肯定也适合于文化 64

① 参见马林诺夫斯基《性生活》(*Sexual Life*)和《犯罪与习俗》(*Crime and Custom*)，A. I. 理查兹(Richards)《饥饿与工作》(*Hunger and Work*)。这个将文化细分为各种“机构”的问题不像我已经指出的那么简单；而且，虽然有其自己的著述，我相信伦敦学派还是信奉某些此类区分是可以行得通的理论。混乱有可能来自这样的事实，即有些天真的人——也许是所有天真的人，但是无论如何西欧的那些天真的人是如此——实际上认为他们的文化就是这样被细分的。各种文化现象也为这样一种细分作出了某种贡献。例如，第一，分工和同一社群内的不同个体群体之间的行为规范的划分；第二，在某些文化中，强调行为之被安排的地点和时间的细分。在诸如此类的文化中，这些现象导致了为所有行为冠名的可能性，如教堂的星期天 11:30 和 12:30 之间发生的行为就是“宗教的”。但是，即便在此类文化研究中，人类学家也肯定以某种怀疑的态度看待他把这些特质分类为各种机构的做法，也肯定期望在各种机构之间找到大量重叠的地方。

心理学中也有类似的谬误，并坚持认为行为可以根据激励它的冲动而进行分类，如分成诸如自我保护的、武断的、性的、渴求等类别。在此，混乱也是来源于这样的事实，即不仅心理学家，而且个体研究，都倾向于按照这些类别来思考问题。心理学家们最好还是接受这样的可能性：所有行为的每一小部分至少在一个完整的个体那里，都同时与所有这些抽象物相关联。

接触和变迁的历时过程；我们也一定会有这样的期望：对于每一种特质的接受或拒绝来说，应该存在经济的、结构的、性的和宗教的本质同时存在的理由。

(6)由此可知，我们关于“宗教的”“经济的”等类别不是呈现在我们所研究的那些文化中的真实细分，不过是当我们开始用语词描述文化时出于自己的便利，而制造出来的各种抽象。它们不是呈现于文化中的现象，而是我们在自己的研究中所采纳的各种观点的标签。我们在处理诸如此类的抽象时，必须谨慎小心，以避免怀特海(Alfred North Whitehead)的“误置具体性的谬误”(fallacy of misplaced concreteness)。

由此出发，我们现在就可以为接触现象的研究考虑一个可供替代的纲要。

(7)研究的范围。我提议，在“文化接触”的主题下，我们应该不仅考虑这些情况——在此，文化接触发生在两个具有不同文化的社群之间，并导致其中一个或这两个群体的深刻的文化动荡；还要考虑单一社群之内的接触情况。在后者那里，文化接触发生在由个体组成的有差异的群体之间。例如，性别之间，老年人和年轻人之间，贵族和平民之间，部落之间，等等，这些群体以大致平衡的方式生活在一起。我甚至会延伸“接触”思想，使之宽泛到可以包括那些一个孩子之得以被塑造培养到能够适应其所出生的文化的过程。① 但是眼下，我们或

① 目前的纲要与其说指向心理过程研究，不如说指向社会研究，但是一个非常类似的纲要将会为精神病理学的研究建立起来。这里，“接触”思想会得到研究，特别是在塑造个体的语境之中得到研究，而分裂生成的过程也会被认为是不仅在重视异常人的失调方面发挥着重要作用，而且在将正常人同化到其群体中的过程中也发挥着重要的作用。

许限于由个体组成的群体之间的接触，而这里的每个群体都具有不同的文化行为规范。

(8)如果要考虑有可能结束那种来自具有深远差异的社群 65
之间接触的剧烈骚动，我们认为，这些变迁就必须在理论上导致以下任一模式。

a. 本来有差异的群体的完全融合。

b. 一个群体的消灭，或者这两个群体都被消灭。

c. 两个群体在一个主要的社群中保持动态平衡。

(9)扩展接触思想，使之涵盖单一文化中的差异的各种条件，而我之所以这样做的目的在于：利用我们关于这些静态的知识来阐明那些在不平衡状态中发挥作用的因素。我们或许容易从其平静的运作中，获得某种关于这些因素的知识，但是当它们处于动荡状态时，则不可能将之隔离出来。万有引力定律不可能通过观察地震中倒塌的房屋而轻而易举地得到研究。

(10)**完全融合**。既然这是该过程可能的结果之一，我们就必须知道一个由个体组成的群体——这个群体的所有成员中都始终具有相似的行为模式——呈现出什么样的因素。对于这些条件的研究方法可见于任何处于近似平衡状态的社群之中，但不幸的是，我们欧洲自己的社群处于不断流动的状态，几乎不会发生这些情况。而且，即便在原始社群中，这些条件也通常被差异弄得复杂起来，所以我们必须满足于对在主要差异化社群中可观察到的那些同质化群体的研究。

我们的首要任务是弄清楚在此类群体中能够获得什么样的

统一(unity)，或更准确地说——记住：我们涉及的是现象的各个方面，而不是现象的各种类别——我们必须描述的是特质体系的统一的哪些方面，以便能够获得关于这种情况的整体看法。我认为，如果要全面理解相关材料，就必须至少考察以下5个独立方面。

a. **统一的结构方面**。在某种程度上，任何一个语境下的任何一个个体的行为，都与所有其他语境下的所有其他个体的行为有着认知上的一致。这里，我们必须准备发现的是：一种文化的内在逻辑与其他文化的内在逻辑有着深刻的差异。从这个观点出发，我们将会看到，例如，当个体A给个体B一些水时，
66 该行为是与来自包含A和B的群体内的行为规范相一致的。

或许可以根据个体个性的认知方面的标准化，来重申行为模式体系的统一的这个方面。我们可以说个体思维模式是如此的标准化，以至于他们的行为在他们看来是符合逻辑的。

b. **统一的情感方面**。在从这个观点出发研究文化时，我们关心的是展示所有行为细节的情感背景。我们将把整个行为体系看作趋向个体之情感满足与否的一个具体机制。

文化的这一方面也可以根据个体的个性情感方面的标准化来加以描述，这些个体由其文化所修正，因此他们的行为与他们的情感是一致的。

c. **经济的统一**。这里，我们将把整个行为体系看作适应物体的生产与分配的一种机制。

d. **时间和空间的统一**。这里，我们将看到，行为模式根据时间和空间得到系统的排序。我们会认为A之所以给B水喝，

是“因为这是在蓝野猪酒店(the Blue Boar)的星期六晚上”。

e. **社会学的统一**。这里，我们将把个体行为看作趋向主要单位——作为一个整体的“群体”——的整合与分化。我们将把给水的行为看作促进群体团结一致的因素。

(11)除了从所有这些观点出发来研究同质性群体成员的行为以外，我们还必须考察大量诸如此类的群体，以便发现这些不同观点的标准化对于我们所研究的那些人的作用。我们在上面已经提出，每一单位的行为必须被看作与所有这些观点或许都有关联，但仍然存在的事实是：比起其他人，有些人更倾向于把其行为看作和表述为“符合逻辑的”或是“为了国家的利益”。

(12)有了这种对于同质性群体的各种条件的认识，我们就将处于考察两个不同群体之融合为一个群体的过程的位置上。我们甚至可以描述那些或将促进或将阻碍这种融合的措施，并 67
预见到：某种适合于上述统一的5个方面的特质可以在无需其他变化的情况下，附加于某个文化。如果它不适合，那么，我们就可以要么探求对文化的恰当修正，要么探求对特质的恰当修正。

(13)**一个群体的消灭**，或**两个群体都消灭**。这个最终结果或许几乎不值得研究，但是我们应该至少考察一下能够得到的任何材料，以便决定这种敌对行为对幸存者的文化产生了什么作用。例如，与其他群体的消灭相关的行为模式有可能被吸收到他们的文化之中，这样他们就不得不消灭越来越多的东西。

(14)**两个群体都坚持动态平衡**。这或许是(文化)接触可能具有的最终结果中的最有益的结果了，因为活跃在动态平衡之中的各种因素，有可能与以不平衡的方式活跃在文化变迁之中的那些因素达成一致或相似。我们的第一个任务是研究由具有不同行为模式的个体组成的群体之间的关系，然后思考这些关系对于更通常地被称为“接触”的东西具有怎样的启发意义。每一个身处这个领域的人类学家都有机会研究诸如此类的不同群体。

(15)群体之间差异的可能性绝非是无限的，但明显地落入两个类别之中：①以对称(symmetrical)关系为主的情况，如部落基本分支、氏族、村庄和欧洲国家的差异中的对称关系；②互补(complementary)关系的情况，如社会分层、种姓、年龄相仿者的差异中的互补关系，以及某些情况中的性别之间的
68 文化差异中的互补关系。[①] 这两种类型的差异都包括动态要素，诸如当某些限制性因素被消除了的时候，群体之间的差异或分裂就越来越要么趋向于崩溃，要么趋向于一种新的平衡。

(16)**对称的差异**。这一类别或许涉及所有这样的情况：在此，A 和 B 两个群体的个体具有同样的渴望和同样的行为模式，但这些模式的方向是有差异的。因此，A 群体成员在彼此交往时，表现出 A、B、C 的行为模式，但当他们与 B 群体成员交往时，采纳了 X、Y、Z 的行为模式。同样，B 群体成员在他们自己的交往中，采纳了 A、B、C 的行为模式，而在与

---

① 参见米德《性别与气质》(*Sex and Temperament*，1935)。在这本书所描述的社群中，阿拉佩什人(the Arapesh)和蒙杜古马人(the Mundugumor)在男性和女性之间具有某种占优势地位的对称关系，而德昌布利人(the Tschambuli)则具有互补关系。在我曾研究过的同一地区的一个部落——雅特穆尔人(Iatmul)——中，男性和女性的关系是互补的，但与德昌布利人的路径完全不同。我希望不久就会出版一本关于雅特穆尔人的书，该书从(10)概括的 a、b 和 e 的观点出发，对他们的文化做了描述。(参见：Bibliography，items 1936 and 1958 B)

A 群体的成员交往时，则表现出 X、Y、Z 的行为模式。因此，一种立场得以建立起来，在那里，X、Y、Z 行为模式是对 X、Y、Z 行为模式的标准回应。这种立场包含着一些要素，这些要素有可能沿着同样路径逐渐导致差异或**分裂生成**。例如，如果 X、Y、Z 行为模式包含自夸行为，我们就会看到一种可能性的存在：若自夸是对自夸的回应，那么，每一个群体就会推动另一个群体过分地强调这个模式。如果这个过程没有受到限制的话，它就只有可能导致越来越多的极端竞争，并最终导致敌对和整个系统的崩溃。

(17)**互补的差异**。我们可以用这个类别来表示所有以下情况，在其中，两个群体成员的行为和渴求基本上是不同的。因此，A 群体成员按照 L、M、N 模式来相互对待，并在应对 B 群体成员时表现 O、P、Q 模式。在回应 O、P、Q 模式时，B 群体成员表现出 U、V、W 模式，但是在他们自己中间，他们则采以 R、S、T 模式。这样出现的情况是：O、P、Q 模式是对 U、V、W 模式的回应，反之亦然。这种差异可能成为渐进的。例如，如果 O、P、Q 系列包含文化自信模式，而 U、V、W 系列包含文化顺从模式，那种顺从模式就将可能进一步促进自信模式，后者反过来也将进一步促进顺从模式。这种分裂生成除非得到限制，否则将逐渐导致对这两个群体的成员个性的单向扭曲，这就带来了他们之间的相互敌意，而且必定以系统的崩溃而告终。

(18)**互惠性**。群体之间的关系可以被宽泛地区分为两个类 69
别，即对称的和互补的，尽管如此，在某种程度上，这一细分受到了另一类差异的遮蔽，我们可以把后者描述为**互惠的**(re-

ciprocal)。在这种类型的行为模式中，X 和 Y 被每个群体的成员在应对其他群体时所采纳，但我们在这里看到的是：X 是对 Y 的回应，而不是那种对称的模式——在那里，X 是对 X 的回应，Y 是对 Y 的回应。因此，在每个单一情形下，行为都是不对称的，但是经过大量的情形以后，对称是有可能重新获得的，因为有时候 A 群体表现出 X 模式，而 B 群体以 Y 模式回应这个 X 模式，有时候 A 群体表现出 Y 模式，而 B 群体回应以 X 模式。A 群体有时候把西米卖给 B 群体，B 群体有时候把同样的农产品卖给 A 群体，这些情况就可以被看作互惠的；但是，如果 A 群体习惯性地把西米卖给 B 群体，而 B 群体习惯性把鱼卖给 A 群体，那么我认为，我们就必须将这个模式看作互补的模式。可以提请注意的是，互惠的模式是在其自身之内得到补偿和平衡的，因此，往往不会导致分裂生成。

(19)研究要点：

a. 我们需要适当地研究那些可能导致对称类型的分裂生成的行为类型。目前，唯一可能的是指向自夸和商业竞争，但是毫无疑问，还会发现许多为同样类型的效应所伴随的其他模式。

b. 我们需要研究那些互补的并导致第二种类型的分裂生成的各类行为。在此，我们目前只能引证自信与顺从、表演与赞美、养育与示弱(expressions of feebleness)，再加上这些对子的各种可能的组合。

c. 我们需要对上述所假定的一般规律进行证实，即当两个群体彼此表现出互补行为时，A 群体成员之间的内部行为必定不同于 B 群体成员之间的内部行为。

d. 我们需要从(10)概括出来的各种观点出发，对两种类型的分裂生成都进行系统的考察。目前，我只能从个体生态学的和结构的观点[(10)的 a 和 b 方面]出发来看待这个问题。除 70
此之外，马克思主义历史学家已经为我们提供了一幅西欧的互补性分裂生成的经济方面的图景。不过，他们本身有可能过分受到其所研究的分裂生成的影响，因此被推向了夸大其词的境地。

e. 我们需要对或是偏向对称的关系、或是偏向互补的关系中的互惠行为的发生有所了解。

(20)**限制因素**。但是，比前面段落中的任何问题都更加重要的是，我们需要研究约束两种类型的分裂生成的那些因素。目前，欧洲国家在对称的分裂生成方面非常发达，并且准备互相攻击；而在每一个国家内部，都可以看见各种社会阶层之间日益增长的敌对行为，这是互补的分裂生成的症状。同样，在由新独裁统治的国家中，我们可以看到互补性分裂生成的早期阶段，而独裁者的合伙人的行为推动独裁者陷入更大的骄傲和自信之中。

这篇文章的目的是提出问题和研究思路，而不是阐述答案，但是，对于控制分裂生成的各种因素，它或许会尝试给出一些建议。

a. 在各个群体之间，可能实际上并没有纯粹对称或纯粹互补的健康有益的均衡关系，而是每一个这样的关系都包含着另一种类型的要素。我们的确容易按照其具有优势地位的侧重点，而将这些关系分成这种或那种类型，但有可能出现的情况是，一个对称关系中的很小一部分的互补行为的混合，或是互补关系中的很小一部分的对称行为的混合，都有可能经过漫长的路途而趋向于使这种状况巩固下来。这类巩固下来的例子或许是常见的。乡绅(the squire)处于以互补模式为优势的地方，而且并非总是与其村民有着轻松自在的关系，但是，如果他参加了村庄一年一度的板球比赛(一种对称性的竞争)，就会对他与村民的关系产生一种奇特的不相称的作用。

b. 如同上面所说的 A 群体卖给 B 群体西米，B 群体卖给
71 A 群体鱼的例子那样，通过促进群体之间的相互依赖，互补模式确实有时候会发挥一种真正的稳定作用。

c. 在一种关系中，若出现许多真正的互惠要素，那就有可能稳定它，防止分裂生成，否则分裂生成就会要么由对称的要素引发，要么由互补的要素引发。但是，这似乎最多像是一种非常微弱的防御措施：一方面，如果考虑对称性的分裂生成对于互惠的行为模式的作用，我们就会看到，后者往往越来越少地展现出来。因此，随着构成欧洲国家的个体越来越卷入其对称性的国际竞争，他们就逐渐停止互惠的行为方式，谨慎地将他们从前互惠的商业行为降到最低程度。① 另一方面，如果考虑互补性的分裂生成对于互惠行为模式的效应，我们就会看到二分之一的互惠模式有可能消失。在从前两个群体都表现出

---

① 在这方面，正如所列举的其他例子那样，我们并不想从(10)概括的所有观点出发来阐述分裂生成的问题。因此，鉴于这里不考虑问题的经济方面，所以衰退对于分裂生成的影响也被忽略了。一个全面的研究会被细分为独立的部分，每一个部分处理该现象的一个方面。

X和Y的模式的地方，一个系统逐渐展现出的情景是：一个群体只表现出X模式，而另一个群体只表现出Y模式。事实上，从前是互惠的行为被降低为一个典型的互补模式，并在此后可能有利于互补的分裂生成。

d. 两个群体之间的无论哪一种类型的分裂生成，都确实可能受到连接两个群体的因素的牵制，这些因素或是通过对某种外部要素的忠诚，或是通过对其的反对来实现该连接。这样一个外部要素可能要么是一个象征性个体(一个敌人)，要么是某种相当客观的环境——只要雨下得足够大，狮子就会与羊共憩。但必须注意的是，在外部要素是一个人或人的群体的地方，A群体和B群体与外部群体的连接关系本身，将总是潜在的这类或那类的分裂生成关系。对于这种多重系统的考察是极为必要的，特别是我们需要更多地了解某些系统(如军事等 72
级)，在那些系统中，通过允许个体在与较高群体打交道时表现出尊重和顺从、在与较低群体打交道时表现出自信和骄傲的途径，来修正中等群体中的个性扭曲。

e. 在欧洲情形的例子中，存在另一种可能性，就是通过将注意力转向外部环境而进行控制的特殊情况。那些负责阶级和国家政策的人有可能意识到了某些程序，并正在运用它们，协同合作，努力解决各种困难。不过，这种情况不大可能发生，因为人类学和社会心理学缺乏提供建议所必需的威望；而如果没有这样的建议，政府就将继续对彼此的反应做出反应，而不是将注意力投向环境。

(21)最后，我们可以转向面临某种黑白文化接触关系的管理者的问题。他的第一个任务是决定(8)概括的最终结果中的哪一个结果是合意的，也是有可能达到的。他必须真诚地做出这个决定。如果他选择了融合，那么他就必须努力计划每一个进程，以便促进(10)(作为研究问题)所概括的一致性的各种条件。如果他选择了两个群体都将坚持某种形式的动态平衡，那么，他就必须努力建立一个系统，在那里，分裂生成的诸种可能性会得到适当的补偿，或彼此权衡。但是，在我这里所概括的纲要的每一个进程中，都存在必须由训练有素的学者加以研究的问题，而这些问题的解决将不仅有益于社会学，而且也将有益于我们对于社会中的人的理解的那个基础。

9 关于思考可观察的人种学材料的实验[①]

按照我的理解，你们在要求我就如何思考人类学材料的问 73
题给出真诚的、反省的——个人的——看法，而如果我的思考是真诚的和个人的，那么，我关于那种思考的结果就必须持有非个人的态度。即便我哪怕能在半小时内既克服骄傲又克服羞愧，真诚都仍然是一件困难的事情。

通过向你们提供关于我是如何获得一套概念工具和理智习惯的自传式说明，我来尝试构建一幅自己是怎样思考的图景。我的意思不是说一个学术传记，或者我的研究母题(motifs)的清单，而是某种比之更有意义的东西，更确切地说，是一份各种科学科目中的思考母题的清单，它给我留下了如此深刻的印象，以至于当我就人类学材料开始工作时，我自然而然地就使用了这些借鉴而来的母题，以指导我对这一新材料的探究。

我把这套工具的最大一部分归功于我的父亲——威廉·贝

① 这是参加“第七次哲学和科学方法会议”时提交的论文，这次会议于1940年4月28日在“社会研究新学院”召开。论文原载《科学哲学》(*Philosophy of Science*, Vol. 8, No. 1, copyright 1941, The Williams & Wilkins Co.)，选入本书时获得该刊的允许。

特森，他是一位遗传学家。关于科学思考的基本原则的思想，
74 中学和大学能够给予人们的东西很少，相当程度上，我对它的学习来自与我父亲的谈话，或许特别是来自他在谈话中的各种暗示。他本人说不清哲学、数学和逻辑，他显然也不信任此类学科，但是，我想，他仍然不由自主地把某种关于这些问题的东西传给了我。

从父亲那里，我特别得到了那些连他自己都否定的观念。在他早期——如同我认为他知道的那样——的最好著作中，他提出了动物对称（animal symmetry）、分节（segmentation）、各部分系列重复（serial repetition of parts）、模式（patterns）等问题。后来，他从这个领域转向孟德尔学说，并将余生全部献给了这个学说。但是，他始终追求模式和对称的问题，而我得到的正是这种追求以及激励它的那种神秘主义，不管是好是坏，我都将之称为“科学”。

我接受了一种模糊的神秘感觉，就是我们必须在自然现象的一切领域中探求同一种过程——我们可以期待在社会结构中发现某些种类的定律，它们的作用和在水晶结构中的作用一样，或者可以发现，一条蚯蚓的分节的确可能比得上玄武岩柱得以形成的过程。

今天，我不应该完全用那些术语来宣扬这个信仰，倒还不如说我相信精神作用的那些类型，它们在分析一个领域时是有用的，在分析另一个领域时或许也同样是有用的——科学的框架[理念（the eidos）]，而非“自然”的框架，在所有领域中都是一样的。但是，关于这个问题的更神秘的术语表达是我所模模糊糊地学习到的东西，这是最重要的。它赋予任何科学研究以

某种尊严，意指当我在分析鹧鸪羽毛的模式时，我实际上可以获得自然模式和规律性的所有令人困惑之事的一种答案，或一种答案的一部分。而且，这点神秘主义之所以是重要的，是因为它使我自由地使用我的科学背景，即我从生物学、基础物理学和化学中获得的思维方式；它鼓励我期待这些思维方式能够适应非常不同的观察领域。它让我得以将我的一切训练都视为潜在有用的东西，而不是与人类学完全无关的东西。

当我进入人类学时，在使用不严谨的类比方面，存在非常 75
强烈的反对意见，特别是反对有机体和社会之间的斯宾塞学说式的类比(Spencerian analogy)。幸亏那种对于世界现象之普遍整体的神秘信念，我才避免了大量的智力浪费。我从不怀疑这种类比基本上是正确的；因为要是怀疑的话，那就要付出高昂的情感代价。今天，重点当然已经转变了。在分析一个复杂的功能系统时，被人们认为是有用的那些分析方式，也可以用来分析任何其他类似的系统——对此，很少有人会认真严肃地提出质疑了。但是，神秘的支撑物还是有用的，尽管它的语词表达是不好的。

神秘主义还有利于另一种方式，这种方式与我的论点特别相关。不管我们何时因为发现一个更新、更严格的思维或探索方式而得意扬扬，我都要强调这一点；每当我们开始过于坚持这些非常基本的有轨电车路线系统式的“操作主义”，或符号逻辑，或任何其他什么东西的时候，我们就会失去某种思考新思想的能力。当然，同样地，每当我们反对形式思维和陈述的乏味枯燥的严谨性，并任由思想狂奔时，我们也会失去某种思考新思想的能力。在我看来，科学思想的进步来自**松散思维和严**

谨思维的结合，这种结合是科学的最宝贵的工具。

我的神秘现象观特别有助于建立这种双重的思维习惯——它让我进入狂野的“预感”，同时又强化了关于这些预感的更加正式的思考。它鼓励松散的思想，然后立刻坚持那种松散应该符合某种严谨的具体标准。关键在于第一个来自类比的预感是狂野的，然后，是我开始找出那个类比的时刻，我在严格公式的背景下成长，这些公式在我得以借用类比的那个领域中已经被设计出来了。

或许值得对此举出一个例子。这是对一个新几内亚部落——雅特穆尔人——的社会组织的问题阐述。雅特穆尔人的社会系统在一个非常基本的方面，不同于我们的社会系统。他们的社会完全缺少任何种类的首领，而我通过提出下述看法松散地描述了这个问题，即对于个体的控制是凭借我所说的“旁
76 系”制裁所达到的，而不是凭借“来自上面的制裁”所达到的。仔细浏览我的材料，我进一步发现，一般来说，这个社会的分支部分(氏族、部落支系等)实际上绝不惩罚他们自己的成员。我有一个案例，在那里，一个由特定的少年等级拥有的礼仪屋被人玷污了，虽然这个等级的其他成员非常气愤，但他们不能就此有所作为。我问他们是否会杀一头那个人的猪，或拿走他的什么财产，他们回答说：“不，当然不会。*他是我们自己入会等级的一个成员*。”如果同样的事情发生在属于几个等级的、大的高级礼仪屋中的话，玷污者就会受到惩罚。他自己的等级会保护他，但是其他等级会发起争吵。[①]

---

① 关于这件事和其他类似事件的细节，参见《纳文》(G. Bateson，*Naven*，Cambridge，Cambridge University Press，1936)，pp. 98-107。

然后，我开始寻找更加具体的个案，它们会与这个系统和我们自己的系统之间的比较形成对比。我说过，“这就像是径向对称动物(水母、海葵等)和横向分节动物(蚯蚓、龙虾、人等)之间的区别”。

现在，在动物分节领域中，我们对于相关机制所知甚少，但相比社会领域中的知识，问题至少要更加具体。当比较一个社会问题和一个动物分化的问题时，我们马上就有了一张视觉图表，根据这张图表，我们也许能够更加准确地进行讨论。而对于横向分节的动物，我们至少有了某种超出一张单纯解剖图的东西。幸亏已有实验胚胎学和轴梯度(axial gradients)方面的研究，我们才有了某些系统动力学的思想。我们知道，某种不对称的关系能够在连续节段之间获得，所以每个节段如果能够的话(我的说法不严谨)，就会形成一个头部，但是下一个前分节段会阻碍它。而且，连续分节段之间的关系中的这个动态不对称，表现在形态方面；我们在大部分此类动物中，都发现了连续分节段之间的一系列差异，也就是被称为同分异构分化(metameric differentiation)的东西。尽管可以把它们的附肢表 77
明为与某个单一基本结构相一致，但当我们进入系列之中，(就可看到)这些附肢是彼此不同的。(对于我所说的那种事情，龙虾的腿给出了同样的例子。)

与此相比，在径向对称的动物——它们就像一个圆圈的各个部分一样，围绕中心而排列——那里，分节段则通常都是一样的。

如同我所说的那样，关于动物分节的问题，我们知道得不多，但在这里，至少已足够让我回溯雅特穆尔人的社会组织问题。我的“预感”已为我提供了一套比较严谨的语词和图表，根据它们，我能够在对雅特穆尔人的问题的思考中，进行更加准确的尝试。现在，我可以再次考察雅特穆尔人的材料，以确定氏族之间的关系是否在某种意义上的确是对称的，并确定是否存在某种可以与缺乏同分异构分化形成对照的东西。我发现，这个“预感”是起作用的。我看到，只要涉及氏族之间的对抗、控制等，它们之间的关系就相当对称，而且，对于它们之间的分化问题来说，尽管存在非常大的差异，但能够表明的是，这些分化并没有遵循系列模式。此外，我还发现，这些氏族有强烈的彼此模仿的癖好，相互之间偷取一点儿神话历史，并将之并入自己的历史之中——这是一种欺骗性的谱系学，每一个氏族都复制其他氏族，这样，整个系统就往往会减少它们之间的分化（这个系统或许也包括相反方向的倾向，但是我现在还没必要来讨论这个问题）。

我继续探求另一个方向的类比。在同分异构分化现象的深刻影响下，我得出了一个观点：在我们具有等级系统的社会里（相比于蚯蚓和龙虾），当一个群体退出母体社会时，通常可以看到的是分裂线，也就是新旧群体之间的分离，标志着习俗的分化。“英国清教徒”（the Pilgrim Fathers）[①]的漂离是为了成为不同的人。但是，在雅特穆尔人中，当一个村庄里的两个群体争吵时，一半人离开，去寻找新的社群，而两个群体的习俗仍然是一样的。在我们的社会，分裂（fission）往往是异端邪说的行为（一种对于其他教义或习俗的遵从），但在雅特穆尔人那

① 指1620年到美洲建立普利茅斯殖民地的一批英国清教徒。——译者注

里，分裂更像是分立(schismatic)(追随其他领袖，但不必改变 78
教义)。

这里，你们将注意到，我在一个点上越过了我的类比，而这个问题仍然不十分清楚。在一个横向分节的动物那里，当分裂或侧芽发生时，那个侧芽或分裂的结果是**同一的**，由前半段控制的后半段摆脱了这种控制，并发展成为一个正常的、完整的动物。因此，当我将一个伴随等级社会的分裂而产生的分化，看作可与横向分节动物分裂前就存在的东西相比较时，我就与我的类比不一致了。这种偏离了类比的行为，的确值得研究；它将把我们带入对于不对称关系的更加准确的探索之中，这里的不对称关系出现在这两个实例的单位之间，并且提出了有关次级成员对其在不对称中的位置的反应的问题。我还没有考察问题的这一方面。

在获得了某种可在其中描述氏族之间相互关系的概念框架以后，我就由此根据这同样的框架，继续考虑不同年龄级别之间的相互关系。这里，如果有的话，那么只要年龄有望为系列分化提供一个基础，我们就应该期望发现横向分节与连续等级之间的不对称关系的某种类似之处，并且，在某种程度上，发现适合于这一描述的年龄等级系统。每一个等级都有自己的仪式和加入该等级的秘密；在这些仪式和秘密中，非常容易追踪到同分异构分化。仪式在这个系统的顶端得到了充分发展，但仍然可见于其低位层次的基本形式中，不过随着我们沿着这个系列往下走，仪式在每一个层次上都会越来越退化。

但是，入会系统含有一个非常有趣的要素，而当我的观点根据动物分节而被限定时，这个要素的轮廓就更加明显了。等级交替进行，因此，整个系统就由两个对立的群体构成，一个群体由3、5、7等(奇数)的等级组成，另一个群体由2、4、6等(偶数)的等级组成；这两个群体保持着我已将之描述为"对
79 称的"关系的那种关系类型——当它们的权利受到侵犯时，每一个群体都会通过和另一个群体的争吵而提出制裁。

因此，即便在我们可以期望存在最明显的等级的地方，雅特穆尔人都代之以一个无首领的系统，在此系统中，一方对称性地与另一方构成了对立。

从这个结论出发，我那受到许多其他类型材料影响的探索，将继续关注来自其他观点的问题，特别是一些心理学问题，即偏爱对称关系而不是对非对称关系的做法是否能够被植入个体，以及此类性格形成的机制可能是什么。但是，我们无须现在就进入其中。

我们已经谈论得够多了，以至于能够产生某个方法论主题，即一个来自某个其他科学的模糊"预感"，导致了对于那个其他科学的精确的系统阐述，据此，就有可能更加富有成效地思考我们自己的材料。

你们将会注意到，我利用生物学发现的形式，与动物学家用来讨论其材料的形式的确完全不同。在动物学家可能会讨论轴梯度的地方，我讨论"连续分节段之间的不对称关系"，而且，在我的语词中，我准备赋予"连续的"(successive)一词以两个同时存在的意义——在涉及动物材料时，它的意思是三维具体有机体的一种形态系列，而在涉及人类学材料时，它的意思是一个等级的某种抽象属性。

我认为下述说法是公正的，即我以某种奇妙的抽象形式使

用类比，就像我用“不对称关系”替代“轴梯度”，这样我赋予“连续的”一词以某种抽象的意义，后者使它对于两种情况都可以适用。

由此带领我们进入我思考中的另一个非常重要的母题——构建抽象的习惯，它涉及实体之间进行比较的条件；为了说明这一点，我能够清楚地记得我第一次因为这样的抽象而感到内疚的时候。那是在剑桥的动物学荣誉学位考试时，考官试图要我对这个科目的每一分支都至少回答一个问题。我一直认为学习比较解剖学是浪费时间，但是我发现我在考试中与它面对面 80
了，并且我没有必要的详尽知识。考试要求我比较两栖动物的泌尿生殖系统和哺乳动物的泌尿生殖系统，而我对此知之不多。

需要是发明之母。我决定我应该能够为下述立场做出辩护，即比较解剖学是在糊里糊涂地浪费时间，这样，我开始致力于抨击动物学理论对同源(homology)的总体重视。如同你们或许将要知道的那样，动物学者习惯于对器官进行两种比较——**同源**和**类比**。当器官能表明具有与其他器官相似的结构或者具有与之相似的结构关系时，它们就被说成是“同源的”。例如，大象的鼻子与人的鼻子和嘴唇就是同源的，因为它与其他部分——眼睛等——有着同样的形式关系；但是，大象的鼻子类似于人的手，因为它们都有同样的用处。15 年前，比较解剖学围绕着这两种比较，没完没了地思索，顺便提一句，这是我所说的“限定实体之间的比较条件的抽象物”的极好例子。

我抨击这个体系是要提出，有可能存在其他种类的比较，它们会把这个问题弄乱，以至于纯粹形态学的分析就不够了。

我论证说，鱼两侧的鳍通常被认为是与哺乳动物的两侧肢体是同源的，不过，鱼的尾巴——一个中间器官——往往会被认为是一种“不同的形式”，或最多只是“类似于”鱼鳍。但是，双尾的日本金鱼是怎么回事呢？在这一动物那里，造成尾巴异常的因素也造成了两侧鱼鳍的同样异常；因此，这里存在另一种比较，一种生长过程和规律的等同。好吧，我不知道我的回答会得到怎样的分数。很久以后，我发现，事实上，就算真的有，金鱼的侧鳍也很少受到造成尾巴异常的那些因素的影响，但我怀疑考官是不是知道我在虚张声势；我还发现，奇怪的是，海克尔(Haeckel)实际上1854年就已经针对我所发现的那种类型的等同，创造了“同规”(homonomy)一词。就我所知，这个词现在已经被废弃，而且在我写下我的答案的那个时候，就被废弃了。

81 不过，对于我所关注的问题来说，这个思想是新的，而我是自己把它想出来的。我认为，我已经发现了如何思考的问题。那是在1926年，并且这个同样久远的思路——如果你们喜欢的话，可称之为处方(recipe)——从此就一直留存在我的记忆之中。我没有意识到我有一个处方；直到10年以后，我才真正捕捉到这个类比—同源—同规(analogy-homology-homonomy)之事的意义。

或许，略为详细地描述我与这些概念的各种遭遇以及它们所包含的处方，将是一件有趣的事情。在我提到的那场考试过后不久，我进入了人类学，并且一度停止思考，更想弄明白这个主题可能是由什么东西构成的，但是除了否认大部分传统的方法以外，没有弄清楚什么，而那些传统的方法在我看来，是没有意义的。1930年，我就图腾崇拜(totemism)概念写了一篇讽刺短文，首次证明雅特穆尔人的图腾崇拜是真正的图腾崇拜，因为它含有“高百分比”的图腾崇拜的特性——这些特性被列入《人类学笔记与查询》(*Notes and Queries on Anthropology*)之中，它多少有些权威性地由“皇家人类学协会”(Royal Anthropological Institute)发行。然后我继续探讨如下问题：当我们把雅特穆尔人的有些文化等同于北美的图腾崇拜时，并陷入了同源—同规等问题之中时，我们认为我们正在涉及哪一种等值？

在这个关于“真正的”图腾崇拜的讨论中，我还是把同规—同源的抽象问题弄得很清楚了，并通过清晰地(尽管未表达)理解它们是怎样的抽象来使用这些概念。但是，有趣的是，我后来为雅特穆尔人的材料又做了一些其他比较性的抽象，却由于忘记了这个非常重要的事情，而把问题弄糊涂了。

我对于研究我所称之为文化“感觉”(feel)的问题特别有兴趣，而且我厌烦了关于更正式的细节的传统研究。我怀着对此依稀明白的心情出行到新几内亚，而在我的头几封家信中，我对无望捕捉任何诸如文化“感觉”等难以正确估量的概念而发出抱怨。我看到一群随意组成的当地人嚼槟榔、吐唾沫、大笑、开玩笑等动作，我强烈地感觉到，我想要做的事有着使人干着急的不可能性。

一年以后，我仍在新几内亚，我读了《阿拉伯沙漠》(*Arabia Deserta*)，并激动地发现，道蒂(Doughty)在某种意义上， 82
已经做了我想要做的事情。他已经捕捉到了那只我正在追猎的鸟。但是，我也悲哀地意识到，他使用的是一种错误的诱饵。

我无意于获得一种关于文化“感觉”的文学或艺术的表现；我感兴趣的是对于它的某种科学分析。

整体上，我认为道蒂对我是一个鼓舞，我从他那里得到的最大激励在于他所促成的一点点虚妄的思考。在我看来，除了他们的文化“感觉”以外，要理解他的阿拉伯人的行为是不可能的，由此似乎会得出这样的观点：某种程度上，文化“感觉”是构成本土行为的原因。这促使我继续认为，我正在试图探寻某种重要的东西——到目前为止，一切都还顺利。但是，它也引导我认识到，与我能够达到的程度相比，文化“感觉”要具体得多，在构成原因方面也活跃得多。

后来，这个虚假的具体性由某种语言的意外情况而强化。拉德克利夫-布朗(Radcliffe-Brown)令我注意旧词“精神气质”(ethos)，并告诉我那正是我要研究的问题。语词是危险的东西，在某些方面，“精神气质”恰恰是一个非常不好的词。如果我必须为我所要说的东西配备自己的词，那么，我或许就会做得更好，并可以避免大量的混乱。我希望，我会提出某种类似于“ethonomy”的词，它会提醒我，说我正在研究像同源或同规一样秩序的某种抽象。语词“精神气质”的麻烦正是这样——它太短了。它是一个单位词，单一的希腊名词，这样有助于我继续认为它涉及的是一个单位——这是某种我仍然会当作“原因”的东西。我如此处理这个语词，就像它是一个行为类别，或一种构成行为的因素。

我们都熟悉这些语词在诸如下述句子中的不严谨的用法：“战争的原因是经济方面的”“经济行为”“他受其情感的影响”“他的症状是他的超我和本我之间冲突的结果”。(我不确定最后一个例子中含有多少此类谬误；粗略算来，似乎有5个，可能还有第6个，不过或许还要多。精神分析在使用这些语词时令人悲哀地犯下了错误，它们太短了，因此显得比它们实际所是的情况要更加具体。）我在处理“精神气质”一词时，正是做了
这样的以次充好的思考，所以是心有愧疚的，如果我通过离开 83
主题去证明其他人不管怎么说也都犯了同样的错误的途径，来为这一忏悔寻求道德支持的话，那么，你们一定要原谅我。

我们来考察一下我得以进入谬误的那些阶段，并探讨我从中摆脱出来的方式。我认为，第一个逃脱过失的步骤是多次犯错——对于这一方法，可以有许多话好说。错误毕竟是一件阴暗的事情，不管它是物质的，还是智力的，都是如此。有时候，可以通过沉入病人在此意识到它的某个节点，而获得一种有效的治疗方法。当其荒谬之处变得显而易见时，用实验的方法将它推向无限大的程度，就是一种证明方式——它是特定的思路或行为无法做到的。

我在与“精神气质”同样抽象的程度上，又创造了另外几个语词，由此成倍增加了我的错误，我已经有了“理念”“文化结构”“社会学”，我把这些概念处理得好像它们是具体的实体似的。我将精神气质和文化结构之间的关系描述得像是河流与堤岸之间的关系一样：“河流形成堤岸，堤岸引导河流。同样，精神气质形成文化结构，并受文化结构的引导。”我还在寻求有形的类比，但是现在，这种立场与我寻求各种类比、以便获得能够用于分析观察材料的概念时的情形非常相像了。眼下，我正寻求能够用于分析我自己的概念的有形类比，而这是一件不那么令人满意的事情。当然，我的意思不是说其他科学在试图

修正某人的思想时，不能为其提供帮助；它们确实能够提供这样的帮助。例如，物理学的量纲理论(the theory of Dimensions)就可以在这个领域中大有助益。我的意思是说，当一个人为阐明某种材料而寻求一个类比时，考察类比材料之被分析的方法，是有好处的。但是，当一个人试图阐明他自己的概念时，那么，他就必须在同样抽象的层次上来寻找类比。不过，对我来说，这些关于河流和堤岸的直喻，似乎是非常恰当的，我也是非常认真地对待它们的。

这里，我必须离题来描述思考和言论的一个诀窍，而我发现它是有用的。当我面对一个模糊概念，并认为将这个概念带
84 入严谨表达的时间尚不成熟时，我就发明某个不严谨的表达，来涉及这个概念，并且不想通过赋予这个概念以某个特别有意义的语词而过早地判断这个问题。因此，我用某个简短具体的口语词——通常是盎格鲁-撒克逊语词，而不是拉丁语词——快速地称呼它，我将谈论文化的“材料”(stuff)、文化的“位项”(bit)或文化的“感觉”。在我看来，这些简短的盎格鲁-撒克逊语词是一种确定的情调(feeling-tone)，它们始终会告诫我：其背后的概念是模糊的，是有待分析的。这是一个诀窍，就像在一块手帕上打了一个结，但它的优势在于，仍然允许我为了其他目的而继续使用这块手帕，如果我可以这么说的话。我能够在有价值的不严谨的思考过程中，继续使用这个模糊的概念，这仍然还是不断告诫我：我的思想是不严谨的。

但是，这些将精神气质直接比喻为河流，将文化的形成或“文化结构”直接比喻成堤岸的做法，不是盎格鲁-撒克逊式的提醒物，即说我正遗留了某种东西，以便以后进行分析。正如

我所认为的那样，它们是真东西，对于我们理解文化如何运作的问题来说，它们是真正有贡献的。我认为，存在一种我可称之为“精神气质”的现象，还有另一种我可称之为“文化结构”的现象，它们一起运作，彼此相互作用。留待我要去做的全部事情是在这两种不同的现象之间做出清楚的区分，这样其他人就可以进行和我正进行的分析一样的分析。

我延缓了做出上述区分的努力，认为或许这个问题还不十分成熟，而我继续进行文化分析。我仍在思考的问题的确是一项好工作。我要强调后面这一点：事实上，用非常钝拙和畸形的概念是可以对科学做出巨大贡献的。我们可以嘲笑充斥于精神分析作品的每一个字的那种错置具体性的方式，但是尽管有自弗洛伊德开始的所有那些混乱的思考，精神分析仍然是某种杰出的贡献，对于我们理解家庭来说，几乎是唯一的贡献，它是不严谨的思考的重要性和价值的一座纪念碑。

最后，除了最后一章以外，我完成了关于雅特穆尔文化的著作，这本书的写作可以说是我的各种理论概念和贡献的最终检验和回顾。我的计划是，最后一章应该包括某种尝试，以便 85
在那种我称之为“精神气质”的东西和“理念”(eidos)的东西之间做出区分。

我处于某种恐慌状态，其程度近似于当时在那个考场处于的状态，那以前曾经产生了同规概念。我要开始下一个领域的旅程，在我起航之前，我的书即将完成，而如果没有关于我的这些概念之间关系的某种清晰的阐述，那么这本书也不可能站得住脚。

这里，我将引用出现在该书最后一章的内容：

“我开始怀疑自己的分类的可靠性，并做了一个实验。我选择了三个位项的文化：①一个沃(母亲的哥哥)送食物给一个劳阿(姐姐的儿子)食物——实用位项；②一个男人责骂他的妻子——(个体)生态学位项；③一个男人娶了他父亲的姐姐的女儿——结构位项。然后，我在一张大纸上画了一张有九个方格的图表，三行三列。水平栏中列出了我的文化位项，垂直栏中列出了我的分类。然后，我强迫自己在想象中把每一个位项都归于一个类别。我发现这是能够做到的。

“我看到，我可以从结构上思考每一位项的文化；我可以将之看作与一套连贯统一的规则和公式相一致。同样，我可以把每一位项的文化都看作‘实用的’，要么满足个体的需要，要么有助于社会的整合。我还可以从(个体)生态学的角度，把每一位项的文化都看作一种情感表达。

“这个实验也许看上去并不成熟，但对我来说，它是非常重要的，我已经详细地叙述了它，因为在我的读者中，也许某些人会把诸如‘结构’之类的概念看作在文化中‘相互作用’的具体组成部分，而且他们像我一样，很难把这些概念仅仅看作或是为科学家，或为本地人接受的观点的标签。对诸如经济学等概念进行类似的实验，也是具有启发意义的。”①

事实上，“精神气质”等其他概念最终被归结于诸如“同源”
86 “同规”等同样一般秩序的抽象；它们是研究者自愿采纳的那些观点的标签。就像你们可以想象的那样，我在厘清这一混乱时非常激动，可是我也有焦虑，因为我认为我该不得不重写这整

① G. Bateson, *Naven*, Cambridge, Cambridge University Press, 1936, p. 261.

本书。但是，我发现，情况并非如此。我必须调整那些定义，逐个检查，看看每次技术术语出现时，我是否能够用新定义取代它，用注释来标示特别出格的胡言乱语，以告诫读者这些段落可以被当作一种如何不说什么的警示，等等。但是，这本书的主体部分足够立得住，它所需要的就是安装新的支架。

至目前为止，我谈论了自己关于严谨的思考和不严谨的思考的个人经历，但我实际上认为，我所叙述的故事是科学进展的所有起伏不定之事的典型。我的例子在科学的整体进展中，是一个小例子，也是一个相对来说不怎么重要的例子，而你们从中可以看到交替过程中的两种要素：首先是不严谨的思考，以及在站不住脚的基础上建立一个结构，然后是朝向更加严谨的思考的修正，在业已建立的一堆基础下面，代之以一个新基础。我相信，那是关于科学如何发展的非常合理的描述，此外，那座大厦通常也会更加宏伟，而最终致力于新基础的个体不同于那些进行最初的不严谨思考的人。有时候，就像物理学中那样，我们发现，在大厦的第一次建造和后来的基础修正之间，存在若干个世纪，但是这一过程基本上是同样的。

如果你们问我要一个加快这一过程的处方，那么，我首先会说，我们应该接受和享受科学思想的这一双重性，应该乐于珍惜这两个过程一起运作、以便推进我们理解这个世界的那种方式。我们不应该对其中的任何一个过程表示太多的不满，或者当其中任何一个过程未被另一个过程所补充时，我们至少不应该同样对之不满。我认为，当我们开始过长时间地或是专注于严谨的思考，或是专注于不严谨的思考的时候，科学就存在一种延缓。例如，我猜想弗洛伊德的大厦在人们运用严谨思想

对之进行修正之前，就已被容纳了过大的发展，乃至于现在，当研究者们开始以新的、更加严格的术语重新用语词表达弗洛
87 伊德的教义时，就有可能产生许多不好的感觉，这是浪费。(在这一点上，我或许可以给精神分析的正统学说一点安慰。当阐释者们确实就像他们已开始做得那样，正在各种分析前提的基础处搜寻并质问诸如“自我”“希望”“本我”“力比多”等概念的具体实在时，没有必要惊恐，也没有必要开始陷入大海上的混沌一片和暴风骤雨的噩梦。在新基础插入以后，大部分旧的分析结构当然确实都将仍然有效。而当概念、公设和前提得到了修正时，分析者们将能够开始一种新的、还会更富有成果的、非严谨思考的盛宴，直到他们达到一个阶段，在那里，他们思考的结果必须又得到严格的概念化。我认为，他们应该欣赏科学进步的这一交替进行的品性，并通过拒绝接受此类二元论而不延误科学的进步。)

进而言之，除了绝不阻碍进步以外，我想我们可以做些什么来促进事态的发展，而且我已经提出了两种能够用来达到上述目的的方法。一是训练科学家在旧的科学中探寻他们自己材料的狂野类比，这样，他们关于自己的问题的狂野预感就会立于严格的准则之中。二是训练他们每当留下某些未加阐述的问题时，就在他们的手帕上打些结，要准备把这个问题这样留下若干年，但仍要在他们使用的专门术语上留下警示的印记，这样，这些术语就将永远有效，不是作为篱笆，以向未来的探究者遮蔽未知之物，而是作为路标，上面写着：“此处之外，仍有未知。”

10 士气和国民性[①]

本文的论述过程如下：首先，我们将考察某些批评意见，它们的推出可能是为了反对我们持有任何“国民性”(national character)的概念。其次，这个考察能够使我们陈述某些概念界限，在此范围内，“国民性”一词可能是有效的。再次，我们将在这些限定中继续前行，概述我们期望在西方国家中可能发现怎样的差异秩序，并试图通过实例更具体地猜测某些这样的差异。最后，我们将思考士气(morale)和国际关系问题如何受到这种秩序的各种差异的影响。 88

任何“国民性”概念的障碍

科学探究已被一系列思想弄得从这类问题中转移开来，由此导致科学家认为所有诸如此类的问题都是无利可图或是站不

---

① 这篇论文原载《平民士气》(*Civilian Morale*)[华生(G. Watson)编，“社会问题心理学研究协会”(the Society for the Psychological Study of Social Issues)1942年版权所有]。选入本书时获得出版商的允许。有些介绍性材料在编辑过程中做了删除。

住脚的。因此，在我们就欧洲种群中可能存在的各种差异的秩序问题斗胆提出任何建设性的观点之前，这一连串的转向性的思路必须得到探讨。

89 首先，有人论证说，不是人，而是人所生活的环境有着一个社群和另一个社群的差异；而我们必须要么讨论历史背景的差异，要么讨论当下条件的差异，这些因素就足够说明一切行为差异，无须我们再援引相关个体的任何性格差异。这个论点基本上是诉诸“奥卡姆剃刀”(Occam's razor)，后者是一个论断，说的是如无必要，不应该再增加实体。上述论点主张说，在存在可观察的环境差异的地方，我们就应该诉诸这些差异，而不是仅凭推断的性格差异——这是我们观察不到的。

这一论点可以部分地由引用实验材料来得到满足，如卢因(Lewin)的实验(未发表的材料)表明，在实验背景下，德国人和美国人对失败的反应有着巨大的差异。美国人把失败当作增加努力的挑战；德国人以灰心丧气来回应同样的失败。但是，那些主张条件的作用而非性格的作用的人可能仍然回答说，对于这两个群体来说，实验条件实际上是不一样的；任何环境的刺激值，都有赖于那个环境如何在实验对象的生活中抵制其他环境背景，而这种比较对于上述两个群体来说，不可能是同样的。

事实上，有可能得到论证的是：既然不同文化背景的个体绝**不会**遇到同样的环境，那么，就没有必要求助诸如国民性之类的抽象概念。我认为，如果有人指出，在强调环境而不是性格时我们往往忽略了关于**学习**的已知事实，那么，上面的论点就没有说服力了。在心理学领域，或许得到最多文献证明的一般思想是：任何特定时刻，任何哺乳动物，尤其是人的行为特性都有赖于那个个体从前的经验和行为。因此，在做出必须既要考虑环境也要考虑性格的假设时，我们并没有超出必要地增设实体；我们从其他类型的材料中，知道习得性格的重要性，正是这种知识使我们不得不考虑其他的“实体”。

在第一个障碍得到处理之后，对于接受“国民性”概念的第 90
二个障碍产生了。那些赞同性格必须得到考虑的人可能还是怀疑：在作为构成一个国家的人这样的样本范围内，是否可能获得什么一致性或规律性。让我们马上就承认那种一致性显然不会出现，也让我们继续思考可以期待怎样类型的规律性。

我们试图对付的批评有可能采取以下形式：第一，批评者也许指向亚文化分化的产生，或指向性别差异，或指向阶级差异，或指向特定社群之内的职业群体之间的差异；第二，批评者也许指向见于“熔炉”(melting-pot)社群之内的文化规范的极端异质性和混乱；第三，批评者也许指向偶然出现的反常人，即那种具有某种“偶然”创伤经历的个体，其在同处该社会环境的那些人中是少见的；第四，批评者也许指向文化变迁现象，特别是指向某种分化，而当社群的一个部分的变化速度落后于某些其他部分时，这种分化就产生了；第五，批评者也许指向国家界限的任意性。

这些反对意见彼此之间紧密关联，对于它们的回答最终都来自两个假定：第一，无论是从生理学观点来看，还是从心理学观点来看，个体都是单一的有机实体，因此，其所有“部分”或“方面”都是可以相互改变的，也是相互作用的；第二，在这个意义上，一个社群同样也是有机的。

如果我们看看一个稳定社群中的社会分化，或者，看看一个新几内亚部落中的性别分化[①]，就会发现，关于一种性别的习惯系统或性格结构不同于另一种性别的习惯系统或性格结构的说法是不充足的。重要之处在于：每个性别的习惯系统都嵌
91 入了另一个性别的习惯系统；每个性别的行为都促进另一个性别的习惯。[②] 例如，我们在性别之间发现了诸如观看—表演、统治—顺从、照顾—依赖，或者这些东西之混合的互补模式。我们从来都没有看见这些组合之间的互不相干的情况。

不幸的是，我们对于西方国家的阶级、性别、职业群体等之间的习惯分化的条件确实知之甚少，但尽管如此，我认为，将这个一般结论运用于所有生活在相互接触的群体间的稳定分化的情况之中，并不是一件危险的事情。在一个团体的特性与另一个团体的特性之间不存在某种相互关联的情况下，这两个不同的团体竟然能够并处于一个社群之中，这对我来说，简直是不可想象的。这种事情的发生会与关于一个社群是一个有机单位的假设相违背。因此，我们将假定上述这个一般结论适合于一切稳定的社会分化。

现在，我们就性格的构成机制具有的所有认识——特别是

---

① 关于德昌布利人中的性别分化的分析，参见《三个原始部落的性别与气质》(M. Mead, *Sex and Temperament in Three Primitive Societies*, New York, Morrow, 1935)，特别是该书的第三部分；另外，关于新几内亚雅特穆尔成年人中的性别分化的分析，参见《纳文》(G. Bateson, *Naven*, Cambridge, Cambridge University Press, 1936)。

② 在此，我们只考虑一些情况，在那里，个体生态分化随着性别二分法而出现。还有可能出现的情况是，在两种性别的精神气质不是尖锐分化的地方，下述说法仍然是正确的，如通过诸如竞争和相互模仿的机制，每一种性别的精神气质都促进另一种性别的精神气质。参见《三个原始部落的性别与气质》(M. Mead, *Sex and Temprament in Three Primitive Societies*, New York, Morrow, 1935)。

投射、反应形成、补偿等过程，使我们不得不把这些双向模式看作在个体之内是不可分的。如果我们知道，一个个体是在这些模式之一的一半的公开表现中(例如，在统治行为中)得到培养的，那么，我们就能够确定地预测(尽管不是用准确的语言)：另一半(即顺从)的种子就同时播入了他的个性之中。事实上，我们必须把个体看作在统治—顺从的模式中得到培养的，而不是要么在统治模式中，要么在顺从模式中得到培养的。由此可见，在我们涉及一个社群内的稳定分化的地方，如果我们采取预防措施，根据社群的不同部分之间的关系母题(motifs)来描述那个共同性格，我们就有理由将共同性格归于该社群的成员。

同类思考将引导我们处理第二个批评意见：诸如发生在现 92
代“熔炉”中的社群极端异质性。假定我们试图分析出像纽约市这样一个社群的个体之间关系的全部母题；如果我们没有早在完成研究之前就迷失于这个乱哄哄的地方，那么，我们就会获得一幅共同性格的图景，这幅图景几乎是无比复杂的——与人类心灵在其自身之内能够解决的分化相比，它确实会包含更细致的分化。于是，在此，我们和我们正在研究的个体都不得不走捷径——把异质性当作共同环境的一个积极特性，独一无二的(*sui generis*)特性。从这样一个假设出发，在开始寻求共同的行为母题时，我们就注意到因异质性本身而自豪的那种非常明显的倾向[如在鲁宾逊·拉图什(Robinson Latouche)的“美国人的民谣”中]，它往往认为这个世界是由无限离散的测试单位所组成的[如里普利(Ripley)的“信不信由你”]。

第三个反对意见就是异常个体的情况，它所落入的参照框架，与稳定群体分化的参照框架是一样的。一个男孩没有被一所英国公立学校所接受，尽管他的反常根源于某个“偶然的”创伤事故，于是这个男孩*就*反对公立学校系统。他获得的行为习惯也许并没有遵从学校要灌输的规范，但它们正是在对那些规范的反应中获得的。他也许(并经常)会获得与正常情况完全相反的模式；但是他不能凭想象获得不相干的模式。他也许成为一个“糟糕的”公立学校的英国人，他也许精神错乱，但他的异常特性仍将系统地关联于他所抵制的那些规范。的确，我们可以通过以下说法来描述他的特性，即就像在雅特穆尔本地人中，一种性别的性格系统地与另一种性别的性格相关联一样，这个男孩的性格也是系统地与标准的公立学校的性格相关联的。他的性格指向他所生活的社会的关系母题和模式。

同样的参照框架也适合于第四种思考，就是处于变迁中的社群，以及当社群的一部分在变迁中落后于其他部分时产生的那种分化的思考。既然某个变化的发生方向将必然受到现状的制约，那么，作为对于旧模式的反应，新模式将系统地与旧模
93 式相关联。因此，只要我们自己限于这一系统的关系的术语和主题，我们就有资格期待个体性格中的规律性。而且，在某些情况下，关于*变迁的期待和经历*如此重要，以至于能够成为一个常见的决定性格的因素[①]，独一无二的因素，就像“异质性”

---

① 关于熔炉社群中的“变化”和“异质性”所发挥的作用的讨论，参见米德在“环境与教育专题讨论会”上宣读的论文《原始社会研究揭示的社会环境的教育作用》(“Educative Effects of Social Environment as Disclosed by Studies of Primitive Societies”, University of Chicago, September, 22, 1941)。另参见 F. 亚历山大(F. Alexander)在“环境与教育专题讨论会”上宣读的论文《环境中的个性因素的教育影响》(“Educative Influence of Personality Factors in the Environment”)。

也可以发挥积极的作用那样。

最后，我们可以思考不断变化的国界的情况，这也是对我们的第五个批评意见。这里，我们当然不能指望一个外交官在一份协议上的签字就会立即改变个体的性格，而这些个体对国家的忠诚度也因此被改变了。例如，在一个前文字的土著族群首次被带入与欧洲人接触的情形中，甚至有可能发生的是：变迁之后的一段时间，双方在此情况下将以一种探索性的或近乎随机的方式行事，各自有其自己的规范，却不会产生对于这种接触状况的任何特殊的适应。在这一时期，我们还是不该期待什么对这两个群体都能适用的一般思想。不过很快，我们就知道每一方都发展出了特殊的行为模式，以用于和另一方的接触。[①] 于是，以下问题开始变得有意义了，即什么样的系统关系将描述这两个群体的共同特性；由此出发，共同性格结构的 94
程度就将增加，直到这两个群体开始相互关联的时候，就像一个稳定的分化社会中的两个阶级或两种性别那样。[②]

总之，就运用任何共同性格概念的问题而言，对于那些论证人类社群表现出极大的内部分化或包含了重要的随机元素的人来说，我们的回答将是这样：(a)如果我们根据社群中的群体和个体**之间**的关系主题来描绘共同性格的话，而且(b)如果

---

① 在南太平洋，欧洲人对当地人采用的那些特殊的行为模式，和当地人对欧洲人采用的那些其他的特殊行为模式，都是非常明显的。不过，除了分析“混杂”语言以外，我们没有这些模式的心理学资料。关于黑人—白人关系的类似模式的描述，参见多拉德(J. Dollard)《一个南部小镇的等级和阶级》(*Caste and Class in a Southern Town*，New Haven，Yale University Press，1937)，特别是第十二章“黑人的适应态度”。

② 参见《文化接触和分裂生成》(G. Bateson，“Culture Contact and Schismogenesis,”*Man*，1935，8：199)(已选入本书)。

我们允许社群有足够的时间，来达到某种程度的平衡，或接受作为其人类环境之特性的变迁或异质性的话，那么，我们就期望这种方法是有用的方法。

我们可在国家群体之间期待的差异

上述关于反对“国民性”情形中的“假想敌”(straw men)的考察非常严格地限定了“国民性”这个概念的范围。但由此得出的结论绝不是简单否定的。限定一个概念的范围，与捍卫它几乎是一回事。

我们已经为我们的配备增添了一个非常重要的工具，即根据两极形容词来描述某个人类社群中的个体的共同性格(或性格的“最大公约数”)的方法。面对各个国家高度分化的事实，我们不是陷入绝望，而是将要把那种分化的各个维度当作我们进入国民性的线索。我们不再满足于说“德国人是顺从的”，或“英国人是冷漠的”，而是在可以显示诸如“统治的—顺从的”等关系发生的同时，使用这些语词。同样，我们将不再谈及“德国人性格中的狂妄症的(paranoidal)元素”，除非我们能够表明，关于“狂妄症的”一词，我们的意思是指德国人—德国人或德国人—外国人关系中的某种两极特性。我们将不会通过根据其在极端统治和极端顺从之间的连续统一体中的位置而限制某
95 种特定性格的途径，来描述各种性格，相反，我们将试图出于描述的目的，而使用某些诸如“对于统治—顺从感兴趣的程度或趋于的程度”之类的连续统一体。

至此为止，我们只是提到了两极特性的一个非常简短的清

单：统治—顺从，照顾—依赖，表演—观看。读者肯定最关心一个批评意见，简言之就是：所有这三种特性都明显地出现在一切西方文化之中。因此，在我们的方法成为有用的方法之前，我们必须试图扩展这个方法，以给予我们足够的空间和分辨力，来区分一种西方文化和另一种西方文化。

毫无疑问，随着这个概念框架的发展，我们将引入更多的扩展和辨别方法。这篇文章将仅仅讨论三种这样的扩展。

替代两极性

当我们在未预知某种关于共同性格结构的概念的情况下，将两极性作为一种处理社会分化的手段来诉诸时，我们就只考虑到了简单两极分化的可能性。这个模式在西方文化中确实相当常见。例如，共和的—民主的，政治左派—右派，性别分化，上帝—魔鬼，等等。这些人甚至试图将某种两极模式强加于那些本质上不是两极的现象上：青年与老年，劳动与资本，心与物。而且，一般情况下，它们都缺乏处理三角系统的组织设施。例如，任何“第三方”的开始总被认为是对我们的政治组织的一个威胁。不过，这个趋于二元系统的明显倾向不应该使我们看不到其他模式的发生。①

---

① 山区社群中的巴厘社会系统就几乎完全没有这类二元论。性别的(个体)生态分化是非常小的；政治派别根本不存在。平原上有二元论，它是由印度种姓系统的入侵而造成的，那些有种姓的人不同于那些没有等级的人。不过，在象征层次上(部分地作为印度影响的一个结果)，二元论在社会结构中要更加常见(例如，东北与西南，神与恶魔，象征性的左派与象征性的右派，象征性的男性与象征性的女性，等等)。

96 例如，在英国社群中，有一个非常有趣的倾向，它趋于三元系统的形成，诸如父母—保姆—孩子，国王—大臣—人民，军官—军士—士兵。[①] 尽管这些三元系统中的关系的精确母题还有待研究，但重要的是注意到：这些被我当作“三元”(ternary)而提到的系统，既不是“纯粹的等级制”，也不是“三角系统”。关于一个纯粹的等级制(a pure hierarchy)，我的意思应该是说一个串连系统，在那里，当其成员被某个插入进来的成员所分离时，面对面的关系就不是发生在这些成员之间了；换句话说，是指 A 和 C 之间的沟通只有通过 B 才能进行的那个系统。关于三角系统(triangle)，我的意思应该是说一个没有串连属性的三重系统。另一方面，三元系统(父母—保姆—孩子)与这两种形式都完全不同。它包含串连元素，但是面对面的接触恰恰发生在第一个成员和第三个成员之间。中间成员的作用基本上是：以他在与第一个成员的接触中应该采取的形式来指导和训练第三个成员。保姆教导孩子如何行事，以取悦父母，就像军士教导和训练士兵应该如何行事，以取悦军官一样。在精神分析的术语中，心力内投(introjection)过程是**间接**进行的，不是通过父母个性对于孩子的直接影响。[②] 不过，第一个成员和第三个成员之间的接触是非常重要的。在这种关系中，我

① 这个三重模式的第四个例子出现在某些大的公立学校(如查特豪斯)，在那里，权力在以下这些人之间进行分配：更安静、更优秀的知识领袖(“班长”)和粗人、大声喊叫的人、体育带头人(足球队长)、图书馆负责人等，当班长吩咐的时候，这些人有责任使唤“那些低年级学生”干活。

② 关于俄狄浦斯情景和相关文化制裁系统的文化变异的一般讨论，参见米德《社会变革与文化指令》(“Social Change and Culture Surrogates,” *Journal of Educ. Sociol.*, 1940, 14: 92-128)；另参见罗海姆(G. Roheim)《斯芬克斯之谜》(*The Riddle of the Sphinx*, London, Hogarth Press, 1934)。

们可以提到英国军队每天必不可少的仪式，在那个仪式中，当天的军官询问集合起来的士兵和军士是否有什么要诉说的东西。

的确，任何关于英国性格的完整讨论都应该既容纳两极模 97
式，也容纳三元模式。

对称的母题

到目前为止，我们只是思考了我们称之为“互补的”关系模式的问题，在那里，关系一端的行为模式与关系另一端的行为模式不同，但却是与之相适应的(统治—顺从等)。不过，有一种人类人际行为的整体类别就不适合这种描述。除了构成对比的互补模式以外，我们还得识别一系列的对称模式的存在，在那里，人们通过做某种类似的事情，来回应其他人正在做的事情。特别是，我们必须考虑那些竞争的[①]模式，在那里，个体或群体 A 通过觉察个体或群体 B 更多的同类行为(或在那类行为中的更大成功)，而被激发了更多的任何种类的行为。

在这种竞争的行为系统和互补的统治—顺从系统之间，存在非常深刻的对比关系，而对于任何有关国民性的讨论来说，这都是一种相当有意义的对比。在互补性的争斗中，推动 A 做出更大努力的刺激物在 B 那里相对薄弱；如果我们要使得 A 平静下来或者顺从，那么，我们就应该向他表明 B 比他更加

① “合作”这一术语有时被用作“竞争”的反义词，“合作”涵盖非常广泛的各种模式，其中有些模式是对称性的，其他模式则是互补的，有些模式是两极的，其他模式中的合作个体则主要趋向某种个人或非个人的目标。我们可以期待关于这些模式的某种细致分析将为我们提供词汇，以便用来描述其他种类的国民性。这篇论文还不能尝试做出这样一种分析。

强大。事实上，互补的性格结构可以用语词“恶霸—懦夫”(bully-coward)来概括，意指这些特性在个性之中的组合。此外，对称的竞争性系统在功能上几乎正好与互补的系统相反。这里，推动 A 做出更大努力的刺激物是对 B 更*强大*或更努力
98 地想象；而且反过来，如果我们向 A 表明，B 实际上更弱的话，那么，A 就将放松他的努力。

这两种构成比较的模式作为所有人类的潜力，都同样是可以获得的；但显而易见的是，任何同时以这两种方式行事的个体，都将会碰到内部混乱和冲突的危险。结果，在各种国家群体中，发展出了解决这个不一致的不同方法。在英国和美国，每当孩子和成年人表现出互补模式时，他们往往就会受到几乎是持续不断的反对，所以他们不可避免地就会接受“公平对待”的伦理观。在回应各种困难的挑战时，他们不能毫无愧疚地对竞争失败者再踢上一脚。[①] 对于英国士气来说，敦刻尔克(Dunkirk)[②]是一种刺激物，而不是一贴镇静剂。

另一方面，德国显然缺少同样的论调，那里的社群主要是根据统治—顺从模式而在互补的等级制基础上组织起来的。统治行为鲜明而清楚地得到发展；不过，这幅图景还不是很清晰，需要做进一步的研究。一个纯粹的统治—顺从的等级制是否可曾作为稳定的系统而存在，这是个值得怀疑的问题。在德国的情况下，这个模式的顺从一端好像是被遮蔽的，因此就像

① 不过，在这些国家的有些地区，互补模式略为经常地会发生，特别是在那些长期经历不安全和不确定的群体中，例如少数民族、贫困地区、证券交易所、政治圈子等。

② 法国港口城市，1940 年英军被德军打败，由此撤回本国。——译者注

在美国或英国一样，公开的顺从行为几乎被强力禁止。我们发现，替代顺从的是一种阅兵场式的无动于衷。

在最近开始的一项关于德国生活史的研究中，我们看到一个来自访谈的提示，它是关于顺从的作用之得到修正，并变得可以忍受的过程的提示。① 一个德国实验对象描述了作为一个男孩子，他在其德国南部家里受到的待遇怎样不同于他的姐姐所受到的待遇。他说，对他的要求要多得多；他的姐姐可以不遵守纪律；总是期望他立正和绝对服从，他的姐姐则可以有多 99
得多的自由。这个访谈立刻开始探寻兄弟姐妹的性别之间的妒忌，但是，那个实验对象声称，对于男孩子来说，服从是更大的荣誉。“人们对女孩子没太多期望，”他说，“人们认为他们(即男孩子)应该完成和做的事情是非常严峻的，因为他们必须为生活做好准备。”这是“贵族行为理应高尚”(noblesse oblige)的一个有趣的转化。

母题的组合

在互补的母题中，我们只提到了三种，即统治—顺从、表演—观看和照顾—依赖，但它们足够说明那类可验证的假设，而我们通过描述用连字符连接的术语中的国民性，就能够获得那些假设。②

---

① G.贝特森为“人类关系委员会”所做的未发表的研究。

② 为了进行更加全面的研究，我们应该考虑诸如进攻—被动(aggression-passivity)、占有—被占有(possessive-possessed)、代理—工具(agent-tool)等其他母题。而且，比起这篇论文能够做出的尝试来，所有这些母题都将需要多少有点更加批判性的限定。

显而易见，既然所有这三个母题都发生在一切西方文化之中，国际差异的可能情况就限于这些母题之被组合的比例和方式上了。比例问题有可能非常难以检测，除非在彼此差异相当大的情形中。我们自己也许确信比起美国人来，德国人更加倾向于统治—顺从模式，但要论证这一确信却可能是困难的。要评估不同国家中的表演—观看或照顾—依赖的发展程度方面的差异，的确或许将是一件完全不可能的事情。

不过，如果我们考虑这些母题之可能组合在一起的方式，那么我们就发现了明确的质的差异，而这种差异是易于验证的。让我们假定这三个母题都是在所有西方文化中的所有关系中得到发展的，并且从这一假定出发进而思考**怎样的个体发挥了怎样的作用**的问题。

逻辑上有可能的是：在一种文化环境中，A将会是统治型
100 的，并且是表演者，而B是顺从型的，并且是观看者；可是在另一种文化中，X可能是统治型的，并且是观看者，而Y可能是顺从型的，并且是表演者。

人们非常容易想起这种对比的例子。因此，我们可能注意到，占统治地位的纳粹分子在人民面前炫耀自己，而俄国沙皇保留其私人芭蕾舞团。我们或许可以将“纳粹党”与人民之间的关系展示如下：

纳粹党	人民
统治	顺从
表演	观看

而沙皇和他的芭蕾舞团的关系可以展示如下：

沙皇	**芭蕾舞团**
统治	顺从
观看	表演

相对而言，这些欧洲的例子都未得到证实。既然如此，这里就值得通过描述一个非常鲜明的民族志差异(它已经有了更全面的文献记载)来论证诸如此类的差异的产生。在欧洲，凡在我们倾向于将照顾行为与社会优势地位相联系的地方，我们就相应地建立我们的父系符号。我们的“神”，或我们的国王，是其人民的父亲。另一方面，在巴厘，众神是人民的“孩子”，而当一个神通过附身者之口说话时，他是在对着任何一个作为“父亲”而倾听的人说话。同样，王公被他的人民 *sajanganga*（“spoilt” like a child，像个孩子似的“被宠坏”了）。而且，巴厘人还非常喜欢把孩子置于神和跳舞者相组合的角色；在神话学中，完美的君王文雅而又自恋。因此，巴厘人的模式可以概括如下：

高等地位	**低等地位**
依赖	照顾
表演	观看

这是个简单的图示，它不仅表示巴厘人认为依赖、表演和高等 101
地位会自然而然地联系在一起，而且表示一个巴厘人不会愿意

把照顾与表演组合起来(就是说，巴厘人完全没有许多原始人的那种炫耀性的、赠献礼物的性格)，或者，如果受情境所迫而要尝试这样一种组合的话，那么他也是会觉得尴尬的。

尽管不能以同样的确定性来描绘我们西方文化的类比表，但尝试描绘英国、美国和德国文化中的家长—孩子关系类比表，却仍然是值得的。不过，我们必须面对一个非常复杂的情况；当考察家长—孩子的关系而不是君王和人民的关系时，我们必须特别考虑到随着孩子的成长而产生的模式变化。在早期孩童时代，照顾—依赖模式无疑是占统治地位的母题，但是，后来的各种机制改变了这种极端的依赖，带来了某种程度的心理上的独立。

英国的上层阶级系统和中层阶级系统可以如下图所示：

父母	**孩子**
统治	顺从
	(被“三元”看护系统所改造)
照顾	依赖
	(依赖习惯被分离所打破——孩子被送去学校)
表演	观看
	(孩子吃饭时安静地聆听)

与之相比，美国的类比模式似乎是这样：

父母	**孩子**
统治(轻微的)	顺从(轻微的)

照顾	依赖
观看	表演

这个模式与英国模式的不同，不仅在于观看—表演角色的颠倒，而且在于表演的内容。美国孩子受父母亲的鼓励而表现他的独立性。通常情况下，心理断奶的过程不是通过送孩子去寄宿制学校来完成的；相反，孩子的表演与其独立性相对抗，直到表演被中和。后来，由展示独立性的这个起点开始，个体有时在成人生活中可以继续表现出照顾模式，他的妻子和家庭在某种程度上成为他的“展品”。 102

尽管德国的类比模式或许在互补角色配对的设置上与美国模式相像，但它与美国模式确实不同的地方在于：父亲的统治地位要强大得多，持续时间也长得多，特别是在于男孩的表演内容的截然不同。事实上，他被控制成为一种脚后跟发出咔嚓声的表演，后者取代了公开的顺从行为。因此，在美国人的性格中，父母鼓励下的表演是一种心理断奶的方式，而德国人的表演在功能和内容上都是完全不同的。

这一秩序差异也许可见于所有欧洲国家，它或许是我们许多天真的、往往又不友善的国际评论的基础。在国际关系的机制中，它们的确会相当重要，因为对于它们的理解也许会消除我们的某些误解。在美国人看来，英国人显示“傲慢”过于频繁，而对于英国人来说，美国人显得“自夸”。如果我们能够准确地说明在这些表达中，有多少是对的，又有多少是歪曲的，那么就是对盟国之间的合作的真正贡献。

根据上述图示，英国人的“傲慢”会被归于统治—表演的组

合。充当表演角色的英国人(早饭时的父亲、报纸编辑、政治演说家、演讲者等)假定，他也有一个统治的角色：他可以按
103 照含糊的抽象标准来决定做出怎样的表演，而观众可以“要么接受它，要么放弃它”。他把自己的傲慢或是看成“自然的”东西，或是看成当面对抽象标准时可由他的谦卑所缓和的东西。他完全没有意识到他的行为有可能被人想象为是对他的观众的一种评论，而是依照自己的理解只知道扮演表演者的角色。对于他来说，英国人的“傲慢”行为好像是直接**针对**观众的，在这种情况下，对于某一抽象标准的隐式调用，似乎只是伤害之外又加上了侮辱。

同样，被英国人看作“自夸”的美国人的行为，也不是进攻性的，尽管英国人可能觉得他正在受到某种令人不满的比较。他不知道的是，美国人事实上只会对他们非常喜欢和尊重的人才愿意这样。根据以上假设，“自夸”模式来源于过分自信和独立的表演得以对抗过分依赖的那个奇特关联。美国人自夸时，是在寻求对其正直的独立性的赞同；但天真的英国人把这种行为解释为要得到某种统治或优势的企图。

以这样的方式，我们可以假定，一个国家的整体文化品位可能不同于另一个国家的整体文化品位，而这种差异可能足以引起严重的误解。不过，这些差异或许在本质上没有那么复杂，以至于无法对之进行研究。我们已经提出的那类假设可以方便地得到证明，而迫切需要的是关于这些思路的研究。

国民性与美国人的士气

将人际关系和群体间关系的母题用作研究国民性的线索，我们就能够指明常规差异的某些秩序，而我们是可以期待在与我们共享西方文明的民族中发现这一常规差异的。我们的论述必然是理论的，而不是经验的；而且，从我们业已建立的理论结构出发，还是有可能推断出某些准则的，后者对于士气的建设者来说，可能是有用的。

所有这些准则都建立在某个一般假设的基础之上，而当语 104
境被建构得要诉诸人们习惯性的反应模式时，人们就会最为强烈地回应这个一般假设。通过给驴吃生肉，然后鼓励它上山，那是不合情理的，也别想指望狮子会对青草有什么反应。

(1)既然所有的西方国家都倾向于以两极术语来进行思考和行动，那么，在树立美国士气时，就最好把我们的各种敌人都看作单一的敌对实体。知识分子们或许喜欢的区分和定级有可能是扰乱人心的。

(2)既然美国人和英国人都对于对称的刺激物有最为强烈的反应，那么，如果我们降低战争灾难的调子，就是非常不明智的了。如果我们的敌人在任何时刻打败了我们，那么，这个事实就应该被用作最大的挑战，以及进一步努力的鞭策。当我们的部队已经经历了某种失败，我们的报纸就不应该急于告诉我们“敌人的进攻已经被阻止”。军事进展总是断断续续的，进攻的时刻，是需要最高士气的时刻，它就出现在敌军巩固其地位并准备发动下一次打击之时。在这个时候，凭借狂妄的自信而降低我们的军官和士兵的进攻力，是不明智的。

(3)不过，在对称的动机习惯和展示自信的需要之间，存在一种表面的不一致。我们已经提出，美国男孩的父母在其孩童时期赞赏性地观看他们展示自信，而美国孩子就通过这些偶然的事情，学会了独立。如果这个判断是正确的，那么就可推论说，自我欣赏的某种冒头在美国人那里，可能是正常的和健康的，或许也是美国独立和力量的一个必不可少的成分。

对于上述准则的过于刻板的遵从，因而对于灾难和困苦的过于执着的坚持，就有可能通过抑制这一自发的活力而导致某种能量的丧失。对于英国人来说，“鲜血、汗水和眼泪”的极浓缩的饮食，也许是好事情；但是美国人虽然同样依赖于对称的动机，但是如果除了灾难而不提供其他浓缩饮食的话，他就不
105 可能活跃起来。我们的公共发言人和报纸编辑绝不应低调处理这样的事实，即我们在从事着需要男人担当的工作，但是他们最好也坚持美国是一个需要男人担当的国家。任何一种想要通过使敌人的力量最小化的途径而消除美国人的疑虑的企图，都必须避免，但是对于真正成功的坦率性自夸则是一件好事情。

(4)由于我们对和平的看法是我们投入战争的士气中的一个因素，所以立刻就值得发问：有关国家差异的研究可以如何启示和平谈判桌上的问题?

我们必须设想一个和平条约：①美国人和英国人将为达成这个条约而战；②它将表明我们的敌人之最好而不是最坏的特性。如果我们科学地接近了这个条约，这样一个问题就绝不会超出我们的能力范围。

在想象这样的和平条约的时候，协商工作的最引人注目的

心理障碍是：英国与美国的对称模式与禁止公开顺从行为的德国的互补模式之间的对比。同盟国没有做好心理方面的准备，以便可以实施一个严厉的条约；它们也许草拟了这样一个条约，但是在6个月中，它们会对压制处于劣势中的人(keep the underdog down)而感到厌倦。此外，德国人如果把他们的角色看作"顺从的"，那么，没有苛刻的待遇，他们就不会低头。我们已经看到，这些考虑甚至适用于诸如在凡尔赛设想的那样一个轻度惩罚性条约；同盟国疏于执行它，而德国人拒绝接受它。因此，梦想这样一个条约是没有用的，而比没用更加糟糕的是，当我们痛恨德国的时候，便重复诸如此类的梦想，就像它们是现在提高我们士气的一个方法似的。那样做只会混淆最终要解决的问题。

事实上，互补的动机和对称的动机之间的这种不一致意味着：和平条约是不可能围绕简单的统治—顺从母题而被组织起来；因此，我们不得不考虑其他的解决办法。例如，我们必须思考表演—观看的母题：应该赋予不同国家中的每一个国家以怎样的角色，才能最适合它们的发挥呢？我们还要思考照顾—依赖母题：在战后的匮乏世界，我们应该在那些给予食品和接受食品的人之间，呼唤怎样的动机模式呢？而且，除了这些解决办法，我们还可以有某种三重结构，在那里，同盟国和德国 106
不是彼此服从，而是都会服从某个抽象的原则。

11 巴厘：一个稳态的价值系统[①]

“精神气质”与“分裂生成”

107 如果说通过建构连续运作的假说并对它们进行经验的检测，科学就必然向前发展，那就过于简单了，甚至会是一个虚假的说法。物理学家和化学家中可能有这么一些人，他们真的遵照这一正统的方式而前行，但是在社会科学家中，或许没有一个人是这样的。我们的概念定义是不严谨的——明暗对比的朦胧预示着更清晰的线条仍未画出，而我们的假说还是如此含糊不清，以至于我们几乎无法想象出什么其研究能够证实这些假说的重要例子。

这篇论文试图更准确地阐述我在 1936 年[②]发表的一个思想，而自那以后，这个思想就一直潜伏着。对我来说，**精神气**

---

① 这篇论文原载迈耶·福蒂斯(Meyer Fortes)编的《社会结构：关于拉德克里夫-布朗的研究》(*Social Structure：Studies Presented to A.R.Radcliffe-Brown*，1949)，选入本书时获得克拉伦登出版社的允许。论文的撰写得到古根海姆学者奖资助。

② G. Bateson，*Naven*，Cambridge，Cambridge University Press，1936.

质观念已经表明是一个有用的概念工具，借助它，我已能够比较清楚地理解雅特穆尔文化。但是，这个经历绝不证明这一工具在其他人那里或对于其他文化的分析而言，就必定是有用的。我能够得出的最一般结论具有这样的秩序：我自己的心理 108
过程具有某种特性；雅特穆尔人的俗语、行为和组织具有某种特性；某个抽象物(即“精神气质”)在缓解这两个特性(我的心灵和我自己搜集的资料)之间的关系方面，发挥着某种作用，或许是催化的作用。

在完成《纳文》手稿以后，我随即去了巴厘，打算在巴厘人的资料上试试这一工具，而该工具在对雅特穆尔人的分析中，已经得到了发展。不过，由于某种原因，我没有这样，部分是因为在巴厘，米德和我陷入了对于其他工具的设想——记录和描述的摄影方法，部分是因为我正在学习将遗传心理学运用于文化材料的技术，但特别是因为：在某种难以言说的层次上，我觉得这一工具不适合这项新任务。

并不是精神气质在任何意义上都没有得到证明，一个工具或方法的确很少能够被证明是虚假的。只能表明它是没有用的，而在这种情况下，甚至不能对没有用进行清晰的阐述。这个方法几乎没有投入尝试，我最多只能说，在交出作为所有人类学研究第一阶段的资料以后，(个体)生态学的(ethological)分析似乎不是接下来要做的事情。

现在，用巴厘人的资料能够表明：那一文化的哪些特点可能影响我离开(个体)生态学的分析，而这一论证将导致对于抽象的精神气质的一种更加普遍的概括。在这个过程中，我们将取得某些启发式的进展，这些进展可以指导我们在讨论其他文化的时候，进入更加严谨的描述过程。

(1)关于雅特穆尔人资料的分析引出了对精神气质的定义，即“个体本能和情感的、被文化标准化了的组织系统的表达”[①]。

(2)关于雅特穆尔人的精神气质的分析——该分析在于将资料排出秩序，以便制订某些明显的、周期性出现的“重点”或“主题”——引导了对分裂生成的认识。雅特穆尔人的社会运作
109 似乎特别涉及两级再生的(regenerative)[②]或“恶性的”(vicious)循环。它们都是社会相互作用的序列，诸如A的行为是B的行为的刺激，后者反过来又成为A部分的更激烈行为的刺激，等等，A和B要么是作为个体而行动的人，要么是作为群体成员而行动的人。

(3)这些分裂生成序列可以被分成两个级别：①对称的分裂生成，在那里，相互促进的A和B的行为基本上是相似的，如在竞争、竞赛等情况中，就是这样。②互补的分裂生成，在那里，相互促进的行为基本上是不一样的，但是相互适合。例如，在统治—顺从、照顾—依赖、表演—观看等情形中，就是

① G. Bateson, *Naven*, Cambridge, Cambridge University Press, 1936, p. 118.

② “再生的”(regenerative)或“退化的”(degenerative)术语借自通信工程。再生的或“恶性的”循环是普通类型的变量链：增加A导致增加B，增加B导致增加C……增加N导致增加A。这样一个系统如果配以必要的能源，并且如果外在因素允许的话，显然就会以越来越大的速率或强度运转。一个“退化的”或“自我纠正的”循环不同于一个再生循环，因为它至少包含一个这类链接：“增加N导致减少M”。室内恒温器或带有调节器的蒸汽机是这种自我矫正系统的例子。人们会注意到，在许多情况下，按照负载量、围绕通道发送的脉冲(impulses)频率以及总通道的时间特性，同样的物质循环或许不是再生的，就是退化的。

这样。

(4)1939 年，在确定对称的分裂生成概念和互补的分裂生成概念之间的形式关系上，取得了一个重大的进展。这来自一个尝试，就是根据理查森的国际军备竞赛方程式(Richardson's equation for international armaments races)[①]，来阐述分裂生成理论。显然，这些竞赛方程式首次接近了我称为“对称的分裂生成”的东西。它们假定，A 行为的强度(在理查森那里，是其装备率)，是与 B 超出 A 的数量成正比的。事实上，刺激项 110
是(B—A)，当这个刺激项是积极的时候，就可以期待 A 将致力于装备。对于 B 的行为，理查森的第二个方程式提出了同样的、在细节上已做必要修正的假说。这些方程式提出，其他简单的竞赛或竞争现象(例如自夸)尽管不属于诸如军备开支那样的简单测量，但在最终得到测量时，还是可以被归于一组简单的类比关系。

不过，在互补的分裂生成的情况中，问题就没有这么清楚。理查森的关于“顺从”的方程式显然限定了某种现象——它有点儿不同于渐进的互补关系，而且他的方程式的形式描绘了一种“顺从”因子的行为，它减弱好战努力的迹象，并最终扭转了好战努力的迹象。然而，要描绘互补的分裂生成，需要的是一个方程式的形式——它能够提供一个明确的和不连续的可逆迹象。这样一个方程式的形式是通过以下途径而达到的，即假设在一个互补关系中，A 的行为与(A—B)类型的刺激项成正比。这样的形式还具有以下优点：自动地将一个参与者的行为

① L. F. Richardson, “Generalized Foreign Politics,” *British Journal of Psychology*, Monograph Supplement xxiii, 1939.

限定为否定的行为，因此对于统治和顺从、表演和观看、照顾和依赖等明显的心理关联体来说，提供了某种数学的类比。

值得注意的是，这个公式本身是竞赛公式的一个否定，刺激项是相反的。已经有观察表明，对称的行为序列明确地趋向于降低人与人之间或群体与群体之间的过度互补关系的张力。[①] 将这个效果归结于某个假说，是一件吸引人的事情，而这些假说会在某种程度上，使得两类分裂生成在心理学意义上不相容，就像上述公式所做的那样。

(5)有趣的是注意一切与性感区(the erogenous zones)相连接的方式。[②] 它们尽管不能清晰地得到量化，但是为**互补的**关系确定了主题。

111 (6)上述(5)提到的与性感区的连接表明，我们或许不应该仅仅考虑由类似于疲劳因素所限定的简单强度的上升指数曲线，诸如理查森的方程式会包含的那样；而是应该期望我们的曲线以能够与性高潮相媲美的现象为边界。因为一定程度的身体或神经的投入或强度的达到，也许就伴随着分裂生成张力的释放。的确，我们对于各种简单竞赛中的人的所有认识，似乎都指明了这一点，也似乎都表明，对于这种释放的有意或无意

---

① G. Bateson, *Naven*, Cambridge, Cambridge University Press, 1936, p. 173.

② E. H. Homburger, "Configurations in Play: Psychological Notes," *Psychoanalytical Quarterly*, 1937, vi: 138-214. 在尝试用比较严谨的术语论述精神分析假说的文献中，这是最重要的论文之一，它探讨适合于各种性感区的"模式"——侵入、合并、滞留等，并表明这些方式如何得以从一个区转移到另一个区。这促使作者绘制一张诸如此类的转换模式之可能的排列和组合的图表。这张图表为描绘各种不同类型的性格结构的发展历程，提供了准确的手段(例如，就像在不同的文化中所看到的那样)。

的希望，是吸引参与者、防止他们简单地退出竞赛的一个重要因素，否则的话，这些竞赛就不会被“常识”所接受。如果存在什么使人倾向于斗争的基本人性的话，那么，它似乎就是这种通过全面投入而释放紧张的希望了。在战争的情况下，这个因素无疑常常是强有力的。（事实的真相是：在现代战争中，只有几乎很少参与者获得了这一高潮的释放，而这一真相似乎难以抵制“全面”战争的阴险神话。）

(7)在1936年得以提出的观点是，“恋爱”现象可以和带有逆转迹象的分裂生成相比拟，甚至提出，“如果真爱进展顺利，其进程就会遵循一条指数曲线”[①]。自此以后，理查森[②]以更正式的术语独立地提出了同样的观点。上述(6)清楚地表明：“指数曲线”必须让位于某类曲线，后者不会无限上升，但是将达到一个顶点，然后下降。不过，除此之外，在相当程度上，这些相互作用的现象与顶点和性高潮的明显关系强化了这样的情况，即将分裂生成和导致爱情的那些累积的相互作用序列往往看作心理上的等同物。（看一看战斗和做爱之间的奇妙混合， 112
性高潮与死亡的象征性同一，哺乳动物反复用作性吸引的装饰物的进攻器官，等等。）

(8)**在巴厘，没有发现分裂生成序列**。这个否定的陈述具有重大的意义，并与如此之多的社会对抗理论相冲突，因此，为了获得可靠性，我在这里必须系统地描述性格形成的过程，

---

① G. Bateson, *Naven*, Cambridge, Cambridge University Press, 1936, p. 197.

② L. F. Richardson, “Generalized Foreign Politics,” *British Journal of Psychology*, Monograph Supplement xxiii, 1939.

由此导致的巴厘人的性格结构，以及例外的情况。在那些例外情况中，可以看到某种累积性的相互作用，以及处理争吵和地位差异的方法。(这里，不可能重新进行关于各种观点和支持性资料的详尽分析，但将引用已经发表的文献，而相关资料可以在那里得到查询。)①

巴厘人的性格

(1)关于上述一般概括的最重要的例外情况，发生在成人(尤其是父母)和孩子之间的关系中。通常情况是，母亲会开始与孩子来点小互动，拉拉他的阴茎，要不就刺激他进行人际交往。这将使孩子兴奋起来，一会儿时间，就会发生累积性的相互作用。然后，正当有点接近小高潮的孩子伸出手臂搂着母亲的脖子时，母亲的关注消失了。这个时候，孩子的典型动作将是开始另一种累积性的相互作用，想方设法发脾气。母亲要么将扮演观看者的角色，欣赏孩子发脾气，要么如果孩子真的攻击了她，那么她将会对他的攻击置之不理，却不会表现出生气的样子。这些序列或是可以被看作母亲不喜欢这一类亲身参与的表现，或是可以被看作一种语境，在那里，孩子对这种参与深感不信任。人之趋于累积性的亲身互动的基本倾向，或许因
113 此而被减弱。② 随着孩子越来越完全地适应巴厘人生活，高潮有可能被某种持续的强度高原所替代。目前，这还不能清晰地

---

① 特别参见G. 贝特森和米德《巴厘人性格：摄影分析》。既然这个摄影记录是可以得到的，所以在这篇论文中就不包括任何照片了。

② *Balinese Character*：*A Photographic Analysis*，pl. 47，and pp. 32-36.

为性关系提供文献证明，但是有迹象表明：某种高原型序列是恍惚和争吵的特点[见下面的(4)]。

(2)同样的序列具有减弱孩子趋于竞争与竞赛行为的倾向的作用。例如，母亲会通过给某个其他妇女的婴儿喂奶的行为来戏弄孩子，并会欣赏自己的孩子把入侵者从奶头推开的努力。[①]

(3)一般而言，缺乏高潮是巴厘的音乐、戏剧和其他艺术形式的特点。音乐通常相继进行，这种相继进行来自其形式结构的逻辑，音乐通常还有受制于产生这些形式关系的持续时间和进展强度的修改。它没有现代西方音乐的那种上升强度和高潮的结构特点，而是一种形式的相继进行。[②]

(4)巴厘文化中包含处理争吵的确定技巧。两个争吵的男人会一本正经地走进首领的地方代表办公室，并在那里把他们的争吵登记下来，并同意无论谁对另一方说话都应支付罚款，或向神献上供奉。后来，如果争吵停止了，这份合同会被正式废除。甚至小孩子在他们的争吵中也采取更小但同样的回避行为(pwik)。或许有意义的是，这个程序并不是要试图影响参与者摆脱敌意，走向友谊，而是对其相互关系状态的一种正式承认，或许多少是对那种状态下的关系的一种固定。如果这一解释是正确的，那么，这种处理争吵的方法就会相当于以高原替代高潮。

---

① *Balinese Character：A Photographic Analysis*，pls. 49，52，53，and 69-72.

② 参见科林·麦克菲(Colin McPhee)《巴厘岛的纯音乐》(“The Absolute Music of Bali,”*Modern Music*，1935)以及《巴厘岛的房子》(*A House in Bali*，London，Gollancz，1947)。

(5)至于说到战争，当代关于首领之间的古老战争的看法
114 指出，在收集各种评论意见的时期(1936—1939)，战争被认为包含了相互回避的大量要素。巴琼恩·加德(Bajoeng Gede)的村庄被古城墙和护城河所包围，人们用下面的话来解释这些防御工事的功能："如果你和我发生了争吵，然后，你就会走开，在你的房子周围挖一条沟。后来，我要去和你战斗，但是我会发现那条沟，然后就不会有战斗了"——一种相互的"马其诺防线"心理学。同样，相邻王国之间的界限一般说来也是一片荒凉的无人区，只有游民和流放者才居住在那里。(18 世纪初，当卡朗阿森王国发起对邻近的龙目岛的征服时，一个非常不同的战争心理学无疑就得到了发展。这种心理学还没有得到研究，但有理由相信，龙目岛的巴厘殖民地居民的时间维度，完全不同于今天居住在巴厘岛的巴厘人的时间维度。)[①]

(6)巴厘文化中近乎完全缺少演说等有社会影响的形式技巧。要求个体的持续关注或对一个群体施加情感影响，同样都是令人厌恶的，实际上也是不可能的；因为在诸如此类的环境之下，受害者的注意力很快就消失了。即便诸如大部分文化都会用来讲故事的连续说话，也没有出现在巴厘。一般来说，叙事者会在一两个句子之后停下来，等着听众中的某个成员就情节的某个细节向他提出一个具体问题。然后，他将回答那个问题，如此再继续他的故事。这个过程显然通过无关紧要的相互作用而打断了累积性的张力。

(7)这个社会的主要等级结构——种姓(caste)系统和作为

---

① 参见 G. Bateson，"An Old Temple and a New Myth，"in *Djawa*，xvii，Batavia，1937。

村委会的全体市民的等级——是森严的。在这两个系统中的任何一个系统中，都不存在一个个体能够想象与另一个体争夺地位的语境。一个个体可以因为各种行为而失去在等级制中的成员资格，但他在其中的位置是不可改变的。如果他后来又返回 115
到正统体制并被重新接受，那么，他将回到他与其他成员相关的原来位置。[①]

前面的描述性概括都是在部分地回答一个否定的问题："为什么巴厘社会是非分裂生成的社会?"将这些概括结合起来，我们就可以从中得到一幅与我们自己的社会、与雅特穆尔社会、与拉德克利夫-布朗已分析的社会对抗系统等都截然不同的社会图景。

我们始于一个假设，即人类倾向于参与一系列累积性的相互作用之中，而这个假设实际上仍然完好无损。在巴厘人那里，至少婴儿明显地具有诸如此类的倾向。但是对于社会学的合法性来说，这个假设现在必须以一个附加条款来捍卫，即规定：只有在童年的培养并不阻碍其成年生活的表达的情况下，这些倾向才能在社会动态中运行。

我们已在关于人类性格形成范围的认识方面取得了一个进展，即论证了这些累积性的相互作用的倾向会有某种修改、丧失条件或抑制的情况。[②] 这是一个重要的进展。我们知道了巴厘人为什么是非分裂生成的，我们也知道了他们对于分裂生成

① 参见 M. Mead，"Public Opinion Mechanisms among Primitive Peoples，"in *Public Opinion Quarterly*，1937，is5-16。

② 如同人类学的通常情况一样，相关资料还不足以准确到能够给我们提供任何线索，以便认识相关学习过程的本质。人类学最多只能提出这个秩序的问题。下一进程必须留给实验室的实验。

模式的厌恶如何表达在社会组织的各种细节之中——森严的等级制，解决争吵的机构，等等，但是我们对于这个社会的肯定的动态机制，还一无所知。我们只是回答了否定的问题。

巴厘人的精神气质

116 因此，下一步就是探询巴厘人的精神气质。伴随巴厘人的复杂而又丰富的文化活动的动机和价值究竟是什么？如果不是竞争或其他类型的累积性的相互关系，那么，造成巴厘人实现他们精心设计的生活模式的原因是什么呢？

第一，任何一个来到巴厘的人都会很快就清楚地认识到，文化活动的推动力既不是占有欲，也不是原始的生理需求。巴厘人，特别是平原上的巴厘人，既不挨饿，也不为贫穷所困。他们食物充沛，他们相当部分的活动完全投入到艺术性或礼仪性的非生产的活动之中，那些活动花费了大量的食物和财富。本质上，我们正在涉及的是一种富足经济，而不是匮乏经济。当然，有些人被其同胞列为“穷人”，但在这些穷人中，也没有人受到饥饿的威胁，在巴厘人看来，西方大城市中的确有人可能挨饿的说法简直就是一件令人震惊的事情。

第二，在巴厘人的经济交易中，他们对小买卖非常非常谨慎。他们“精于省小钱”。另一方面，当他们要为礼仪和其他形式的奢侈消费支付大笔金钱的时候，这种谨慎又被偶然的“大数目的糊涂”所抵消。巴厘人很少会想到稳定地使其财富或财产达到最大化；那些少数想到这一点的人部分地遭人讨厌，部分地被认为是怪物。对于大多数人来说，“省小钱”是通过有限的时间观和有限层次的渴望来进行的。他们省了又省，直到有了足够的钱大量花费在某种礼仪中。我们不应根据个体试图使价值最大化的观点来描述巴厘人的经济学，而是要将之与生理学和工程学的松弛振动相比较，并意识到不仅是这种类比可描述他们的交易序列，而且他们本身就认为这些序列自然而然地就具有某种这样的形式。

第三，巴厘人非常依赖空间方位。为了能够行动，他们必 117
须知道他们的基本方位，如果一个巴厘人乘坐一辆摩托车，行驶在弯弯曲曲的道路上，以至于失去方向感，那么，他也许会严重地晕头转向，不能行动(例如，一个跳舞者就不能跳舞了)，直到通过看到某个重要的路标，才能回到他的方向上来，诸如这个岛中部的大山，那些基点正是围绕着它而建造起来的。对于社会方位也有类似的依赖，但是具有以下不同之处：空间方位是在一个水平面上，而社会方位让人感到基本上是垂直的。当两个陌生人被带到一起时，在他们可以自由交谈之前，他们的相关种姓地位必须得到陈述。一个人会问另一个人："你坐在哪里?"而这是种姓的一个隐喻。它大体上是在问："你坐高处，还是低处?"当各自知道了对方的种姓时，每个人就会明白他应该采取什么样的礼节和什么样的语言形式，而谈话也就如此进行。缺乏这样的方位，巴厘人就会不知道说什么好。

第四，通常可以看出的是，活动(而不是上面提到的省小钱的智慧)不是有目的的，也就是说指向某种延期目标，而是有其自身的价值。画家、舞蹈家、音乐家和祭司也许会因为其职业活动而得到一笔赏金，但是只有在很少的情况下，这笔奖赏才足够补偿艺术家，连其时间和材料都补偿不了。奖赏是欣赏的一个标志，它是对剧团表演语境的肯定，但不是对这个剧团的经济供养。剧团的收入可以被存下来，以使他们能够购买新服装，但是当最后买服装的时候，通常每个成员都必须对共同基金做出相当的贡献，以便买下那些新服装。同样，说到每个寺庙盛宴的祭品，在这个艺术作品和真实财富的高额花费中，也是没有目的的。神并不会因为你们为了历法盛宴在他的寺庙里搭建了美丽的鲜花和水果的构造物，而给予任何好处，你们回避了，他也不会报复你们。替代延期目的的是，在美妙
118 表演中和每个其他人一起获得直接而内在的满足，所有特定情境下的表演都是如此。

第五，通常情况下，与一大群其他人一起忙碌地做事情，会让人从中获得明显的快乐。[①] 相反，失去了群体成员资格，则会陷入极大的不幸之中，以至于这种丧失的威胁是该文化中的最严厉的制裁。

第六，非常有趣的事情是注意到：许多巴厘人的行为是清楚地用社会学术语来表达的，而不是根据个体目的或价值观来表达的。[②]

这一点在与村委会有关的所有行为中最为明显，这是一种包括全体公民的等级制。其中，就其世俗方面而言，这个机构指的是 I Desa[按照字面意义，是“村庄先生”(Mr. Village)]，

---

① Bateson and Mead, *Balinese Character: A Photographic Analysis*, *op. cit.*, pl. 5.

② 参见 G. Bateson, *Naven*, Cambridge, Cambridge University Press, 1936, pp. 250 ff. 那里提出的观点是：我们必须期望发现这个世界的某些人会把他们的行为与社会学的框架相联系。

许多规则和程序参照这个抽象角色而得以合理化。同样，就其神圣方面而言，这个村庄被奉为 Betara Desa[“神村”(God Village)]，神龛为它而树立，祭品为它而带入。(我们可以猜测到，对于巴厘人来说，涂尔干的分析似乎是理解他们的许多公共文化的一个明显而适当的方法。)

特别是，所有涉及村庄财富的金钱交易都由以下通则所支配：“村庄不可输”(Desanne sing dadi potjol)。例如，这个通则适合于一头牲口从村庄的牧群被售出的所有情形。任何情况下，村庄都不能接受一个比其实际或名义上付出的价格要少的价格。(重要的是注意到：这条规则采取了确定一个下限的形式，而不是一个要使村庄财产达到最大化的命令。)

在诸如以下之类的事情上，能够使人特别清楚地意识到社会过程的本质：一个穷人将经历一个重要而又昂贵的仪式，它对于达到委员会等级制顶层的人来说，乃是必不可少的。我们问道：如果他拒绝承担这笔支出的话，会发生什么样的事？第
一个回答是这样：如果他太穷了，“村庄先生”会借钱给他。当 119
我们进一步追问道：如果他真的拒绝了，那会怎么样？回答是：还没有人拒绝过，但是如果某人拒绝了，那么就没有人再参加这个仪式了。这个回答的隐含的也是事实上的意思是：没有人曾经拒绝——这就是一个假定，即正在进行的文化过程本身就是值得重视的。

第七，文化上的正确(patoet)行为是受欢迎的，也是具有美学价值的。“得到许可的”(dadi)行为或多或少具有中性价值；而“不被许可的”(sing dadi)行为是要遭到反对和予以避免的。按其转换形式，这些概括毫无疑问在许多文化中都是正确

的，但重要的是清楚地理解巴厘人的 dadi 是什么意思。这个概念不等于我们的“礼仪”(etiquette)或“法则”(law)，因为这两个概念都诉诸对某个他人或社会学实体的价值判断。在巴厘，不会让人有这样的感觉，即某个人或超自然权威已将行为分成了“得到许可的”或“不被许可的”类别。相反，关于一个这样那样的行为是“得到许可的”行为的说法是一个绝对的概括，大意是，在特定的环境之下，这个行为是常规行为。[①] 一个没有地位的人不用“优雅的语言”和一个君王说话，那是不对的，一个来月经的妇女进入一座寺庙，也是不对的。君王和神灵可以表示生气，但是不会让人感到这些规则或是由君王、神灵所制订的，或是由那个没有地位的人所制订的。冒犯行为被认为是对抗了宇宙的秩序和自然结构，而不是对抗了实际受到冒犯的人。冒犯者即便在像乱伦(他因此会被逐出那个社会)那样的严重问题上[②]，也没有因为比愚蠢和笨拙更糟糕的事而受到指责。相反，他是“一个不幸的人”(anak latjoer)，“当轮到了的时候”，不幸就有可能发生在我们中的任何人身上。而且，必须强调指出的是，那些用来限定正确的、得到许可的行为的模
120 式是非常复杂的(特别是语言规则)，而个体的巴厘人(甚至某种程度上，在他自己的家庭中都)一直担心着，唯恐犯错误。进而言之，那些规则不是或可用简单方法来概括，或可用情感态度来概括的规则。礼仪不可能从某种关于其他人的感情的综

① “得到许可的”(dadi)一词还可以用作一个连系动词，指的是社会地位的变化。I Anoe dadi Koebajan 的意思是“谁谁谁成为一个村庄的头儿”。

② Mead, “Public Opinion Mechanisms among Primitive Peoples,” *loc. cit.*, 1937.

合陈述中推断出来，也不可能从对长者的尊敬中推断出来。这里的细节非常复杂、形形色色，所以个体的巴厘人一直在选择他的道路，就像是一个走钢丝的人，任何时候都胆战心惊，担心自己迈错了步子。

第八，用于上一段的姿势平衡的隐喻显然在巴厘文化的许多语境中都是适合的：

a. 在巴厘人的儿童时期，害怕失去供养是一个重要的主题。[①]

b. 提升(伴随着身体的和隐喻的平衡问题)是尊重的被动补充。[②]

c. 巴厘孩子像长者或神灵一样得到提升。[③]

d. 在实际的身体提升[④]的情况下，平衡系统的责任落于下面起支撑作用的人，但是这个系统将要行进的方向控制仍掌握在被提升者的手中。图中，一个小姑娘恍惚地站在一个男人肩上，她可以仅仅通过身体向某个方向倾斜的方式，就可以使她的承载者朝着她想要的方向行进。然后，这个男人就必须往那个方向移动，以便保持系统的平衡。

e. 在我们收集的 1 200 座巴厘人雕刻中，有一大半显示了

---

① Bateson and Mead, *Balinese Character: A Photographic Analysis*, *op. cit.*, pls. 17, 67, and 79.

② Bateson and Mead, *Balinese Character: A Photographic Analysis*, *op. cit.*, pls. 10-14.

③ Bateson and Mead, *Balinese Character: A Photographic Analysis*, *op. cit.*, pl. 45.

④ Bateson and Mead, *Balinese Character: A Photographic Analysis*, *op. cit.*, pl. 10, fig. 3.

艺术家对于平衡问题的关注。[①]

f. 作为恐惧化身的女巫，常使用一种被称为“卡帕”(ka-
121 par)的手势，对于该手势的描述是：一个男人因为突然看见一条蛇而从椰子树上跌落下来。在这个手势中，双臂向侧面抬起到略为高于头部的位置。

g. 对于白人到来之前的时期，一般的巴厘用语是：“那时，这个世界是稳定的”(doegas goemine enteg)。

冯·诺依曼博弈论的运用

这是个有关巴厘人精神气质的某些要素的非常简短的清单，即便如此，它都足以指出那些具有重要意义的理论问题。让我们以抽象的术语来思考这个问题。作为大部分社会学之基础的假设之一是：社会机制的动力可以通过以下假定得到描述，即建构那种机制的个体被激发起来，以使某些变量达到最大化。传统经济学理论假定个体将使价值达到最大化，而分裂生成理论默认的假定是：个体会使诸如威信、自尊甚或顺从那样无形却仍简单的变量达到最大化。然而，巴厘人并没有使任何诸如此类的简单变量达到最大化。

为了限定存在于巴厘系统和任何竞争性系统之间的比较类型，让我们从以下起点开始：思考一个严格竞争的冯·诺依曼游戏的各种前提，并通过探讨我们在这些前提中必须做出怎样

① 现在就不可能以清晰限定的量化术语来做出这样一个陈述了，可用的判断是主观的和西方的判断。

的改变、才能够更加接近巴厘系统的途径，而继续前行。

(1)假定：冯·诺依曼游戏的参与者只能按照单一的线性价值尺度(货币尺度)来得到激发。他们的策略由以下两点所决定：①假设的游戏规则；②他们的智力——其借助于假设就足以解决该游戏提出的所有问题。冯·诺依曼指出，在某些有赖于参与者人数和规则的可限定环境下，参与者将可形成各种各样的联盟，而且，事实上，冯·诺依曼的分析主要集中于这些联盟的结构以及成员中的价值分配。将这些游戏和人类社会进 122
行比较，我们就可把社会组织看作联盟系统的类似物。[①]

(2)冯·诺依曼的系统在下述方面不同于人类社会：

a. 他的“参与者”从一开始就是非常聪明的，而人类则要学习。对于人类来说，我们必须期望：游戏规则和与任何特定的联盟集合相关联的惯例将会融入个体参与者的性格结构之中。

b. 哺乳动物的价值量表不是简单的和单音调的，而会是非常复杂的。我们知道，即便在生理层次上，钙都不会取代维

---

① 作为可供替代的方式，我们可用另一个方式来讨论这个类比。如同冯·诺依曼和摩根斯坦恩(Morgenstern)指出的那样，一个社会系统可以比作一个非零和博弈(non-zero sum game)，在那里，人的一个或更多的联盟彼此比赛，或与自然比赛。非零和特性建立在以下事实的基础上，即价值持续不断地被从自然环境中抽取出来。因为巴厘社会利用自然，所以这个既包括环境、也包括人的整个实体，显然就可比作一个需要人与人之间联盟的博弈。不过，仅由人组成的整体博弈的细分部分有可能是这样的：其中的联盟的形成不会是必不可少的。就是说，巴厘社会不同于大部分其他社会的地方在于，人与人之间的关系的“规则”限定了一种冯·诺依曼会称之为“不重要的”博弈的类型。在此没有考察这种可能性。(参见：J. von Neumann and O. Morgenstern, *Theory of Games and Economic Behavior*, Princeton, Princeton University Press, 1944)

生素，某种氨基酸也不会取代氧气。我们还知道，动物不会努力使任何这些有差异的产品供给达到最大化，而是必须在耐受限度内，维持其中每一个的供给。过多有可能像过少一样有害。还可提出怀疑的是：哺乳动物的喜好是否总是可递的。

c. 在冯·诺依曼的系统中，假定一个游戏的特定“玩法”中的活动数量是确定的。个体的策略问题是可解的，因为个体可以在一个有限的时间跨度内进行活动。他只需期待一个通向游戏终结——此时，输赢全部付清，每件事都将从一块白板重
123 新开始——的有限距离。在人类社会中，生活不是这样被点断，每一个个体都面临着包括诸多不可知要素的前景，这些要素的数量还会在未来(或许呈指数地)增长。

d. 假定：冯·诺依曼游戏的参与者既不会经济破产，也不会产生厌倦。输者可以永远地继续输下去，没有一个参与者会从中退出，即便每一场游戏的结果在概率上都是绝对可预测的，也是如此。

(3)在冯·诺依曼系统和人类社会系统之间的这些差异中，只有价值量表和“死亡”可能性的差异，是我们这里要关心的问题。为了简单起见，我们将会假定：其他差异尽管非常深刻，但在眼下是可以忽略的。

(4)奇怪的是，我们可能注意到，尽管人是哺乳动物，因此具有基本的、多维度和非最大化的价值系统，但这些生物还是有可能被置于一些情境之中，在那里，他们将努力使一个或一些简单变量(金钱、威望、权力等)达到最大化。

(5)既然多维度的价值系统显然是首要的，那么，如由雅特穆尔人的社会组织提出的问题，就很难通过诉诸(或抽取)他

们的价值系统来说明其个体的行为；我们也应提出这样的问题：那个价值系统是怎样通过社会组织——个体在其中发现了他们自己——被加诸哺乳动物个体上的？通常情况下，在人类学中，这个问题是通过遗传心理学来解决的。我们努力搜集材料，以便能够说明内含于该社会组织中的这个价值体系，是如何在个体的童年时期就被建立在其性格结构之中的。不过，还有一个可供替代的方法，如同冯·诺依曼所做的那样，那个方法立刻就会忽略学习现象，仅只考虑那些情境的策略含义，而那些情境的产生也必须与特定的“规则”和联盟系统相一致。在这个联系中，重要的是要注意到：如果个体能够被弄得将这些情境看作竞争性情境的话，那么，竞争性情境就不可避免地会使复杂的价值域归于非常简单甚至线性和单音调的术语。[①] 有 124
了这些思考，再加上对于性格形成过程中的规律性的描述，或许就足以阐述简单的价值量表如何被加诸竞争社会中的哺乳动物个体，诸如雅特穆尔社会或 20 世纪的美国社会。

(6)另一方面，在巴厘社会，我们发现了一种完全不同的事态。无论是个体还是村庄都不在意使什么简单变量达到最大化。他们似乎更加关注使某种我们会称为稳定性的东西达到最大化，并或许以极度隐喻的方式来使用这个术语。(事实上，存在一个简单的、似乎要被最大化的定量变量。这个变量就是由村庄征收的任何罚款的数目。大部分情况下，第一笔征收罚款数目会非常小，但是如果延缓支付，那么罚款数目就会激增，而如果有什么迹象表明冒犯者拒绝支付罚款，也就是“对

① L. K. Frank, “The Cost of Competition,” *Plan Age*, 1940, vi: 314-324.

抗村庄”，那么罚款立刻就会上升到一笔巨大的数目，冒犯者也会被剥夺社群的成员资格，直到他愿意放弃对抗。然后，一部分罚款就会被免除。）

(7)现在，让我们来思考一个假设系统：它由许多相同的参与者所构成，加上一个裁判，后者关心的是维护参与者中的稳定性。让我们进一步假定，参与者有可能经济破产，而我们的裁判关心的是不要发生这种事情，而且，裁判有权力对游戏规则做出某些改变，或者，有权力在与机会转移相关联的可能性方面做出某些改变。显而易见，这个裁判将或多或少地处于与参与者的持续冲突之中。他正努力维持动态平衡状态或稳态，而我们可以再次将之称为是使机会达到最大化的尝试，以便与使任何单一的简单变量达到最大化的尝试形成对照。

(8)阿什比(Ashby)曾以严谨的术语指出，稳态和复杂的相互作用系统的持续存在，有赖于防止任何变量的最大化，而任何变量的持续增加都将不可避免地导致或受限于系统的不可逆转的改变。他还指出，在这样一个系统中，至关重要的是允许某些变量发生改变。[①] 如果调节器滚珠的位置被夹紧了，那
125 么带有调节器的引擎稳态就不可能得到维持。同样，除非通过改变其施加给平衡杆上的力，否则，一个带着平衡杆走钢丝的人就不能保持他的平衡。

(9)现在，在回到(7)提出的概念模式上时，让我们朝着使这个模式能够与巴厘社会构成比较的方向再前进一程。我们用一个由全体参与者组成的村委会来替代那个裁判。现在，我们

---

① W. R. Ashby, “Effect of Controls on Stability,” *Nature*, clv, no. 3930, February 24, 1945, pp. 242-243.

有了一个系统，它表现出许多类似于平衡过程中的杂技演员的东西。当他们作为村委会的成员而说话时，假设中的参与者感兴趣的是维持这个系统的稳态，就是要防止任何单一变量的最大化，因为单一变量的过度增加会导致不可逆转的变化。不过，在日常生活中，他们还是要与简单的竞争策略打交道。

(10)要使我们的模型更近似于巴厘社会，下一个进程显然是在个体的性格结构和/或在他们的日常生活情境中，假设一些因素，以激发他们对于稳态的维持——不仅当他们在委员会中说话时，而且当他们在其他人际关系中说话时，都是如此。事实上，这些因素在巴厘是可以看得见的，并且上面已有列举。在关于巴厘社会为什么是非分裂生成的社会的分析中，我们注意到巴厘的孩子学习如何避免累积性的相互作用，即某些简单变量的最大化，而日常生活的社会组织和情境也要被如此建造，以便能够防止竞争性的相互作用。还有，在关于巴厘人的精神气质的分析中，我们注意到了经常性的评价：①关于地位与空间方位的清晰而静态的定义的评价；②关于平衡与诸如那种将有助于平衡的运动的评价。

总之，巴厘人似乎向以身体平衡为基础的人类关系态度扩展，他们还概括出这样的思想：运动对于平衡是至关重要的。我相信，后面这一点为我们部分地解答了以下问题：巴厘社会为什么不仅继续发挥作用，而且快速和忙碌地发挥作用，不断承担并非由经济力量或竞争力量所决定的仪式和艺术任务？这个稳态是由不断的非连续进行的变化所维持的。

分裂生成系统与稳态

126 我已经在一个尽可能清晰地陈述两者间比较的纲要中，讨论了两类社会系统。就其能够在没有连续或不可逆转的变化的情况下而维持自身而言，这两类系统都达到了稳态。不过，它们之间在稳态得以调控的方式上，还存在重要的区别。

雅特穆尔系统在这里被用作分裂生成系统的一个样板，它包括许多再生性因果回路或恶性循环。每一个这样的回路都由两个或更多的个体(或由个体所构成的群体)组成，他们参与潜在累积性的相互作用。每一个人类个体都是一种能源或“转换器”，因为其回应所使用的能量不是来自刺激物，而是来自他自己的新陈代谢过程。由此推论，这样一个分裂生成系统除非受到控制，否则会容易过度增加那些作为分裂生成特性的行为。因此，试图对这样一个系统都做出定性描述的人类学家必须确定：第一，陷入分裂生成的个体和群体以及他们之间的传播路线；第二，分裂生成的行为和语境特性的类别；第三，个体得以在心理学意义上易于执行这些行为的过程，以及(或)将这些行为加诸他们的那些语境的本质；第四，他必须确认控制分裂生成的机制或因素。这些控制因素至少可以有三种清晰可辨的类型：①退行性因果回路可以被叠加于分裂生成之上，以至于当后者达到一个特定强度时，某种形式的限制就得到了运用，就像当一个政府介入进来要限制经济竞争时，西方系统中所发生的事情那样；②除了已经考察的那种分裂生成以外，还有可能存在其他累积性的相互作用，它们在相反的意义上行

事，因此促进了社会整合，而不是促进了分裂；③分裂生成的
增加会受到某些因素的限制，这些因素是分裂生成循环之构件
的内部环境或外部环境。诸如此类的因素只在低强度的分裂生 127
成上发挥少量的限制作用，它们随强度的增加而增加。摩擦、
疲倦和能源供给的限制等，可以成为此类因素的例子。

相比这些分裂生成系统，巴厘社会具有一种完全不同类型的机制，而在描述它的时候，人类学家必须遵循完全不同的程序，对此，尚不能制订各种规则。既然这类“非分裂生成”社会系统只有用否定的术语加以定义，我们就不能假定这个类别的成员会有共同的特性。不过，在关于巴厘系统的分析中，出现了下述进程，所以至少其中的某些进程是有可能适用于这个类别的其他文化分析：第一，可以观察到，分裂生成序列很少出现在巴厘；第二，出现这类序列的例外情况得到了研究；第三，这个研究显示，一般来说，反复出现于巴厘社会生活中的那些情境阻止了累积性的相互作用，以及童年时期的经历训练孩子不要在人际交往中寻求高潮；第四，分析表明，某些与平衡相关的积极价值反复出现在这个文化之中，并被融入童年时期的性格结构之中，进而，这些价值可以被弄得与稳态特别有关联；第五，现在需要更详尽的研究，以便能够系统地论述这个系统的自我修正特性。显而易见的是，仅只依赖精神气质不足以维持这个稳态。村庄或其他实体的确时常进入纠正错误的阶段。这些纠正机制发挥作用的例子的本质必须得到研究；但是，这一间歇机制显然与持续发挥作用的那些抑制因素截然不同，后者肯定见于所有分裂生成的系统之中。

12 原始艺术中的风格、优雅和信息[①]

引 言

128 这篇论文由几个仍是独立的尝试所组成，它们试图描述一种与文化和非言语艺术相关的理论。既然在这些尝试中，还没有一个尝试完全获得成功，而且，既然这些尝试尚未在有待绘制的版图中汇合起来，所以，以非专门语言来论述我在探求的东西，就或许是有用的了。

奥尔德斯·赫胥黎(Aldous Huxley)曾说过，人类的中心问题是追求**优雅**(grace)。他在他所认为的《新约全书》对其使用方式的意义上，来使用“优雅”这个词。不过，他用自己的术语对这个词做了解释。他就像沃尔特·惠特曼(Walt Whitman)那样论证说，动物的传播和行为具有一种人类已经丧失的天真和简单。人的行为因有意欺骗甚至自我欺骗以及自我意

① 这是参加“温纳-格伦原始艺术会议”(1967)时提交的一篇立场论文。论文原载安东尼·福格(Anthony Forge)博士编的《原始艺术研究》(*Primitive Art*，1967)一书，该书由牛津大学出版社出版。选入本书时获得出版商的允许。

识而堕落。按照赫胥黎对这个问题的看法，人已经失去了动物仍然具有的那种“优雅”。

根据这一比较，赫胥黎论证说，上帝与动物的相似程度超过了与人的相似程度：在完美意义上，人不能欺骗，也不能有内在的混乱。

因此，在生物的总规模上，人就像是给移置到旁门左道 129
上，缺乏动物和上帝所具有的优雅。

我认为，艺术是人追求优雅的一部分：有时候，是人对部分成功的狂喜；有时候，是人对失败的狂怒和痛苦。

我还认为，在主要属种中，存在多种优雅，也存在许多失败、挫折和对优雅的背离。毫无疑问，每一种文化都有其独特的各种优雅，而它的艺术家就朝这些优雅的方向努力，并且每一种文化也有其自己的各种失败。

有些文化也许培养了一种消极的方法，来接近这一艰难的整合，也就是通过极度偏向或完全有意识，或完全无意识的途径，来回避复杂性。它们的艺术不可能是“伟大的”。

我将论证说，优雅问题基本上是一个整合问题，是要将心灵的不同部分都整合起来，特别是整合那些其一端被称为“意识”，另一端被称为“无意识”的多重层次。为了获得优雅，心灵的道理必须与理性的道理整合起来。

在这次会议上，埃德蒙·利奇(Edmund Leach)向我们提出了这样的问题：对于在一个不同的文化中培养起来的批评家们来说，某种文化的艺术如何能够具有意义或正当性呢？我的回答会是这样：如果艺术是某种类似于优雅或精神整合的东西的表达，那么，这一表达的**成功**就完全可以超越文化障碍而得到认可。猫的身体的优雅完全不同于马的身体的优雅，而这两种身体优雅都不具备的人，却可以对它们都进行评价。

而且，即便艺术的主题是整合的失败，对于这一失败之结果的跨文化认同也不是什么太令人吃惊的事情。

中心问题是：关于精神整合的信息以怎样的形式被包含或编码于艺术作品之中呢？

风格与意义

有人说“每一幅画都在叙述一个故事”，如果我们排除“纯粹的”几何装饰，那么这个概括对于大部分艺术来说，都是适
130 用的。但是，我就是要回避分析这里的“故事”。艺术作品的那个可以最方便地归结于文字——与主题相关的神话学——的方面，不是我要讨论的问题。除了到最后，我甚至都不会提到阴茎象征符号的无意识的神话学。

我关心的问题是：艺术作品中除了它所表现的东西以外，还有什么重要的精神信息？“Le style est l’homme même”（“文如其人”）［布丰（Buffon）语］。风格、材料、构图、节奏、技巧等等之中，到底内含了什么？

显然，这个主题将包括几何装饰以及更具表现性的作品的构图和风格方面。

特拉法尔加广场的狮子原本可能是鹰或斗牛犬，还携带着有关帝国和19世纪英国文化前提的同样（或类似）讯息。不过，如果是木制的，那么它们的讯息会有多么的不同！

但是，表现主义本身是相关的。极为现实的马和阿尔塔米

拉小马所涉及的文化前提，的确与后期高度约定俗成的黑色轮廓不一样。感知物体或人（或超自然的东西）得以被转换为木头或绘画的**密码**，是关于艺术家及其文化的信息来源。

我感兴趣的正是那些转换规则，不是讯息，而是密码。

我的目的不是工具性的。人们发现工具，以便用来进行转换或“解码”讯息，但我不想使用那些转换规则。把艺术品转换为神话学，然后考察这种神话学，这只是探寻或取消“什么是艺术”的问题的一个简洁方式。

这样，我探讨的与其说是经过编码了的讯息的意义，不如说是被选中的密码的意义。但是，“意义”这一最不可靠的语词仍然必须得到限定。

首先，以最普遍的可能方式来限定意义，将是一件便利的事情。

在下面这种示例中，“意义”可以被认为是近似于模式、冗余、信息和“约束”的同义词。

任何事件或物体的集合体（例如，一个音素序列，一幅画， 131
或一只青蛙，或一种文化）如果能够以任何方式被一个“斜杠标记”分割的话，那么，就可以说这个集合体包含“冗余”或“模式”，因此比起随机的成功，一个只看见斜杠一侧东西的观察者可以更好地**猜到**斜杠另一侧的东西。我们可以说，斜杠一侧的东西包含与斜杠另一侧的东西相关的**信息**，或者具有与斜杠另一侧的东西相关的**意义**。或者，用工程师的话来说，这个集合体包含着“冗余”。或者，再从一个控制论观察者的角度来看，从斜杠一侧可获得的信息将限制错误的猜测（也就是减少其可能性）。例如：

在一篇英文散文特定位置上的字母 T 提示说，下一个字母有可能是 H 或 R，要不就是个元音字母。对于斜杠那一侧的内容，有可能做出比随机猜测更好的猜测，这立刻就说明，T. 的英文拼写包括冗余。

从一个由斜杠所分界的英文句子的一部分，有可能猜出那个句子剩余部分的句法结构。

从一棵见于大地上的树，可以猜出大地下面树根的存在。树的顶端提供了树根的信息。

从一条画出的圆弧线，有可能猜出这个圆周其他部分的位置。[从一个理想圆(an ideal circle)的直径，就有可能断定这个圆周的长度。但这是一个同义反复系统中的真理问题。]

从老板昨天的行为方式，就有可能猜出他今天将如何行事。

从我说的什么，就有可能做出你将如何回答的预测。我的话里包含着有关你的回答的意义或信息。

报务员 A 在他的讯息板上有一条书写讯息，并通过线路将之发送给报务员 B，这样 B 在他的讯息板上就得到了同样的字母序列。对于观察者 O 来说，这种转换[或用维特根斯坦(Wittgenstein)的话来说，“语言游戏”]已经产生了一个冗余的域(universe)。如果 O 知道 A 的板上的东西，那么，比起随机猜测来，他就能够更好地猜测到 B 的板上的东西。

132 传播的本质和存在的理由是创造冗余、意义、模式、预测、信息和/或通过“约束”而减少随机性。

我认为，至关重要的是要有一个概念系统，该系统将迫使我们把“讯息”(如艺术品)既看作具有内在模式，又看作其本身便是一个更大的、处于模式中的域——文化或它的某个部分——的组成部分。

可以相信的是，艺术品的特性是相关和部分地来自或决定于文化的和心理的系统的特性。因此，我们的问题就可以非常简单地由这样一个图示来表现：

[艺术品的特性/文化的其他部分的特性]

在这里，方括号围住了相关的域，斜线代表一条斜杠，越过这条斜杠，就有可能在一个方向或双方向上都做出某种猜测。这样，要阐明的问题就是：越过或超过这条斜杠，有着怎样的关系、呼应等？

想一想我对你说“下雨了”这句话中的情形，你猜测如果你向窗外望去，就会看见雨点。一个类似的图示将是适用的：

[“下雨了”的特性/对雨点的感知]

不过要注意，这个情形绝不是简单的。你只有懂得这句话，并有点儿信任我的诚实，才能做出一个关于雨点的猜测。事实上，在这种情况下，很少有人会约束自己不去通过看窗外而像是在复制他们的信息似的。我们想证明自己的猜测是正确的，我们的朋友是诚实的。还有更加重要的是，我们想证明或确认我们关于自己与其他人的关系的看法是正确的。

这最后一点并非无足轻重。它说明了所有传播系统的必不可少的等级结构：一个模式化整体的各个部分之间的一致或不一致(或确实任何其他关系)的事实，作为某个更大整体的组成部分，本身是可以提供信息的。这个问题可以用图示来如此表示：

[("下雨了"/雨点)/你—我关系]

133 在这里，越过圆括号围住的较小域中的斜杠的冗余，提示了一个用方括号围住的更大域中的冗余(是一个关于这个冗余的讯息)。

但是讯息"下雨了"本身是被约定俗成地加以编码的，也是具有内在模式的，因此，几条斜杠可以越过这条讯息而被画出来，它表明讯息本身是有模式的。

对于下雨来说，同样是这样。它也是有模式和结构的。从一个雨点的方向，我可以预测其他雨点的方向。

但是，言语讯息"下雨了"侧面的斜杠不可能以什么简单形式与雨点侧面的斜杠相一致。

如果我不是给你一个言语讯息，而是一幅雨的图画，那么，这幅画上的某些斜杠就会与感知到的雨上的斜杠相一致。

这一差异提供了一个简洁的形式标准，以便能够将语言的口头部分的"任意的"数字编码特性，与图画的**像似**(iconic)编码特性区分开来。

但是，言语描述在其更大的结构中，经常是像似的。一位描述蚯蚓的科学家也许从蚯蚓头部开始，接着就是它的长度，因此，在其序列和延伸方面，做出了一个像似的描述。这里，我们再次看到一个等级性的结构方式，一个层次是数字的或言语的，另一个层次是像似的。

层次与逻辑类型

“层次”(levels)已经被提到过了：我们曾注意到，“下雨了”这条讯息与对雨点的感知结合起来，本身就能够构建一个关于人的关系域的讯息；当我们把关注点从讯息材料的小单位转变到讯息材料的大单位时，就可以发现，大单位中包含像似编码，尽管它由以构成的小的组成部分是言语编码的：作为一个整体，对一条蚯蚓的言语描述是可以被延伸的。

现在，层次问题以另一种形式出现了，它对于任何艺术认识论来说，都是至关重要的。

语词“知道”不仅在涵盖 connaître(通过感官而知道、认识或知觉)和 savoir(在心灵中知道)两个方面是模棱两可的，而 134
且会因为基本的系统原因而发生意义的变化——积极地转变意义。我们通过感官而知道的东西，就有可能变成心灵中的知识。

“我知道去坎布里奇的路”，这话的意思可能是：我研究过地图，可以给你指路。也可能是：我可以沿途想起细节。还可能是：当在那条路上行驶时，我认得出许多细节，即便我只能回忆起一点点。还可能是：在向坎布里奇行驶时，我可以相信“习惯”来使我在正确的地方转弯，而不必去想我正要往什么地方开。

在所有的情况下，我们都涉及了一种非常复杂的冗余或模式：

[(“我知道……”/我的心灵)//那条路]

而困难在于决定圆括号中的那个模型构成的性质，或换个方式来说：心灵的哪些部分是与关于“知道”的特定讯息相冗余的？

最后，还有一种特殊的“知道”形式，它通常被认为是适应，而不是信息。一条鲨鱼有美丽的形状，是为了能够在水中游动，但是鲨鱼的染色体肯定不包含有关流体力学的直接信息。更确切地说，我们肯定可以假设：它的染色体包含作为流体力学之补充的信息或指令。并不是流体力学，而是流体力学所需要的东西，已经被建构在鲨鱼的染色体之中了。同样，就上述概括的任何意义来说，一只候鸟或许不知道飞往其目的地的道路，但是，它或许含有补充性的指令，后者是引导其正确飞行的必不可少的条件。

“Le coeur a ses raisons que la raison ne connaît point”(“心有心的理由，而理性就是不能认识这些理由”)。正是在意识和无意识的复杂分层的问题上，产生了我们在试图讨论艺术、仪式或神话学时的困难。心灵的层次问题已经得到了基于诸多视角的讨论，其中，至少必须提及四种观点，并且必须将之编入任何对于艺术的科学探讨之中。

(1)塞缪尔·巴特勒坚持认为，一个有机体对某物“知道”得越多，对于其知识的意识就越少，就是说，存在这样一个过程：通过它，知识(或“习惯”，无论是行动的习惯、感知的习惯
135 还是思想的习惯，都是如此)越来越沉淀于心灵的深层。这个现象是禅宗戒律(Zen discipline)的中心[见赫立格尔(Herri-

gel)：《箭术与禅心》(*Zen in the Art of Archery*)]，也与一切艺术和一切技能相关。

(2)阿德尔伯特·埃姆斯(Adelbert Ames)论证说，有意识的三维视觉形象——所做为所看——是由涉及视觉的数学前提等过程构成的，而我们对于它们的用法完全是无意识的。我们不能自主地控制这些过程。以凡·高的透视法来画一张椅子，就和有意识的预期相抵触，并且使人隐约想起曾被(无意识地)认为是理所当然的东西的意识。

(3)弗洛伊德[特别是费尼切尔(Fenichel)]的作为按照初级过程(primary process)来编码的隐喻的梦的理论。我将把风格(简洁，强烈对比等等)视为隐喻的，并因而视为与心灵的那些层次相关联的。在心灵那里，初级过程具有支配地位。

(4)弗洛伊德的把无意识看作地窖或碗橱、而恐惧和痛苦的记忆就通过压抑过程被存放在那里的观点。

经典的弗洛伊德理论假定，梦是一个辅助产品，由“梦的工作”(dream work)所生产。不能为有意识的思想所接受的材料假定被转换成了初级过程的隐喻习语，以免唤醒梦中人。对于由压抑过程所束缚在无意识中的那些信息项，这或许是对的。不过，正如我们已经看到的那样，许多其他种类的信息是无法得到意识检验的，包括大部分哺乳动物相互作用的前提。在我看来，明智的做法是将这些信息项看作主要存在于初级过程的习语之中的东西，它们只是难以被转换成“理性的”术语。换句话说，我相信，弗洛伊德早期理论的相当部分都是颠倒的。在那个时候，许多思想家都把有意识的理性看作正常的、自明的，而无意识则被认为是神秘的，需要证据，需要解释。

压抑就是一种解释，无意识充满了本该是有意识的但被压抑和
136 梦的工作扭曲了的思想。今天，我们把意识看作神秘的，把无
意识(例如初级过程)的计算方法看作持续活跃的、必不可少的
和包罗万象的。

在任何试图获得一种艺术或诗歌理论的努力中，这些思考都是特别相关的。诗歌不是一种扭曲的和装饰性的散文，相反，散文是诗歌，而诗歌已被剥离出来，并被钉在了一个强求一致的逻辑体制(a procrustean bed of logic)中。有时候，那些能够为语言转换编程的计算机专家忘记了有关语言之原始本质的事情。试图建造一部机器，以便把一种文化的艺术转换成另一种文化的艺术，这同样也会是愚蠢的行为。

讽喻(allegory)充其量是一种令人厌恶的艺术，也是正常的创造过程的颠倒。一般情况下，像真理和正义之间的抽象关系首先是以理性术语来表达的。这个关系然后就被隐喻化了，并且被打扮得漂漂亮亮的，看上去就像是初级过程的一个产物似的。这些抽象的东西被人格化，它们给制造出来，以参与到某个伪神话之中去。在此意义上，许多广告艺术都是讽喻的，创造过程则是颠倒的。

在盎格鲁-撒克逊人的刻板系统中，通常的假定是，如果把什么无意识的东西给弄成了有意识的东西，这不知怎么就成了一件更好的事情。据称，连弗洛伊德都说过，“本我所在之地，就有自我”，好像这种增加了有意识的知识和控制的做法，既是有可能的，也当然是一个进步。这个观点是一种几乎完全扭曲的认识论的产物，也是一种关于人是什么，或任何其他有机体是什么的问题的完全扭曲的观点的产物。

在上述列举的四种无意识中，前三个非常明显是必要的。出于显而易见的机械原因①，意识必须总是被限于精神过程的极小部分之中。如果要有用的话，那么，它就必须得到妥善的管理。与习惯相关联的无意识既节省了思想，也节省了意识；难以接近的感知过程同样如此。有意识的有机体(为了实用的目的)不需要知道它**如何感知**，只要知道它感知了**什么**就行了 137
(认为我们也许不需要初级过程中的基础就可以运作，也就是认为人脑应该有不同的结构)。在上述四种类型中，只有弗洛伊德的存放骷髅的碗橱或许是令人不快的，也可能被排除掉。但是，将骷髅存放在远离餐桌的地方，或许还是有好处的。

确实，我们的生命就是这样的：在此，它的无意识成分持续不断地以其所有的多重形式而呈现出来。由此可推论，我们在我们的关系中，不断交换有关这些无意识材料的讯息，而同样也变得重要起来的是交换元讯息，通过这个途径，我们互相告知依附于我们的讯息的无意识(或意识)的秩序和种类是什么。

以一种纯粹实证的方式看来，这是重要的，因为真理的秩序因不同种类的讯息而不同。就讯息是自觉自愿的而言，它可能是有欺骗性的。我可以告诉你，猫在垫子上，而事实上它那时不在垫子上。我可以对你说，“我爱你”，而事实上我那时并不爱你。但是，通常情况下，关系话语伴随着一大堆半自主的身势语和自主信号，它们为言语讯息提供了更加令人可信的评注。

---

① 不可能建造一台这样的电视机：它在屏幕上会报道其组成部分的**一切**工作过程，特别包括与这个报道行为相关的那些组成部分。

对于技能来说，也是这样。技能的事情说明，在表演中，展现着大量无意识的成分。

由此相关的便是带着以下问题来看待任何艺术作品，即对于艺术家来说，在这个讯息材料中，哪些成分具有什么样的无意识(或有意识)的秩序？我相信，敏锐的批评家通常会提出这个问题，尽管他们或许不是有意识的。

在这个意义上，艺术成了传播各种无意识行为的一场演练。或者，成为一种游戏行为，如果你更喜欢这样表述的话。后者除了其他作用以外，还有实践和更好地进行这种传播的作用。

我要感谢安东尼·福格博士，因为他引用了伊莎多拉·邓肯(Isadora Duncan)的一段话："如果我能够告诉你它的意思是什么，那么再跳这个舞就没意义了。"

她的话是含糊不清的。按照我们文化的非常通俗的前提，可以把这句话转换成这样的意思："那么再跳这个舞就没意义
138 了，因为我可以用文字更快速地也不那么含糊地把它告诉你。"这个解释附和了这样的愚蠢思想：对于我们无意识的东西来说，将其全部弄成有意识的东西，会是件好事情。

但是，伊莎多拉·邓肯的话可能还有另外的意思：如果这里的讯息是那种可以用文字来传播的讯息，那么，再跳它的舞就没有意义了，但它不是那种讯息。事实上，它恰恰是这样一种讯息，即如果用文字来传播的话，它就会是虚假的了，因为文字(而不是诗歌)的使用会含有如下意思：这是完全自觉自愿的讯息，可根本就不是真实的。

我相信，伊莎多拉·邓肯或任何艺术家更想要传播的东西

类似于："这是一种特殊的、部分无意识的讯息。让我们进入这种特殊的、部分无意识的传播之中。"或者是这样："这是一个关于意识和无意识之间相互交织的讯息。"

有关任何种类之技能的讯息，必定总是这样。技能的感觉和品质永远不能用文字来表达，可技能的事实是有意识的。

艺术家的悖论是一种特殊悖论。他必须实践，以便展示他的工作的工艺部件。但是，实践总是具有双重效果。一方面，实践使他更有能力做自己想做的事情；另一方面，借助于习惯形成的现象，实践使他不太清楚自己是如何做这件事的。

如果他想要传播其表演中的无意识部分，那么随之而来的就是，他站在一种自动楼梯(或自动扶梯)上，试图传播这个自动楼梯(或自动扶梯)的位置，可是它的运动本身又是他的传播努力的一种功能。

显而易见，他的任务不可能完成，但是，正如已经说到的那样，有些人非常完美地做到了。

初级过程

"心灵有心的理由，而理性就是不能认识这些理由。"在盎格鲁-撒克逊人那里，非常有用的事情是把心灵或无意识的"理由"视为初始力、推动力或牵拉力，也就是弗洛伊德称为冲动(Trieben)的东西。对于法国人帕斯卡尔(Pascal)来说，问题又
相当不一样，他无疑是把心灵的理由视为一个逻辑或计算体 139
系，它们就像意识的理由一样准确和复杂。

[我已经注意到，有时候，就是出于这个原因，盎格鲁-撒

克逊的人类学家误解了克劳德·列维-斯特劳斯(Claude Lévi-Strauss)的作品。他们认为，斯特劳斯过于强调理智，而忽略了“情感”。事实是，斯特劳斯假定心灵具有准确的规则系统。]

不过，心灵或如同他们所说的无意识的这些规则系统的编码与组织方式，完全不同于语言的规则系统。既然大量有意识的思想都是按照语言逻辑所建构的，那么无意识的规则系统就加倍地难以得到。这不仅是因为有意识的心灵难以获得这种材料，而且因为即便例如在梦、艺术、诗歌、宗教、陶醉等之中获得了这种材料，也仍然存在非常棘手的转换问题。

这一点在弗洛伊德的语言中，通常见于这样的说法，即无意识的运行是根据**初级过程**来建构的，而关于意识的思想(特别是言语化的思想)是在“**二级过程**”(secondary process)中得到表达的。

据我所知，没有人对二级过程有什么认识。但一般假定是：每个人都完全了解它，所以，我不打算详细地描述二级过程，因为我假设你对它的了解和我对它的了解，是一样的。

初级过程的特点(例如，按照费尼切尔的观点)是缺乏否定，缺乏时态，缺乏对任何语态的辨识(就是不区分陈述语态、虚拟语态和祈使语态，等等)，也缺乏对隐喻的辨识。这些特点是建立在精神分析学家的经验基础上的，因为他们必须解释梦和自由联想的各种模式。

初级过程话语的主题同样也不同于语言和意识的主题。意识谈论事或人，并将谓词赋予已经提到的特殊事物或人。在初级过程中，事物或人通常是不被辨识的，话语的焦点在于**各种关系**——它据称是在事物之间或人与人之间获得的。这实际上

不过是“初级过程的话语是隐喻的话语”的另一种说法。一个隐
喻使得它所“阐明”的关系保持不变，同时用其他事物或人替代 140
关系体(relata)。在明喻中，一个隐喻正在被使用的事实，是由插入“好像”(as if)或“就像”(like)等语词来标明的。在初级过程中(就像在艺术中一样)，不存在指代有意识的心灵的标示，以表明其讯息材料是隐喻的。

(对于一个精神分裂症患者来说，当他能够以“好像”的术语来说出其精神分裂的发作或对自己的话做出评价，那么，他就是向着更正常的心智健全迈出了主要的一步。)

不过，与“初级过程的材料是隐喻的，没有辨识特殊的关系体”的说法所指代的东西相比，“关系”的聚焦要更窄一些。事实上，在自我与他人或自我与环境之间关系的更狭窄的意义上，梦和其他初级过程材料的主题就是关系。

盎格鲁-撒克逊人不喜欢“感情和情感是精确而复杂的规则系统之外在印记”的观点，他们通常必须被告知：这些问题，即自我和他人之间的关系，自我与环境之间的关系，事实上就是被称为感觉(爱、恨、恐惧、信任、焦虑、敌视等)的主题。不幸的是，这些涉及关系**模式**的抽象物已经有了名称，而通常情况下处理它们的方式是，假定“感觉”主要以数量为特征，而不是以精确模式(precise pattern)为特征。这是心理学对某种扭曲的认识论的不明智的贡献之一。

尽管如此，对于我们当下的目的来说，重要的是注意到：诸如上述描绘的初级过程的那些特征，是必须只能使用像似传播(iconic communication)的有机体之间的任何传播系统的不可避免的特征。同样的限定也是艺术家、做梦的人和前人类哺

乳动物或鸟类的特征(昆虫的传播或许是另外一回事)。

在像似传播中，没有时态，没有简单的否定语，没有模式标志。

缺乏简单的否定语是特别有趣的事情，因为它常常迫使有141 机体说出与其意图相反的话，以便将那个包含与其所说的东西相反的意思的主张阐释清楚。

两条狗彼此走近了，并且需要交换讯息：“我们不想打架。”但是，在像似传播中能够提及打架的唯一方式，是借助于露出它们的尖牙齿。那么，这两条狗就肯定会发现，其实，这个对于打架的提及只是试探性的。因此，它们必须弄清楚露出尖牙齿是什么意思。这样，它们就陷入了争吵，发现它们最终都不想杀死对方，而在这以后，它们就能够成为朋友。

(想一想安达曼岛民的调解仪式。也想一想倒置的陈述或嘲讽的作用，以及在梦、艺术和神话学中的其他种类的幽默的作用。)

一般来说，动物话语要么涉及自我与其他动物的关系，要么涉及自我与环境之间的关系。在这两种情况下，都没有必要辨识关系体。动物 A 告诉动物 B 它与动物 B 的关系，并告诉动物 C 它与动物 C 的关系。动物 A 没有必要告诉动物 C 它与动物 B 的关系。关系体总是可感知地出现，以便阐述这个话语，而这个话语在由部分行为(“意向运动”)——它提到了正被提及的全部行为——构成的意义上，也总是像似的。甚至当猫向你要牛奶的时候，它也不能提及它要的东西(除非那个东西可感知地出现了)。它说，“妈妈，妈妈”，而你想必是从这种依赖性的祈求中，猜到了它要的是牛奶。

所有这一切都表明，在进化的意义上，初级过程的思想和这类思想向他者的传播，比起语言等更有意识的运作来，要更加古老。这对整个心灵经济学和动力结构来说，是有影响的。巴特勒或许首次指出：我们最了解的东西，也就是我们最少意识的东西，也就是说，习惯形成的过程就是知识下沉到不那么有意识的、更古老的层次的过程。无意识不仅包含意识不愿意审视的痛苦之物，而且包含许多如此令人熟悉，以至于我们无须去审视的东西。因此，习惯是有意识思想的一个主要节省(economy)。我们可以在没有关于它们的有意识思考的情况下，做某些事情。艺术家的技能，或更确切地说，艺术家对于 142
某种技能的展示，成为有*关*他的无意识的那些组成部分的讯息(但或许不是一种*来自*无意识的讯息)。

但是，这个问题不是如此简单。有些类型的知识可以方便地沉入无意识层次，其他类型的知识却必须停留在表面。概括地说，我们可以沉入那些无论环境如何变化都仍然正确的知识，但我们得在一个易达到之处，维持对某种行为的所有控制——该行为必须针对每一个实例进行修改。狮子可以将关于斑马是其天然猎物的看法沉入它的无意识之中，但是，在对付任何特殊的斑马时，它必须能够修改它的进攻行动，以便可以适应那个特殊斑马的特殊地域和特殊的逃跑策略。

事实上，系统经济学推动有机体将那些关系的一般原则(它们是永久正确的)下沉到无意识层次，也促使有机体在意识范围内对特殊实例采取实用主义的态度。

从经济角度来看，这些前提可以下沉，不过特定结论必定是有意识的。可是，“下沉”尽管是经济性的，却仍然是有代价的，即不可接近的代价。既然它们被下沉的那个层次的特点是像似的规则系统和隐喻，那么对于有机体来说，就难以考察其有意识的结论得以产生的那个矩阵(matrix)。相反，我们可以注意到：特定陈述和相应的隐喻的共同之处，就是一种适合于下沉的普遍性。

意识的量的限定

对于这一问题的非常简短的思考表明：任何系统都不可能被想象为是完全有意识的系统。假定在意识的屏幕上，存在来自整体心灵之许多部分的报告，并考虑增加意识，以涵盖那些在特定进化阶段尚未涵盖、又必须涵盖的报告。这个新增部分将涉及大脑回路结构的大幅度增加，但仍然没有达到全部涵盖范围。下一个进程将是涵盖发生在回路结构中的过程和事件，
143 它们是我们刚刚增加的东西，等等。

显然，这个问题是无解的，因为趋近整体意识的每个下一进程都将涉及所需回路的大幅度增加。

由此推论，一切有机体都必须满足于很少的意识，而如果意识有什么可用功能的话(这一点从未得到论证，但或许是对的)，那么，意识的节省将具有首位的重要性。一切有机体对于其在无意识层次上能够处理的问题，都无法做到使之成为有意识的问题。

这是通过习惯的形成而达到的节省。

意识的质的限定

对于电视机来说，屏幕上的令人满意的图像当然确实表明，这台机器的许多部分正在如其应该的样子而运作；同样的考虑适合于意识的“屏幕”。但提供的只是关于所有那些部分的一个非常间接的运作报告。如果电视受到一根排污管的损害，或者人受到中风的损害，这一病理的效果就会非常明显地出现在屏幕上或意识中，但仍然必须由专家来做出诊断。

这个问题对艺术的本质产生了影响。某种意义上，出现失真或不完美图像的电视传播了其无意识的病理，展现了其症状；人们可能会问，是否一些艺术家没有做类似的事情。但这还是不行。

有时候，人们的说法是，艺术的扭曲(如凡·高的“椅子”)直接表现了艺术家“看”的东西。如果此类表述在最简单的物理意义上涉及了“看”(例如，用眼镜来矫正)，那么我认为它们是胡说。如果凡·高只能以那个狂野方式看到椅子，那么，他的眼睛就不能恰当地引导他非常准确地在画布上涂抹颜料。反之，椅子在画布上的绘画意义上的准确表现，也是可以被凡·高以狂野的方式来看的。他会觉得无须扭曲这幅画。

但是，假定我们认为，艺术家今天画的是他昨天看见的东
西，或者，他在画着他以某种方式知道他可以看见的东西。 144
“我像你一样看——但是，你意识到了这个看椅子的其他方式是作为人的一种潜能而存在的吗？意识到了这种潜能总是在你我之中吗？”因为精神病理学的整个谱系对我们所有人来说都是

可能的，所以他在展示他可能有的症状吗？

酒精中毒或药物中毒可以帮助我们看到一个扭曲的世界，这些扭曲的东西或许是迷人的，因为我们把它们看作我们自己的扭曲。“酒后吐真言”(in vino pars veritatis)。如果意识到这也是人自身的一部分，是真理的一部分，我们可能就会被弄得谦卑或者膨胀。但是，陶醉状态不会增加技能，它最多可以释放从前获得的技能。

没有技能，就没有艺术。

试想这样的情形：一个人走到黑板面前，或走到他的洞穴的侧面，徒手画了一头美丽的驯鹿摆出威胁的姿势。关于这幅驯鹿的画，他无法告诉你什么(“如果他能这样，那么再画它就没有什么意义了”)。“你知道他的看和画一头驯鹿的完美方式是作为人的一个潜能而存在的吗?”这个画家的完美技能证实了艺术家关于他与动物之间的关系的讯息：他的共情(empathy)。

(他们说，阿尔塔米拉的东西为交感狩猎巫术[sympathetic hunting magic]而做。但是，巫术只需要那种最原始的表现。毁损美丽驯鹿的潦草箭头本来可能是魔法的，但它们或许是谋杀这个艺术家的一个粗鲁企图，就像胡乱画在蒙娜丽莎脸上的胡须一样。)

艺术的矫正本质

如上所述，意识必然是选择性的和部分的，也就是说，意识的内容最多是关于自我的小部分真理。但如果这个部分是以任何系统的方式选择出来的，那么总的说来，关于意识的部分真理就确实将是对某个更大整体的真理的扭曲。

以冰山为例，我们可以从浮在表面的东西中猜到隐藏在下面的东西是什么；但是从意识的内容中，我们不能做出同样的
推断。不仅仅是偏好的选择性——据此，骷髅积聚在弗洛伊德 145
的无意识中——使得此类推断站不住脚。这样一个凭借偏好而做出的选择只会促发乐观主义。

令人担心的是对心灵环路的横切。就像我们肯定相信的那样，如果整体心灵是一个(命题、想象、过程、神经病理学或按你喜欢使用的科学语言而采纳的东西的)整合网络，如果意识的内容在这个网络中只是不同部分和场所的一个抽样，那么不可避免地，关于一个整体网络的有意识的观点就是对那个整体的整合的巨大否定。在意识的切割行为中，出现在表面的东西既不是完整的环路，也不是更加完整的环路之环路，而是环路的弧。

(脱离艺术、梦等的)独立意识绝不可能理解的东西就是心灵的系统本质。

这个概念传统上可以通过一个类比来得到阐述：一个活生生的人体是一个复杂的、控制论意义上的整合系统。科学家们(主要是医生)对这个系统已经进行了多年的研究。他们现在对于身体的认识，或许适合于与独立意识对于心灵的认识构成比较。作为医生，他们有目的，也就是治疗这个人或那个人。因此，他们的研究努力(就像对意识的关注一样)集中于那些短暂的因果关系链条，而他们借助药物或其他干预手段，是可以对之进行操纵的，以便或多或少地矫正特定的、可辨识的状态或

症状。一旦他们发现了针对某个症状的有效“治疗”，那个领域的研究就会停止，注意力就会转向其他领域。我们现在可以预防小儿麻痹症，但是对于那个颇具吸引力的疾病的系统方面，人们知之甚少。关于它的研究已经停止，或者最多限于改进疫苗。

但是，即便对于一长串特定疾病有一些治疗或预防的技能，也不能提供整体的**智慧**。物种生态学和种群动力学已经遭到破坏；寄生虫已经被弄得可以对抗生素具有免疫作用；母亲和出生不满一月的婴儿之间的关系已经几乎被打破；等等。

146 特别是，错误就发生在改变了的因果链条属于某个或大或小的系统环路结构之组成部分的地方。而我们的技术的其余部分(医学只是其中一部分)可能会瓦解我们生态的其余部分。

不过，我的这篇论文不是要攻击医学，而是要阐述一个不可回避的事实：脱离诸如艺术、宗教、梦等现象的纯粹有目的的理性必定是病理的和对生活的破坏；它的毒性尤其来自这样的情形，即生活依赖于应急的连锁**回路**，而意识只能看见诸如人类目的可指向的那些回路的短弧。

总之，这个独立意识必定总是使人陷入一种愚蠢之中，对此，进化论是有罪的，因为它向恐龙强调军备竞赛的常识价值。一百万年以后，进化论不可避免地意识到自己的错误，也把恐龙都消灭干净了。

独立意识必定总是趋向仇恨，这不仅是因为消灭其他家伙是很好的常识，而且是出于更加深刻的原因，即由于只是看到回路的弧线，所以当其讲究实际的策略反过来折磨发明者时，这一个体就会不断感到惊讶，也必定要发怒。

如果你用DDT① 杀虫子，你或许成功地减少了虫子种群的数量，因此食虫动物将会挨饿。然后，你将不得不用比以前更多的DDT杀虫子，而鸟再也吃不到这些虫子。更有可能的是，当鸟吃有毒的虫子时，你在这第一轮就会杀光鸟。如果DDT杀光了狗，那么你就需要有更多的警察来阻止窃贼。窃贼们就会有更好的装备，也更加狡猾……等等。

这就是我们生活的那种世界，一个回路结构的世界，而只有智慧(也就是对于回路事实的一种感觉或辨识)发出强有力的声音，爱才能够幸免于难。

到目前为止的关于任何特定艺术作品的讨论，提出的问题都多少有些不同于由人类学家通常提出的那些问题。例如，“文化与人格学派”(culture and personality school)就从传统角度将艺术作品或仪式作为样本或探测器，以便揭示特定的心理主题或状态。

问题已经是这样：艺术是否告诉了我们哪类人创造了它？ 147
但是，如上所说，如果艺术对于维护我称为“智慧”的东西具有积极的作用，也就是能够矫正一种过于目的性的人生观，并使这个观点更加有系统，那么，关于特定艺术作品的问题就变成了这样：通过创造或考察这一艺术作品，在系统的智慧的方向上，能够获得哪些类型的矫正？

这是个动态的问题，而不是个静态的问题。

---

① dichloro-diphenyl-trichloroethane的缩写，一种杀虫剂。——译者注

关于巴厘绘画的分析

现在，在从认识论的考察转向一种特殊的艺术风格时，我们首先注意什么是最一般和最明显的东西。

几乎没有例外的是，被称为艺术或它们的产品(也被称为艺术)的行为有两个特点：它们需要或展示**技能**，它们包括冗余或模式。

但这两个特点不是分离的：技能首先是保持冗余，然后是调节冗余。

当技能是熟练工人的技能，而冗余是较低秩序的冗余时，这个问题或许是最为清楚的了。例如，在巴图安村的艾达巴格斯·达提苏拉(Ida Bagus Djati Sura) 1937 年的巴厘绘画中，以及在巴图安学校的几乎所有绘画中，某种基本但又非常训练有素的技能在树叶背景上得到了运用或实践。要得到的冗余涉及树叶形式的相当一致和有韵律的重复，但可以说，这一冗余是脆弱的。在画连起来的叶子时，它会被污迹、尺度或色调的不规则所破坏或中断。

当一个巴图安的艺术家观看另一个艺术家的作品时，他首先要考虑的问题之一是叶状背景的技能。先画叶子，用铅笔随意打个轮廓；然后，用钢笔和黑墨严格地重新确定每一个轮廓。当所有的叶子都被做完了这一步以后，艺术家开始用刷子和墨汁作画。每片叶子都要覆盖一层浅色水墨。当这些水墨干了的时候，每片叶子都要围绕更小的同心覆盖浅色水墨，再以
148 后是围绕还要小的同心覆盖浅色水墨。最终结果是一片叶子在

墨汁的轮廓中，带有近乎白色的边，越是叶子的中央，颜色就逐渐变得越来越暗。

一幅“好”画的每一片叶子都必须达到五或六次这样的连续覆盖。(在这个意义上，这幅特殊的画不算很“好”。那些叶子只经过三或四道步骤就完成了。)

到目前为止，讨论的技能和模式有赖于肌肉的机械操作和肌肉的准确度——得到的或许是一片精心布置的芜菁地的不可否认的艺术水准。

我曾看着一位非常有才华的美国木匠—建筑师在他设计的一座房子里做木工活。我对每一个步骤的可靠性和准确性做出评论。他说：“哦，那是。就像使用一台打字机。你想都不用想就得能够做。”

但是，在这个冗余层次的顶端，则是另一回事了。低层次冗余的均匀一致必须得到调整，以便给出更高秩序的冗余。一个区域的叶子必须不同于另一个区域的叶子，这些差异必须以某种方式相互冗余：它们必须是一个更大模式的一部分。

的确，正是第一层次的控制功能和必要性使得第二层次成为可能。艺术作品的感知者必须接受艺术家能够画出一片均匀的叶子区域的信息，因为，如果没有这个信息，他就不会把那个均匀一致中的变异看成是有意义的了。

只有能够控制其音质的小提琴手，才可以为了音乐而运用那个音质的种种变异。

我认为，对于美学技能和模式之间的近乎普遍的联系来说，这个原则是基本的，也是其原因。例外情况——如，自然景观崇拜，“天然艺术品”(found objects)，墨迹，散点图，以及杰克逊·波洛克(Jackson Pollock)的作品——似乎从反面说明了同样的规则。在这些情形中，一个更大模式的形成过程似乎提出了一个错觉：各种细节也必须得到控制。居中的情况也会出现：例如，在巴厘雕刻中，木头的自然纹理非常频繁地被用来表明形式的细节或对象的外表。在这些情形中，技能不在于细节的工艺，而在于艺术家将其设计放入木头的三维结构之
149 中。一种特殊“效果”的达到，不是通过纯粹的表现主义，而是通过感知者的部分意识，也就是意识到：一个物理系统，**而不是那个**工艺，有助于决定他的感知。

现在，我们转向更复杂的问题，并仍然集中关注最明显和最基本的方面。

构　图

(1)叶子和其他形式的外形勾勒并没有到达该幅画作的边缘，而是陷入黑色之中，于是，这个长方形的近乎所有边缘都有一圈未分化的黑色。换句话说，这幅画是在它自己的渐渐淡出的范围内构成的。我们可以感到，在某种意义上，这个问题“出于这个世界”；还有，尽管下面的场景实际上是被描绘出来的，但也是令人熟悉的，即来自一场火葬游行(见下图)。

(2)这幅画被**填满**了。其构图没有留下空间。不仅纸都画满了，而且没有多少地方留给均匀的水墨了。均匀水墨的最大一片是在男人腿之间底部的非常暗的小块地方。

在西方人看来，这提供了“满”的效果。在精神病学看来，这种效果带有“焦虑”或“强制性”。我们都熟悉想法古怪的人的

那些文字的奇特样子，他们觉得自己必须得把页面填满。

(3)但是，在试图过快地进行诊断或评论之前，我们必须注意到，除了对其背景空间的这种填满以外，这幅画的下半部分的构图是动荡不安的。不仅对活动着的人物的刻画是这样，而且逐渐向上的、被塔顶端的男人姿势的对比方向所阻断的旋转性构图也是这样。

相比之下，这幅画的上半部分是宁静的。的确，头顶祭品、达到完美平衡的妇女构成了如此宁静的效果，所以一眼看去，好像手持乐器的男人们一定得是坐着的(他们应该正行进在队列之中)。

但是，这个构图结构与西方通常的构图结构是相反的。我
150 们期望一幅画的下半部分是更加稳定的，也期望看到上半部分的活动和移动——如果它们在什么地方的话。

(4)就此而言，将这幅画作为一个性的双关语来考察，是合适的，而在这种联系中，性关联的内在根据至少和利奇(Leach)讨论的(暴露男性生殖器的)生殖神(Tangaroa)形象中的情况一样有力。你只要以正确的姿态设定你的心灵，就会看到一个巨大的阴茎物(焚烧塔)，其底部有两个大象的头。这个物体必须穿过一条狭窄的过道，进入一个安静的院子，从那里向前和向上穿过一条更加狭窄的过道。就在这个阴茎物底部的周围，你看到了许多骚动不安的矮人，在这群人中：

> 没有人会率先
> 领导这场可怕的进攻
> 但后面的人嚷着“向前”!
> 而前面的人嚷着“后退”!

如果你愿意的话，那么，你就会发现麦考利(Macaulay)关于霍雷修斯(Horatius)如何护桥的诗与性的关联，一点儿也不亚于眼前这幅画。性诠释的游戏是容易的，如果你要玩这个游戏的话。毫无疑问，画面左侧树上的蛇也可以被编织到性的故事之中。

不过，仍有可能的是，某种东西借助“双重主题”这一假设而被加到了我们对于艺术作品的理解上，即这幅画既表现一场火葬游行的开始，也表现一个与阴道在一起的阴茎。稍作想

象，我们也就可以把这幅画视为巴厘社会组织的一个象征性的表现，在那里，礼仪和欢乐的稳定关系隐喻性地遮盖了激情的动荡。而且，“霍雷修斯”显然当是 19 世纪英帝国的理想神话。

把梦、神话和艺术看作是与事物相关的东西，而不是与关系相关的东西，这或许是错误的。如同上面指出的那样，梦是隐喻的，它不是特别相关于梦中提到的关系体。在对梦的传统解析中，另一组关系体(往往是性的关系体)被用来取代梦中这
一组关系体。但这样做的话，我们或许只能创造另一个梦。确 151
实不存在某个先验的理由，来假定性的关系体比起任何其他组合的关系体来，要更加主要或更加基本。

一般来说，艺术家们非常不愿意接受这种解析，还不清楚的是，他们的反对是否针对该解析的性的本质。倒不如说，在艺术家看来，刻板地集中关注关系体的任何单一组合，摧毁了艺术作品的更深刻的意义。如果这幅画**只是**关于性的，或者**只是**关于社会组织的，它就会是微不足道的。它之所以不是微不足道，或之所以是深刻的，正是因为它有关于性、社会组织和火葬，等等。简言之，它只是相关于关系，而不是相关于**任何**可辨识的关系体。

(5)这样就适合于提出艺术家是如何在这幅画中处理他的主题之辨识的问题了。我们首先注意到，占据近三分之一画面的焚烧塔却几乎是看不见的。如果艺术家要明确声称“这是一座焚烧(塔)”，那它就没有如其应该所是的那样从背景中凸显。还要注意的是，或许有望成为一个焦点的棺材，被恰如其分地置于中心的下方，但即便如此，它也没有引起注意。事实上，艺术家已经插入了细节，这些细节为这幅画贴上了火葬场

景的标签，可是这些细节也只是差不多怪异地处在边边上，就像树上的蛇和小鸟一样。妇女头顶合乎礼仪的祭品，两个男人恰当地拿着装有棕榈酒的竹制容器，但是这些细节也只是被怪怪地加上去的。艺术家淡化了主题的辨识，因此，主要强调了上面(3)所提到的动荡和宁静之间的对比。

(6)总之，我的观点是：这幅画的关键在于宁静与动荡之间相互交织的对比。正如我们已经看到的那样，同样的对比或结合也表现在叶子的画法上。在那里，旺盛的自由也为精确度所覆盖。

根据这个结论，我现在可以尝试回答上面提出的问题：通过创造或考察这一艺术作品，在系统的智慧的方向上，能够获得哪些类型的矫正？归根结底，这幅画可以被看作一种确定，即无论是选择动荡作为人的目的，还是选择宁静作为人的目的，都会是一个粗俗的错误。这幅画的设想和创造肯定已经提
152 供了一种揭示这个错误的经验。画作的统一和整合表明，构成对比两极的任一方都不能被用来排除对方，因为这两极是相互依赖的。这个深刻而普遍的真理同时为性、社会组织和死亡领域提供了支持。

13 关于第二部分的评论

自第二次世界大战以来，进行“跨学科”研究已经成为一种时尚，这通常意味着，例如：一位生态学家将需要一位地质学家来告诉他有关其正在研究的特定地块的石头和土壤的知识。但是，关于科学工作可以号称跨学科工作的说法，还有另外一种意义。 153

一个研究开花植物生长过程中的叶子和分枝的排列的人，可能注意到了两种形式关系的类比，一种是茎、叶和蓓蕾之间的形式关系，另一种形式关系来自一个句子的不同种类的语词之间的关系。他不会把一片“叶子”看作某种平的和绿色的东西，而是看作某种以特定方式与叶子得以生长的茎相连的东西，也是与在叶子和主茎间的夹角中形成的次茎(或蓓蕾)相连的东西。同样，现代语言学家不会把“名词”看作“人、地方或事物的名称”，而是看作一类语词中的一个成员：这类语词是由其在句子结构中与“动词”或其他部分的关系所决定的。

首先想到相关“事物”(“关系体”)的那些人，会把语法和植物解剖学之间的类比作为牵强附会的东西而加以拒绝。从外表看来，毕竟一片叶子和一个名词彼此根本就不相像。但是，如果我们先想到关系，并考虑到只是由于其关系才得以限定的关系体，那么，我们就开始产生疑问了。语法和（植物）解剖学之
154 间存在深刻的类比吗？有没有一个应该关注这些类比的跨学科的科学呢？这样一个科学所坚持的主题是什么？为什么我们应该期待这些广泛的类比能够具有意义呢？

在处理任何类比的时候，重要的是：当我们说某个类比有意义时，就要准确地限定这个说法所主张的是什么。对于眼下这个例子来说，它并不是主张一个名词就应该像一片叶子。它甚至不是说叶子和茎的关系与名词和动词之间的关系是一样的。这里首先主张的是：在语法和（植物）解剖学两者之中，各个部分都是根据它们之间的关系来分类的。在这两个领域中，**关系**总是以某种方式被认为是主要的，关系体则是次要的。除此之外，这里主张的是：那些种类的关系是由信息交换过程所产生的。

换句话说，**语境和内容**之间的神秘而多形态的关系既来自解剖学，也来自语言学；19 世纪的进化论者对被称为“同源现象”的东西着了迷，他们事实上就是在准确地研究生物发展的语境结构。

当我们意识到语法和生物结构都是传播和组织过程的产物时，所有这些思考就几乎成了老生常谈。植物解剖学是基因型指令的一个复杂转换，而基因“语言”和其他语言一样，必定具有语境结构。进而，在所有的传播中，必定存在讯息的语境结构和接收者的某种构建之间的关联。植物组织无法“阅读”每一个细胞染色体携带的基因型指令，除非细胞和组织在那个特定

时刻存在于一个语境结构之中。

上面已阐述的观点，将用来充分界定“形式和模型”(form and pattern)在这里意味着什么的问题。讨论的焦点在于形式，而不是内容；在于语境，而不是“在”特定语境下发生了什么；在于关系，而不是有关的人或现象。

这些论文包括：从关于分裂生成的一次讨论(1935)，到控 155
制论诞生后写下的两篇论文。

1935 年，我确实还没有清楚地把握“语境”的至关重要性。我认为，分裂生成的过程是重要的、不平凡的，因为在它们那里，我似乎看到了进化在发生作用：如果随着强度的增加，人与人之间的相互作用可以经历渐进的质变，那么，这就当然可能就是一个文化演化的东西。由此推论，一切定向的改变——即便是在生物进化和种系发生中，可能或必定都是归于有机体之间的渐进的相互作用。在自然选择之下，关系中的此类改变会支持解剖学和生理学中的渐进改变。

如同我所认为的那样，恐龙的大小和装备的逐渐增加完全就是一场相互作用的军备竞赛，一个分裂生成的过程。但是，我不能因此就把马从始祖马的进化，不看作对草原生活的单向调整。的确，草原本身的进化是与马的牙齿和蹄子以及其他有蹄动物的进化同时进行的。草皮是这种植物对马的进化的不断演变的反应。它是马的进化的**语境**。

将分裂生成的过程分为“对称的”和“互补的”两类，这已经是一种关于行为语境的分类了；而且这篇论文已提出要考察互补的行为中的主题组合的可能性。到了 1942 年，我已经完全忘记了这个旧的提议，但是我试图准确地研究七年前就已提出的问题。1942 年，我们中的许多人都对“国民性”感兴趣，而英国和美国之间的比较幸运地使焦点集中于以下事实，即在英国，“观看”是子女的特性，与依赖和顺从连接在一起，而在美国，观看是父母的特性，与统治和照顾连在一起。

我把这个假说称为“最终联动”(end-linkage)，它标志着我的思考的一个转折点。从那时开始，我就有意识地关注语境的质的结构，而不是相互作用的强度。首先，最终联动现象表明，语境结构本身可以是讯息——这个重要观点还未见于
156 1942 年的论文中。一个英国人在为另一个人喝彩时，是在表明潜在的顺从和/或依赖，或发出潜在的顺从和/或依赖的信号；在他炫耀或要求(有人)观看时，是在发出统治或优势的信号；等等。但凡写书的英国人肯定都会对此感到内疚。对于美国人来说，情况肯定是相反的。他的自夸不过是企图得到父母般的赞赏。

语境概念重新出现在《原始艺术中的风格、优雅和信息》的论文中，但是，在这里，语境的观点已经发展到能够对应“冗余”“模式”和“意义”等相关思想了。

第三部分

关系中的形式与病理

PART 03

14 社会计划和二次学习概念[①]

现在，让我把这个评论的重点放在米德博士关于其论文摘 159
要的最后一项上。[②] 对于不从事人类文化比较研究的外行来
说，这个推荐也许看起来是奇怪的；它或许似乎是一个道德或
哲学的悖论，一种为了达到我们的目的而放弃目的的提议。它 160
甚至可以让人想起基督教和道教的某些基本格言。诸如此类的

---

① 这篇论文是我对米德《文化比较研究和民主价值观的有目的培养》（"The Comparative Study of Culture and the Purposive Cultivation of Democratic Values"）一文的评论，作为《科学、哲学与宗教会议第二专题论丛》（*Science*，*Philosophy and Religion*，*Second Symposium*）第四章，于 1942 年发表，版权为纽约"科学、哲学与宗教会议"所有。选入本书时获得该会议和哈珀与罗出版公司（Harper & Row，Inc.）的允许。我在第 162 页的页下注中用着重号对一个圆括号的内容做了强调，它预示了"双重束缚"的概念。

② 米德博士写道："……那些致力于将文化作为整体、作为动力平衡系统来进行研究的人，可以做出如下贡献：……"

"4. 通过认识到将社会科学纳入其实验材料**之中**的重要性，并通过认识到我们借助指向特定**目标**的工作而致力于对人的操纵和对民主的否定，来完成改造我们现有文化的计划。只有按照那些限于定义一个**方向**的价值来工作，我们才有可能在不否定人类精神的道德自主性的情况下，将科学方法运用到对这个过程的控制之中。"（着重号为米德所加）

格言令人十分熟悉，但外行也会有点惊奇地发现它们来自一个科学家，并具有所有分析思考工具的外衣。对于其他人类学家和社会科学家来说，米德博士的推荐甚至会更令人惊奇，或许也更没有意义，因为如同科学所认为的那样，工具和“蓝图”是生命整体结构的必不可少的成分。同样，对于那些政治生活中的人来说，米德博士的推荐也会是奇怪的，因为他们把决策看成可分为制订决策与执行决策的类别。管理者和科学家(更不要提商业界了)都把人类事务看成按照目标、手段和目的、内涵和满意度的模式而仿制出来的东西。

如果任何人怀疑我们要把目的和工具视为人类独有的东西，那么请他想一想关于饮食和生活的古老妙语。“为活而吃”的生物是最高级的人；“为吃而活”是比较粗俗的人，但仍然是人；但是如果他就是“吃和活”，没有在时间顺序中赋予这两个过程的任何一方以工具属性或某种虚假的优先权，他就只被列为动物之一，而有些不那么友善的人会把他视为植物。

米德博士的贡献在于，受益于其他文化的比较研究，她已经能够超越流行于她自己文化中的思维习惯，并且真正可以说：“在将社会科学运用于自己的国家事务之前，我们必须重新审视和改变在手段和目的主题方面的思维习惯。在我们的文化环境中，我们已经学会了将行为分类为‘手段’和‘目的’，而如果我们要继续将目的限定为与手段相分离的东西，并且将社会科学用作粗糙的工具性手段，即用科学处方来控制人，那么，我们将获得一种极权主义的生活系统，而不是一种民主的生活系统。”她提供的解决办法是：我们要寻找内含于手段中的“方向”和“价值”，而不是展望一个蓝图目标，不要把这个目标

看成证明或没有证明那些控制性的手段。我们必须去发现内在
于行为本身并与之同时存在的有计划的行为的价值，而不是在
行为的价值来自与未来目的或目标的关联的意义上，与之相分 161
离。事实上，米德博士的论文不是有关目的和手段的直接说
教；她既不说目的证明了手段，也不说目的没有证明手段。她
不是在直接讨论目的和手段的问题，而是直接讨论我们往往用
来思考方法和手段的方式，是内在于我们思维习惯中的那些
危险。

特别是在这一层次上，某种人类学家对我们的问题做出了最伟大的贡献。他的任务是要探讨内在于各种人类现象中的最常见因素，或者反之，是要确定那些看起来类似的现象是否在本质上是不同的。他或许去了一个南太平洋社区，就像马努斯(Manus)那样的社区，他在那里发现，尽管当地人做得每一件事实际上都不同于我们的行为，但其基本的动机系统却非常接近我们自己对谨慎和财富积累的热爱；或者，他也可能再次去了像巴厘那样的另一个社会，他在那里发现，虽然在外表上当地宗教与我们自己的宗教非常接近——跪着祈祷，焚香，以钟声为节点的吟诵等，但基本的情感态度却有着根本的差异。在巴厘宗教中，我们发现一种对机械方法的认可，也就是对于某些行为不是坚持正确的情感态度(这是基督教教堂的特点)，而是采取非感情用事的方式。

无论如何，这种人类学家都不关注单纯的描述，而是某种稍高程度的抽象，一种更广泛的概括。他的第一项任务是仔细地大量收集当地生活的具体观察资料，但下一步不仅仅是对这些资料的概括，而是以某种抽象的语言解释它们，这种语言将

超越和包含我们自己文化中的外显和内隐的词汇与概念。用英语词汇来对某一当地文化做出科学的描述，这是不可能的事情；人类学家必须根据我们自己的文化和当地人文化都能够得以描述的术语，来设计一种更加抽象的词汇。

那么，这就是一类训练，它已经使得米德博士能够指出，某种差异(一种基础的和根本的差异)存在于“社会工程”和民主
162 理想之间。前者控制人民，以便实现一个有计划的蓝图社会；后者是“个体人类的最高价值和道德责任”。长期以来，这两个相互冲突的母题内含于我们的文化之中，早在工业革命以前，科学就已经有了工具的倾向，而对于个体价值和责任的重视甚至还要古老。伴随着对于民主母题和同时延伸的工具母题的日益觉醒的意识与强调，它们之间的冲突的威胁只是最近才开始显现。最后，针对社会科学在人类关系的秩序中将发挥的作用的问题，这场冲突现在成了一场你死我活的斗争。有关这场斗争就是关于社会科学作用的意识形态争斗的说法，几乎不是什么夸大之词。我们是要将技术和控制人民的权力保留成为一些制订计划的、受目的指引的和渴望权力的个体(对于他们来说，科学的工具性造成了一种自然的魅力)的特权吗？现在，有了技术，我们就要冷酷地把人当作物品来对待吗？或者，我们打算用这些技术来做什么？

这是一个非常棘手的问题，也是非常紧迫的问题，它之所以具有双重难度，是因为我们作为科学家深深地陷入了工具性思维的习惯之中，至少对于我们中的那些认为科学是生活的一部分、也是一种美好而高贵的抽象物的人来说，是这样。让我们通过将科学工具(tools)转向这种工具性的(instrumental)思

维习惯，再转向米德博士设想的新习惯的途径，来尝试清除这一额外的困难根源，而米德的新习惯探寻的是选择行为中的“方向”和“价值”，而不是确定的目标。显然，这两种习惯都是探究时间序列的方式。用心理学的古老行话来说，它们代表知觉行为序列的不同方式，或者，在格式塔心理学的较新术语中，它们都可以被描述为探求行为的这种或那种语境框架的习惯。米德博士倡导诸如此类的习惯中的某种变化，因此提出了如何学习这种抽象秩序的习惯的问题。

这并不是大多数心理学实验室中提出的那一类简单问题：
“在什么环境下，一只狗学会了听见铃声就分泌唾液?”或者“哪 163
些变量控制着机械学习的成功?”我们的问题是更抽象程度的问题，某种意义上，跨越了简单学习的实验工作和格式塔心理学家的方法之间的鸿沟。我们问道：“对于(包括狗自己行为在内的)无限复杂的事件流来说，狗如何获得点断(punctuating)或知觉的习惯，以至于这个事件流就像是由这种而不是由那种短序列构成的?”或者，如果用科学家来替代狗，我们会问：“哪些环境决定了一个特定的科学家会点断事件流，以便能够得出结论说所有这些都是预定的，而另一个科学家则会认为这个事件流如此有规律，以至于是可以控制的?”要不，在同样抽象的层次上，我们来提出与促进民主极有关联的问题：“哪些环境推动了我们称为‘自由意志’领域的特定的习惯性话语表达，也促进了那些我们称之为‘责任’‘建构’‘能量’‘被动’‘统治’等其他领域的特定的习惯性话语表达?”因为所有这些抽象特性作为教育者们的基本行为，都可以被视为点断经验之流的各种习惯，以至于具有这种或那种连贯性与意义。它们都是抽象物，而当我们看到它们在关于简单学习的陈述和格式塔心理学的陈述之间的概念层次上占据了位置时，它们就开始具有某种操作意义了。

例如，我们可以非常简单地指明一个过程，也就是每当人们在其要么成为基督徒要么实现蓝图中的人间天堂的努力中决定“目的证实手段”时，就将导致悲剧和幻灭的过程。他们忽略了这样的事实：社会控制中的工具不是榔头和螺丝刀。在紧急情况下，当我们把螺丝刀当楔子来使用时，螺丝刀没有受到多大的影响；而榔头的存在价值也没有因为我们有时把它的柄用作简单杠杆而受到影响。但是，在社会控制中，我们的工具是人，人学习，人获得习惯，这些习惯比起蓝图设计者教给他们的技巧，要更加微妙和普遍。设计者怀着世界上最美好的意图，可以培养孩子窥探他们的父母亲，以便消除某种不利于其
164 蓝图实现的倾向。但是，因为孩子是人，所以比起对于这一简单技巧的学习，他们要做更多的事情——孩子会将这个经验建构到其整个生命哲学之中，它将影响他们未来对于权威的所有态度。每当面临各种特定语境，他们往往就会把这些语境看作建构在一个更早的、熟悉的模式基础上的东西。蓝图设计者也许会从孩子们的技巧中得到某种初步的优势；但是，其蓝图的最终实现也许会被那些用此技巧而习得的心理习惯所摧毁。(不幸的是，我们没有理由相信纳粹的蓝图将因为这些原因而落空。这里涉及的令人不快的态度有可能被设想为*既是*计划本身的基础，也是完成这个计划的手段的基础。通向地狱的道路也有可能是由恶意铺就的，尽管善良的人会发现这是难以置信的事情。)

显然，我们正在讨论一种习惯，它是学习过程的一个副产品。当米德博士告诉我们，我们应停止根据蓝图来思考，并应代之以根据其当下的隐含价值来评价我们的有计划的行为的时候，她是说，在儿童的培养教育中，我们应该尝试教导一种副产品习惯，这种习惯远远不同于我们已获得的东西，不同于我们自己每天在与科学、政治、报纸等东西打交道的过程中所强化的东西。

她非常清楚地主张，这个出现在我们思维重点或格式塔心理学中的新转变将是对一片尚未绘制图表的水域的探究。我们不可能知道从这样一条航线上人类会得到怎样的方式，也不可能确定我们自己在 1980 年的世界中是否还能感到自在。米德博士只能告诉我们，如果我们在那条似乎是最自然而然的线路上航行，并计划将社会科学当作获得某个确定目标的手段来运用，那么我们肯定会撞到一块礁石。她已经为我们绘制了礁石的图表，并建议我们沿着没有礁石的方向而驶上一条航线；但那是一个新的、未经绘制的方向。她的论文提出了我们要如何绘制这个新方向的问题。

实际上，科学可以给我们提供某种接近一张图表的东西。我在上面指出，我们可以看到许多混合在一起的抽象术语——自由意志、宿命论、责任、建构、被动、统治等等，并把它们都看作是对感知习惯的描述，是看待我们的行为为其一部分的 165
那个事件流的习惯性方式，进而这些习惯在某种意义上，都可以是学习过程的副产品。如果我们要获得某种图表，下一个任务显然就是得到某个比这些可能习惯的随机清单更好的东西。我们必须把这份清单变成一种分类，这种分类将会表明这些习惯中的每一个习惯如何系统地与其他习惯相关联。

我们达成了一个共同的看法，即一种个体自主性(individual autonomy)的感觉——一种与我称为“自由意志”的东西具有某种关联的心理习惯——是民主的基本要素，但我们还不十分清楚的是，这一自主性应该怎样获得具有操作意义的限定。例如：“自主性”和强迫性违拗症(compulsive negativism)是什么关系？拒绝执行戒严令的加油站是否表现出了一种良好的民主精神？毫无疑问，这种“违拗症”具有与“自由意志”或“决定论”一样的抽象程度；和它们一样，它也是一种知觉语境、事件序列和自己行为的习惯性方式；但不清楚的是，这种违拗症是不是个体自主性的一个“亚种”；或者，倒不如说它是某种完全不同的习惯？同样，我们需要知道米德博士提倡的那种新的思维习惯如何与其他思维习惯相关联。

显而易见，我们需要某种比这些心理习惯的随机清单更好的东西。我们需要某种系统的框架或分类，它将表明这些习惯中的每一个习惯是如何与其他习惯相关联的，而这样一种分类又可为我们提供某种接近于我们所缺乏的图表的东西。米德博士要我们涉入一片未经绘制图表的水域之中，适应一种新的思维习惯；但是，如果知道这一习惯是如何与其他习惯相关联的，我们就可以对这条航线的益处和危险、可能的陷阱做出判断。这样的图表可以为我们提供答案，以回答米德博士提出的某些问题，诸如如何判断内含于我们的有计划的行为中的“方向”和价值。

你们不能指望社会科学家即刻就会制订这样一个图表或分类，就像拿出什么绝招一样，但是，我想我们能够在这个方向上迈出第一步；我们可以提出某些基本主题(也就是基本点，如果你们喜欢这么说的话)，在它们的基础上，最终分类必定会被建立起来。

我们已经注意到，在某种意义上，我们所关心的那些类型 166
的习惯是学习过程的副产品，因此，自然而然地，我们首先指望简单学习现象有可能为我们提供一条线索。我们正在把问题上升到抽象，其程度超出了实验心理学家所主要研究的问题，但是，我们仍然必须借助他们的实验室来寻求我们的答案。

现在，在心理学实验室就会发生这样的事：比起实验计划要阐明的那些东西来，存在多少有些更高程度的抽象或一般的普遍现象。在反复实验之后，实验对象通常会成为一个更好的实验对象，不管是动物还是人，都是如此。它(他)不仅学会了在适当时候分泌唾液，或背诵相应的无意义的音节，还能够以某种方式学会学习(learns to learn)。它(他)不仅解决了实验者为其设置的问题——那里的每一次解决都是一次简单的学习；而且还不只是这样，它(他)在解决问题方面变得越来越熟练。

采用半格式塔或半拟人的术语，我们可以说实验对象正在学习调整自己的方向，以适应某些类型的语境，或者，正在获得对于解决问题的那些语境的“洞见”。采用这篇论文的话语，我们可以说实验对象已经获得了探求这种而不是那种类型的语境和序列的习惯，一种“点断”事件流的习惯，以便重复某个特定类型的有意义的序列。

我们遵循的论证思路已经把我们带到了一个点上，在那里，关于简单学习的论述与关于格式塔的和语境结构的论述相汇合，而我们已经获得了这样的假设，即：“学会学习”与这篇论文关注的那类抽象思维习惯的获得是同义词；我们称为“自由意志”、工具性思维、统治、被动等心理状态，是通过我们可以将之等同于“学会学习”的过程而获得的。

167 某种程度上，这个假设对外行和心理学家来说，都是新东西[1]，因此，我必须离开一下这个话题，更准确地为有专业知识的读者阐述我的意思。我至少必须展示我的意愿，即以可操作的术语论述简单学习和格式塔之间的这座桥梁。

让我们创造两个语词，“原学习”(proto-learning)和“二次学习”(deutero-learning)，以避开对这个领域的所有其他术语进行操作性限定的辛苦(学习、概括等的转换)。让我们这么说，在所有的继续学习中，都存在两种梯度。对于简单学习曲线(例如一条机械学习曲线)上的任意点的梯度，我们会说主要是代表了原学习率。不过，如果对同一个实验对象施以一系列类似的学习实验，我们就会发现，在每一个连续实验中，实验对象都有一个更陡峭些的原学习梯度，而他也学习得更快一些。我们将把原学习率的这一渐进改变称为“二次学习”。

---

① 关于这个格式塔和简单学习之间关系问题的心理学论文非常多，如果我们把所有那些围绕学习、概括、散射、反应阈[赫尔(Hull)]、洞见等概念转换而工作的人都算在内的话。历史地看，弗兰克(Frank)先生是首批提出这些问题的人之一(L. K. Frank, “The Problem of Learning,” *Psych. Review*, 1926, 33: 329-351)；梅尔(Maier)教授最近引入了一个“方向”概念，它与“二次学习”概念关联密切。梅尔说：“方向……是以一种非记忆本身的特殊方式整合记忆的力量。”(N. R. F. Maier, “The Behavior Mechanisms Concerned with Problem Solving,” *Psych. Review*, 1940, 47: 43-58)。如果我们用“习惯”替代“力量”，用“事件流的经验”来替代“记忆”，那么，二次学习的概念近乎就可以被看作梅尔教授的“方向”概念的同义词。

由此出发，我们可以方便地继续用一条曲线以图解的方式来表示二次学习，这条曲线的梯度将代表二次学习率。这样一种表示可以通过以下途径而获得。例如，使原学习的曲线系列在一些任意选择的试验次数上相交，并注意这个点上的每一个实验中的成功反应比例怎样。然后，就会通过根据实验序号而绘制这些数字的方式而获得二次学习的曲线。[①] 168

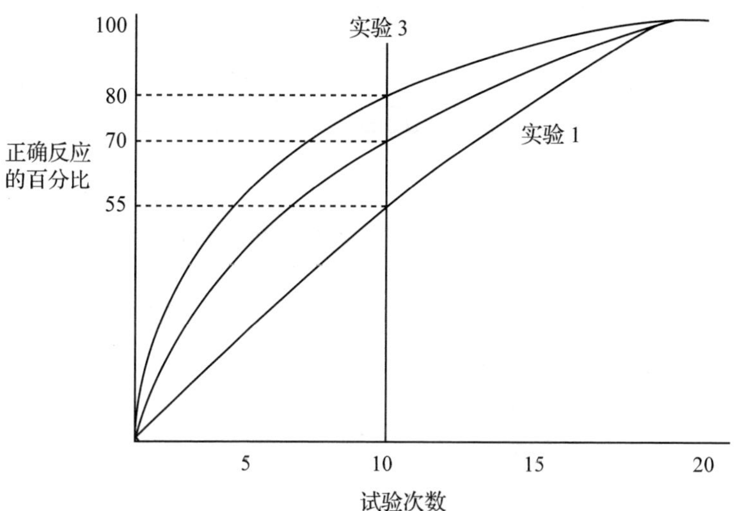

三个具有同样实验对象的连续的学习曲线，

表示连续实验中学习率的提升

① 可以看到，二次学习的操作性定义必定比原学习的操作性定义要容易一点。实际上，简单学习的曲线不能独自表示原学习。即便在单一学习实验的持续时间内，我们都必须假定某些二次学习将会发生，而这将使得任何节点上的梯度比起“纯粹”二次学习的假设梯度来，都要更陡峭些。

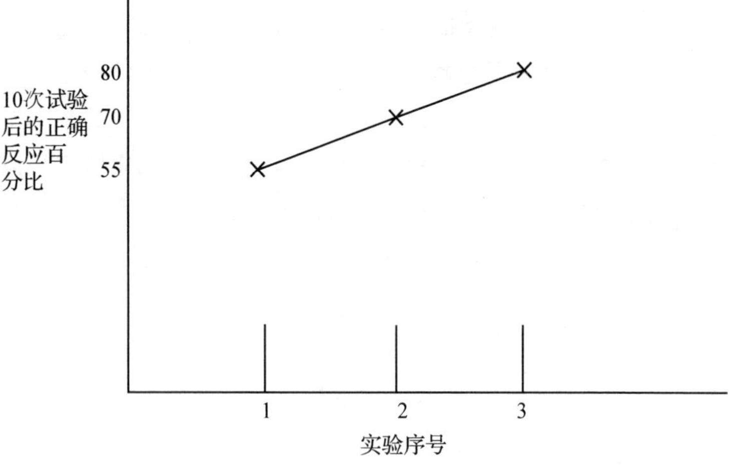

从三个学习实验中得出的二次学习曲线

169 在这个原学习和二次学习的定义中，有一个短语显然是模糊不清的，即"一系列相似的实验"(a series of similar experiments)。出于阐述目的，我在机械学习中，设想了一系列实验，每一个实验都与上一个实验相似，除了以新的一系列无意义的音节取代了那些已经学习了的东西以外。在这个例子中，二次学习的曲线代表着处理机械学习事务的能力日益增加，而作为一个实验事实，机械能力的这种增加是可以得到证实的。①

除了机械学习以外，还要难得多的是限定我们关于一个学习语境"相似于"另一个学习语境的说法是什么意思，除非我们

① C. Hull, *Mathematico -Deductive Theory of Rote Learning*, New Haven, Yale University Press, 1940.

满足于把这个问题返还给实验者，说只要能够在实验意义上表明一个语境中的学习经验事实上推动了另一个语境中的学习速度，那么，学习语境就将被认为是彼此“相似”的，并且要求实验者为我们探明以下问题，也就是借助于这一标准的使用，实验者能够建立什么样的分类。我们或许希望他们将做到这一点，但是我们不能期望我们的问题立刻就有了答案，因为在这样的实验方法中，存在非常棘手的困难。简单学习的实验已经足够困难，以至于不能以必不可少的准确性来加以控制和完成，而二次学习的实验也同样证明几乎是不可能的。

不过，我们还有一条可供替代的道路。当我们把“学会学习”等同于获得知觉习惯时，就没有排斥这些习惯会以其他方式而被获得的可能性。认为获得这些习惯之一的仅有方法就是 170
通过反复经历特定的学习语境的观点，与关于烤猪的唯一方法就是把房子给烧了的说法，具有逻辑上的相似性。显然，在人类教育中，诸如此类的习惯是以很多不同方式获得的。我们关心的不是一个假想的孤立个体——他与和人无关的事件流打交道，而是真正的个体，他与其他个体有着复杂的情感关系模式。在这样一个真实世界中，个体将受到引导，通过非常复杂的个人例子、音调、敌意、爱等现象，来获得或拒绝知觉习惯。许多这样的习惯也将被传递给他，不是通过他自己对于事件流的赤裸裸的经验，因为没有人(即便是科学家)能够在此意义上做到赤裸裸。事件流通过语言、艺术、技术和其他文化媒介传递给他们，而这些媒介在任何地方都是由知觉习惯的路线方针建构起来的。

由此可知，心理实验室并不是有关这些习惯的知识的唯一可能的源泉；相反，我们可以转向人类学家研究的世界各种文化中的那些内隐的和外显的比较性模式。我们可以通过增加那些已在我们自己文化之外的文化中得到发展的东西，来扩大我们关于这些模糊不清的习惯的清单。

我相信，最有获益的是，我们可以把实验心理学家的见解与人类学家的看法结合起来，采纳实验室的实验学习语境，对其中每一个都提出这样的问题：我们应该期望有怎样的知觉习惯，以便能够与此语境相关联；然后，为人类文化探寻这种习惯得以在其中发展起来的那个世界？相反，如果我们对其中每一个都提出这样的问题："我们将设计怎样的实验学习语境，以便能够反复灌输这一习惯？""我们将如何配置这个迷宫或难题箱，这样，拟人化的老鼠就会获得关于它的自由意志的反复的和强化的印象？"那么，我们或许就能够获得一个更加确定、更有操作性的诸如"自由意志"等习惯的定义。

171 实验学习语境的分类至今尚未完成，但是，已经取得了某些确定的进步。[①] 我们可以将积极学习(作为与消极学习或抑

---

① 各种分类已经基于阐述的目的而得以设计。这里，我认同 E. R. 希尔加德(E. R. Hilgard)和马奎斯(Marquis)的观点(E. R. Hilgard and D. G. Marquis, *Conditioning and Learning*, New York, Appleton Century Co., 1940)。这两位作者对自己的分类进行了杰出的批判性分析，我要为我所形成的诸多思想中的一个思想感谢他们的分析，而这篇论文就是建立在这个思想的基础之上的。他们坚持认为，如果我们愿意扩展和过分强调语境的某些方面，以使它们适合于强求一致的理论，那么，任何学习语境都可以根据任何学习理论来描述。我已经把这个观念作为我的思考的一块奠基石，用"知觉习惯"来替代"学习理论"，并论证：几乎任何事件的先后顺序都可以得到扩展、变形和点断，以便适合于任何类型的知觉习惯。(我们可以假定，当实验对象不能获得这种同化作用时，就会发生实验性神经官能症。)我也感谢卢因关于奖赏和惩罚语境的分析(K. Lewin, *A Dynamic Theory of Personality*, New York, McGraw-Hill Book Co., 1936)。

制——学会**不**做事情——的区别)的主要语境以四个标题进行分类，如下所示：

(1)经典的巴甫洛夫式的语境。它们的特点是严格的时间先后序列，其中，按一个固定的时间间隔，条件刺激(例如铃声)总是先于无条件刺激(例如肉末)。不管动物能够做什么，都改变不了这个严格的事件序列。在这些语境中，动物学会用行为(例如分泌唾液)来对条件刺激做出反应，而这在以前只是由无条件刺激所激发的。

(2)工具性的奖励或逃避的语境。它们的特点是某种依赖于动物行为的序列。在这些语境中，无条件刺激通常是模糊不清的(例如，动物被置于其中的整体环境，难题箱)，而且也可能是内在于动物的(例如饥饿)。如果(当)被置于这些环境之下(时)，动物在其行为模式的范围之内执行某种行为，且这种行为此前是由实验者所选定的话(例如抬腿)，那么，它就会立刻得到奖励。

(3)工具性回避的语境。它们的特点也是一个条件序列。无条件刺激通常是确定的(例如警告铃声)，随之而来的是一种不愉快的经验(例如电击)，**除非**在间隔时间内，动物执行某种选定行为(例如抬腿)。

(4)系列的和机械的学习语境。它们的特点在于主要条件刺激是实验对象的某种行为。例如，在他(它)自己发出条件刺激(无意义的音节 A)之后，他(它)总是学会做出条件反应(无意义的音节 B)。

172

这个关于某种分类[1]的小小开端就将足以说明我们所关心
173 的原则，而我们现在可以继续提出适当的知觉习惯在各种文化背景的人中发生的问题。最有趣——因为最不熟悉——的是巴甫洛夫式的模式和机械模式。对于西方文明成员来说，有点难以相信整个行为系统可以建立在我们自己的工具性奖励和工具性回避之混合以外的前提上。不过，特罗布里恩岛民的生活似乎是这样：其凝聚和感觉都被建立在通过巴甫洛夫式的视野来看待事件的基础上，只是带有一点点希望得到工具性奖励的色彩；而如果我们接受以机械行为和工具性回避的组合为基础的前提的话，那么巴厘人的生活则是明智的。

---

① 许多人感到实验性学习语境过于简单了，以至于不能影响真实世界的现象。实际上，这个分类的扩展将会以其相关的知觉习惯，为系统地限定成百上千的可能的学习语境提供手段。这个纲要可以通过以下方式得到扩展：

a. 包括消极的学习(抑制)语境。

b. 包括混合类型(例如这些情况：具有对肉末的生理相关性的分泌唾液，也对获得肉末起到了工具性的作用)。

c. 包括实验对象能够在其中推断该序列的两个或更多的要素之间的某种(除了生理相关性以外的)相关性的情况。实验对象的确必须经历彼此之间有着系统差异的语境，如在有些语境中，一个要素中的某类变化不断伴随着另一要素中的那类恒定变化。根据实验对象将哪一对要素看作相互关联的东西，这些情况可以在各种可能性上得到扩展。只有五个要素(条件刺激、条件反应、奖赏或惩罚和两个时间的间隔)，但是，它们中的任何一对都有可能是相互关联的，而在相互关联的对子里，任一方都可以被实验对象看作决定了另一方。当这些可能性在为我们的四个基本语境相乘时，就有了 48 种类型。

d. 基本类型的清单可以通过包括某些情况(还不是作为学习实验中讨论的东西，而是作为人际关系中的平常之事)而得到扩展，在那里，实验对象和实验者的作用是相反的。在这些类型中，学习伙伴提供最初和最后的要素，而某个其他人(或环境)提供中间项。在这些类型中，我们把铃声和肉末看作一个人的行为，并问道："这个人学习什么?"与权威和父母亲相关联的所有知觉习惯的大部分都被建立在这个一般类型语境的基础上。

显然，对于“纯粹的”巴甫洛夫主义者来说，只有一种非常有限的宿命论才是可能的。他会把所有事情都看作预定的，他会把自己看成只是注定要去寻找征兆，不能影响事情的进程——最多只能在不可避免的事情发生之前，从对征兆的解读中，将其自己(例如通过唾液)置于恰当的接受状态。特罗布里恩文化不是这种纯粹的巴甫洛夫式的文化，但是，李博士[①]在分析马林诺夫斯基的丰富观察时，已经表明，特罗布里恩人对于目的、原因和结果的措辞表达与我们自己的这些措辞表达极为不同；尽管李博士没有使用这里提出的那种分类，但从特罗布里恩巫术看来，这些人不断地展示出一种思维习惯，表现得就像：如果一件事是这样，那么就会使它变成这样。在这个意义上，我们可以将他们描述为半巴甫洛夫主义者，这些人已经断定“唾液”有助于得到“肉末”。例如，马林诺夫斯基为我们生 174
动地描述了愤怒[②]的近乎生理学意义的极端表现，它们为特罗布里恩的黑巫师在其符咒中所展示，而我们可以将之当作是半巴甫洛夫主义的心灵框架的说明，以便与世界上的其他地方——在那里，例如，咒语的功效或许不是与吟诵的强度相关联的，而是与吟诵的极度机械准确性相关联的——的许多不同类型的巫术程序形成对比。

---

① Dorothy Lee, “A Primitive System of Values,”in *Journal Philos. of Science*, 1940, 7: 355-378.

② 就像作为其原型的那些实验一样，半巴甫洛夫主义者对于事件流的措辞表达或许往往特别取决于自动反应——那些根据这些术语来看待事件的人往往把这些反应(它们只是部分地受到自主的控制)看作外部事件的特别有效和强大的原因。在巴甫洛夫式的宿命论中，或许存在某种具有讽刺意味的逻辑，它容易使我们相信：我们只要依靠那些我们至少还能控制的行为，就能够改变事件的进程。

在巴厘人[1]当中，我们发现了另一种模式，它与我们自己的模式以及特罗布里恩人的模式都形成了鲜明的对照。对待孩子是这样的：他们不是学会把生活看作由以满足为终结的相关序列构成的，而是将之看作由内在地满足于其自身的机械序列构成的。这个模式在某种程度上与米德博士推荐的那个模式有关，即不是把行为看作达到某个目的的手段，而是看到行为自身的价值。不过，在巴厘人的模式和米德博士推荐的模式之间，还存在一种非常重要的差异。巴厘人的模式基本上是从工具性回避的语境中衍生出来的，他们把世界看作危险的，把他们自己看作是在通过无穷无尽的仪式和礼貌的机械行为以回避始终存在的有失检点的危险。他们的生活是建立在恐惧的基础上的，尽管一般来说，他们享受这种恐惧。他们赋予其当下行为的积极价值不是探求某个目标，而是或多或少地与这种对于恐惧的享受关联在一起的。这是杂技演员的快乐，既享受刺激，又享受他自己避开灾祸时的精湛技巧。

175 在对心理实验室和外国文化做了一次有点长和有点专业的旅行之后，我们现在开始考察米德博士用更具体些的术语所提出的观点。她提议说，当我们运用社会科学时，我们就在自己的行为中寻找“方向”和“价值”，而不是使我们朝向某个蓝图中的目标。她没有告诉我们说，除了我们的时间定位以外，我们应该像巴厘人一样；而她会是第一个贬低任何以下看法的人，

---

① 由米德博士和我本人搜集的巴厘材料还没有全文发表，但是，这里提到的简短的理论大纲是可以找到的，参见《挫折—侵略假说和文化》(G. Bateson, “The Frustration-Aggression Hypothesis and Culture,” in *Psychological Review*, 1941, 48: 350-355)。

即恐惧(即便享受式的恐惧)应该是我们使自己的行为具有价值的基础。相反，按照我的理解，这个基础应该是某种希望——不是寻求某个遥远的未来，但仍然是某种希望或乐观主义。事实上，如同巴厘人的态度是与工具性回避相关联的一样，通过认为这个推荐的态度应该与工具性奖励有着形式关联的途径，我们就可以对之进行概括。

我相信，这样的一种态度是切实可行的。巴厘人的态度可以被限定为一种机械序列的习惯，它受到常常迫在眉睫但又不可确定的危险的刺激感的激励，而我认为，米德博士督促我们去推进的可能正是以同样术语加以限定的东西，就像受到常常迫在眉睫但又不可确定的奖励的刺激感所激励的某种机械序列的习惯一样。

至于说到机械的部分——它几乎肯定就是米德博士提倡的那种特殊的时间取向的一种必然伴随物，我个人会欢迎它，而且我相信，比起我们努力追求的那种强制型的准确性，它绝对会更加可取。焦虑性的关注与自动的、机械的谨慎是履行同样功能的可供替代的习惯。我们在过马路之前，或有自动察看的习惯，或有仔细地记得去看的习惯。在两者之间，我更喜欢自动的，并且我认为，如果米德博士的推荐含有增加机械的自动性的意思的话，我们就应该接受它。的确，我们的学校正在诸如阅读、写作、算术和语言等程序中，灌输越来越多的自动性。

至于说到奖励的部分，对我们来说也不应该是遥不可及的东西。如果巴厘人因为无名无形、无空间、无时间的恐惧而忙碌和幸福，我们就有可能被对巨大成就的无名无形的、不可确

定的希望而弄得坐立不安。因为这样一种希望要成为有效的希
176 望，就几乎没有必要限定那个成就。我们需要确信的是，在任
何时刻，成就有可能就近在眼前，而且，是真还是假，这是永远无法得到检验的。我们必须像那些少数的艺术家和科学家一样，他们带着一种紧迫的热望而工作，紧迫来自这样的感觉，即伟大的发现，对于我们的所有问题的解答，或者杰出的创造，完美的十四行诗，总是刚刚超出我们的所及范围。或者，他们就像一个孩子的母亲，觉得如果她持续不断地给予了孩子足够的关注，那么，就存在这样一个真实的希望：她的孩子有可能成为那个极其罕见的现象，一个伟大而幸福的人。

15 游戏和幻想理论[①]

这个探讨是在一个指导我们的研究工作的假说中得到计划 177
的，也是由此开始的，研究者们的任务是搜集相关的观察资料，并在这个过程中，扩展和修正这个假说。

在此，这个假说将是依照它在我们思考中的发展来予以描述的。

怀特海、罗素(Russell)[②]、维特根斯坦[③]、卡尔纳普(Carnap)[④]、

① 1954年3月11日，这篇论文由杰伊·黑利在墨西哥城的美国精神病学协会区域研究大会上宣读。论文原载《美国精神病学协会精神病学研究报告》(*A. P. A. Psychiatric Research Reports*，Ⅱ，1955)，选入本书时获得美国精神病学协会的允许。

② A. N. Whitehead and B. Russell，*Principia Mathematica*，3 vols.，Cambridge，Cambridge University Press，1910-1913.

③ L. Wittgenstein，*Tractatus Logico-Philosophicus*，London，Harcourt Brace，1922.

④ R. Carnap，*The Logical Syntax of Language*，New York，Harcourt Brace，1937.

沃尔夫(Whorf)[①]等人早期的基础研究，以及我自己[②]试图将这一早期思想用作精神病理论的一个认识论基础的努力，导致了一系列的概括。

(1)人类言语传播可以发挥作用，并总是在许多形成对比
178 的抽象层次上发挥作用。这些层次从看似简单的指代(denotative)层次(“猫在垫子上”)沿着两个方向延伸。其中一个区域或集合是比较抽象的层次的系列或集合，包括那些外显或内隐的讯息，在那里，话语主体是语言。我们可以把它们称为元语言(metalinguistic)区域或集合(例如，“语音‘猫’代表任何这类东西的任何成员”，或者，“语词‘猫’没有毛，不能抓”)。我们会将另一个抽象层次的集合称为元传播的(metacommunicative)集合(例如，“我告诉你们从哪里能够看出猫是友好的”，或者，“这是游戏”)。在这些集合中，话语的主体是谈话者之间的关系。

将要注意到的是，大多数元语言讯息和元传播讯息都是内隐的；特别是在精神病访谈中，出现了另一类内隐讯息，它们是关于友情和敌意的元传播讯息如何得到解释的讯息。

(2)如果我们思考传播的进化问题，那么，显而易见的是，在这个进化中，当有机体逐渐地不再非常“自动地”回应另一个有机体的情绪印记(mood-signs)，并开始能够将这个印记看作一个信号(signal)时，一个非常重要的阶段就出现了，也就是

---

① B. L. Whorf, “Science and Linguistics,” *Technology Review*, 1940, 44: 229-248.

② J. Ruesch and G. Bateson, *Communication: The Social Matrix of Psychiatry*, New York, Norton, 1951.

识别出其他个体的信号和它自己的信号只是信号，它们可以被信任、不被信任、被证伪、被否定、被放大、被矫正，等等。

显然，这种关于信号是信号的认识，即便在人类中，都绝非是完整的。我们都会太过频繁地自动回应报纸标题，就好像这些刺激是我们环境中的事件的直接对象指代(object-indications)，而不是由像我们自己那样被复杂地激发起来的生物所编制和传递的信号。非人类哺乳动物是因另一个哺乳动物的性的气味自动兴奋起来的；就是这样，因为那个印记的分泌是一种“非自愿的”情绪印记，即一个向外感知事件，它是我们称之为情绪的生理过程的一部分。在人类物种中，一个更复杂的事态开始成为规则。除臭剂遮盖了非自愿的嗅觉印记，在它们的所到之地，化妆品工业为个体提供了各种香水，这些香水不是非自愿的印记，而是自愿的信号，是可以如此被识别出来的。许多人都被一阵香水的味道弄得失去了平衡，如果我们要相信 179
广告商的话，那么，有时候，这些(自愿携带的)信号甚至会对自愿的携带者产生自动的和自我暗示的作用。

尽管如此，这一简短的题外话可用来阐述一个进化阶段：当吃了智慧树果实的有机体发现其信号是信号时，戏剧性的事就发生了。不仅是独具特色的人类语言的发明可以紧随其后，而且所有的共情、认同、投射等复杂的东西也出现了。与之相伴的还有上面提到的多重抽象层次的传播的可能性。

(3)在引导这一研究的那个假说的形成过程中，第一个确定的进程产生于 1952 年 1 月，当时我去旧金山的弗莱什哈克动物园探寻行为标准——它将指明任何特定的有机体是否能识别出由自己或物种中的其他成员发出的印记是信号。在理论上，我已经设想出此类标准可能会有的样子：动物之间的相互作用之流中的元传播印记(或信号)的发生也许会表明，动物或许至少(有意或无意地)有一点点明白，关于它们元传播的那些印记是信号。

当然，我知道，在非人类哺乳动物中，是不可能发现指代讯息(denotative message)的，但我还没有意识到动物材料会需要对我的思考进行几乎全面的修正。我在动物园碰到的众所周知的现象：我看见两只小猴子在**玩耍**，即进入到一种相互作用的序列之中，在那里，其单位行为或信号与战斗的单位行为或信号相类似，但不一样。显然，即便对人类观察者来说，这个序列整体上都不是战斗，对人类观察者来说，同样显而易见的是，参与其中的猴子也认为这“不是战斗”。

现在，这个现象，即游戏，只有当特定有机体能够进行某种程度的元传播，也就是交换带有“这是游戏”的讯息的信号时，才会发生。

(4)下一阶段是考察“这是游戏”的讯息，并意识到这个讯
180 息包括一些要素，它们必然会造成一个罗素或埃庇米尼得斯(Epimenides)式的悖论，即一个否定陈述包含着一个内隐的、否定的元陈述。扩展开来看，“这是游戏”的陈述看上去像是这样：“我们现在参与的这些活动并不指代那些**它们所代表的**行为会指代的**东西**。”

我们目前就加了点的字“它们所代表的东西”来提出问题。我们说语词“猫”代表着一个特定类别的任何成员。就是说，短语“代表”(stand for)是“指代”(denote)的一个近似词。现在如果我们在游戏的扩展定义中，用“它们所指代的东西”来替代语

词“它们所代表的东西”，那么，结果就是：“这些我们现在参与的活动，并不指代被这些行为所指代的行为而指代的东西。”开玩笑的咬(nip)指代咬(bite)，但是它并不指代由咬所指代的东西。

按照逻辑类型论，诸如此类的讯息当然是不可接受的，因为语词“指代”正在被用于两个程度的抽象，而这两种用法被看作同义的。但是，我们从这样一种批评中获知的全部东西是：期望哺乳动物的心理过程和传播习惯与逻辑学家的理想相一致，那将会是糟糕的自然史。的确，如果人类思想和传播始终与理想相一致，那么罗素就不会、事实上也不能构想出那个理想了。

(5)传播进化中的一个相关问题涉及柯日布斯基(Korzybske)[①]称之为“地图—疆域”(map-territory)关系的起源，即无论什么样的讯息，都不是由它所指代的那些对象所构成的(“语词‘猫’不能抓我们”)。倒不如说，语言为它所指代的对象带入一种关系，就好比一张地图为疆域带入了一种关系。只有在一组复杂(但未被词语表达)[②]的元语言学规则——它们控制着语词与句子如何与物体和事件相关联——的进化之后，发生在人类层次上的外延传播才是有可能的。因此，适当的做法是在前人类和语前层次上，探寻诸如此类的元语言学和/或元传播的规则的进化。

---

① A. Korzybski, *Science and Sanity*, New York, Science Press, 1941.

② 这些元语言学规则的言语表达是后来的成就，它只能发生在非言语表达的元-元语言学(meta-metolinguistics)的进化之后。

181 根据上述观点，游戏似乎是一个现象，在那里，“游戏”的行为是与其他“不是游戏”的行为相关联的，或指代其他“不是游戏”的行为。我们因此在玩一个代表其他事件的信号的游戏，所以，游戏的进化似乎可以是传播进化中的一个重要阶段。

(6)**威胁**是另一种现象，它与游戏的相似之处在于那些行为指代其他行为，但又不同于其他行为。握紧拳头的威胁不同于用拳头猛击的行为，但是它涉及未来(但现在还不存在)有可能的拳头猛击。威胁在非人类的哺乳动物中，通常也是可以识别的。的确，最近还有人论证说，在某个物种的成员中，绝大部分看上去是战斗的行为，却被认为是威胁[丁伯根(Tinbergen)[1]，洛伦兹(Lorentz)[2]]。

(7)表演行为和欺骗是地图—疆域差异之原始发生的其他例子。有证据表明在鸟类中有表演行为——寒鸦可以模仿它自己的情绪印记(洛伦兹[3])，而欺骗可以见于吼猴之中[卡彭特(Carpenter)[4]]。

(8)我们可以期望威胁、游戏和表演是三种独立的现象，都对地图和疆域之间区别的进化做出了贡献。但这似乎是错误的，至少就哺乳动物传播的所及范围来说是这样。关于儿童行为的非常简单的分析表明：诸如表演性的玩耍、吓唬、玩耍式的威胁、回应威胁的戏弄式的玩笑等的组合，构成了一个复杂

---

① N. Tinbergen, *Social Behavior in Animals with Special Reference to Vertebrates*, London, Methuen, 1953.

② K. Z. Lorentz, *King Solomon's Ring*, New York, Crowell, 1952.

③ K. Z. Lorentz, *King Solomon's Ring*, New York, Crowell, 1952.

④ C. R. Carpenter, "A Filed Study of the Behavior and Social Relations of Howling Monkeys," *Comp. Psychol. Monogr.*, 1934, 10: 1-168.

的现象综合体。诸如赌博和冒险等成人现象植根在威胁和游戏的组合之中。同样显而易见的是，不仅威胁，而且对于威胁的回应——受到威胁的个体的行为——都是这个复杂综合体的一
部分。不仅要有表演而且要有观看，或许这都应该被包括在这 182
个领域之中。要说到自怜，这同样是合适的。

(9)如此思考的进一步延伸导致我们将仪式也包括在这个一般领域之中，在仪式中，指代行为和被指代行为之间的差别得以划分，但并不完全。例如，关于调停仪式的人类学研究就支持这个结论。

在安达曼群岛，当双方都被给予了攻击另一方的仪式性自由之后，和平就实现了。不过，这个例子也说明了"这是游戏"或"这是仪式"之框架的易变性。地图和疆域之间的区别总是容易被打破，调停的仪式性攻击总是容易被错认为是"真正的"战斗攻击。在这种情况中，调停仪式变成了一场战斗(拉德克利夫-布朗[①])。

(10)但是，这使得我们认识到了游戏的一个更加复杂的形式，即不是建立在"这是玩儿"的前提基础上的游戏，而是围绕着"这是玩儿吗?"的问题的游戏。而这种类型的相互作用例如在入会的恶作剧中，也有其仪式的形式。

(11)悖论毫无疑问地出现在游戏、幻想、威胁等语境下所交换的信号中。不仅开玩笑的咬(nip)不指代它所代表的咬(bite)所指代的东西，而且咬(bite)本身还是幻想的。不仅玩耍的动物不完全意指它们在说的东西，而且它们通常也在传播

① A. R. Radcliffe-Brown, *The Andaman Islanders*, Cambridge, Cambridge University Press, 1922.

着某种并不存在的东西。在人类层次上，这导致了游戏、幻想和艺术领域中的种类繁多的传播和倒置。错视画派（trompe l'oeil school）的魔法师和画家们专注于获得精湛技巧，后者的唯一奖励是在观看者发现自己被欺骗，并不得不对欺骗者的技能一笑置之或惊异不已之后，才能够获得的。好莱坞的电影制片人花费大量美元，以增加幽灵的真实感。其他艺术家或许更
183 现实地坚持认为艺术是非写实的，而玩扑克牌的人通过把他们玩的筹码等同于美元，来获得一种奇怪的、令人上瘾的真实感。不过，他们仍然坚持说，输者将其输当作这个游戏的一部分来接受。

最后，在艺术、巫术和宗教汇合与重叠的模糊边缘，人类已经进化出了“意指的隐喻”（metaphor that is meant），这是一面人们将誓死捍卫的旗帜，一个神圣之物，它会让人感到是超出了“某种被给予我们的外在可见的印记的东西”。这里，我们可看出一种试图否定地图和疆域之间差异的努力，一种试图通过纯粹的情绪印记的途径而回到绝对纯真的传播的努力。

（12）这样，我们就面对着游戏的两个特点：①某种意义上，在游戏中进行交换的讯息或信号是不真实的，或不是意指的东西；②这些信号所指代的东西是不存在的。有时候，这两个特点奇妙地结合起来，以达到对于上述结论的颠倒。在（4）的陈述中说道，开玩笑的咬指代咬，可它并不指代被咬所指代的东西。但是，还有一些其他例子出现了相反的现象。当一把长矛从3D屏幕中扔向一个人时，或当他在噩梦中从自己心里的悬崖上，一头栽落下来时，这个人就体验了非常强烈的主观恐惧。在恐惧的时刻，并不存在对于“现实”的质问，可电影院

里并没有长矛，卧室里也并没有悬崖。这些想象并不指代它们似乎要指代的东西，但是这些同样的想象确实激起了那个恐惧——其本该是由一把真正的长矛或一个真正的悬崖峭壁所激起的。借助于同样自相矛盾的技巧，好莱坞的电影制片人随意为清教徒式的公众提供了大量虚假的性幻想，否则这种幻想就会令人难以忍受。在《大卫王与贵妃》(*David and Bathsheba*)中，贵妃可能是大卫和乌利亚之间的一个三人间性行为的连接。而在《汉斯·克里斯蒂安·安徒生》(*Hans Christian Andersen*)中，英雄在一个男孩的陪伴下出场。他试图得到一个女人，但当他的企图失败了的时候，他转回到那个男孩。在所有这种情形下，当然并没有同性恋，但是这些象征手法的选择是和这些幻想连在一起的，后者带有某些特定的想法，如当面对某种女性或某种男性权威时对异性恋男性地位的失望。总之，这个幻想的虚假同性恋并不代表任何真正的同性恋，但是 184
的确代表和表达了某些态度，这些态度有可能伴随一种真正的同性恋，或为其培养病源。这些象征符号并不指代同性恋，但的确指代某些思想，而同性恋正是这些思想之恰如其分的象征符号。显而易见，我们有必要重新审视精神科医生为病人提供的解释的准确的语义学正当性，而且，作为这一分析的前提，考察这些解释之被提供的那个框架的本质，也将是有必要的。

(13)前面关于游戏所做的论述可以被用作有关框架和语境讨论的一个入门例子。概言之，我们的假设是：讯息“这是游戏”建立了一个可以与埃庇米尼得斯悖论(Epimenides' paradox)相比拟的悖论框架。这个框架可以图示如下：

这个框架内的
所有陈述都不真。

我爱你。

我讨厌你。

框架中的第一个陈述是关于其自身的一个自相矛盾的命题。如果这第一个陈述为真，那么，它就必须为假。如果第一个陈述为假，那它就必须为真。但是这第一个陈述包含框架内的所有其他陈述。所以，如果第一个陈述为真，那么所有其他的陈述必定为假；反之亦然，如果第一个陈述不真，那么，所有其他的陈述必定为真。

(14)逻辑的思考将会注意一种不根据前提的推论(*non-sequitur*)。有人可能会极力主张说，即便第一个陈述为假，框架中的某些其他陈述在逻辑上仍有可能不真。不过，无意识或“初级过程”思维的一个特性是：思考者不能区分“某些”(some)和“所有”(all)，不能区分“并非所有”(not all)和“都不”(none)。这些区分的获得似乎是由更高级或更有意识的心理过程完成的，后者在非精神病患者的个体那里，适合用来矫正更低层次的黑—白思维。我们假定(而这似乎是一个正统的假
185 定)，初级过程持续运作，而悖论式的游戏框架的心理学的正当性就依赖于心灵的这一部分。

(15)但反过来说，虽然有必要呼唤作为一个解释原则的初

级过程，以便去除“所有”和“都不”之间的“某些”的概念，但这并不意味着游戏仅仅是一种初级过程现象。“游戏”和“非游戏”的区别确实是二级过程(secondary process)或“自我”(ego)的一个功能，就像幻想和非幻想之间的区别一样。梦者在梦中通常没有意识到他正在做梦，而在“游戏”中，他一定常常被提醒说“这是游戏”。

同样，在梦或幻想中，梦者并没有运用“非真”的概念。他运用所有类型的陈述，但却不可思议地无法获得元陈述。除非选择苏醒，否则他不能梦到一个关涉(即为其设立框架)其梦的陈述。

由此得知，在这里用作解释原则的游戏框架包含初级过程和二级过程的一种特殊组合。不过，这与早些时候的论述有关，当时所主张的是：在传播的进化中，游戏标志着一个阶段，它对于地图—疆域关系的发现来说，是一个至关重要的阶段。在初级过程中，地图和疆域是等同的；在二级过程中，它们可以被区分开来。在游戏中，它们既是等同的，又是有差别的。

(16)我们必须提到这一系统中的另一个逻辑异常情况：两个通常由语词“前提”所描述的命题之间的关系已经变成了非传递性的(intransitive)了。一般来说，所有不对称的关系都是传递性的。在这方面，“大于”是个典型；人们通常会论证说，如果 A 大于 B，B 大于 C，那么，A 就大于 C。但是，在心理过程中，不对称关系的传递性是看不见的。命题 P 也许是命题 Q 的一个前提，命题 Q 也许是命题 R 的一个前提，而命题 R 也许是命题 P 的一个前提。特别是在我们正思考的系统中，这

个循环还要受到更多的限定。关于“这个框架内的所有陈述都
186 不真”的讯息，本身被当作评估其自己的真或不真的一个前提。[参见由麦卡洛克讨论的心理偏好的非传递性。[1] 适合所有这种一般类型的悖论的范式是罗素的“不属于自身成员的类之类”(class of classes which are not members of themselves)。这里，罗素论证说，悖论是由将关系——即“是……的成员”——当作一种非传递性的东西而造成的。]借助这个关于心理学的“前提”关系有可能是非传递性关系的告诫，我们将用语词“前提”来指代一个思想或讯息对于另一个思想或讯息的依赖，类似于一个命题对于另一个命题的依赖——这另一个命题在逻辑中是通过命题 P 是命题 Q 的一个前提的说法来涉及的。

(17)不过，对于“框架”以及相关的“语境”概念的意思是什么的问题，所有这一切都还不清楚。要弄清楚这些问题，必须首先坚持认为它们都是心理学概念。我们使用两种类比来讨论这些概念：画框的物理学类比，以及更加抽象的、但还不是心理学类比的数学集合的类比。在集合论中，数学家们已经发展出了公理和定理来严谨地讨论交叠类型或“集合”(sets)中的成员的逻辑内涵。集合之间的关系通常由图表来说明，在那里，大论域的项或成员由圆来代表，而小集合则由框住每一个集合的成员的虚线(imaginary line，或假想线)来定界。于是，诸如此类的图表就表明了一种探讨类型逻辑的拓扑学方法。确定心理学框架的第一个步骤可以认为它是(或界定了)一类或一个讯息(或有意义的行为)集合。这样，两个个体在一个特定偶然

[1] W. S. McCulloch, “A Heterarchy of Values, etc.,” *Bulletin of Math. Biophys.*, 1945, 7: 89-93.

场合下的游戏，就可以被定义为：他们在有限时间范围内进行交换的一切讯息的集合，以及由悖论的前提系统(我们已经描述过这个系统)所修正的一切讯息的集合。在一个集合论图表中，这些讯息可以由点来代表，而“集合”则可以由一条将这些点与其他表示非游戏讯息的点相分离的线所围住。不过，数学类比失败了，因为一条虚线没有令人满意地表示心理学的框架。我们假定，这个心理学框架在某种程度上具有真实的存在意义。许多情况下，这个框架得到了意识的认可，甚至被表现 187
在词汇表之中(“游戏”“电影”“面试”“工作”“语言”等)。在其他情况下，或许并不存在对于这个框架的明显的语言指涉，研究对象或许也没有意识到它。不过，分析者发现，如果他用一个无意识框架的概念作为解释原则的话，那么，他的思考就被简化了；通常情况下，他比这走得还要远，并在研究对象的无意识中推断其存在。

但是，虽然数学集合的类比或许过于抽象了，可画框的类比却过于具体了。我们正试图限定的心理学概念既不是物理的，也不是逻辑的。倒不如说，我们相信，实际的物理框架是由人加到物理的画作上去的，因为这些人在一个域(在那里，他们的某些心理特性被外在化了)中，更加容易运作。我们将外在化用作一个阐释工具，而我们试图讨论的正是这些特性。

(18)现在，我们可以通过参照那些其限定已在前面段落中得到阐释的类比，来列出和阐释心理学框架的普通功能和用处。

a. 心理学框架是排他的，即通过将某些讯息(或有意义的行为)包容在一个框架之中，某些其他讯息就被排除了。

b. 心理学框架是包容的，即通过排除某些讯息，某些其他讯息被包容进来。从集合论的观点来看，这两个功能是同义的，但从心理学观点来看，必须将它们分别列出。如果我们把画框看作一个意图为观看者的感知排序或加以组织的讯息，那么，画框就是在说："注意围在里面的东西，别管框架之外的东西。"当图形与背景的术语被格式塔心理学家使用时，它们就不像集合论的集合和非集合那样，有着对称意义的关联。对于背景的感知必须得到明确禁止，而对于图形(在这个例子中，是画)的感知则必须得到明确强化。

c. 心理学框架与我们称为"前提"的东西相关。画框告诉观看者，他不要用与可能用来解释框架之外的墙纸的思维方式
188 相同的思维方式，来解释这幅画。或者，按照集合论的类比，包围在假想线内的讯息通过其共有前提或相互关联，而被限定为一个类中的成员。因此，框架本身成为前提系统的一部分。要不，如同游戏框架的情况一样，这个框架被卷入它所包含的讯息的评价之中，或者，这个框架只是通过提醒思考者这些讯息是相互关联的，以及框架之外的讯息是可以被忽略的，来帮助心灵理解它所包含的那些讯息。

d. 在前面段落的意义上，框架是元传播的。任何讯息不管是外显地限定了框架，还是内隐地限定了框架，都要根据事实本身，在接收者试图理解包含在框架之内的讯息时，为其提供说明或帮助。

e. 上述 d 的反题也为真。每一个元传播或元语言学讯息都或外显或内隐地限定了它所传播的讯息的集合，即每一个元传播讯息都是一个心理学框架，或都限定了一个心理学框架。

这在像印刷讯息中的标点符号那样的小的元传播信号中，是非常明显的，但也同样适用于复杂的元传播讯息，诸如精神科医生根据他对心理治疗的大量讯息的哪些贡献会得到理解的途径，来确定自己的治疗作用。

f. 心理学框架和感知格式塔之间的关系需要得到考虑，而在这里，画框的类比是有用的。在一幅鲁奥(Rouault)或布莱克的画作中，人物图形和得到表现的其他物体都被勾勒出了轮廓。“聪明的人看到轮廓，因此画了它们。”但是，在这些界定了感知格式塔或“图形”的线条之外，还有背景或场地。它反过来是由画框所限定的。同样，在集合论图表中，小集合被画入其中的那个大的域本身又被围在了一个框架之中。我们相信，这个双重框架不仅是一个“框架之内的框架”的问题，而且表明，精神过程类似于逻辑，也需要一种外部框架来限定各种图形之被感知的背景。如当我们在古董店的橱窗中看到一件雕塑时，这种需要就常常不能得到满足，而这是令人不舒服的。我们提出，对于这种背景的外部限制的需要，是与偏爱避免抽 189
象悖论的行为相关联的。当项的逻辑类或集合被限定时，例如，火柴盒的类，就必须界定要被排除的项的集合，在这个例子中，就是所有那些不是火柴盒的东西。但是，被包括在此背景集合下的项，必须与集合本身之内的那些项的抽象程度相同，即同样的“逻辑类型”。特别是，如果要避免悖论，“火柴盒的类”与“非火柴盒的类”(即便这两项显然都不是火柴盒)一定不能被看作非火柴盒类的成员。没有什么类可以是自身的一个成员。因为画框限定了一个背景，因此，它在这里就被认为是一个非常特殊和重要的心理学框架类型的外在表现，即一个其功能是要限定一种逻辑类型的框架。事实上，当上面讲到画框是告知观看者不应将从画中的图形之间获得的前提扩展到画背后的墙纸上时，表明的就是这个意思。

但是，正是这种框架会加快悖论的产生。避免悖论的规则坚持认为，任何封闭线之外的项，都具有与封闭线之内的项相同的逻辑类型，但是，如同上面所分析的那样，画框是一条线，它将一种逻辑类型的项与另一种逻辑类型的项区分开来。顺便说来，有趣的是注意到，如果不打破罗素的规则，就无法陈述这种规则。罗素坚持认为，所有不恰当的逻辑类型项都应该(即由一条假想线)从任何类的背景中排除出去，也就是说，他坚持要对他所禁止的那种东西画出一条假想线。

(19)关于框架和悖论的全部问题都可以根据动物行为来得到阐述，在动物行为中，可以识别或归纳出三种类型的讯息：①我们可以将之称为情绪印记的那些讯息；②(在游戏、威胁和表演中)模仿情绪印记的那些讯息；③能够使接收者区分情绪印记和类似于情绪印记的其他印记的那些讯息。讯息“这是游戏”就是这种第三类型的讯息。它告诉接收者，某些咬的动作和其他有意义的行为不是第一种类型的讯息。

190 因此，讯息“这是游戏”建立了一种框架，这种框架有可能引发悖论：这是一种试图区分不同逻辑类型的类别的努力，或是一种试图在不同逻辑类型的类别之间划出界线的努力。

(20)关于游戏和心理学框架的这个讨论在讯息之间建立了一种三位一体的集群(triadic constellation)(或关系系统)。这个集群的一种情况在(19)中得到了讨论，但显而易见的是，这种集群不仅发生在非人类的层次上，而且也发生在复杂得多的人类传播中。幻想或神话可以模仿一个指代性的叙述，而且，为了区分这些类型的话语，人们使用框架设置(frame-setting)类型的讯息。

(21)总之，我们面临了运用这一理论方法来探讨心理治疗的特殊现象的复杂任务。这里，我们的思路可以最为简洁地由呈现和部分地回答以下问题而得到概括。

a. 是否有什么指代表明某些形式的精神病理学的特性尤其受到病人处理框架和悖论方面的反常行为的影响?

b. 是否有什么指代表明心理治疗的技术必须依赖于对框架和悖论的操纵?

c. 是否有可能根据病人对于框架的反常运用和治疗师对于框架的操纵之间的相互作用，来描述一个特定的心理治疗过程?

(22)为了回答第一个问题，似乎可以根据病人之不能识别其幻想的隐喻性，来描绘精神分裂症的"语词杂拌"(word salad)。在应该是讯息三位一体集群的那种东西中，框架设置的讯息(例如，语词"好像")被省略了，隐喻或幻想得到了叙述，并以某种方式行事，而如果幻想是一种更加直接的讯息，那么这一方式就会是合适的。元传播框架过程的缺失——(15)中的梦的例子注意到了它——是精神分裂症患者清醒时候的传播特点。与缺乏建立元传播框架的能力相伴随的，还有获得更初级或更原始讯息的能力的缺失。隐喻直接被当作一种更初级类型的讯息(杰伊·黑利在这次会议论文中更详尽地讨论了这个问 191
题)。

(23)心理治疗依赖于操纵框架，这种依赖来源于以下事实：治疗是努力改变病人的元传播习惯的一种尝试。在治疗之前，病人根据某套用以形成和理解讯息的规则来思考和操作。在成功的治疗之后，他根据一套不同的此类规则来操作（一般来说，不管是在前还是在后，这种规则都是不能用言语表达的，也是无意识的）。由此推论，在治疗过程中，肯定存在这些规则的**元**层次上的传播。肯定存在关于规则之**变化**的传播。

但不可想象的是，这样一种关于变化的传播能够发生在被病人的元传播规则所允许的那类讯息之中，不管它们存在于治疗之前，还是存在于治疗之后，都是这样。

上文提过，游戏悖论是一个进化阶段的特点。这里，我们认为，同样的悖论是那个我们称为心理治疗的变化过程的一个必要成分。

事实上，治疗过程与游戏现象之间的相似性意义深远。它们都发生在被限定的心理学框架之中，发生在一个相互作用的讯息的空间和时间的集合范围内。无论是在游戏中，还是在治疗中，讯息都与一个更具体或更基础的实在有着特殊与特定的关系。就像游戏的虚假战斗不是真正的战斗一样，治疗的虚假的爱与恨也不是真正的爱与恨。借助于那些引发心理学框架的信号，“转移”(transfer)得以从真正的爱与恨中区分出来；的确，正是这个框架使得转移达到了最大强度，并使得转移能够在病人和治疗师之间得到讨论。

我们可以通过分阶段地建立一个模型，来阐述治疗过程的形式特点。首先，想象一下两个参与者，他们按照一套标准规则来玩纸牌。只要这些规则支配着两个参与者，并不为其所置疑，那么这个游戏就不会发生变化，也就是不会发生任何治疗性的变化。(的确，心理治疗的许多尝试都是因为这个原因而失败了。)不过，我们可以想象，在某个特定时刻，这两个打纸牌的人停下来不玩了，而是开始讨论那些规则。现在，他们的 192
话语具有一种逻辑，且不同于他们的游戏逻辑。当这个讨论结束时，我们可以想象他们接着打纸牌，但是遵守的是已被修改了的规则。

不过，这一事件序列仍然是治疗性的相互作用的一个不完美的模型，尽管它阐释了我们的论点，即治疗必定涉及不同类型的逻辑话语的组合。通过将其对于规则的讨论与其游戏区分开来，我们想象中的参与者避开了悖论，而这种区分在心理治疗中恰恰是不可能的。正如我们看到的那样，心理治疗过程是两个人之间的一个有框架的相互作用，其中的规则是内隐的，但又是会变化的。这样的变化只能由实验行为所提出，但每一个实验行为本身就是正在进行的游戏的一部分，在此，改变规则的提议是内隐的。正是一个有意义的行为中的各种逻辑类型的组合，使治疗具有了一种相互作用的进化系统的特性，而不是像纸牌那样的严格的玩耍特性。小猫或水獭的玩耍具有这一特性。

(24)关于病人处理框架的方式与治疗师操纵框架的方式之间的特殊关系的问题，现在还说不出什么。不过，具有启发意义的是看到：治疗的心理框架是精神分裂症患者无法获得的框架设置讯息的一个类比。某种意义上，在治疗的心理学框架中使用"语词杂拌"来谈话，不是病理性的。神经病患者(neurotic)确实特别受到鼓励去叙述他的梦和自由联想，这样，病人和治疗师就可以获得对于这一材料的理解。通过解释的过程，神经病患者受到鼓动，以便在他初级过程的思维生产中插入一个“好像”的从句，而他从前是贬低或抑制这些生产的。他必须知道幻想包含真理。

对于精神分裂症患者（schizophrenic）来说，问题有点不一样。他的错误在于以字面真理的全部强度来对待初级过程的隐喻。通过发现这些隐喻代表着什么，他肯定看出它们仅仅是隐喻。

（25）不过，从这个方案的角度出发，心理治疗只构建了我
193 们试图研究的诸多领域中的一个领域。我们的中心论题可以概括为一个关于抽象悖论的必要性的陈述。说人们在其传播中可以或应该服从“逻辑类型论”，这不仅仅是糟糕的自然史；他们没有这么做的原因不仅是出于粗心或无知。倒不如说，我们认为，抽象悖论必定使得它们出现在所有的传播中，其程度比在情绪信号中的出现要更加复杂，而没有这些悖论，传播的进化就会完结。生活于是就是程式化讯息的无休止地相互交换，那是一场具有严格规则的游戏，不能由变化或幽默所缓解。

16 精神分裂症的流行病学①

如果我们要讨论心理状况的流行病学，也就是部分地由经历所导致的状况，那么，我们的首要任务是充分阐明一个观念系统的缺陷，这样我们就能够由此方向继续前行，以提出关于什么样的学习语境可以导致这种形式缺陷的假设。 194

人们通常认为，精神分裂症患者具有“自我弱点”(ego weakness)。现在，我把自我弱点限定为：不能够识别和解释那些应该告诉个体一个讯息是什么样的讯息的信号，即不能处理与信号“这是游戏”的逻辑类型相似的信号。例如，一个病人来到医院食堂，柜台后的姑娘问，“我能帮你什么吗?”病人弄不清这是一个什么样的讯息，是一个要欺骗他的讯息？是一个她要他和她一起上床的表示？或者，是要端上一杯咖啡？他听到了这个讯息，却不知道它是哪种讯息，或不知道这个讯息

① 这是一个报告的编辑版，报告名称为《异常者如何看待他的社会》(“How the Deviant Sees His Society”)，它是1955年5月在“心理健康的流行病学”大会上所做的。那次大会召开于犹他州的布赖顿，由犹他大学精神病学和心理学系、退伍军人管理局医院、犹他州盐湖城道格拉斯堡赞助。会议报告概要由组织者们油印和分发。

的指令是什么。他不能选择比较抽象的标签，这种标签是我们
195 中的大部分人都通常能够使用的，但在我们不知道是什么东西告诉我们它们是怎样的讯息的意义上，它们又是我们中的大部分人不能识别的标签。好像是我们不知怎么就做出了一个正确的猜测。我们实际上非常无意识地接收了这些讯息——它们告诉我们所接收的是什么样的讯息。

接收此类信号方面的困难似乎是一个症候群的中心问题，该症候群即为精神分裂症患者的群体特性，鉴于此，我们可以如其形式上所限定的那样，从这个复合症状出发，合理地探寻某种病因学的东西。

当你们开始以这种方式来进行思考时，精神分裂症患者所说的大量东西就作为其经历的描述而有头绪了。就是说，我们有了通向病因学或传递理论的第二条线索。第一条线索来自症状。我们问道："一个人类个体在区分这些特殊的信号方面，怎么会有不完整的能力?"而在考察他的言语时，我们发现，采用那个作为精神分裂症杂拌的特殊语言，他正在描述一种创伤性情景——它涉及一个元传播的困惑。

例如，一个病人有个主要观点："某个东西在空间移动"，而那就是他为什么会垮掉的原因。从他对"空间"的谈论方式中，我不知怎么产生了个想法：空间是他的母亲，空间也是被这么言说的。他说："不，空间是那个母亲。"我向他提出，她在某种程度上是他的疾病发生的原因。他说："我从来不怪她。"在某个时刻他生气了，并且说，"如果我们说，她是因为自己的原因才移动的，那我们不过是在谴责自己"(这是原话)。某个东西在空间移动，这使得他垮掉了。空间不是他的母亲，

它是**那个**母亲。但是，现在我们聚焦于他的母亲，而他说他绝不谴责他的母亲。这样，他说，“如果我们说，她是因为自己的原因才移动的，那我们不过是在谴责自己”。

非常仔细地看一看上段最后一句中引文的逻辑结构吧。它是循环论证的。它隐含着与母亲的一种相互作用和长期相互误解的方式，以至于对这个孩子来说，做出那些可以修正误解的行动，也是受到禁止的。

在另一个场合，他逃掉了上午的治疗课，我在晚饭的时
候，来到餐厅看他，并要确认他第二天会来见我。他不愿看着 196
我，而看着别的地方。第二天上午九点半左右，我说了几句话，他不回答。然后，他非常费劲地说，“法官不同意”。在离开他之前，我说，“你需要一位辩护律师”。第二天上午，当我在院子里看见他时，我说，“你的辩护律师来了”，然后我们一起走进上课的地方。我一开始就说，“我猜想法官不仅不同意你和我谈话，而且也不同意你告诉我他的不同意，对不对?”他说，“是的!”就是这样，我们在这里涉及了两个层次。“法官”不同意修正混乱的尝试，也不同意交流他(即法官)的不同意的事实。

我们必须得探寻关涉多重层次的创伤的病因。

我根本不是在谈论这些创伤序列的内容，不管它们是性的，还是口头的，都是如此。我也不是在谈论病人在创伤时的年龄，不谈论涉入的是哪一个病人。就我而言，那都是偶发事件。我只是在逐步建立一个陈述，即在多重逻辑类型被彼此安置、以便在这一个体那里产生出这种特殊病理的意义上，创伤必定具有**形式的**结构。

现在，如果你们看看我们彼此之间的日常沟通，就会发现：我们以令人难以置信的复杂性和非常令人惊叹的技能编织着这些逻辑类型。我们甚至讲笑话，而这些笑话对于一个外国人来说，或许是难以理解的。大部分笑话几乎在任何地方都是由多重逻辑类型所编织的，无论是录制笑话，还是自发笑话，都是如此。玩笑和恶作剧同样都有赖于下述未解决的问题：玩笑的接受者是否能够识别出这是一个玩笑。在任何文化中，个体都获得了极不寻常的技能，所以不仅能够简单地识别一个讯息是哪种讯息，而且能够应对一个讯息是哪种讯息的多重识别的问题。当我们遇到这些多重识别时，我们笑了，而且就我们内心发生的事情，有了新的心理发现——这或许是对真正幽默的奖励。

197 但是，有的人极难处理这个多层次的问题，而且在我看来，此种不平等的能力分配是一个我们可以用流行病学的问题和术语来加以探讨的对象。一个孩子需要什么才能得到(或得不到)解释这些信号的技能呢？

他们中是有人获得了这些技能，而且许多人的确如此，这是个奇迹，可不仅如此，还有另一方面的问题，即相当多的人都难以获得这些技能。例如，当肥皂剧中的"大姐姐"感冒了，就会有人寄一瓶阿司匹林到电台，或为"大姐姐"的感冒推荐一种治疗方法，尽管事实上那个"大姐姐"是广播肥皂剧中的一个虚构人物。听众中的这些特殊成员显然在识别广播传播是一种什么样的传播的问题上，有些不正常。

我们时时都会犯那种错误。我不相信我曾经碰见过什么人没有或多或少地受到"精神分裂症 P"(schizophrenia P)的折磨。

有时候，在决定一个梦是不是一个梦的问题上，我们都有某种困难，对于我们中的大部分人而言，要说出我们**怎么**知道自己的一个幻想是幻想，而不是经验，这并不是一个非常容易的事情。将一种经验放入时间中的能力是一个重要的线索，而将之诉诸某个感官，则是另一个重要的线索。

当你们为了得到这一病原学问题的解答而考察病人的父母亲时，你们就得到了几种答案。

首先，有些答案与我们可将之称为强化因素的东西相关联。任何疾病都是被各种环境弄得恶化或更有可能性，诸如疲劳、感冒、多日战斗、其他疾病的出现，等等。它们似乎对近乎任何病理的发生都有某种量的作用。接着，是那些我提到过的因素——遗传特性和潜在性。一个人要陷入逻辑类型的混乱，那得假设他必须足够聪明，所以能够知道有某种东西是错的，可又没有那么聪明，以至于能够看出错的东西是什么。我假定这些特性是由遗传所决定的。

但在我看来，问题的关键是要识别什么样的真实环境导致了这个特殊的病理。我承认，细菌实际上绝不是细菌性疾病的 198
唯一决定因素，因此，也承认此类创伤序列或语境的发生绝不是精神疾病的唯一决定因素。但是我仍然认为，对这些语境的识别是理解精神疾病的关键，就像识别细菌对于理解细菌性疾病来说，乃是必不可少的一样。

我与上面提到的病人的母亲碰过面，这个家庭并不处于生活贫困之中。他们住在一个好社区的房子里。我和病人一起到那里去，当我们到了的时候，家里没有人。报童已经把晚报扔到草地当中，我的病人想从那片美丽的草地中取回报纸。他走到草地边上，开始颤抖起来。

那座房子看上去就像是被称为“样板”的房子——一座由房产开发商为了把其他房子卖给公众而已经配备了家具等的房子。它不是一座为了居住而配备家具的房子，而是配备了家具以至于看上去像是一座备有家具的房子。

一天，我和他讨论起他的母亲，并提出她或许是一个非常容易害怕的人。他说：“是的。”我说：“她怕什么呢？”他说：“可能要出现的安全问题。”

在壁炉架中央，有一片美丽的、完全居中的人工塑料植物。这边一只中国雉鸡，那边一只中国雉鸡，对称地排列着。覆盖整个房间的地毯完全像它应该如此的样子。

他母亲到家以后，我因为闯入了这个屋子而感到有点儿不自在。他已经大约五年没有来了，但是情况似乎进展良好，所以我决定把他留在那里，等到了返回医院的时间再回去。那使我有一小时待在街上，完全无事可做，我就开始思考对于这个屋子的布置来说，我能做什么。我能沟通什么？我能怎样沟通？我决定要在里面放入某种漂亮而又不整齐的东西。在试图贯彻这个决定时，我断言那些花儿是答案，所以我买了一些唐菖蒲。我拿着唐菖蒲，并在去接他的时候，把这些花儿给了他母亲，同时说道：“我希望你在自己的屋子里放上某种‘漂亮而
199 又不整齐’的东西。”“哦！”她说，“那些不是不整齐的花儿。当一朵花凋谢了的时候，你就可以把它剪去。”

现在，在我看来，有趣的不是那句话中的如此厉害的篡改式声明，而是把我置于了道歉的地位，可事实上我那时没有道歉。就是说，她接收了我的讯息，并对它进行重新分类。她改

变了指代那是一个什么样的讯息的标签，而我相信，她一直都是这么做的。不断地接收其他人的讯息，以这样的方式回答它：好像它要么是对说话者那边的弱点的陈述，要么就好像是对她的攻击，后者也应该被变成说话者那边的弱点。

这个病人现在以及童年时碰到的正是这种对于其讯息的虚假解释。如果他说，“猫在桌子上”，她的回答里包含某种东西，以使得他的讯息不是那种他在发出讯息时想要表达的东西了。他的讯息识别符(message identifier)在讯息返回时，被她弄模糊了和歪曲了。她也不断与她自己的讯息识别符相矛盾。当她说着对她来说最不好笑的东西时，她笑了。

现在，这个家里有一幅常规的母亲统治图，但我此刻不想说这是创伤的必要形式。我关心的只是这个创伤集群的纯粹形式的方面，并且假定，这个集群能够被弄得使父亲在其中发挥某些作用，母亲发挥某些其他作用，等等。

我试图表明的只有一点：在此存在一种创伤的可能性，它将包含着某些形式的特点。它将会在病人那儿传播某种特殊的症状，因为创伤本身在传播过程中影响某个特定的要素。受到非难的是我称为“讯息识别符信号”的使用，而没有那些信号，“自我”就不敢区分事实和幻想，或实际的东西与比喻的东西。

我试图要做的事情是确定一组症状，也就是那些与不具备知道一个讯息是哪种讯息的能力相关联的症状。在这些分类的一端，将会有些多少患有青春型精神分裂症(hebephrenic)的
个体，对于他们来说，讯息都不具有什么特定的类型，但是， 200
他们长期生活在一种冗长杂乱的故事之中。在这些分类的另一端，是那些试图过分识别的人，也就是过度严格地识别每一个

讯息是哪种讯息的人。这将提供一类更加偏执得多的画面。退缩则是另一种可能性。

最后，在我看来，从这样一种假设出发，人们可以在一个群体中探求有可能导致那类集群发生的定子。我认为，这是流行病学研究的一个适当问题。

17 一种精神分裂症的理论[①]

精神分裂症——它的性质、病因、治疗方法的种类——仍是精神疾病中最为棘手的问题之一。这里呈现的精神分裂症理论是建立在传播分析的基础之上的，特别是建立在“逻辑类型论”的基础之上的。从这个理论以及从对精神分裂症患者的观察中，可以获得对一种情况的描述，或其必不可少的条件。这种情况被称为“双重束缚”，在此，一个人无论做什么，都“不能赢”。根据假设，如果一个人陷入了双重束缚之中，那么，他就有可能出现精神分裂的症状。双重束缚如何以及为什么会在某个家庭环境中出现？这个问题连同来自临床和实验资料的说明，都得到了讨论。 201

① 这篇论文由G. 贝特森、唐·杰克逊、杰伊·黑利和约翰·维克兰德所写，原载《行为科学》(*Behavioral Science*, Vol. Ⅰ, No.4, 1956)，选入本书时获得该刊的允许。

这是一份研究报告[①]，关于精神分裂症的性质、病因和治疗的问题，该报告已经提出和检验了一个广泛而又系统的观
202 点。在这个领域中，我们的研究是通过对不同体系的资料和思想的讨论而进行的，带有我们所有人根据在人类学、传播分析、心理治疗、精神病学和精神分析学方面的不同经验所做出的贡献。我们现在已就精神分裂症的起源和性质的传播理论的概要达成了普遍的共识。这篇论文是关于我们的持续研究的一个初步报告。

传播理论的基础

我们的方法是建立在罗素称为“逻辑类型论”[②]的那部分传播理论的基础之上的。这一理论的中心论题是：在一个类和它的成员之间，存在非连续性。这个类不能是其自身的成员，成员的一个分子也不能是这个类，因为用来表示类的术语与用来表示成员的术语，具有不同的抽象程度，即不同的“逻辑类型”。尽管在形式逻辑中，存在试图维护类与其成员之间的这

---

① 这篇论文源于最早在一个研究项目中提出的那些假设，该项目1952—1954年由洛克菲勒基金会资助，由斯坦福大学社会学和人类学系管理，由G.贝特森领导。自1954年以来，该项目继续进行，由梅西基金会资助。感谢杰伊·黑利提出精神分裂症状表现出不能辨识“逻辑类型”的观点，这一观点得到贝特森的发展，他增加了以下思想，即可以根据双重束缚假说来对这些症状和病因进行形式的描述。这个假说被传递给唐·杰克逊，并被建立起来，以紧密适应他关于家庭体内平衡的思想。自那以后，唐·杰克逊博士的工作就与这个项目关系密切。关于催眠术和精神分裂症之间的形式类比的研究已经成为维克兰德和黑利的工作。

② A. N. Whitehead and B. Russell, *Principia Mathematica*, Cambridge, Cambridge University Press, 1910.

种非连续性的努力，但是，我们的论证是，在关于真实沟通的
心理学中，这一非连续性持续地和不可避免地受到破坏[①]，而
当某种形式的破坏模型出现在母亲和孩子之间的沟通中时，我
们肯定先验地期望某种病理发生在人类有机体中。我们将论证
说，这种病理在极端情况下将会有些症状，它们的形式特性将 203
导致这种病理被分类为一种精神分裂症。

有关人类如何处理涉及多重“逻辑类型”的传播的阐述，可以从以下领域中获得。

(1)**人类传播中不同传播模式的运用**。例如，游戏、非游戏、幻想、圣礼、隐喻等。即便在低等哺乳动物中，好像都有将特定意义的行为识别为“游戏”的某种信号交换，等等。[②] 这些信号显然比它们所分类的讯息具有更高的“逻辑类型”。在人类中，为讯息和有意义的行为设置框架与贴标签的过程非常复杂，特别是用来表示这种区别的词汇还相当不发达，我们大多依赖于姿势、手势、面部表情、声调等非言语媒介以及这些高度抽象但又非常重要的标签的传播语境。

(2)**幽默**。这似乎是一种阐述思想或关系中的内隐主题的方法。探索方法涉及一些讯息的使用，这些讯息的特点是一个“逻辑类型”或传播模式的集群。例如，当人们突然明白一条讯息不仅是隐喻的，而且还有更多字面意义的时候，一种发现就产生了，或者反过来也是这样。就是说，幽默爆发的时刻，就

---

① G. Bateson, “A Theory of Play and Fantasy,” *Psychiatric Research Reports*, 1955, 2: 39-51.

② 由本项目制作的电影《游戏的性质：第 1 部，水獭》(“The Nature of Play; Part Ⅰ, River Otters”)是可找到的。

是模式的分类标签经历溶解和再综合之时。通常情况下，妙语迫使人们重新评价将某个特定模式(例如，字面的或幻想的模式)归于某些讯息的更早信号。有些信号从前具有对模式进行分类的高级“逻辑类型”的地位，而上述做法又具有将**模式**归于那些信号的特殊效应。

(3)**模式识别信号的虚假性**。人类的模式识别符有可能是虚假的，我们有不自然的笑，有对友情的操纵性假装，有骗局，有开玩笑，等等。在哺乳动物中，也有同样的虚假记
204 录。[1] 我们在人类中遇到了一种奇怪的现象，也就是对于这些信号的无意识篡改。这会发生在自我之中：受治者(subject)会在隐喻游戏的幌子下，对自己隐瞒自己的真正敌意；或者，这也可能作为对受治者关于他人模式识别信号之理解的无意识篡改而发生。他也许把羞怯错认为是轻视，等等。的确，大多数自我参照的错误都属于这一类。

(4)**学习**。这一现象的最简单层次以下述情景为例。在此，一个受治者接收了一条讯息，并且恰当地依据这条讯息而行动：“我听到了钟声，知道这是吃午饭的时间。所以，我走到桌子那里。”在学习型实验中，这一事件序列的类比情况被实验者所观察，并且通常被当作一条更高类型的讯息。当一条狗在铃声和肉末之间分泌唾液时，这一序列被实验者接收为一条讯息，其表示：“这条狗已经**学习到了**铃声意味着肉末。”但是，这不是所涉类型等级的终结。实验对象也许会越来越掌握学习

① C. R. Carpenter, “A Filed Study of the Behavior and Social Relations of Howling Monkeys,” *Comp. Psychol. Monogr.*, 1934, 10: 1-168; also K. Z. Lorentz, *King Solomon's Ring*, New York, Crowell, 1952.

的技巧。它(他)可以学会学习[1]，而且并非不可想象的是，还可能有更高的学习秩序发生于人类之中。

(5)信号的学习和"逻辑分类"的多重层次。存在两个不可分割的现象集合。之所以不可分割，是因为处理多重信号类型的能力本身是一个习得性能力，因此是一种多重学习层次的功能。

按照我们的假设，语词"自我功能"(ego function)(如同当 205
一个精神分裂症患者被描述为具有"弱自我功能"时这个词的用法)正是要么在自我之中，要么在自我与他人之间识别传播模式的过程。精神分裂症患者在此类功能的三个领域中表现出弱点：①他难以将正确的传播模式赋予从他人那里接收的讯息。②他难以将正确的传播模式赋予他本人以非言语形式发出或散布的讯息。③他难以将正确的传播模式赋予他自己的思想、情感和感知。

在此，将前面段落所说的内容与冯·多马鲁斯(von Domarus)[2]系统描述精神分裂症言语的方法做一比较，是一件合适的事情。他提出，精神分裂症患者的讯息(和思想)在三段论结构中是不正常的。按照这一理论，精神分裂症患者芭芭拉

---

① G. Bateson, "Social Planning and the Concept of Deutero-Learning," *Conference on Science, Philosophy and Religion, Second Symposium*, New York, Harper, 1942; also H. F. Harlow, " The Formation of Learning Sets," *Psychol. Review*, 1949, 56: 51-65; also C. L. Hull, *et al.*, *Mathematico-deductive Theory of Rote Learning*, New Haven, Yale University Press, 1940.

② E. von Domarus, "The Specific Laws of Logic in Schizophrenia," *Language and Thought in Schizophrenia*, J. S. Kasanin, ed., Berkeley, University of California Press, 1944.

用确认谓词的结构取代了来自三段论的结构。这种被歪曲的三段论的一个例子是：

人死了。
草死了。
人是草。

但正如我们所见，冯·多马鲁斯的表述只是一个有关精神分裂症患者的言语隐喻丰富之说法的一个更准确的表达，因此也是更有价值的表述。我们赞同那个概括。但是，隐喻是思想和表达的一个必不可少的工具，是所有人类传播的一个特性，甚至是科学家传播的一个特性。控制论和精神分析能量论(the energy theories of psychoanalysis)的概念模式毕竟只是被贴了标签的隐喻。精神分裂症患者的特点不在于他使用了隐喻，而在于他使用了**未贴标签**的隐喻。他特别难以对付的一类信号，也就是其成员将“逻辑类型”赋予其他信号的那一类。

206 如果我们对于这一复合症状的形式概括是正确的，如果我们假设的精神分裂症患者本质上是家庭互动的一个结果，那么，通过演绎获得对于这些经验序列——它们将导致这样一种复合症状——的某种形式的描述，就应该是可能的。关于学习理论的认识与下述明显事实相结合，即人类把**语境**用作区别模式的指南。因此，我们一定不要在幼年病因中探求某种特殊的创伤经历，而是必须探求独特的序列模式。我们要研究的特异性位于抽象的或形式的层次。这些序列肯定具有这样的特性：从这些序列出发，病人将获得那些作为精神分裂症沟通之典型的心理习惯。这就是说，*他必须生活在一个域之中，在那里，事件序列是如此这般的，以至于他的非常规的沟通习惯在某种意义上将是适当的*。我们提供的假设是：病人的外部经验中的这种序列造成了“逻辑分类”的内部冲突。我们使用“双重束缚”的术语，来表示诸如此类的尚未澄清的经验序列。

双重束缚

正如我们所见，双重束缚情景的必要成分如下。

(1)*两个或更多的人*。我们出于定义的目的，将这些人中的一个人定为“受害者”。我们并不假定说双重束缚是由母亲独自施加的，而假定它或是由母亲独自施加的，或是由母亲、父亲和/或兄弟姐妹的某种组合所施加的。

(2)*重复的经历*。我们假定，双重束缚是受害者的经历中反复发生的主题。我们的假说不是唤起某个单一的创伤经历，而是反复出现的经历，以至于双重束缚的结构变成了一种习惯性的期待。

(3)*一种初级的否定命令*。这可以是以下两种形式中的这种或那种：①“不要这样做，否则我会惩罚你”；②“如果你不这样做，我就会惩罚你”。这里，我们选择了一个建立在避免惩罚的基础上的学习语境，而不是一个寻求奖励的语境。对于这个选择或许不存在什么正式的理由。我们假定，惩罚或许要么是爱的退缩，要么是恨或生气的表达，或者最具破坏性的， 207

是一种逃避——其来自病人极端无助的表达。[①]

(4)某种次级命令，它在更抽象的层次上，与第一个命令相冲突，并且像第一个命令一样，被惩罚或威胁幸存者的信号所强化。由于两个原因，这个次级命令比初级命令要更加难以描述。第一，次级命令通常是借助非言语手段而被传递给孩子。姿势、手势、音调、有意义的行为或隐藏在言语命令中的含义，都可以被用来传递这种更加抽象的讯息。第二，次级命令可以影响初级禁令的任何要素。因此，次级命令的语词表达可以包含种类繁多的形式；例如，“不要把这看作惩罚”“不要把我看成惩罚的代理人”“不要屈从我的禁令”“不要想你肯定不做的事情”“不要怀疑我的爱，而初级禁令就是(或不是)这种爱的一个例子”。当双重束缚不是由一个个体施加，而是由两个个体施加的时候，就有可能出现其他的例子。例如，父母中的一个人也许会在更抽象的层次上，否认父母中的另一个人的命令。

(5)一个第三位的否定性命令制止受害者逃离这个领域。在某种形式的意义上，或许没有必要将这个命令列为一个独立项，因为另外两个层次上的强化涉及对幸存者的威胁，而如果双重束缚在幼年期就被施加了，那么逃离自然而然也就是不可能的了。不过，在某些情况下，似乎是一些不完全否定的设计使得从这个领域的逃离成为不可能的事情。例如，关于爱的反复无常的承诺，等等。

(6)最后，当受害者学会了在双重束缚模式中理解他的域

---

① 这里，我们的惩罚概念得到了提炼。在我们看来，它以一种不能被“创伤”概念所容纳的方式涉及感知经验。

的时候，这些成分的完整集合就不再是必不可少了。这样，双
重束缚序列的几乎任何部分或许都足以导致恐慌或愤怒。有冲 208
突的命令模式甚至可以被幻觉似的声音所接替。①

双重束缚的效应

禅宗这个东方宗教的目的是获得开悟(enlightenment)。禅师试图以各种方式引导他的学生开悟。他所做的一件事是将一根棍子举在学生的头上，并严厉地说："如果你说这根棍子是真的，那么我将用它来打你。如果你说这根棍子不是真的，那么我将用它来打你。如果你什么也不说，那么我将用它来打你。"我们觉得，精神分裂症患者不断发现自己处于与这个学生一样的境地，但是他得到了某种类似于迷失方向而不是开悟的东西。禅宗的学生也许伸手去够，并从禅师手里拿开那根棍子，禅师也许接受这个反应，但是，精神分裂症患者没有这样的选择，因为对他来说，没有人不在乎这种关系，而他的母亲的目的和意识与禅师的目的和意识也是不同的。

我们假定，无论什么时候出现双重束缚的情境，任何个体区分"逻辑类型"的能力都会遭到破坏，这个情境的一般特点如下：

(1)此时，个体陷入一种紧张关系。就是说，在此关系中，

---

① J. Perceval, *A Narrative of the Treatment Experienced by a Gentleman During a Sate of Mental Derangement*, *Designed to Explain the Cauese and Nature of Insanity*, *etc.*, London, Effingham Wilson, 1836 and 1840.(参见：bibliographic item, 1961 a)

他感到至关重要的是，准确地识别正在得到传递的是哪种讯息，以便他可以适当地做出反应。

(2)个体陷入某种情境之中，在那里，关系中的另一个人正表达两个讯息命令，其中一个讯息命令否定另一个讯息命令。

(3)个体对某些讯息不能做出评论，就是那些之所以被表达是为了矫正他对于需回应的讯息秩序的识别的讯息，也就是说，他不能做出一个元传播的陈述。

209 我们已经提出，这就是那种发生在前精神分裂症患者和他的母亲之间的情境，但它也出现在正常关系之中。当一个人陷入双重束缚的情境之中时，他将以和精神分裂症患者相类似的方式来对之做出防御式的反应。当一个人处于他必须做出反应的情境(而他在那里面临着矛盾的讯息)之中时，当他不能对这些矛盾做出评论时，这个人就将根据字面含义而采用隐喻的陈述。例如，有一天，一个雇员在上班的时间回家了。一个同事给他家里打电话，轻声说："喂，在那里做什么？"(How did you get there)这个雇员回答说："乘车。"他从字面上做了回答，因为他接收到一条讯息，问他本该在办公室的时间却正在家里做什么，但是这条讯息否认了这个问题正是以其被措辞的方式所提出来的。(因为说话者觉得这实际上不是他的事，所以他就以隐喻的方式来说话。)这里的关系非常紧张，所以受害者吃不准这个信息会得到怎样的运用，他因此从字面上做了回答。这是任何感到"有危险"的人的特点，就像法庭审判中的证人的谨慎的字面回答所显示的那样。精神分裂症患者在危险时一直都会感到非常恐惧，所以他习惯性地在非常不合时宜的时候——例如，在某人开玩笑的时候——立于字面层次上，坚持以防御性的方式来做出回答。

当精神分裂症患者感到自己陷入了一个双重束缚时，他们也会在自己的表达中将字面的东西和隐喻的东西混淆起来。例如，一个病人也许想批评他的治疗师，因为这个治疗师在约定时间来迟了，但是他也许不确定来迟了的行为是一种什么样的讯息，特别是如果治疗师已经预见到病人的反应，并因为这件事道了歉的话。病人不能说："你为什么来晚了？是不是因为你今天不想看见我？"这会是一个谴责，所以他转向一个隐喻的陈述。这样，他也许说："我知道一个家伙有一次误了船，他的名字是萨姆，那条船几乎要沉掉……等等。"因此，他创造了一个隐喻的故事，而治疗师也许会(也许不会)在其中发现一种有关他迟到的评论。隐喻的便利之处是把它留给治疗师(或母亲)——其如果愿意的话，就在该陈述中看到某种谴责，或者愿意的话，就忽略它。如果治疗师接受了隐喻中的谴责，那 210
么，病人就能够接受他已做出的关于把萨姆弄成隐喻性人物的陈述。如果治疗师指出，这听上去并不像是有关萨姆的一个真实陈述，那么，作为避免故事中的谴责的一种方式，病人可能论证说，实际上真有一个名叫萨姆的人。作为一种对于双重束缚情境的回应，向着隐喻陈述的转变会带来安全。不过，它也会阻碍病人做出他想做出的谴责。但这个精神分裂症患者不是通过指出这是一个隐喻来传达他的谴责，而似乎是通过将其弄得更加虚幻的途径来试图传达它是一个隐喻的事实。如果治疗师忽略了关于萨姆故事中的谴责，那么，这个精神分裂症患者就有可能讲一个有关乘火箭飞船上火星的故事，以作为传达他的谴责的一个方式。这是一个隐喻陈述，其指代的东西在于该隐喻的幻想部分，而不在于那些通常伴随着隐喻、以告诉听者一个隐喻正在被使用的信号。

对于双重束缚的受害者来说，转向隐喻的讯息秩序不仅更安全，而且在不可能的情况下，最好是转向和成为某个其他人，或者转向并坚持他在某个其他地方。这样，双重束缚就不能对这个受害者产生作用，因为这不是他，而且，他还在另一个地方。换句话说，那些表明一个病人迷失方向的陈述可以被解释为保护他自己免受其所处情境之害的方法。当受害者本人要么不知道他的回答是隐喻的，要么不能这么说时，病理就出现了。要承认他正在隐喻式地说话，那他就需要意识到他正在捍卫他自己，因此害怕其他人。对于他来说，这样一种意识会是对另一个人的控诉，因此会带来灾难。

如果一个个体将其生命花费在这里所描述的双重束缚的关系上，那么，在精神崩溃之后，他与其他人的关联方式就会具有一种系统的模式。首先，他不会与正常人分享那些伴有指代一个人所说的是什么意思的讯息的信号。他的元传播系统（即关于传播的传播）应该已经崩溃，而他不会知道一条讯息是什
211 么种类的讯息。如果一个人对他说："你今天想做什么？"那么，他不能通过语境、语调或手势来准确地判断自己是因为昨天做的什么事而正在受到谴责，还是正被提供性的邀请，或者就是这句话的意思。由于不能准确地判断一个人的真实意思是什么，以及过度关注真实意思是什么的问题，一个个体会通过在几个可供替代的东西中做出一个或更多的选择来保护自己。例如，他也许假定，在每个陈述的背后都有一个隐藏的意义，而

这个意义对于他的福祉来说，是决定性的。这样，他就会过度关注那些隐藏的意义，并且决心表明他不能被欺骗——如同他过去的所有生活那样。如果他做了这样的选择，他就将不断地探寻人们所说的东西的背后意义，探寻在此环境下的偶然事件背后的意义，所以他会特别具有怀疑性和挑衅性。

他也许做出了另一个选择，倾向于从字面上接受人们对他所说的一切。当他们的语调、手势或语境与其所说的东西相矛盾时，他或许建立一个模式，对这些元传播的信号一笑置之。他会放弃试图在这些讯息层次之间做出区分的尝试，并把所有讯息都当作不重要的东西或可以嘲笑的东西。

如果他没有对元传播讯息产生怀疑，或没有打算嘲笑它们，那么，他也许选择试图忽略它们。然后，他会发现有必要越来越少地观看与倾听身边发生的事情，并尽力避免在他的环境中激起回应。他会尽力将他的兴趣与外部世界相分离，集中于他自己的内部过程，并因此做出一个退缩的、可能是沉默个体的样子。

这是下述说法的另一种方式，即如果一个个体不知道一条讯息是什么种类的讯息，那么，他就会采用那些被描述为偏执狂的、青春型精神分裂症的或紧张症的方式来保护自己。这三种选择不是仅有的选择。关键在于：他不能做出那个会帮助他发现人们的意思是什么的选择；如果没有强有力的帮助，他就不能讨论他人的讯息。如果不能做这件事，那么人就像任何已失去了其调节器的自我矫正系统一样，陷入了永无休止，但总 212
是系统的歪曲的循环之中。

家庭情境的描述

双重束缚情境的理论可能性激发我们在精神分裂症病人及其家庭情境那里探求这样的沟通序列。朝着这个目的，我们已经研究了深入治疗这些病人的心理治疗师的书面和口头报告，已经研究了心理治疗访谈的录音磁带，其中既有我们自己的病人，也有其他人的病人；我们已经与精神分裂症患者的父母亲做了访谈，并对此做了录音；我们已经有两位母亲和一位父亲参与了强化心理治疗；我们对父母亲和病人一起做了访谈，并对此做了录音。

在这些材料的基础上，我们已提出了一个关于最终导致个体遭受精神分裂症折磨的家庭情境的假设。这个假设没有经过统计学意义上的检验，它选择和重视一组非常简单的相互作用的现象，并且不打算对家庭关系的异常复杂性做出全面的描述。

我们假定，精神分裂症患者的家庭情境具有以下一般特征。

(1)一个孩子。如果这个孩子将母亲作为一个慈爱母亲来回应的话，那么他的母亲就会变得焦虑和退缩。也就是说，正是这个孩子的存在对于母亲具有特殊的意义，以至于当母亲处于与孩子的亲密接触的危险之中时，就会引起她的焦虑和敌意。

(2)一个母亲。对于她来说，面向孩子的焦虑感和敌意感是不可接受的，而她否定这些感觉的方式是表达公开的爱的行为，以说服孩子回应作为一个慈爱母亲的她，而如果孩子没有这样做的话，她就会从孩子那里退缩回来。“爱的行为”(loving behavior)不一定包含“情感”(affection)。例如，它可以被置于做恰当的事、灌输“善良”等诸如此类的框架之中。

(3)家庭中的什么人的缺席。诸如一个强大而有远见的父
亲，他可以在母亲和孩子之间的关系中进行斡旋，并在孩子面 213
对被卷入的矛盾时，支持孩子。

既然这是一个形式的描述，所以我们就没有特别关注为什么母亲对孩子会有这样的感觉的问题，但是，我们提出，她可能因为各种各样的原因而有这样的感觉。也许因为只是有了孩子这件事，就激起了对自己以及她与自己家人关系的焦虑；或许因为这个孩子是个男孩还是个女孩对她来说，是件重要的事，要不，是因为孩子出生在她自己的一个兄弟姐妹的周年纪念日[①]，再就是因为这个孩子在家里兄弟姐妹中的地位或许和她一样，还有就是因为其他与她自己的情感问题相关的原因，孩子对她来说也许是特别的。

考虑到带有这些特点的情境，我们假定，精神分裂症患者的母亲将同时至少表达两种讯息秩序(为简单起见，我们将限于两种讯息秩序)。这些讯息秩序的基本特点可能是：①敌意或退缩的行为，而每当孩子亲近她时，就会激起这种行为；②假装爱或亲近的行为，而当孩子回应她的敌意和退缩的行为时，就会激起这种假装爱或亲近的行为，以作为一种否认她正在退缩的方式。她的问题是通过控制自己和孩子之间的亲密与

---

① J. R. Hilgard, “Anniversary Reactions in Parents Precipitated by Children,”in *Psychiatry*, 1953, 16: 73-80.

距离来控制她的焦虑。换句话说，如果这位母亲开始感到亲切并靠近她的孩子，她就开始觉得有危险，所以必须从孩子那里退缩回来。但是，她不能接受这种敌对行为，而要否定它，则必须假装有感情并亲近她的孩子。重要的问题是，这样，她的爱的行为(作为对敌意行为的补偿)就是对她的敌意行为的一个评论，结果，除了敌意行为之外，她的爱的行为还具有一种不同的讯息**秩序**——它是关于一个讯息序列的讯息。不过，就其本质而言，它否认那些有关敌意的退缩的讯息的存在。

母亲用孩子的回应来确证她的行为是爱，既然爱的行为是假装出来的，孩子就被置于这样的情形之中：在此，如果他要
214 维护自己与母亲的关系，他就肯定不能准确地解释她的传播。换句话说，他肯定不能准确地识别讯息秩序之间的差异，在这种情况下，就是假装的情感表达(一种“逻辑类型”)和真实的情感表达(另一种“逻辑类型”)之间的差异。结果，这个孩子肯定会系统地歪曲他对于元传播信号的感知。例如，如果母亲开始感到对孩子的敌意(或情感)，也觉得必须从孩子那里退缩回来，她就会说：“上床去，你很累了，我要你睡觉去。”这一明显的爱的陈述旨在否定一种可用语言表达出来的感觉，即“我不要看到你，因为我讨厌你”。如果孩子正确地识别了她的元传播的信号，那么，他就会面对这样的事实：她既不想要他，又用她的爱的行为来欺骗他。他会因为学会了准确地识别讯息秩序而受到“惩罚”。因此，他往往会接受说他累了的想法，而不是承认他的母亲的欺骗。这意味着在他自己的内部状态的问题上，必须欺骗自己，以便支持母亲的欺骗。为了和她一起生存，他必须既虚假地识别其他人的讯息，也虚假地识别他自己

的内部讯息。

这个问题对于孩子来说，是复杂的，因为母亲正“慈爱地”限定他如何感觉，她正在对他累了的事实表达明显的母爱。换句话说，通过坚持她不顾自己，而只是关心他的途径，母亲正在既控制孩子对她的回应(例如，如果他会批评她的话，那么就通过说“你实际上不是这个意思”的途径)的限定，也控制他对自己讯息的限定。结果，对于这个孩子来说，最方便的途径是把母亲假装的爱的行为当作真实的东西来接受，而他要对正在发生的事情做出解释的愿望也暗中受到了破坏。可结果是母亲从他那里退缩回来，并且按照爱的关系应该所是的方式来限定这一退缩。

不过，对于孩子来说，把母亲假装的爱的行为当作真实的行为来接受也不是解决的办法。如果他做出了这个虚假的识别，他就会亲近她。这个趋向亲密的举动就会激起母亲的恐惧感和无助感，而她就会不得不退缩。但如果孩子因此从她那里
退缩回来，那么，母亲就会把他的退缩当作她不是一个慈爱母 215
亲的陈述，并且要么因为他的退缩而惩罚他，要么亲近他，把他拉得更近些。如果他因此就亲近了，她会以推开他的方式来做出回应。**孩子因为准确地识别了她所表达的意思而受到惩罚，也因为不准确地识别她所表达的意思而受到惩罚，他陷入了双重束缚之中。**

这个孩子也许尝试各种方法来避免这一情境。例如，他也许试着依靠他的父亲或某个其他家庭成员。不过，从初步观察出发，我们认为，精神分裂症患者的父亲们或许不够强大得能够被依赖。他们也许处于尴尬的位置，在那里，如果他们在母

亲的欺骗的性质方面赞同孩子，就需要承认他们自己与那位母亲的关系的性质，而这在他们业已制订的*处事方法*中，是不能做的——他们也是依附于她的。

母亲的被需要和被爱的要求也阻止了孩子在这个环境中获得某个其他人的支持，例如教师。具有这些特性的母亲会觉得受到孩子的任何其他依恋的威胁，她会打破这种依恋，并让孩子重新回到她身边，而当孩子变得依赖她的时候，她又会产生焦虑。

孩子能够真正逃离这种情境的唯一方式是评论他的母亲加诸他的矛盾地位。不过，如果他这么做了，母亲就会把这个当作一种谴责，就是说她没有爱，因此她既惩罚他，又坚持说他对此情此景的感知是歪曲的。通过阻止孩子谈论这一情境，母亲不许孩子使用元传播层次，而我们是用这个层次来矫正我们对于传播行为的感知的。对传播进行传播的能力，评论自己和他人的有意义的行为的能力，对于成功的社会交往来说是必不可少的。在任何正常的关系之中，都存在元传播讯息的不断交换，诸如："你什么意思?"或者，"你为什么这么做?"再或者，"你跟我开玩笑?"要准确地识别人们所表达的真正意思，我们
216 必须能够直接或间接地评论那种表达。精神分裂症患者似乎不能成功地使用这一元传播层次。[①] 考虑到母亲的这些特点，为什么会是这样的原因也就显而易见了。如果她否认了一种讯息秩序，那么任何关于她的陈述的陈述都会危及她，而她必须制止它。因此，在孩子的成长过程中，缺乏对传播进行传播的能

---

① G. Bateson, "A Theory of Play and Fantasy," *Psychiatric Research Reports*, 1955, 2: 39-51.

力，结果是不擅长确定人们真实的意思是什么，也不擅长表达他的真实意思是什么，而这种确定和表达对于正常的关系来说，乃是必不可少的。

总而言之，我们提出，精神分裂症患者的家庭情境的双重束缚特性导致了将这个孩子置于一种境况之下，在那里，如果他回应母亲的假装的情感，就将激起母亲的焦虑，而母亲将惩罚他(或者为了保护她自己，坚持说他的主动表示是假装的，因此使他对他自己的讯息的性质感到困惑不解)，以便避免自己与他的亲近。这样，孩子就不能与其母亲进行亲密可靠的交往。不过，如果他不做出有情感的主动表现，她就会觉得这意味着她不是一个慈爱的母亲，而她的焦虑将被激发出来。因此，她将要么因为退缩而惩罚他，要么向孩子示好，以便坚持认为他表现出了爱她的样子。如果他因此而回应了，并且表现出他爱她，她就不仅再次感到危险，而且也许会对她不得不迫使他回应的事实而怨恨。就一个关系——这是他生命中的最重要的关系，也是所有其他关系的模板——中的这两种情况的任何一种而言，他会因表示了爱和情感而受到惩罚，也会因不表示爱和情感而受到惩罚，而他逃避这种情境的道路(诸如从其他人那里获得支持)则被切断了。这是母亲和孩子之间的双重束缚关系的本质。当然，这个解释没有描述更加复杂的相互关联的格式塔——就是“母亲”作为其中一个重要组成部分的“家庭”。①

① D. D. Jackson, “The Question of Family Homeostasis,” presented at the American Psychiatric Association Meeting, St. Louis, May 7, 1954; also Jackson, “Some Factors Influencing the Oedipus Complex,” in *Psychoanalytic Quarterly*, 1954, 23: 566-581.

来自临床资料的说明

217 对于发生在精神分裂症患者与其母亲之间的事情的分析说明了双重束缚的情况。有个年轻人从严重的精神分裂症发作中恢复得相当好，他的母亲到医院来看他。他很高兴看见她，并一时冲动地搂着她，于是她僵住了。他缩回了他的手臂，而她问："你不再爱我了吗？"他然后脸红了，而她说："亲爱的，你一定不要这么容易尴尬，不要害怕你的感觉。"这个病人只和她多待了几分钟，她一离开，他就袭击了一个助手，并被放到了浴缸里。

显然，如果这个年轻人能够说，"妈妈，当我搂着你的时候，你明明是不舒服的，而且你难以接受我的情感手势"，那么，就可以避免这个结果。不过，这个精神分裂症患者并没有这种可能性。他的高度依赖性和训练阻止了他对其母亲的传播行为的评论，尽管她评论了他的传播行为，并迫使他接受和试图去处理复杂的序列。病人面对的复杂问题包括以下几个方面。

(1)母亲不接受儿子的情感手势的反应，巧妙地被她对儿子的退缩行为的谴责所掩盖，而病人通过接受她的谴责而否定了自己对这个情境的感知。

(2)在此情境下，关于"你不再爱我了吗？"的陈述似乎暗示：

a."我是可爱的。"

b."你应该爱我，如果不爱我，就是你不好，或是你错了。”

c.“你从前爱我的，而现在不再爱我了”，因此焦点从他表达情感转变到他无法成为一个有情感的人。既然病人也讨厌她，她就没有充足的理由待在这里，而他恰当地以内疚作为回应，然后她就攻击这种内疚。

d.“你表达的不是情感”，而为了接受这个陈述，病人必须 218
否定她和特定文化已教给他的有关一个人如何表达情感的东西。他也肯定置疑他和她，以及和其他人一起度过的那些时光——当时，他认为他是在体验情感，而他们似乎像他一样看待那个情境。他在这里经历了失去支持的现象，并被置于对过去经历的可靠性的怀疑之中。

(3)关于“你一定不要这么容易尴尬，不要害怕你的感觉”的陈述似乎包含着：

a.“你和我不一样，而且与其他好人或正常人不同，因为我们表达我们的感觉。”

b.“你表达的感觉是对的，只是你不能接受它们。”不过，如果她那里的僵硬已经指代“这些是不可接受的感觉”，那么，这个孩子就被告知说他不应该被不可接受的感觉弄得尴尬。由于他在既对于她，也对于社会来说什么可接受、什么不可接受的问题上受过长期的培养，所以他再次陷入与过去的冲突之中。如果他不惧怕他自己的感觉(母亲暗示这些感觉是好的)，他就应该不惧怕他的情感，因此就会注意到是她在惧怕，但是因为她千方百计地试图掩盖她的这个缺点，所以他肯定没有注意到这一点。

于是，这个不可能的两难困境就成为这样：“如果我要保持和母亲的联系，我就一定不能向她表明我爱她，但是如果我不向她表明我爱她，那么我将会失去她。”

母亲的特殊控制方法的重要性在一个年轻女性精神分裂症患者的家族情境中得到了清楚的说明，这个患者第一次看见治疗师时，是这样打招呼的：“母亲必须结婚，所以现在我在这儿了。”对于治疗师来说，这个陈述的意思是：

(1)这个病人是不合法怀孕的结果。

(2)这个事实与她目前的精神病相关(在她的观念里是这样)。

(3)“这儿”指的是精神科医生的办公室，也指的是病人在世界上的存在，对此，她必须永远感谢她的母亲，特别是因为她的母亲为了把她带到这个世界上，犯了过错，并遭受了痛苦。

219 (4)“必须结婚”指向母亲结婚的被迫性，指向母亲对于她必须结婚的压力的回应，以及相应地，指向她怨恨这种情境的强制性，并因此而谴责这个精神分裂症患者。

实际上，所有这些假定后来都证明是真实可靠的，并在一次失败的心理治疗尝试中为这位母亲所证实。母亲与患者沟通的风格似乎本质上是这样：“我是可爱的，充满爱心的，对自己感到满意。当你像我的时候，当你按照我所说的去做的时候，你是可爱的。”与此同时，母亲既用言语又用行为向女儿指示道：“你身体弱，不聪明，和我不一样(‘不正常’)。因为这些缺陷，你需要我，也只能需要我，而我将照顾你和爱你。”因此，这个患者的生活就是一系列的开始，一系列的尝试经历，它们因为她和母亲之间的共谋而会导致失败和退回到母亲的怀抱。

值得注意的是，在合作取向治疗中，某些对母亲的自尊具有重要意义的区域，对于病人来说，乃是特别矛盾的情境。例如，母亲需要虚构，即她和家人关系密切，深深的爱存在于她和她自己的母亲之间。借助于类比，与外祖母的关系用作了母亲与她自己女儿的关系的模板。有一次，当女儿七八岁时，外祖母生气时扔了一把刀，差一点儿扎到小姑娘。母亲对外祖母什么也没有说，但是赶紧把小姑娘拉出房间，并且说道，“外祖母真的爱你”。有意义的是，外祖母没有很好地控制自己对患者采取的态度，而她过去因为女儿对孩子太温和而责备过她。在病人的精神病发作期的一个阶段，外祖母就住在这个屋子里，小姑娘喜欢把各种东西扔向母亲和外祖母，而她们害怕得直打哆嗦。

母亲感到自己像一个少女那样非常有吸引力，而且她觉得她的女儿与她极其相像，尽管是通过带有微弱的赞美来进行指 220
责，可她显然觉得女儿肯定屈居第二。在一段精神病发作期，女儿第一批行为中的一个行为是向母亲宣布，她要剪掉所有的头发。她开始这么做了，而母亲恳求她停下来。随后，母亲会展示一张**她自己**少女时的照片，并向人们解释说，如果病人有了她那样的一头秀发，会是什么样子。

母亲显然没有意识到她正在做的事情的意义，所以她会把女儿的病等同于不是十分聪明，并等同于有点儿器质性的大脑问题。她会始终如一地将此与她自己的聪明相对比，后者见于**她自己**的学习成绩。她完全以恩赐和抚慰的方式对待女儿，而这是虚假的。例如，当着精神科医生的面，她对女儿承诺她不会让她再做休克治疗，可等小姑娘一走出房间，她就问医生难道他不觉得应该送女儿去医院治疗，并应该进行电休克治疗，这种欺骗行为的一个思路产生于母亲的治疗过程。尽管女儿从前已经有了三次被送进医院进行治疗的经历，可母亲从未向医生提起过：当她发现自己怀孕了的时候，她本人已经有过一次精神病发作经历。家人很快将她送到附近城镇的一个小疗养院，按照她自己的陈述，她被绑在一个床上，长达六个星期。这段时间，她的家人没有来看她，除了她的父母亲和姐姐，没有人知道她被送到医院进行治疗。

在治疗期间，母亲表现出两次强烈的情绪(波动)。一次是与她自己的精神病经历有关；另一次发生在她最后一次访问时，当时，她指责治疗师试图把她弄疯，因为他迫使她在女儿和丈夫之间做出选择。她不顾医疗建议，中断了女儿的治疗。

父亲和母亲一样，卷入家族情境的体内平衡之中。例如，他声称，他必须辞去重要律师的职务，以便把女儿带到一个可以得到资深精神科医生帮助的地方。后来，治疗师根据病人的思路(例如，她不断地提到一个叫作“神经紧张的内德”的人
221 物)，能够从这位父亲那里得出这样的结论：他讨厌他的工作，并且多年来一直试图“摆脱困境”。不过，她的女儿给弄得觉得这个变动是因为她而产生的。

在对临床资料进行考察的基础上，许多观察给我们留下了深刻的印象，包括以下观察：

(1)双重束缚情境激起了病人的无助、恐惧、绝望和愤怒，但是母亲也许会不动声色地和无法理解地忽略它们。我们已经注意到来自父亲的反应，他既创造或延伸了双重束缚情境，也

扩大了由母亲所创造的双重束缚情境，而且，我们已经注意到，被动、愤怒而又无助的父亲也被诱捕了，其方式与病人受到诱捕的方式是一样的。

(2)某种程度上，精神病似乎是应对双重束缚情境的一种方式，以便克服这些情境的抑制和控制作用。精神病人会制造敏锐、简洁往往又是隐喻的话语，它们揭示了对于约束他的力量的洞察。反过来说，他本人也许在设置双重束缚情境方面，会成为非常老练的行家里手。

(3)按照我们的理论，描述中的传播情境对于母亲的安全来说，是至关重要的，而且根据家庭体内平衡的推理，也是如此。如果是这样的话，那么，当对病人的心理治疗帮助他变得不那么容易受到母亲的控制企图的伤害时，在母亲那里就会产生焦虑。同样，如果治疗师向母亲解释她正在利用病人来设置的那种情境的动力，也会在她那里产生一种焦虑的回应。我们的印象是：当病人和家人之间存在持久关联时(特别是当病人在心理治疗期间时期生活在家里时)，就会在母亲那里引起一种(往往是严重的)情绪波动，而且有时候在母亲、父亲和其他兄弟姐妹那里都会引起情绪波动。[①]

当下的立场与未来的前景

许多作者都根据与人类思维和行为的其他形式的最极端的 222

① D. D. Jackson, "An Episode of Sleepwalking," in *Journal of the American Psychoanalytic Association*, 1954, 2: 503-508; also Jackson, "Some Factors Influencing the Oedipus Complex," *Psychoanalytic Quarterly*, 1954, 23: 566-581.

比较，来对待精神分裂症。由于这是一种独立的现象，所以与对精神病患者的可怕的物理隔离非常相像的是，众多强调与正常人的差异的做法，无助于理解这些问题。我们的方法假定精神分裂症涉及几个一般原则，它们在所有传播中都是重要的，因此在“正常”传播情境中，可以发现许多信息的相似之处。

我们对各种各样的传播都特别感兴趣，它们既涉及情感意义，又涉及识别讯息秩序的必要性。诸如此类的情境包括游戏、幽默、仪式、诗歌和虚构。我们略为详细地研究了游戏，特别是动物玩耍。[①] 这种情境非常明显地说明了元讯息的产生，而对于涉入其中的个体的协同合作来说，至关重要的是正确地识别它们。例如，虚假的识别会轻而易举地导致战斗。与游戏关联非常密切的是幽默，它将是我们继续研究的对象。它既涉及对“逻辑类型”突然转变的识别，也涉及“逻辑类型”的突然转变。仪式是一个领域，在那里，就像精神分裂症患者严格地捍卫其幻觉的“实在性”一样，关于“逻辑类型”的非同一般的真实或字面归属也得到了制订和捍卫。当诗歌被各种印记标注得与不可标注的精神分裂症隐喻之含糊不清构成对比时，它就成了隐喻的传播力量的典范，即便是极不寻常的隐喻也是这样。虚构传播被限定为一系列事件的叙述或描绘——这些事件或多或少地具有现实的标签，而虚构传播的全部领域都与精神分裂症的研究极有关联。我们不是如此之多地关注虚构的内容解释——尽管口头的和破坏性的主题分析对精神分裂症的研究者是有启发意义的，就像在关于“现实”(reality)的虚构呈现

---

① Bateson, “A Theory of Play and Fantasy” *Psychiatric Research Reports*, 1995, 2: 39-51.

中，涉及多重讯息层次同时存在的形式问题那样。在这方面， 223
戏剧特别有意思，既有表演者，又有观看者，两者都对有关真实现实和剧场现实的讯息做出回应。

我们广泛关注催眠术。作为精神分裂症的症状而发生的大量现象——幻觉、妄想、性格改变、健忘等——都可以借助催眠术在正常的研究对象中短暂地产生出来。它们无须作为特殊现象而被直接提出来，但可以是一个安排好了的传播序列的“自发”结果。例如，M. H. 埃里克森(M. H. Erickson)[①]将通过先是诱发一个研究对象的手变得僵硬，然后说“不能想象你的手还能动，不过，当我发出信号时，它肯定就能动了”，来制造一种幻觉。就是说，埃里克森告知这个研究对象他的手不会动了，不过它将动起来，而对方无法有意识地进行想象。当埃里克森发出信号时，这个研究对象产生了他的手动起来了的幻觉，或者，产生了自己在一个不同的地方，因此手给弄得动起来了的幻觉。对于我们来说，幻觉在解决某个问题——它是由不可能得到讨论的矛盾命令所提出的——方面的用处，是通过“逻辑类型”的转变来说明双重束缚情境的解决。催眠术对直接的示意或陈述的回应通常也涉及类型的转变，与精神分裂症患者极其相似，就像将语句“这里有一杯水”或“你觉得累了”当作外部或内部的现实来接受一样，或者，就像对隐喻性陈述做了字面上的回应的情况一样。我们希望，在这种可控的情境之下，关于催眠诱导、现象和苏醒的研究将有助于加深我们对于基本的传播序列(它们产生了诸如精神分裂症那样的现象)的

① M. H. Erickson，Personal communication，1955.

认识。

埃里克森的另一个实验似乎是在不特别使用催眠术的情况下，将双重束缚的传播序列分离开来。埃里克森组织了一次讨论会，让一个年轻的老烟枪坐在他旁边，而且没有香烟。其他参与者接受了需要他们做什么事的简要介绍。一切都按秩序进行：埃里克森反复地转向那个年轻人，要给他提供香烟，但总
224 是被一个来自某人的问题所打断，因此他转过去，“不经意地”从那个年轻人伸手可及的范围内收回了香烟。后来，另一个参与者问这个年轻人是否从埃里克森博士那里得到了香烟。他回答说：“什么香烟?”并明确表示他已经忘记了整个序列，甚至拒绝了另一个成员提供的香烟，还说他对讨论会的讨论太感兴趣了，以至于不抽烟了。在我们看来，这个年轻人所处的实验情境，和精神分裂症患者与母亲的双重束缚情境相类似：一种重要的关系，矛盾的讯息(在这里，是给予和收回的讯息)，受阻的评论(因为正在进行一场研讨会)，而且不管怎样，它都是“不经意的”。注意这个相似的结果：对于双重束缚序列的健忘，以及从“他不给”转向“我不要”。

尽管我们已经被引入这些旁系领域，但我们的主要观察领域是精神分裂症本身。我们所有人的工作都直接与精神分裂症患者一起进行，大部分案例材料都有录音记录，以备详细研究之用。此外，我们正在录制与病人及其家人一起进行的访谈，并拍摄母亲和(假定是前精神分裂症的)情绪波动的孩子的有声电影。我们希望，这些工作将为持续重复的双重束缚过程提供清楚明确的记录，因为我们假定，双重束缚过程在个体成为精神分裂症的家庭情境中，从幼年期就开始得到稳定的发展。这

一基本的家庭情境，以及精神分裂症的明显的传播特性，构成了这篇论文的重点。不过，我们期望，我们的概念和这些资料中的某些部分对于未来有关精神分裂症的其他问题，也将是有用的，诸如其他症状的变化，精神分裂症变得明显起来之前的“调节状态”的特点以及精神崩溃的性质和环境，等等。

这一假说的治疗含义

心理治疗本身是一个多层次传播的语境，带有对于字面的东西和隐喻的东西或现实和幻想之间的含糊界限的探究，而且，各种形式的游戏、戏剧和催眠术确实已经被广泛地运用于治疗。我们已经对治疗产生了兴趣，除了自己的资料，我们已 225
经搜集和考察了录音带、逐字记录和来自其他治疗师的关于治疗的个人叙述。在这方面，我们偏爱准确的记录，因为我们相信，一个精神分裂症患者如何谈话，相当程度上(尽管往往是微妙的)有赖于另一个人如何与他谈话；如果人们只有对于治疗性访谈的描述，特别是如果这种描述已采用了理论术语，那么，最为困难的就是评价这个治疗性访谈中实际上发生的事情。

不过，除了几个一般看法和某种思考以外，我们还不打算评论双重束缚与心理治疗的关系。眼下，我们只能注意到：

(1)双重束缚情境是由心理治疗背景和医院环境所创造的，也是发生在心理治疗背景和医院环境之内的。从这个假说的观点出发，我们怀疑医疗“仁慈”(benevolence)对于精神分裂症患者的作用。既然医院的存在既是为了医务人员的福祉，也是在同样或更大程度上为了病人的福祉，那么，有时就将会产生序列的矛盾，在那里，虽然行为的采纳是为了“有利于”病人，可实际上，它们同时又是为了使医务人员更加舒适。我们会假定说，每当这个系统为了医院的目的而得以组织时，告示给病人的则是这些行为是为了他的利益，那么，精神分裂症情境就被永存下来了。这种欺骗将促使病人将之作为一种双重束缚情境来回应；回应将是间接的，而病人也将不能评论那种他觉得他是被欺骗了的事实，在此意义上，他的回应将是“精神分裂症的”。有篇短文有幸成为有趣的东西，它描述了这样一种回应。一个病房由一个尽职的、“仁慈的”医生负责，在这个医生的门上有一个标示，上面写着：“医生办公室，请敲门。”有个听话的病人每当经过这扇门的时候，就小心翼翼地敲门，结果医生被弄得心神不定，最后缴械投降。

(2)对于双重束缚及其传播方面的理解或许可以引导治疗技术的创新。只是这些创新会成什么样子，也许难以言说，但我们在自己研究的基础上假定：双重束缚情境持续不断地发生
226 在心理治疗之中。有时候，治疗师强加了一种与病人历史中的双重束缚情境相似的双重束缚情境，或者，病人强加给治疗师一种双重束缚情境，在此意义上，这些双重束缚情境都是无意的。在其他时候，治疗师好像或是有意，或是凭借直觉而强加双重束缚，它们迫使病人做出与过去不同的反应。

一件来自一位有才华的心理治病师的经历的小事情说明了对于双重束缚传播序列的直觉理解。弗里达·弗洛姆-赖克曼

(Frieda Fromm-Reichmann)医生[①]治疗一位年轻女性，她从7岁起就开始建造一种她自己的非常复杂的宗教，里面充满了强大的神。她患有严重的精神分裂症，而对于是否进入某种治疗情境的问题相当犹豫不决。治疗一开始，她说："R神说，我不应该和你谈话。"弗洛姆-赖克曼医生回答说："好吧，让我们把某种东西记录下来。对我来说，R神不存在，你的全部世界也不存在。对你来说，它存在，它离我太远了，所以我不能从你那里拿走它。我不知道它意味着什么。所以我愿意和你就那个世界来进行交谈，只要你明白我这么做，是为了我们能够理解它对于我来说并不存在的问题。现在，到R神那里去，告诉他我们必须谈话，而他应该允许你谈话。也必须告诉他我是医生，告诉他你从7岁到现在的16岁一直和他住在他的王国里，那是9年的时间，而他还没有帮助过你。所以，现在他必须允许我试一试，看看你和我能否胜任那份工作。告诉他我是个医生，而这正是我要尝试去做的事情。"

这个治疗师将她的病人置于一种"治疗的双重束缚"之中。如果病人怀疑对自己的神的信仰，那么她就会赞同弗洛姆-赖克曼医生，并且承认她对于治疗的依恋；如果她坚持认为R神是真实的，那么，她就必须告诉这个神弗洛姆-赖克曼医生比他还要强大——再次承认她与治疗师牵扯到一起了。

治疗的束缚和原初的双重束缚情境之间的区别部分地在于
这样的事实：治疗师本人没有卷入一场生死斗争。因此，他可 227
以建立相对仁慈的束缚，并逐渐地帮助病人从中解放出来。许

① F. Fromm-Reichmann, Personal communication, 1956.

多由治疗师安排的独特适当的治疗开场白似乎都是直觉的。我们分享了大部分心理治疗师的目标，他们为那一天的到来而努力，即诸如此类的天才之举将会被充分理解为系统的和平凡的事情。

参考文献

J. Haley, "Paradoxes in Play, Fantasy, and Psychotherapy," in *Psychiatric Research Reports*, 1955, 2: 52-58.

J. Ruesch and G. Bateson, *Communication: The Social Matrix of Psychiatry*, New York, Norton, 1951.

18 精神分裂症的群体动力学①

我首先要将非常独特的意义加诸这篇论文的标题。如同我 228
将使用的那样，这里的“群体”(group)一词的基本思想是成员之间的关系。我们关心的不是在实验环境下形成的研究生群体中发生的那种现象，这些人没有此前的确定的传播习惯，没有习惯性的角色差异。我最为关心的群体是家庭，一般来说是那样一些家庭，即父母亲在没有被认为是非常不正常的情况下，维护着与周围世界的调节关系，而他们的一个或多个儿女在其回应的频率和显著性方面，明显地不同于正常人群。我也将思考类似于这些群体的其他群体，即病房组织，它们以如此这般的方式运作，以至于促成了某些成员的精神分裂症或类似于精神分裂症的(schzophrenoid) 行为。

---

① 这个演讲中的想法代表了“精神分裂症传播研究项目”全体参与者的合作思考。参与者是 G. 贝特森、杰伊·黑利、约翰·H. 维克兰德、唐·杰克逊(医学博士)和威廉·F. 弗赖伊(William F. Fry，医学博士)。论文原载《慢性精神分裂症：理论与治疗中的阐释》(*Chronic Schizophrenia*：*Explorations in Theory and Treatment*，edited by L. Appleby，J. M. Scher，and J. Cumming，The Free Press，Glencoe，Illinois，1960)，选入本书时获得出版商的允许。

“动力学”(dynamics)一词松散而经常地用于所有关于人际互动的研究之中，特别是当它们重视研究对象所表现的变化或
229 学习时。尽管我们遵循它的传统用法，但这是一个使用不当的语词。它引起了与物理学的类比，而这些类比完全是虚假的。

“动力学”主要是一个由物理学家和数学家为描述某些事件而发明的术语。在这个严格的意义上，一个台球对另一个台球的影响是动力学的主题，但是如果说那些台球“做出表现”(behave)，那就会是一个语言上的错误。动力学适合于描述那些事件，即对于它们的描述可以受到关于它们是否违反了热力学第一定律、能量守恒定律的问题的检验。当一个台球击中另一个台球时，第二个台球的运动是在第一个台球的影响下而具有能量的，这样的能量转换就是动力学的中心主题。不过，我们不关心具有这一特性的事件序列。如果我踢一块石头，这块石头的运动就因为该行为而激发，但是，如果我踢一只狗，狗的行为确实可能部分地是守恒的——如果踢得太重了的话，它会沿着牛顿轨迹而行进，但这只是物理学。重要的问题是，它也许表现了回应，而这些回应不仅是由我踢它的行为所激发的，而且是由它的新陈代谢所激发的；它可能会转身咬人。

我认为，这就是人们所说的魔法的意思。我们感兴趣的现象领域总是以“思想”可以影响事件的事实为特征。对于物理学家来说，这是一个巨大的魔法般的假设。它是一个不能通过提出能量守恒的问题来加以检验的假设。

不过，所有这些都已被贝塔朗菲更好和更严格地阐述过了，这使得我可以更容易地进一步探索**传播**得以在其中发生的现象领域。如果常规术语“动力学”得到了清楚的理解，以至于

我们不是在物理学的意义上谈论它的话，那么我们就将接受它了。

罗伯特·路易斯·史蒂文森(Robert Louis Stevenson)在《可怜的东西》中，或许对这一神奇领域的特性做了最为生动的描述："在我的想法中，这世上一个东西和另一个东西一样好， 230
马蹄铁必行。"[①]语词"是"，或《哈姆雷特》的全部表演，或肾上腺素在大脑皮层的恰当位置的注射，也许都是可以互换的。根据当时建立的传播惯例，其中任何一个都可以是对任何问题的一个肯定(或否定)的回答。在著名讯息"一盏灯笼代表从陆地出发，两盏灯笼代表从水上出发"中，实际使用的物体是灯笼，但是从传播理论的观点来看，它们可以是从土豚到鹳弓的任何东西。

也许下述说法会引起相当的混乱，即根据当时使用的传播惯例，任何东西都可以代表任何别的东西。但是这个神奇的领域不是那么简单。按照传播惯例，马蹄铁不仅可以代表任何别的东西，而且它同时还可以是一个将改变传播惯例的信号。我的手指在背后交叉——这会改变所有事情的全部调子和含义。我回想起一个精神分裂症患者，他像其他许多精神分裂症患者一样，对第一人称代词感到困惑。他特别不喜欢签下自己的名字。他有许多别名，可供替代地命名了(他的)自我的各个方面。他作为其中一员的病房组织要求他签名，以便获得通行证，他在一个或两个周末中，没有获得一次通行证。因为他坚持签上别名中的一个。一天，他说道，下个周末他要外出。我

① R. L. Stevenson, "The Poor Thing," *Novels and Tales of Robert Louis Stevenson*, Vol. 20, New York, Scribners, 1918, pp. 496-502.

说："哦，你签名了吗?"他奇怪地咧嘴笑着说："是的。"我们要说，他的真实名字是爱德华·W·琼斯(Edward W. Jones)。他实际上签下的名字是"W. 爱德华·琼斯"(W. Edward Jones)。病房工作人员没有注意到这个区别。在他们看来，他们已经赢得一场战斗，并且已经成功地迫使他头脑清醒地做事情。但是对他来说，这个讯息是："他(即真实的我)没有签名。"他已经赢得了这场战斗，就像是把手指交叉在背后以减轻说谎的罪过一样。

一切传播都具有这个特性：它可以神奇地被与之相伴随的传播所修饰。在这次会议上，我们讨论了与病人互动的不同方式，描述了我们的工作，以及在我们看来，我们的策略是什么的问题。从病人的观点出发，来讨论我们的行为该会是更加困
231 难的事情。我们如何限定我们与病人的交流，以至于他们所获得的将是治疗性的经验?

例如，阿普尔比(Appleby)在他的病房里描述了一套程序，而如果我是一个正听他说话的精神分裂症患者，那么，我就会很想说："这听上去就像是对我的职业治疗。"他非常自信，并以图表告诉我们，他的项目是成功的，而在印证他的成功时，他毫无疑问是在说真话。如果是这样的话，那么，他对于这个项目的描述肯定是不完整的。比起他所描绘的项目的干巴巴的骨架来，项目为病人所提供的体验，肯定是某种更加鲜活一些的东西。治疗过程的全部系列可能该是以热情或幽默来限定的，带有某组信号——其改变了正在做的事的数学印记，或增加，或减少。阿普尔比只告诉我们关于马蹄铁的事情，没有说到决定马蹄铁所代表的东西的多重现实。

他好像说过，一首特定的音乐作品被设定了C大调，并要我们相信这一骨架性的陈述是一个充分的描述，能够使我们理解为什么这个特殊作品以特殊方式改变了听者的情绪。所有诸如此类的描述都遗漏了传播变调的巨大复杂性。正是这个变调才是音乐。

让我们从音乐转向广泛的生物学类比，以便进一步考察这个神奇的传播领域。一切有机体都部分地由遗传所决定，即由主要在染色体中携带的复杂的讯息集群所决定。我们是传播过程的产物，被环境影响以各种方式来加以改变和限定。由此推论，相关有机体之间的差异——例如螃蟹和龙虾之间的差异，或大豌豆和小豌豆之间的差异，肯定始终是那种可以在讯息集群中由改变和调整所产生的差异。有时候，讯息系统中的这些改变将是相对具体的，即在对某个问题(它支配着该剖析的相对表面的细节)的回答中，从“是”转向“不是”。动物的整体图景可以像整个半色调调块上的一个斑点那样得到一点点改变， 232
或者是那种可以修正或调节全部遗传讯息系统的改变，这样，系统中的每一个讯息就都具有不同的样子，同时保持它从前与所有邻近讯息的关系。我相信，正是在这个集群的一部分的改变的影响下，讯息系统之间关系的稳定性才为法国格言“万变不离其宗”提供了基础。一个得到认可的事实是：各种类人猿的颅骨可以在不同斜坐标上得到绘制，以说明关系的基本相似性，以及从一个物种转换到另一个物种的系统性。[①]

① D. W. Thompson, *On Growth and Form*, Vol. 2, Oxford, Oxford University Press, 1952.

我的父亲是一位遗传学家，他过去常说：“这都是振动。”[①]而为了阐述这一点，他会指出，普通斑马的条纹比起格利威斑马的条纹要高八度。虽然在这个特殊的例子里，“频率”的确是翻了一倍，但我认为这不完全是一个像他努力去解释的那样的振动问题。倒不如说，他想要说的是，这完全是一种修饰的问题，它们有可能发生在系统之中，而这些系统的定子不是一个粗糙意义上的物理学问题，而是一个讯息问题，是经过调节的讯息系统的问题。

同样值得注意的是，有机形式或许对我们来说是漂亮的，系统论生物学家也可以在相关有机体的差异中得到美学方面的满足，因为这些差异是由传播调节所造成的，而我们自己既是传播的有机体，又是其形式由遗传讯息集群所决定的有机体。不过，这不是对美学理论做出如此修正的地方。数学群论的专家可以在这个领域中做出重大的贡献。

一切讯息和讯息的组成部分都像是数学家放入括号中的方程式的短语或节段。在括号之外，或许总是存在一个限定符或乘数，其将改变短语的全部意思。而且，这些限定符总是可以被增加的，即便多年以后，都是如此。它们不必在括号中的短
233 语之前，否则就不会有心理治疗了。病人会有权甚至被迫论辩说：“我妈妈用这样那样的方式粗暴地阻止我，因此，我现在病了；也因为那些创伤发生在过去，它们就不能被改变，而我也就不可能康复。”在传播领域中，过去的事件构成了一条以往

① Beatrice C. Bateson，*William Bateson*，*Naturalist*，Cambridge，Cambridge University Press，1928.

马蹄铁链条，以至于那条链子的意义可以被改变，并且持续不断地被改变。今天存在的东西只是我们称之为记忆的过去的讯息，这些讯息总是可以随时被置于框架之内的，并且得到调节。

到了这个时候，传播领域好像越来越复杂，越来越灵活，越来越难以分析。现在，群体概念(就是对许多人的思考)的引入，突然使得这个具有不稳定和难以捉摸的意义的混乱王国变得简单了。如果我们摇动一个袋子里的不规则的石头，或让它们在岸边受到海浪的近乎随意的拍打，甚至是在粗糙不平的物理层面，那么这个系统就将逐渐变得简单：这些石头会彼此相像。它们最终都将变成球形的，但在实际生活中，我们通常看到的是部分球形的鹅卵石。某些形式的同质化甚至来自粗糙的物理层面的多重影响，而当撞击的实体是能够进行复杂学习和传播的有机体时，整个系统就快速地朝着一致性或是我们称之为组织的系统分化(就是增加简单性)而运行。如果撞击的实体之间存在差异的话，那么，这些差异就将经历变化，不是以减少差异的方向，就是以达到相互适应或补充的方向。在不同人群之间，不管变化是趋向同质，还是趋向互补，收获的都是对于某些前提——关于关系语境下的讯息和其他行为的意义与适当性的前提——的分享。

我将不会考虑这一过程所涉及的复杂的学习问题，而是要继续讨论精神分裂症问题。一个个体，即一个得到确认的病
人，存在于家庭环境中，但是当我们单独关注他时，就注意到 234
他的传播习惯的某些特性。这些特性也许部分地由遗传或偶然的生理事件所决定的，但仍然有理由提出这些特性在其作为一

部分的传播系统(即家庭)中的功能问题。某种意义上，许多生物已经被摇晃在了一起，其中的一个已经明显地不同于其他；我们必须不仅要探究这个特殊的个体之可能被构成的材料差异的问题，还要探究他的特殊个性是如何在这个家庭系统得以发育的问题。已确认的病人的特性能够被看作**适当的**吗？即要么与群体中的其他成员的特性相同质，要么与群体中的其他成员的特性相互补。我们不怀疑，在某种程度上，绝大部分精神分裂症的复合症候都是通过经验习得或决定的。但是有机体只能学习生活环境教给他的东西，以及与他周围的有机体相互交换讯息的经验教给他的东西。他不能胡乱学习，而是只能和他周围的那些有机体相像或是不相像。因此，我们就有了考察精神分裂症的经验背景的必要任务。

我们将大致概述所谓的双重束缚假说，它已经在其他地方
235 得到了更加详细的描述。[①] 这一假说包含两个部分：关于精神

① G. Bateson, D. D. Jackson, J. Haley, and J. H. Weakland, "Toard a Theory of Schizophrenia," in *Behavioral Science*, 1956, 1: 251-264; also G. Bateson, "Language and Psychotherapy, Frieda Fromm-Reichmann's Last Project,"in *Psychiatry*, 1958, 21: 96-100; also G. Bateson (moderator), "Schizophrenic Distortions of Communication,"in *Psychotherapy of Chronic Schizophrenic Patients*, C. A. Whitacker, ed., Boston and Toronto, Little, Brown and Co., 1958, pp. 31-56; also G. Bateson, "Analysis of Group Therapy in an Admission Ward, United States Naval Hospital, Oakland, California,"in *Social Psychiatry in Action*, H. A. Wilmer, Springfiled, Ill., Charles C. Thomas, 1958, pp. 334-349; also J. Haley, "The Art of Psychoanalysis,"*etc.*, 1958, 15: 190-200; also J. Haley, "An Interactional Explanation of Hypnosis," in *American Journal of Clinical Hypnosis*, 1958, 1: 41-57; also J. H. Weakland and D. D. Jackson, "Patient and Therapist Observations on the Circumstances of a Schizophrenic Episode," in *AMA Archives of Neurological Psychiatry*, 1958, 79: 554-574.

分裂症患者的传播习惯的形式描述，以及关于某种经历序列的形式描述——这种经历会以可理解的方式培养个体对传播做出特殊的歪曲。我们在经验的意义上发现，对于这些症状的某种描述整体上是令人满意的，精神分裂症患者的家庭具有这个假说所预测的那些行为序列的特性。

通常情况下，精神分裂症患者将会从其讯息中排除任何外显或内隐地涉及他与他自己正说到的那个人之间关系的东西。精神分裂症患者往往避免使用第一人称和第二人称代词。他们避免告诉你他们正在传递的讯息是什么样的讯息——不管这些讯息是字面的还是隐喻的，是反讽的还是直接的，他们也可能难以理解所有暗示自我与某个他人之间亲密联系的讯息和有意义的行为。接受食物几乎是不可能的，但拒绝食物也几乎是不可能的。

当动身前往檀香山参加美国精神病学协会会议时，我告诉我的病人我要离开，还告诉他我要去的地方。他朝窗外看去并说道："那架飞机飞得很慢。"他不能说，"我会想你的"，因为这样的话，他就是在认同自己处于与我的关系之中，或者认同我处于与他的关系之中。要是说，"我会想你的"，就会通过限定那些应该成为我们之间关系特性的讯息类型，而断言了关于这种关系的一个基本前提。

显然，这个精神分裂症患者回避或歪曲了任何似乎可能识别他本人或他正与之交谈的那个人的东西。他可以排除任何暗示下述意思的东西，即他的信息涉及——并作为其一部分——两个可分辨的人之间的关系，随之排除的还有某些支配他们在那种关系中的行为的风格和前提。他也许回避任何可以使其他

人用来解释他的话的东西。他也许掩盖下述事实，即他正在用
隐喻或某种特殊密码来说话，他也可能歪曲或省略所有涉及时
间与空间的东西。如果我们用一份西部联盟电报的形式做类
比，就可以说，他省略了大概会被置于电报纸的程序部分的东
236 西，并将修饰他的讯息文本，以便歪曲或省略所有正常讯息中
的那些元传播要素的任何迹象。剩下的有可能是一个隐喻陈
述，没有语境的标注。或者，在极端情况下，可能除了一个出
自“我们之间没有关系”的讯息的迟钝行为以外，什么也没有。

这是非常明显的，也可以被下述说法所总结：精神分裂症患者好像是这样进行传播的，即每当他表示他关于自己讯息语境的看法是正确的时候，他就希望受到惩罚。

“双重束缚”是我们假说中的病原学那一半的重点，它现在可以被简单地概括为：它是一种受到惩罚的经历，而惩罚恰恰是因为某人自己关于语境的看法是正确的。我们的假说假定，在这种序列中反复出现的惩罚经历，将导致这一个体习惯性地行事，就好像是他希望得到这样的惩罚似的。

我们的一个病人的母亲因为其丈夫 15 年来拒绝向她交出家庭财务的控制权而迁怒于他。病人的父亲说：“我承认，没有让你来处理它是我的大错误，我承认这个。我已经改正了。我之所以认为它是一个错误的理由，完全不同于你的理由，但我承认这是我的一个非常严重的错误。”

> 母亲：这会儿，你是在开玩笑。
>
> 父亲：不，我没有开玩笑。
>
> 母亲：好了，不管怎么说，我之所以不在意是因为当

你明说了的时候，债务早就产生了，可还是没有理由一个人都不告诉。我想，女人应该知道。

父亲：这也是乔(他们的患精神病的儿子)之所以从学校回到家里的原因，他有了麻烦也没有告诉你。

母亲：哦，那可是个好借口。

这样一个序列模式只是父亲对于这个关系的每项贡献资格的连续取消。他不断地被告知说讯息是无效的。这些讯息被接收了，但就好像它们在某些方面不同于他原本想要表达的东西。

我们可以说，他之所以受到惩罚，或是因为他对自己意图 237
的看法是正确的，或是因为只要他恰当地回答了她的话，就会受到惩罚。

但是，反之，从她的观点看来，他似乎总是误解她，而这是围绕(或者**就是**)精神分裂症的动力系统的最独具的特性之一。每一个与精神分裂症患者打交道的治疗师都将承认这个反复出现的陷阱。病人努力通过他对治疗师说的话的解释而将治疗师置于错误的境地，而病人之所以这样做，是因为他希望治疗师误解他(即病人)所说的话。束缚变成了相互的。关系中的一个阶段得以到达，在此，没有人能够做到在不歪曲的情况下接收或发出元传播讯息。

不过，在诸如此类的关系中通常存在不对称。这一相互的双重束缚是一种类型的斗争，而且通常这个或那个占有优势地位。我们慎重地选择了与几个家庭一起工作，这些家庭中的一个子女是得到确认的病人，而且部分地出于这个原因，在我们的资料中，相对于该群体的一个可识别的年轻的精神病成员，正是被假定为正常的父母亲占据着优势地位。在诸如此类的情况下，不对称采取了奇特的形式：得到确认的病人牺牲自己以维护那个神圣的错觉，即父母亲的话是正确的。为了接近父母亲，他必须牺牲自己表示看到了任何元传播的不一致的权利，即便他关于这些不一致的感知是正确的。这样，在对于正在发生的事情的认知分布方面，存在奇特的悬殊。病人或许知道，但肯定不说，从而能够让父母亲不知道他正在做什么。病人是父母亲无意识虚伪的同谋。结果可能是非常大的不幸，也可能是对传播的严重而又总是系统的歪曲。

此外，当受害者面对一个要避免的陷阱——它会摧毁自我的真实本质——时，这些歪曲恰恰似乎总是适当的歪曲。有一段话巧妙地说明了这个模式，它值得从菲斯汀·琼斯(Festing Jones)的巴特勒传记中全文引用。[①]

238 巴特勒去西博姆(Seebohm)先生家吃晚饭，在那里碰见了斯凯奇利(Skertchley)，后者和他们说起了由泰勒(Tylor)先生的车夫发明的一个捕鼠夹。

邓克特的捕鼠夹

> 邓克特(Dunkett)先生发现他的陷阱一个接一个地都失败了，玉米就这样被吃掉了，他沮丧地决定要发明一个捕鼠夹。他开始尽量站在老鼠的立场上思考问题。

---

① H. F. Jones, *Samuel Butler*: *A Memoir*, Vol. 1, London, Macmillan, 1919.

“有没有什么东西，”他问自己，“在那里，如果我是一只老鼠，我就会非常自信，不可能怀疑它，否则就是怀疑世界上的任何东西了，要不就是从此以后再也不能无所畏惧地到处走动了？”

他想了一会儿，没有答案，直到一天晚上，房间里似乎一片光明，他听到了来自上天的声音在说：

“排水管。”

然后，他找到了解决办法。如果怀疑一根普通的排水管，那就不是老鼠了。这里，斯凯奇利扩大了一点，解释说要把一个弹簧藏在里面，但是管子的两端要敞开；如管子的一端是封闭的，老鼠自然就不会进去，因为它会觉得无法再出来；说到这里，我（巴特勒）打断了谈话，说：

“嗯，我就是因为这个而不进教堂的。”

当他（巴特勒）告诉我这个的时候，“我”（琼斯）知道他心里想的是什么，而且如果他不是处于这样一群体面的人之中的话，他就会说：“我就是因为这个而不结婚的。”

注意邓克特只是通过幻觉的经历为老鼠发明了这个双重束缚，而巴特勒和琼斯都立刻就把这个捕鼠器看作人类关系的一个模式。的确，这种进退两难的情况并不少见，也不限于精神分裂症的语境。

因此，我们必须面对的问题就是：在那些有精神分裂症患者的家庭里，为什么这些序列要么特别频繁，要么特别具有破坏性？我没有统计数据来确证这一点；不过，从对几个这样的家庭的有限而集中的观察出发，我可以提出一个关于群体动力 239

学的假设，它会决定相互作用的系统，这样，双重束缚的经历就肯定会令人厌烦地反复发生。问题是建立一个模型，它必将循环运转，一遍又一遍地重现这些模式化的序列。

这样一个模型是由冯·诺依曼和摩根斯坦恩[①]的博弈论所提供的，对此，这里的描述的确缺乏其完整的数学严谨，但至少还是有那么点专业的根据。

冯·诺依曼关注数学形式条件的研究，在此条件下，全智能的和以赢为偏好的实体会在彼此之间结成联盟，以便使利益达到最大化，而联盟成员会以牺牲非成员为代价获得这些利益。他想象这些实体进入了某种类似于游戏的东西，并进而提出了关于规则(它们会迫使全智能但以赢为导向的参与者结成联盟)的形式特性的问题。一个非常奇特的结论出现了，而我正是把这个结论作为一个模型提出来。

显而易见，只有在其中至少三位参与者的情况下，他们之间的联盟才会出现。然后，任何两位参与者都会联合起来对付第三位参与者，而如果这样一个游戏的设计是对称的，那么，它显然就有三个对策，我们可以将之描述如下：

AB 对 C
BC 对 A
AC 对 B

对于这个三人系统，冯·诺依曼论证说，一旦形成，这些

① J. von Neumann and O. Morgenstern, *Theory of Games and Economic Behavior*, Princeton, Princeton University Press, 1944.

联盟中的任何一个就将是稳定的。如果 *A* 和 *B* 结盟，*C* 对之就不能有任何作为。而非常有趣的是，*A* 和 *B* 必将提出各种约定(作为规则的补充)，例如，禁止他们倾听 *C* 的方法。

在五人游戏中，位置变得完全不同，各种各样的可能性都 240
将会出现。也许四位参与者考虑一个组合，以对抗另一位，如下面五个模式所示：

A 对 *BCDE*

B 对 *ACDE*

C 对 *ABDE*

D 对 *ABCE*

E 对 *ABCD*

但它们中没有一个会是稳定的。联盟中的四位参与者必将陷入子博弈，在那里，他们拼命彼此对抗，以获得收益——它是这个联盟能够从第五位参与者那里榨取的——的不平等分配。这必定导致一种联盟模式，而我们可以将之描述为二对二对一，也就是 *BC* 对 *DE* 对 *A*。在这种情况下，A 会有可能接近或加入这些对子中的一个，这样，联盟系统就将变成三对二。

但是在三对二的系统中，对三位参与者有利的方面会是，把那两位参与者中的一位招募进来，以便使他们的收益更加稳定。现在，我们回到四对一的系统，它未必是我们由此出发的特定队列，但不管怎么说至少是一个具有同样一般属性的系统。它转而也必须分解成为二对二对一。

换句话说，对于每一个可能的联盟模式来说，都至少有一个其他模式将“支配”它，用冯·诺依曼的术语来说，对策之间的支配关系是**不可传递**的(intransitive)。始终都将存在一个可供替代的对策的循环清单，这样，系统就绝不会停止从对策到对策的转换，并总是选择比前一个对策更加可取的另一个对策。事实上，这意味着机器人(由于它们的全智能)将无法决定博弈的单一“玩法”。

我提出这一模型，是为了让人联想起精神分裂症家庭中发生的事情。似乎没有什么两个成员能够聚在一个足够稳定的联盟中，以至于在特定的时刻成为决定性的联盟。家庭的其他某
241 个成员或成员们总是会干预。或者，如果缺乏这样的干预，打算组成一个联盟的两位成员面对第三个人可能做或可能说的事，就会内疚，并且将会退出这个联盟。

注意，在一个冯·诺依曼的博弈中，需要五位具有全智能的假定实体才能达到这种特殊的不稳定性或振荡。但是，**三个**人似乎就够了。也许他们不是全智能的，或者，就受到激励以获得的那种“收益”而言，他们总是不一致的。

我要强调指出，在这样一个系统中，每个独立个体的经历都将是这样：他的每一步都是在此情境下的常识性举动，因为他在那一刻正确地认识了它，但是，他的每一步随后都被证明为错误的，即被该系统的其他成员在对他的“正确”行为做出回应时的举动证明为错误的。于是，这个个体陷入了我们称之为双重束缚经历的永久序列之中。

我不知道这个模型可能具有怎样的正当性，但是，我出于两个理由而提出了它。第一，它是作为试图谈论大系统——家

庭——的一个样本而提出的，而不是像我们的习惯做法那样，作为谈论个体的样本而提出的。如果要理解精神分裂症动力学，我们必须设计一种适应于必然出现在这个大系统之中的现象的语言。即便我的模型是不恰当的，仍然值得尝试以这种语言来进行交谈，因为我们将需要它来描述这些必然发生的现象。第二，即便概念模型不正确，对于该模型的批评也或许指向新的理论发展，就此而言，这些模型仍然是有用的。

因此，让我来指出对于这个模型的一种批评意见，并思考它将导致什么样的思想。在冯·诺依曼的书中，不存在什么定律，以便可以指出他的实体或机器人——他们参与了这个变化着的联盟的无限之舞——将会成为精神分裂症患者。按照这一抽象的理论，这些实体永远会是全智能的。

现在，人与冯·诺依曼的机器人之间的主要区别在于学习的事实。拥有无限智能意味着拥有无限灵活性，而我描述过的
舞者可能永远不会**经历**这种痛苦——也就是在人们聪明的时 242
候，却不断被证明是错误的情况下会感到的痛苦。人类致力于他们发现的策略，正是这个心理承诺使他们可能受到伤害，就像一个精神分裂症家庭的成员受到伤害那样。

这样，从对这个模型的思考出发，可用来解释精神分裂症的双重束缚假说就必须依赖某些心理学假设，它们是关于作为学习的有机体的人类个体之本质的假设。对于那些容易患精神分裂症的个体来说，个性化必须包括**两个**形成对比的心理机制。第一是适应个体环境需求的机制；第二是这样一个过程或机制，借助于此，个体或短暂或持久地致力于第一个过程已经发现的那种适应。

我认为，我称为短暂地致力于一种适应的东西，就是贝塔朗菲称为的内在活动状态(immanent state of action)；而更加地持久致力于一种适应，则就是我们通常称为的“习惯”。

人是什么？当我说“我”的时候，我的意思是什么？或许我们中的每个人说“自我”的意思事实上都是一种感知习惯和适应行为，加上我们每时每刻的“内在活动状态”的集合体。如果某个人攻击这些习惯和内在状态——它们在应对那个人的特定时刻是我的特点，也就是说，如果他们攻击在那个时刻已成为我与他们关系之一部分的习惯和内在状态，那么，他们就否定了我。如果我非常在意那个他人，那么，对我的否定会让我更加痛苦。

截至目前，我们所说的东西足够指明那些种类的策略——或许我们应该说症状，它们在那个奇特的组织(即精神分裂症家庭)中是受到期待的。但是，以下观察仍然是令人惊讶的，即在没有朋友和邻居注意到某种东西是错误的情况下，看看这些策略如何可以持续和习惯性地进入实践。从理论出发，我们可以预测，这样一个组织中的每个参与者都必须捍卫他或她自己的内心活动状态和持久的适应习惯；就是说，保护自我。

243 举例来说：一个同事已经和这些家庭中的一个家庭共同工作了几个星期，特别是和父亲、母亲及其成年精神分裂症患者的儿子一起。他的会面采取了联席模式，即家庭成员一起在场。这显然引起了母亲的某种焦虑，她要求与我的同事面对面地谈话。这个提议在下一次的联席会议上得到了讨论，而且没过多久，她就开始了她的第一次谈话。她一到场就说了几句话，然后从小包里拿出一张纸条，交给我的同事说，“这好像是我丈夫写的”。我的同事打开了纸条，发现它就是一张单行距的打字稿，开头是“我丈夫和我非常感谢有机会与你讨论我们的问题”，等等。接着，这个纸条继续概括了某些“我有可能会提出的”具体问题。

看来这个丈夫前一晚上确实坐在打字机前，写了这封给我的同事的信，可它好像是他的妻子写的似的，在上面，他还为她概括了要与我的同事讨论的问题。

在正常的日常生活中，这类事情很常见；它经得起检验。不过，当注意力集中到特定的策略上时，这些自我保护和自我摧毁的努力就变得明显了。人们在诸如此类的家庭中突然发现，这些策略似乎支配了所有其他人。不足为奇的是，已确认的病人表现出的行为近乎就是一幅身份丧失的讽刺画，而这种身份是所有家庭成员的特征。

我相信这就是问题的实质，精神分裂症家庭是一个组织，具有巨大的持续稳定性，其动力学和内部运作是这样的：每一个成员都不断地陷入否定自我的经验。

19 精神分裂症理论的最低要求[①]

244 就像每个人一样，每门科学都对其邻近科学负有责任，或许不仅爱它们如同爱自己，而且要把自己的工具借给它们，并从它们那里借得工具，一般来说，还要弄清楚那些邻近学科。我们或许根据某些改变来评价任何科学进步的重要性，也就是这种进步迫使邻近科学在其方法和思想方面所做出了的那些改变。但始终存在节省律(the rule of parsimony)。我们行为科学向遗传学、哲学或信息论中要求的改变肯定总是最少的。作为一个整体，科学的统一是通过这个最低要求的系统而获得的。最低要求是由每一门科学加诸其邻近科学的，而且，不少是通过对各种科学中的概念工具与模式的借鉴而得以加诸的。

因此，在这个演讲中，我的目的不是大量讨论特定的精神分裂症理论——这种理论我们在帕洛阿尔托就已经提出来了。

---

① 第二届纪念阿尔伯特·D. 拉斯克(Alert D. Lasker)的年会演讲，1959 年 4 月 7 日发表于芝加哥迈克尔·里斯医院心理疾病、精神病研究及培训中心。这篇演讲原载《美国医学协会普通精神病学文献》(*A. M. A. Archives of General Psychiatry*，1960，Vol. 2，pp. 477-491)，选入本书时获得版本所有者的允许。

更确切地说，我要向你们指出的是，这一理论以及其他类似理
论已经影响了有关解释的性质的若干思想。我已经使用了“精 245
神分裂症理论的最低要求”的标题，而我选择这个标题是因为想到了一次讨论，它是关于双重束缚理论对于更广泛的行为科学领域的内在意义的讨论，除此之外，它还是关于双重束缚理论对于进化论和生物认知论的作用的讨论。这一理论要求相关科学做出怎样的最低改变呢？

我要讨论精神分裂症的经验理论对于三种相关科学的影响问题，即学习理论、遗传学和进化论。

首先，可以简单地描述一下这个假说。就其本质而言，这个思想只诉诸日常经验以及基本常识。这个假说得以提出的第一个命题是：学习总是发生在某种具有若干形式特点的语境之下。如果愿意的话，你们可以想到一个工具性回避序列(an instrumental avoidance sequence)的形式特性，或者一个巴甫洛夫式的实验的形式特性。在一种巴甫洛夫式的语境下，学会抬起一只爪子，不同于在一个工具性奖励的语境下对于同样行为的学习。

其次，这个假说有赖于以下思想，即这个有结构的语境也发生在一个更加广阔的语境之中，如果你们愿意的话，可以称后者为元语境；而且这个语境序列是一个开放的、有无限想象的系列。

这个假说还假定，在一个狭窄语境(例如工具性回避)中发生的事情，将受到更广阔语境的影响，而那个小语境就存在于这个大语境之中。在语境(context)和元语境(metacontext)之间，有可能存在不一致和冲突。例如，一个巴甫洛夫式的学习

语境可被置于一个元语境之内，后者或许会通过坚持洞见而惩罚这种学习。这样，有机体就面对着进退两难的困境，要么在初级语境中是错的，要么因为错误的理由，或以错误的方式，而成为对的。这就是所谓双重束缚。我们正在研究的假说认为，精神分裂症患者的沟通是习得的，并且作为这种持续创伤的结果而成为习惯性的了。

如此而已。

但即便是这些“常识的”假设都打破了科学认识论的经典规则。我们已经从自由落体范式，以及许多其他科学中的许多类似范式中学会了以特定方式着手解决科学问题：通过否定——
246 或延迟考虑——大语境会影响小语境的可能性，来使得这些问题简单化。我们的假说与这个规则相反，它正是注重大语境和小语境之间的确定关系。

更令人震惊的事实是，我们的假说提出——但并不取决于——这样的看法：或许存在诸如此类的相关语境的无限回归。

总的来说，我们的假说要求和加强对科学思想的那种修正，它已经出现在许多领域，从物理学到生物学。观察者必须被包括在观察的重点之中，而能够研究的问题始终是某种关系，或者关系的一种无限回归，绝对不会是一件“事情”。

一个例子将会使得较大语境的相关性变得清晰起来。让我们想想可以在其中进行学习实验的较大语境，该实验采用一个精神分裂症患者作为实验对象。这个精神分裂症患者就是一个被称为病人的人，面对一个更高的和不讨人喜欢的组织的一个成员，即医务人员中的一个成员。如果这个病人是一个非常务实的牛顿主义者，他就可能对自己说：“我如果做了这个家伙希望我做的事就能得到香烟，可香烟毕竟只是香烟，而作为一个应用科学家，我会继续做他要求我做的事情。我将解决实验问题，同时得到香烟。”但是人，特别是精神分裂症患者并非总是这样看问题。他们受到环境的影响，即那个实验是由某个他们非常不喜欢的人所进行的。他们甚至也许会感到，要是力图取悦一个他们不喜欢的人，那就会是某种耻辱。因此，出现了实验者发出的信号——给予或收回香烟——的印记被倒置了的情况。实验者认为的某种奖励变成了部分的侮辱的讯息，而实验者认为的某种惩罚部分地变成了满意的源泉。

想一想在一家大医院里，被医务人员中的一个成员短暂地当作一个人来治疗的精神病人的剧痛。

要解释观察现象，我们始终必须思考学习性实验的更广阔的语境，而人们之间的每一次交往都是一种学习语境。

这样，双重束缚假说就有赖于将某些特性归于学习过程。 247
如果这个假说即便是近乎为真，那么在学习理论的范围内也必须为之留有空间。特别是，学习理论必须被弄得不连续，以便能够容纳我所提及的学习语境等级的非连续性。

此外，这些非连续性具有特定的性质。我已说过，大语境或许会改变由特定讯息提出的强化印记，显然，大语境或许也会改变这个模式——也许将讯息置于幽默、隐喻等的类型之中。这样的语境或许会把讯息变得不合适了。讯息在大语境中也许会走调。但是，这些改变是有限度的。语境也许会告诉接收者任何有关讯息的东西，但是它绝不能摧毁讯息，也不能与之直接发生矛盾。“当我说‘猫在垫子上’时，我在说谎”，这句话对于猫的位置没有告诉对方任何东西。它只是告诉了他某种有关他从前信息的可靠性的东西。在语境和讯息之间(或元讯息和讯息之间)存在一条鸿沟，它具有与一个物体和代表它的语词或印记之间的鸿沟同样的性质，或与一个类的成员和这个类的名称之间的鸿沟同样的性质。语境(或元讯息)对讯息进行分类，但是绝不可能同等地对应它。

为了使这些非连续性适合学习理论，必须扩大学习概念的包容范围。一般来说，被实验者描述为“学习”的东西是有机体在回应一个特定信号时所做出的改变。例如，实验者观察到，一开始，铃声没有引起常规的反应，但是，在反复试验(在那里，随铃声而来的是肉末)之后，每当动物听到铃声，就将开始分泌唾液。我们可以大致地说，动物开始将意义或意思赋予那个铃声了。

改变已经发生。为了建构一个等级系列，我们选择了语词“改变”(change)。通常情况下，我们感兴趣的这种系列是通过两种方式建立起来的。在纯传播理论的范围内，一个等级系列的各个进程可以通过连续使用语词“关于”(about)或“元”(me-
248 ta)而被建立起来。这样，我们的等级系列就将由讯息、元讯息、元-元讯息等构成。在我们涉及传播理论的边缘现象的地方，同样的等级或许就由“改变”复“改变”的积累而构成。在经典物理学中，包括位置、速度(即位置的改变)、加速度(即速度的改变或位置改变的改变)、加速度的改变等在内的序列，是这种等级的一个例子。

通过注意到讯息可以相关(或“元”)于不同层次的讯息之间的关系，更加复杂的因素被加入进来，这在经典物理学中很少出现，但在人类传播中却是平常之事。实验用具的味道会告诉狗铃声将意味着肉末。这样，我们就会说这个用具的讯息对于铃声的讯息来说，是元(讯息)。但是在人类关系中，另一种复杂性可以产生出来。例如，可以发出禁止实验对象做出元连接的讯息。嗜酒的父亲也许惩罚一个孩子，就是因为孩子表现了知道下述事情的样子：每当父亲从柜子里取出酒瓶时，他就应该提防“暴风雨”。讯息和语境的等级因此便成为一个复杂的分支结构。

这样，我们就能够用与物理学家基本一致的方式，在学习理论中建立类似的等级分类。实验者研究的是信号接收中的改变。但显而易见，接收信号的行为已经指代了改变——一种比实验者已研究的改变更简单或更低阶的秩序改变。这为我们提供了学习等级中的两个最初阶段，在它们之上，可以想象一个无限系列。我们现在可以将这个等级[①]展示如下：

(1)一个信号的接收。我在桌旁工作，桌子上有一个纸袋，里面装有我的午饭。我听到医院的哨声，由此我知道现在是12 点。我伸手拿我的午饭。那个哨声可以被看作对由从前第
二阶的学习置于我心中的问题的回答，但是，这个单一事件 249
(即对这条信息的接收)是一次学习，并被已经接收了它的事实而证实为是一次学习，现在，我被改变了，并以一种特殊的方式回应纸袋。

---

① 在我关于这个学习秩序等级的最后修订——见本书第三部分中《学习和传播的逻辑类型》一文——中，我已用了一个不同的编号系统。在那里，信号的接收被称为“零学习”(Zero Learning)；零学习中的改变被称为“一型学习”；“二次学习”(deutero-learning)被称为“二型学习”，等等。

(2)那些作为(1)中的改变的学习。其例子包括各种经典学习实验：巴甫洛夫式实验，工具性奖励实验，工具性回避实验，机械学习实验，等等。

(3)那些构成二阶学习(second-order learning)中的改变的学习。我过去不合适地将这些现象称为“二次学习”(deutero-learning)，并将此转换为“学会学习”(learning to learn)。更正确的做法该是发明一个语词“三次学习”(trito-learning)，并将之转换为“学习学会接收信号”(learning to learn to receive signals)。这些是精神病学家非常感兴趣的现象，就是说，它们是一些改变，借助于它们，一个个体会期望他的世界是以这种方式，而不是那种方式建构起来的。这些现象是“移情”(transference)的基础——病人方面期望与治疗师的关系将包括同类的学习语境，那些语境是病人从前与其父母亲打交道时所遇到过的。

(4)与(3)相关的那些改变过程中的改变 。这第四个秩序的学习是否发生在人类之中，是不清楚的。心理治疗师试图在他的病人那里形成的通常是一种三阶学习(third-order learning)，但是，有可能出现也确实可以想象的情况是，某些缓慢的和无意识的改变也许是学习过程中某些更高阶的派生物的印记的改变。

这里，有必要对我们所面对的三类等级做一比较：①学习秩序的等级；②学习语境的等级；③回路结构的等级——而我们也许——确实也必须——期望在皮质化大脑中发现这种等级。

我的论点是：在以下意义上，①和②是同义的，即所有根据学习语境而做出的陈述都能够(不多不少地)被转换为根据学习秩序而做出的陈述，继而，关于语境的分类或等级必须与学习秩序的分类或等级是同形的(isomorphic)。除此之外，我相 250
信，我们应该期待一种神经生理学结构的分类或等级，它将与其他两个分类相同形。

在我看来，关于语境的陈述和关于学习秩序的陈述之间的这种同义关系是不证自明的，但是经验表明，它必须得到清楚的阐释。“真理不能只可理解，不被信仰。”但是，反过来说，真理*直到*被理解了，它才会得到信仰。

首先必须坚持的是，在传播世界里，唯一相关的实体或“现实”(realities)是讯息，其中包括讯息的组成部分、讯息之间的关系和讯息中有意义的空白，等等。对于一个事件、物体或关系的*感知*是真实的。它是一个神经生理学的讯息。但是，事件本身或物体本身不能进入这个世界，因此，是不相关的，在那个意义上也是不真实的。反之，一个讯息作为讯息没有现实性或相关性，在牛顿的世界中，它就被归结为声波或印刷油墨。

出于同样的原因，“语境”和我正在坚持的“语境的语境”只有在具有传播效应(也就是作为讯息或讯息的修饰符的功能)的情况下，才是真实的或相关的。

牛顿的世界和传播的世界之间的区别就在于：牛顿的世界把现实性归于物体，并通过排除语境的语境——其实是排除所有的元关系，甚而排除此类关系的无限回归——来获得其简单性。相比之下，传播理论家在通过排除一切物体而获得其简单性的同时，坚持考察元关系。

这个传播的世界是一个贝克莱的世界，但是，这个好主教犯有阐述不充分的错误。关联性或现实性必须被否定，不仅必须否定森林里的树倒下来无人听见的声音，还要否定这把我能够看到和正坐在上面的椅子。我对椅子的感知在传播意义上是真实的，而我坐在上面的椅子，对于我来说，只是一个思想，一个我相信的讯息。

“在我的想法中，这世上一个东西和另一个东西一样好，马蹄铁必行”，因为在思想中和在经验中，除了讯息什么的，不存在任何东西。

251 的确，在这个世界中，我作为一个物体，没有关联性，并在这个意义上，没有现实性。不过，“我”作为我的经验结构和其他人的经验中的一个基本要素，而存在于传播的世界，其他人的传播也许会损害我的身份，甚至可以到了破坏我的经验组织的程度。

或许有一天，人们将会达到一个最终的综合，以便把牛顿世界和传播世界结合起来。但这不是当下讨论的目的。我这里关心的是将语境和学习秩序之间的关系阐述清楚，要做到这一点，首先必须聚焦于牛顿话语和传播话语之间的差异。

不过，按照这个导言性的说明，语境和学习秩序之间的区分显然只是对这两种话语进行比较的一个人工制品。这种区分仅仅由下述说法所维护，即语境在物理个体之外有其位置，而学习秩序则是位于内部。但在传播的世界中，这个二分法是不相干和无意义的。语境只要和讯息一样有效，即只要它们在我们正研究的传播系统的多重部分中被（正确或歪曲地）表征或反映，它们就具有传播的现实性；这个系统不是物理的个体，而是一个广泛的讯息通道网络。其中有些通道正好处于物理个体之外，其他通道则处于其之内；但是系统的特性绝不依赖于任何我们可以置于传播地图上的边界线。从传播的角度来看，提出盲人的拐杖或科学家的望远镜是不是使用它们的那个人的“组成部分”的问题，是没有意义的。拐杖和望远镜都是重要的传播通道，因此也就成了我们感兴趣的网络的组成部分；但在对这个网络的拓扑结构的描述中，不可能有什么分界线——例如，到拐杖一半的位置——是关联的。

不过，物理个体界限的这一丢弃并不(像有些人或许害怕
的那样)意味着传播话语必定是混乱的。相反，拟议的学习和/ 252
或语境的等级分类是对在牛顿主义者看来是混乱的东西的一种秩序排列，而双重束缚假说所要求的却正是这个秩序排列。

人一定得是一种动物——其学习的特点是这种等级的非连续性，否则他就不能成为双重束缚挫折下的精神分裂症患者。

在证据方面，大量实验开始论证第三阶的学习[①]的现实性；但是，就这些学习秩序之间的非连续性的准确节点而言，据我所知，几乎还没有什么证据。约翰·斯特劳德(John Stroud)的实验值得引用。它们是跟踪实验。实验对象面对着一个屏幕，一个点在上面移动，代表着一个运动的靶子。第二个点代表枪的目标，它可以由实验对象所控制，这个实验对象操纵着一对球形手柄。他的挑战是维持靶点和他所控制的那个

① C. L. Hull, et al., *Mathematico-deductive Theory of Rote Learning*: *A Study in Scientific Methodology*, (Yale University Institute of Human Relations), New Haven, Yale Universtiy Press, 1940; also H. F. Harlow, “The Formation of Learning Sets,”*Psychol. Review*, 1949, 56: 51-65.

点之间的一致性。在这样一个实验中，可以给予靶子各种运动，具有第二阶、第三阶或更高阶的派生物所赋予的特点。斯特劳德表明，由于在等式秩序中存在非连续性——数学家可以用之来描述靶点的运动，所以，在实验对象的学习中也存在一种非连续性。新的学习过程似乎卷入了靶点运动的更高秩序的复杂性的每一个步骤之中。

对我来说，非常有吸引力的是发现被人们假定为数学描述之纯粹人工制品的东西显然也是嵌入人脑的特性，尽管事实上，在这样一个任务中，大脑确实不是通过数学方程式来运作的。

就某个更一般的性质而言，也有证据会支持学习秩序之间
253 的非连续性观念。例如，一件奇怪的事情是，心理学家根本不习惯将我所说的第一阶的学习——即对有意义的信号的接收——看作学习；还有另一件奇怪的事情，即直到最近，心理学家都很少欣赏那个第三阶的学习，对之感兴趣的主要是精神病学家。在实验心理学家和精神病学家或人类学家的思维之间，存在巨大的鸿沟。我相信，这个鸿沟来自等级结构的非连续性。

学习、遗传学与进化

在我们思考双重束缚假说对于遗传学和进化论的影响之前，有必要考察学习理论和这两个其他知识体系之间的关系。我前面将这三个主题称为三合一(a triad)。现在，我们必须思考这个三合一的结构。

包括变异、分化、生长和遗传等传播现象的遗传学通常被认为是进化论得以形成的重要材料。达尔文的理论清洗了拉马克的思想——这种思想认为遗传过程中产生的变量应被假定为是随机的，而达尔文理论再结合自然选择理论，便会赋予积累性改变以适应性的方向。但是，学习与这一理论之间的关系已经是一个激烈争论的问题，后者对所谓“获得性状的遗传”怀有极大的愤懑。

达尔文的立场实际上受到巴特勒的挑战，巴特勒论证说，遗传可以和记忆相比较，甚至可以等同于记忆。他从这个前提出发，继而论证说，进化改变的过程——特别是适应——应该被认为是生命持续流动中的非常精巧的成就，而不是由侥幸带来的幸运红利。他详尽描述了创造现象和进化适应现象之间的类比关系，或许也是首次指出了机器中的剩余部件(residual organs)的存在。引擎借助于神奇的同源性而位于汽车的前部——那里过去是马，这种同源性使巴特勒兴奋不已。他还非 254
常有说服力地论证说，存在这样一个过程，而新的适应行为的创造可以借之沉入有机体的生物系统之中。它们从有计划和有意识的行为变成了习惯，而习惯越来越不那么有意识，并越来越不那么服从于自主的控制。他在没有证据的情况下假定说，这种习惯化或下沉过程可以走得如此深远，从而构成记忆体(the body of memories)，我们将之称为基因型，它会决定下一代的特性。

关于获得性状的遗传的争论有两个方面。一方面，它似乎是一个可以用事实材料来解决的争论。这种遗传的一个好的情况可以解决拉马克那边的问题。但是，作为否定性的东西，反对这种遗传的情况或许永远不能被证据所证明，并必须依赖于对理论的诉诸。通常情况下，那些采取否定观点的人从种质和体细胞组织的区分开始进行论证，强调指出从体细胞到种质，都不可能存在基因型据此可以修改自身的系统传播。

看起来，困难似乎在于：可以想象，通过用进(use)或废退(disuse)而修改的二头肌也许会将特殊的代谢物分泌到循环系统中；同样可以想象，它们可能是从肌肉到性腺的化学信使。但是，令人难以置信的是，二头肌的化学性质与比如说三头肌的化学性质如此不同，所以讯息可能是特殊的；同样令人难以置信的是，性腺组织可以被配备得恰到好处地受到诸如此类的讯息的影响。任何讯息的接收者毕竟必须知道发送者的密码，所以如果生殖细胞能够从体细胞组织那里接收讯息，它们就一定已经携带着某种版本的体细胞密码。借助于这些来自体细胞的讯息，进化改变可能采取的方向肯定会在种质中就有预示。

因此，对获得性状的遗传持反对态度的情况依赖于一种区分，而思想流派之间的差异围绕着对于这样一种区分的哲学反应具体化了。那些乐于认为世界是按照多重的和可分的原则组织起来的人，将接受这样的观念，即由环境导致的体细胞改变
255 也许会被一种解释所涵盖，这种解释可能完全有别于进化论改变的解释。但是，那些愿意看到一种自然统一的人将希望这两个解释体系能够以某种方式相互关联。

而且，自从巴特勒坚持认为进化是一件精巧的事，而不是碰运气的事的年代以来，学习和进化之间的全部关系已经历了一种奇妙的改变，而业已发生的改变的确是达尔文和巴特勒两

人都无法预见的改变。已经出现了这样的情况：许多理论家现在假定，学习基本上是一个随机事件或概率事件，确实，除了会在心灵的控制台上假设某种生命的原理(entelechy)的非简约(nonparsimonious)理论以外，随机方法或许是关于学习性质的唯一有组织的理论。该观点是：发生在大脑或其他什么地方的随机改变，以及这种随机改变的结果是通过强化和消灭的过程而被选为生。在基本理论中，创造性思想主要是随机性的，就此而言，它已经类似于进化过程。强化被看作为神经系统的随机改变的积累提供方向，就像自然选择被看作为变异的随机改变的积累提供方向一样。

不过，在进化论和学习理论两者中，"随机的"(random)一词显然都未予以定义，这个语词也不容易下定义。这两个领域都假定，虽然改变可以有赖于概率现象，但一种特定改变的概率是由某种不同于概率的东西决定的。在随机进化论和学习理论两者的根底部，都存在一些未加阐明的理论，它们涉及正在讨论的概率的定子。[1] 不过，如果我们提出关于这些定子中的改变的问题，那么，我们将再次被给予随机的回答，因此，所有这些解释都取决于"随机的"一词，而它似乎就是一个其意 256
义是被有等级地建构起来的语词，就像这个讲演的第一部分所讨论的语词"学习"的意义一样。

最后，获得性状进化功能的问题已通过沃丁顿(Waddington)在《果蝇》(*Drosophila*)中关于拟表型的研究而重新得到关注。这项研究至少指出，表型改变能够被处于环境胁迫下的有

---

① 当然，在这个意义上，所有关于改变的理论都假定，**下一个**改变某种程度上在其将要经历的那个改变的系统内是有预示的。

机体获得，这种改变是某种机械装置的一个非常重要的方面——借助这个装置，物种或遗传线性在后来某些突变或其他遗传改变出现之前，得以在胁迫和竞争的环境中维持其位置，这可以使物种或遗传线性能够更好地应对持续的胁迫。至少在这个意义上，获得性状具有重要的进化功能。不过，实际的实验叙述指出了某种超出于此的东西，并值得简要地介绍一下。

沃丁顿研究的是一个由双胸基因带来的表型的拟表型。这个基因对于成年表型具有非常深远的影响。有了它的存在，胸部第三节被矫正得与第二节相似，而这个第三节上的小小平衡器官(或平衡棒)变成了翅膀。结果是四个翅膀的果蝇。通过对蛹进行一段时间的乙醚麻醉，四个翅膀的特性可以在没有携带双胸基因的果蝇那里人为地生产出来。沃丁顿研究了大批果蝇，这些果蝇来自野生菌株，被认为是没有双胸基因的果蝇。他使这群果蝇的一代又一代的蛹接受乙醚处理；并从由此产生的成年蛹中，选择那些表现得最接近双胸的蛹来培育。他在许多果蝇后代中继续这个实验，并且已经在第 27 代果蝇那里发现：双胸的出现是通过一定数量的果蝇而获得的，这些果蝇蛹被从实验处理中提取，也不被乙醚麻醉。根据这些培育方式，它们的双胸的出现不是因为特殊基因(即双胸)的存在，而是由于基因的集群，它们共同促成了这个效应。

我们可以用各种各样的方式来解读这些非常令人震惊的结
果。可以说，在选择最好的拟表型方面，沃丁顿事实上是在为
257 获得这个表型而选择一个遗传潜力。或者我们可以说，他在选
择降低乙醚胁迫的阈值的方式，而这对于产生上述结果来说，
乃是必不可少的。

我来提出一个可能的模式，以便描述这些现象。让我们假定，获得性状是通过某种基本随机性的过程(或许是某种体细胞学习)得到的，而且，仅仅是这样的事实，即沃丁顿可以选择“最好的”拟表型，就会为这个假设提供支持。现在，显而易见的是，任何这样的过程必然都是浪费。要通过试误(trial and error)而获得一个本可用其他更直接的方式获得的结果，某种意义上必定要在这些语词上消耗时间和精力。根据我们对于通过随机过程获得的适应性的思考，我们进入了某种适应性经济学的观念。

我们在心理过程的领域中非常熟悉这种经济学，而事实上，主要和必要的节省是通过令人熟悉的习惯的形成而达到的。我们可以首先借助试误来解决特定的问题，但是，当同样的问题后来再次出现时，我们往往就会越来越通过使之脱离随机操作的范围，并将问题的解决交由更深层的和不太灵活的机制(我们称它为“习惯”)的途径，从经济学的角度处理它们。因此，完全可以想象，在双胸特性的产生方面，是可以得到某种类比现象的。或许更加经济的办法是，通过基因测定的严格机制，而不是体细胞改变的更浪费、更灵活(或许也是更难预见)的方式，使它们得以产生。

这大概意味着，在沃丁顿的果蝇群体中，对于任何可能整体或部分地包含双胸表型的某些合适基因的果蝇遗传线性来说，都会有一种选择性利益。还有可能的是，诸如此类的果蝇还会有一种额外的优势，因为这样它们体细胞的适应机制就可用于处理其他种类的胁迫。当把特定问题的解决交给习惯时，学习中的随机的或解释的机制似乎就获得释放，以便能够自由

258 地解决其他问题，而且完全可以想象的是，同样的优势也可以通过把决定一个体细胞特性的事情交给基因脚本的途径而获得。[①]

可以注意到的是，这样一个模式会具有**两个**随机机制的特性：第一，比较表面的机制，借助于它，达到体细胞层次的改变；第二，染色体层次上的随机变异机制（或基因集群的改组）。长远来看，**在选择性条件下**，这两个随机系统将不得不联合工作，即便没有什么讯息能够从比较表面的体细胞系统传到种质，也是如此。巴特勒预感到，某些类似于“习惯”的东西也许是进化中至关重要的东西，这个预感或许不是太不着边际。

从这一引言开始，我们现在就可以进入对于一些问题的考察，也就是一种精神分裂症的双重束缚理论会对遗传学家提出的问题。

由双重束缚理论提出的遗传学问题

如果精神分裂症是对学习过程的一个改造或扭曲，那么，当我们提出精神分裂症的遗传学问题时，我们就不能仅仅满足于某些系谱学（genealogies），即我们根据它们来区分某些被送

---

① 这些思考多少有点儿改变了关于用进与废退（use and disuse）的进化论效应的老问题。正统理论只能提出，根据由此导致的组织经济，缩小一个废弃器官（的潜在）尺度的变异具有生存价值。现在的理论会提出，一个发生在体细胞层次的器官萎缩，也许在有机体的全部可适应性上构成了一种消耗，而如果器官的减小可以直接通过基因测定来得到的话，那么，就有可能避免这种对于适应性的浪费。

进精神病院的个体和其他没有被送进精神病院的个体。不存在什么先在的预期，说学习过程的这些扭曲(它们本质上是高度形式的和抽象的)必将表现出适当的内容，从而导致被送进精神病院。作为遗传学家，我们的任务将不仅仅是那种孟德尔主义者集中关注的简单目标，它假定表型和基因型之间的一对一的关系。我们不能仅仅假定说，关进精神病院的成员携带着精神分裂症的基因，其他成员则不携带这种基因。倒不如说，我 259
们必须预测几种基因或基因集群将改变学习过程的模式和可能性，而某些合成模式(the resultant patterns)在面对适当形式的环境胁迫时，将导致明显的精神分裂症。

在最一般的意义上，由于任何学习都是对一个信息比特的吸收，或是对整个有机体之特性结构中的一个基本改变的吸收，所以从遗传学的角度来看，它都得到了某种“获得性状”。这是一种表型改变，而表型之所以能有这样的改变，归于生理和胚胎发育过程的整个链条，其中胚胎发育过程可返回到基因型。(可以想象的是)这个后向系列的每一个阶段都会受到环境影响的修改或打断，但是，就环境影响在那个节点上会破坏有机体的意义而言，许多阶段当然都将是坚挺的。我们只关心这个等级中的一些节点：在那里，环境能够发挥作用，有机体则仍然是活生生的。我们还远远不知道有可能存在多少诸如此类的节点。最终，当抵达基因型时，我们关心的是我们感兴趣的基因型要素是否变异了。从基因型到基因型的差异将影响对于通向我们所观察的表型行为之过程的可修饰性，这种差异出现了吗？

就精神分裂症的情况来说，我们明显地涉及了一种相对长期和复杂的等级；而这个疾病的自然史表明，该等级不仅仅是从基因脚本到表型的一条因果链条——这个链条在某些节点上取决于环境因素。更确切地说，在精神分裂症中，只要相关于精神分裂症的行为开始出现，环境因素本身似乎就有可能被病人的行为所修饰。

要阐述这些复杂情况，或许应该思考一下由其他形式的传播行为——幽默、数学技能或乐曲——所提出的遗传学问题。也许在所有这些例子中，个体之间在那些有利于获得适当技能的要素方面，存在许多遗传差异。但是，技能本身及其特定表
260 现也大大依赖于环境，甚至依赖于特殊的培养。不过，除此之外，对于这种情况的两个成分来说，存在这样的事实，即展现出(例如乐曲方面的)能力的个体，有可能沿着一种将有利于发展其能力的方向来构成他的环境，而他反过来又将为其他人创造一个环境——这将以同样的方向有利于他们的发展。

在幽默的例子中，情形甚或还要更加复杂一些。在此，幽默家与其人类环境之间的关系是否必将是对称的？这一点还是不清楚的。即便在有些情况下，幽默家激发了其他人的幽默，但在许多其他情况下，在幽默家和“喜剧丑角的协助者”之间，仍然出现了众所周知的互补关系。的确，只要幽默家占据着舞台中心，他就会将其他人归于接受幽默的位置，而不是让他们处于自己发挥作用的位置。

这些思考可以不加改变地用于精神分裂症的问题。任何一个人，如果看到含有一个已确诊的精神分裂症患者的家庭成员之间的交往，他就会立刻意识到：该患者的症状性行为与这个环境是相适应的，并且确实促进了其他成员的那些激发精神分

裂症行为的特征。因此，除了前面段落所概括的两个随机机制以外，我们现在面临第三个机制，也就是那些改变的机制：借助于它，家庭或许逐渐地被一种适合于精神分裂症的方式组织起来(即限制组成家庭的个体的行为)。

人们经常提出的一个问题是："如果这个家庭是精神分裂症的病源性家庭，那么，为什么不是所有子女都被诊断为精神分裂症患者呢?"这里必须坚持观点的是：这个家庭和任何其他组织一样，创造并依赖于其成员的分化。就像许多组织只有一个老板的位置一样，尽管事实上该组织是在那些会激发其成员的管理技能和抱负的前提下运作的；所以，精神分裂症患者家庭或许也只有一个精神分裂症患者的位置。幽默家的例子相当
具有可比性。可以造就四个专业的幽默家的家庭组织，一定是 261
非常罕见的。更常见的情况是，一个这样的个体会足以将其他人归于更普通的行为角色。遗传学可以在决定几个子女中的哪个将是精神分裂症患者，或哪个将是(喜剧)小丑方面发挥某种作用，但并不清楚的是，这种等级因素是否完全能够决定家庭组织内的进化或角色。

第二个问题——对此，我们没有最终答案——涉及精神分裂症的(遗传的和/或获得性的)程度，而这种程度肯定要被归因于精神分裂症的病源性家长。出于当下研究的目的，我来限定两个程度的精神分裂症症状，并且注意到所谓的"精神崩溃"有时候把这两种程度分隔开来。

比较严重和明显程度的症状是通常被称为精神分裂症的症状。我将称它为"显性的精神分裂症"(overt schizophrenia)。受此折磨的人的行为方式整体上偏离特定文化环境。特别是，

在关于他们自己(内部和外部的)讯息以及他们从其他人那里接收的讯息的性质和分类方面，他们的行为似乎具有明显或夸张的错误与扭曲的特性。想象似乎与感知混为一谈，字面的东西与隐喻的东西混为一谈，内部讯息与外部讯息混为一谈，琐碎的东西与至关重要的东西混为一谈，讯息的发送者与讯息的接收者混为一谈，感知者与被感知物混为一谈，等等。一般来说，这些扭曲可归结为：患者采取的是一种特定的行为方式，以至于他将为其讯息缺乏元传播的问题负有责任。进而，他是通过使其状况变得明显起来的途径来做到这一点的：在有些情况下，使环境充满了讯息，这些讯息的逻辑分类或是完全模糊不清的，或是容易产生误解的；在其他情况下，则公然地退缩到将自己置于没有明显讯息的境地。

在“隐性的”(covert)情况下，已确诊患者的行为同样具有他或她的讯息的逻辑分类不断变化的特性，只是这个特性不那么明显；已确诊患者的行为还往往具有回应其他人(特别是其他家庭成员)讯息的特性，就好像其他人的这些讯息的逻辑类
262 型不同于说话者意图想表达的东西。在这个行为系统中，面对面的人的讯息不断地被弄得不合格，或是通过指出它们不适合回应隐性的精神分裂症患者说过的话，或是通过指出它们是说话者性格或动机中的某种错误的产物。进而，破坏性的行为通常是以一种未被觉察的方式而得到维护的。只要隐性的精神分裂症患者能够成功地将他人置于错误之中，他或她的病理就是模糊不清的，而责怪则落于他处。某种证据表明，当隐性的精神分裂症患者面对将迫使他们承认其运作模式的环境时，这些人就害怕落入显性的精神分裂症之中。他们甚至会使用“你们

在把我逼疯”的威胁，以作为对其处境的一种捍卫。

我在这里称之为隐性的精神分裂症，是我们已研究的那些家庭中的精神分裂症患者的父母亲的特性。发生在母亲那里的这种行为，已经通过讽刺手法而得到详尽描述了；所以，我在这里将使用父亲为其中心人物的例子。P 先生和 P 太太已经结婚约 18 年，有一个近乎青春型精神分裂症的 16 岁的儿子。他们的婚姻碰到了困难，并且带有几乎是持续不断的敌意的特点。不过，P 太太十分热爱园艺，在某个星期天下午，她和丈夫一起在将成为她的玫瑰园的地方种玫瑰。她回忆说，这是一次非同寻常的快乐时光。星期一早上，丈夫像平常一样出去工作，当他走了以后，P 太太接到了一个来自完全陌生的声音的电话，非常歉意地询问 P 太太打算什么时候离开这座房子。这事有点儿让人吃惊。她还不知道的是，从她丈夫的观点看来，玫瑰园里一起劳动的讯息，是建构在他一星期前已同意卖掉这座房子的更大语境的框架范围之内的。

某些情况下，显性的精神分裂症患者几乎看起来就像是隐性的精神分裂症患者的一幅讽刺画。

如果我们假定，已确诊的患者的总体精神分裂症症状，以及其父母亲的“隐性的精神分裂症”，部分地都是由遗传因素决定的，也就是说，在适当的经验背景下，遗传学(因素)某种意
义上更容易使患者产生这些特定的行为方式，那么，我们不得 263
不提出的问题就是：这两种程度的病理如何可能在一个遗传学理论中相互关联？

目前的确还没有关于这个问题的答案，但我们这里显然可能面对的是两个截然不同的情况。在显性的精神分裂症患者那

里，遗传学家将必须确认患者的那些形式特性，它们将使患者更有可能被其父母亲的隐性的自相矛盾的行为推向某种精神崩溃(或者，这种自相矛盾的行为与家庭外的人的更一致的行为结合起来，并形成对比，从而将患者推向精神崩溃)。对这些特性做出某种明确猜测，现在还为时过早，但是，我们可以合理地假定，它们会包括某种刻板性。或许，倾向于显性的精神分裂症的那个人的特性是：对他当下看到的情况会有某种额外的心理承诺，可这种承诺会被父母亲的框架和语境的迅速转变而伤害或挫败。或者，这个患者也许特别具有某种参数高值，以决定解决问题和形成习惯之间的关系。或许，正是一个非常愿意将问题的解决交由习惯的人，受到了语境中的那些变化的伤害，而那些变化在他将自己的解决办法结合到其习惯结构之中的时候，便使这些解决办法失去了效力。

在隐性的精神分裂症的情况中，遗传学家的问题将是不一样的。他必将确认那些我们在精神分裂症患者的父母亲处看到的形式特性。这里需要的似乎是灵活性，而不是刻板性。但是，由于已经有了某种与这些人打交道的经历，我必须承认有这样的感觉：他们刻板地致力于其自相矛盾的模式。

遗传学家必须回答的这两个问题是否可以通过将隐性模式仅仅视为显性模式的一个更温和的变种而被简单地整合在一起，还是可以通过提出在某种意义上，同样的刻板性在两种情况的不同层次都发挥作用，而能将它们放在一个单独的标题之下？对此，我不知道。

既然如此，我们这里面对的难题，也正是为任何行为特性探求一种遗传学基础的任何尝试所特有的难题。众所周知，所

有关于讯息或行为的印记都是有可能逆转的，而这个概括是精 264
神分析的最重要的贡献之一。如果我们发现，一个有性裸露癖的患者是过分拘谨的父母亲的孩子，那么，我们是否有理由去要求遗传学家描述某种基本特性——它在父母亲的拘谨和子女们的裸露癖中都将能够找到其表型表现——的遗传学呢？压抑和过度补偿的现象不断引起的问题是：某种东西在一个层次（例如，基因型层次）上的过量会导致它在某个更表面的层次（例如，表型层次）上缺乏直接的表现。反之亦然。

这样，我们还远不能对遗传学家提出特殊的问题；但我相信，我正在阐述的观点的更加宽泛的内涵或多或少地修正了遗传学哲学。借助一种层次或逻辑类型的理论，我们探讨精神分裂症问题的方法首先揭示出：适应和学习的问题及其病理必须根据某种等级系统来进行思考，而在此系统中，随机变化就发生在该等级的各个部分之间的临界点上。我们已经思考了三个这样的随机变化领域：遗传突变层次，学习层次和家庭组织变化层次。我们已经揭示出正统遗传学会否认的这些层次之间可能存在的关系，并且已经揭示出：至少在人类社会，进化系统不仅存在于那些碰巧选择了适当环境的人的选择性生存之中，而且也存在于沿着可能强化个体成员的表型或遗传型特性的方向，而对家庭环境的修饰之中。

人是什么？

如果我在 15 年前被问起我所理解的唯物主义是什么的问题，那么，我想我是认为，唯物主义是一种关于这个宇宙的本

质的理论，我也该理所当然地接受这一理论在某种意义上是无关道德的看法。我会赞同科学家是能够为自己和他人提供见解
265 和技术的专家，但是关于这些技术是否**应该**得到使用的问题上，科学可能没有发言权。在这方面，我该遵循科学哲学的一般线索，而与之相关联的名字是德谟克里特、伽利略、牛顿[①]、拉瓦锡和达尔文。我该摒弃诸如赫拉克利特(炼金术士)、布莱克、拉马克和巴特勒等人的不太受人尊重的观点。对于这些人来说，科学研究的动机是期望建立一个包罗万象的宇宙观，这种宇宙观应该表明“人”是什么，以及“人”如何与宇宙的其他东西相关联。这些人试图建立的图景是道德的和美学的。

一方面是科学真理，另一方面是美和道德，两者之间确实存在非常密切的关联：如果一个人对于自己的本质持有虚假的观点，那么，从某种深层意义来说，他因此就将被引向不道德或丑陋的行为方向。

今天，如果被问到关于唯物主义之含义的同样问题，我会说，在我看来，这个语词代表着一套规则，与这些规则相关的是：就这个宇宙的本质而言，应该提出怎样的问题。但是，我不会认为这套规则有权主张自己是唯一正确的。

神秘主义者从“一粒沙中看出一个世界”，他看到的世界或

---

① 牛顿的**名字**确实属于这个名单。但是牛顿本身具有一种不同的性格。他对于炼金术和天启作品的神秘专注，以及他秘密信奉的神学一元论都表明，他不是最早的客观科学家，倒不如说是“最后的炼金术士”(见 J. M. Keynes，“Newton，the Man，” Tercentenary Celebrations，London，Cambridge University Press，1947，pp. 27-34)。牛顿和布莱克的相似之处在于，他们都将大量时间和心思投入到雅各布·伯麦(Jacob Boehme)的神秘作品之中。

是道德的，或是美学的，或两者都是。牛顿主义科学家在落体行为中看到规律性，并声称从这一规律性中没有得出任何规范性的结论。但是，在他声称这是观察宇宙的正确方法的那一刻，他的主张就不再是连贯一致的了。只有根据规范性结论，才有可能做出这样的声称。

我在这次演讲过程中，已经触及了几个问题，它们是无关 266
道德的唯物主义和更浪漫的宇宙观之间长期论战的几个争论焦点。达尔文与巴特勒之间的有些尖锐争论也许可以归为类似于人身攻击的东西，但在所有这些东西的背后，都涉及一个具有宗教立场问题的争论。这场论战实际上是关于“活力论”(vitalism)的论战。这是一个有多少**生命**和怎样的生命秩序可以被赋予有机体的问题，而达尔文的胜利就在于此，他虽然没有成功地减损生物个体的神秘气息，但他至少证明进化论的图景能够被归于自然“规律”。

因此，非常重要的是做出以下论证：尚未征服的领地(也就是生物个体的生命)不能包含任何会收复这一进化领地的东西。仍然神秘的是，活的有机体能够在其个体生命过程中获得适应性改变，这些适应性改变——也就是著名的获得性状——无论如何都肯定不会影响进化树。“获得性状的遗传”总是威胁要为活力论者夺回进化领域。生物学的一个部分必须与另一个部分相分离。客观科学家们当然声称相信自然统一，即自然现象的整体最终会被他们的分析所证明，但是，大约 100 年以来，方便的是在个体生物学与进化论之间建立一个不容渗透的屏障。巴特勒的“遗传记忆”(inherited memory)是对该屏障的一次进攻。

人们可以用各种方式来提出我在这个演讲的结论部分所涉及的问题。它是无关道德的唯物主义和更神秘的宇宙观——这种观念受到分配给“获得性状”的功能变化的影响——之间的论战吗？旧唯物主义的观点确实有赖于认为各种语境是可以分离的那个前提吗？或者，当我们承认在一个元关系的复杂网络中彼此相连的各种语境的无限回归时，我们的世界观就被改变了
267 吗？（表型和基因型中的）分离的随机变化层次也许会在更大的生态系统语境中连接起来，这种可能性在这场争论中改变了我们的忠诚了吗？

在摆脱了关于这些语境总是在概念上可以分离的前提的同时，比起传统的无关道德的唯物主义宇宙观，我已经引入了一个统一得多，并在此意义上也神秘得多的宇宙观。如此获得的新立场是否为我们关于科学能够回答道德或美学问题的期望提供了新的依据？

我相信，立场正在发生重要的改变，而且，或许我最好能通过思考那个你们作为精神病学家已想过多次的问题来将之阐述清楚。我指的是，“控制”问题和由诸如操纵、自发、自由意志和技术等语词提出的整个相关语境。我认为，你们将赞同我的这一观点：并不存在这样一个领域，在那里，关涉自我的本质及其与他人关系的虚假前提就像这个关于控制的思想领域一样，肯定会产生破坏和丑恶。一个与他人相关联的人，对于关系中会发生什么事情的问题，具有非常有限的控制力。他是一个两人单位中的*一部分*，对于任何整体来说，任何部分能够具有的控制力都是被严格限定的。

我已经讨论的语境的无限回归的问题，只是同样现象的另

一个例子。我对这一讨论的贡献是提出了这样的观点：每当整体与部分间的对比出现在传播领域中时，这种对比就只是逻辑分类中的一个对比。整体总是与它的部分处于元关系之中。如同在逻辑中命题绝不能决定元命题一样，在控制问题中，小语境也绝不能决定大语境。我已经说过(例如，在讨论表型补偿现象时)，在逻辑分类的等级中，当各种层次以创建一个自我修正系统的方式而彼此关联时，在每个层次上就常常出现某种印记的改变。这以简单的图表形式出现于我在一个新几内亚的部落中研究过的成年礼层级之中。发起者是新手的天然敌人，因为他们的任务是把新手欺负成型。那些引进新成员的人，现在有了批评成年礼仪式上正在进行的事情的作用，而这使得他们成为当下新成员的天然盟友。某种同样的事情也发生在美国 268
大学兄弟会中，在那里，三年级学生往往与一年级学生结成同盟，四年级学生则往往与二年级学生结成同盟。

这就为我们提供了一种世界观，这种世界观几乎还是未加探索的问题。但是它的某些复杂性可以通过非常粗糙和不完整的类比而予以提出来。我认为，此类等级的功能可以与试图倒一辆带有一个或更多挂车的卡车的事相比拟。这种系统的每个部分都表示符号的反转，每个增加部分都表示可由卡车司机施加的控制量的极大减少。如果这个系统与道路的右侧相平衡，而他想要紧随其后的挂车靠近右侧，他就必须使其前轮转向左边。这将导致卡车后部离开道路右侧，所以挂车前部就会被拉到左侧。现在，这将导致挂车的后部指向右侧。

如同任何做出这样尝试的人都将知道的那样，可控制量迅速跌落下来。倒一辆带有一个挂车的卡车就已经是困难的，因为可施加控制的角度范围有限。如果那个挂车与卡车成一直线，或几乎成一直线，那就容易控制，但是，随着挂车和卡车之间角度的减小，就到达一个失去控制的点，而要试图施加控制的话，就只会导致系统的连环相撞。当我们考虑控制第二个挂车的问题时，连环相撞的阈值就大大降低了，控制也因此几乎可以忽略不计了。

如同我的看法那样，世界是由非常复杂的实体网络(而不是一根链条)构成的，这些实体彼此之间具有这种关系，但是由于这一差异，许多实体都有它们自己的能量供应，甚或都有它们自己的关于可能会走向何方的思想。

在这样的一个世界中，控制的问题越来越与艺术相似，而不是与科学相似，这不仅是因为我们往往将困难和不可预测的东西看作艺术的语境，而且因为错误的结果很可能是丑陋的东西。

269 这样，让我来以一个警示结束我的演讲：我们社会科学家应该抑制想要控制那个我们自己还不完全理解的世界的热望。我们的理解不完整，这一事实不应该用来滋养我们的焦虑，以至于增加控制的需要。倒不如说，我们的研究可以受到一种更古老的、但今天不太受到尊敬的动机的激励，即一种对于我们为其组成部分的世界的好奇心。这种工作的回报不是权力，而是美。

一个奇特的事实是：每一个重大的科学进步——尤其是牛顿所取得的进步——都是优雅的。

参考文献

W. R. Ashby, *Design for a Brain*, New York, John Wiley & Sons, Inc., 1952.

W. R. Ashby, *Introduction to Cybernetics*, New York and London, John Wiley & Sons, Inc., 1956.

G. Bateson, D. D. Jackson, J. Haley, and J. H. Weakland, "Toward a Theory of Schizophrenia," in *Behavioral Science*, 1956, 1: 251-264.

G. Bateson, "Cultural Problems Posed by a Study of Schizophrenic Process," *Symposium on Schizophrenia, an Integrated Approach*, by Alfred Auerback, M. D., ed., American Psychiatric Association, Symposium of the Hawaiian Divisional Meeting, 1958, New York, Ronald Press, 1959.

G. Bateson, "The New Conceptual Frames for Behavioral Research," *Proceedings of the Sixth Annual Psychiatric Conference at the New Jersey Neuro-Psychiatric Institute*, Princeton, 1958, pp. 54-71.

G. Bateson, "The Group Dynamics of Schizophrenia," *Chronic Schizophrenia*, L. Appleby, J. M. Scher, and J. H. Cummings, eds., Glencoe, Ill., The Free Press, 1960.

G. Bateson, "Social Planning and the Concept of Deutero-Learning," *Relation to the Democratic Way of Life*, Conference on Science, Philosophy and Religion, Second Symposium, led by L. Bryson and L. Finkelstein, New York, Harper

& Bors., 1942.

270 G. Bateson, *Naven, a Survey of Problems Suggested by a Composite Picture of Culture of a New Guinea Tribe Drawn from Three Points of View*, Ed. 2, Stanford, Calif., Stanford University Press, 1958.

S. Butler, *Thought and Language*, 1890, published in the Shrewsbury Edition of the works of Samuel Butler, 1925, vol. xix.

S. Butler, *Luck or Cuning as the Main Means of Organic Modification*, London, Trubner, 1887.

C. D. Darlington, "The Origins of Darwinism," in *Scientific American*, 1959, 200: 60-65.

C. Darwin, *On the Origin of Species, by Means of Natural Selection*, London, Murray, 1859.

C. C. Gillispie, "Lamarck and Darwin in the History of Science," in *American Scientist*, 1958, 46: 388-409.

J. Stroud, "Psychological Moment in Perception-Discussion," *Cybernetics: Circular Causal and Feedback Mechanisms in Biological and Social Systems*, Transactions of the Sixth Conference, H. Von Forester, et al., eds., New York, Josiah Macy, Jr. Foudation, 1949, pp. 27-63.

C. H. Waddington, *The Strategy of the Genes*, London, George Allen & Unwin, Ltd., 1957.

C. H. Waddington, "The Integration of Gene-Controlled Processes and Its Bearing on Evolution," in *Caryologia*, Supplement，1954，pp. 232-245.

C. H. Waddington，"Genetic Assimilation of an Acquired Character，"in *Evolution*，1953，7：118-126.

A. Weismann，*Essays upon Heredity*，authorized translation，E. B. Poulton，et al.，eds.，Oxford，Clarendon Preds，1889.

20 双重束缚(1969年)[①]

271 对我来说，双重束缚理论是如何思考这些问题的一个范例，而且至少在这个方面，整个事情都值得重新审视。

有时候，往往在科学中，也总是在艺术中，人们直到问题已经得到解决之后，才知道问题是什么。所以，通过双重束缚理论来回溯性地陈述我的哪些问题得到了解决，或将是有所助益的。

首先，存在具体化的问题。

心灵中显然不存在物体或事件——没有猪，没有椰子树，也没有母亲。心灵中只有转换、感知、想象等，以及做出这些转换、感知等的规则。我们不知道这些规则以什么样的形式存在，但是，它们大概是被嵌入到创造各种转换的那个机器装置之中的。这些规则肯定不像有意识的“思想”那样通常是清晰明确的。

① 这篇论文提交给1969年8月的一次“双重束缚专题研讨会”；罗伯特·赖德(Robert Ryder)博士任主席；由美国心理学协会赞助。论文的写作得到了国家心理健康研究所“职业发展奖”(MH-21931)的资助。

无论如何，说一个人被狮子吓坏了是无稽之谈，因为狮子不是个思想。这个人制造了关于狮子的一个思想。

关于实体(substance)的解释性世界不能激发差异，不能激发思想，而只能激发力和冲击。相反，形式和传播的世界不能激发事物、力或冲击，只能激发差异和思想。(一个造成差 272
异的差异是一个思想。它是一个“比特”，一个信息单位。)

但是，我只是后来才明白了这些事情——通过双重束缚理论能够学习它们。不过，在没有它们便几乎不能被创建出来的理论中，它们当然还是内隐的。

正是由于没有清楚地思考具体化的问题，所以在我们关于双重束缚的原始论文中包含了许多错误。在那篇论文中，我们谈论双重束缚，就好像它是某种东西，而且就好像那种东西能够得到计算似的。

那当然是一派胡言了。你们不能在一片墨迹中数蝙蝠，因为没有。可是，一个人如果心里记住蝙蝠的话，就可以“看见”几只蝙蝠了。

但是，心灵中有双重束缚吗？这可不是个琐碎的问题。既然心灵中没有椰子，只有对于椰子的感知和转换，那么，当我(有意或无意地)感知到我老板行为中的双重束缚时，我在心灵中也没有得到双重束缚，而是只得到了对双重束缚的感知或转换。而那不是这个理论要讨论的问题。

于是，我们讨论制造那些转换的规则中的某种纠结(tangle)，并讨论诸如此类的困惑的产生或培育。双重束缚理论主张，在精神分裂症症状和相关行为模式的测定或病原学中，存在一种经验的成分，诸如幽默、艺术、诗歌等。值得注意的是，双重束缚理论没有对这些亚种进行区分。在它的术语范围内，没有什么东西能够决定一个特定个体将成为一个小丑，一个诗人，一个精神分裂症患者，或这些东西的某种组合。我们不是论述一个单一的症候群，而是一类症候群，其中大部分都不是通常观点所认为的病理学的东西。

我来发明一个语词，即“跨语境的”(transcontextual)，以作为这类症候群的一个通用术语。

有些人的生活因跨语境的馈赠而丰富多彩，有些人则因跨语境的混乱而贫乏，这两者的相似处好像是在一个方面：对于他们来说，总是存在或经常存在“先是一怔，后来恍然大悟”(double take)的情形。一片落叶，一个朋友的打招呼，或者一支“河边的报春花”都不是“仅此而已”。外源性经验可以被装入梦的语境的框架之中，内在思想也可以被投射到外部世界的语
273 境之中。尽管这样，我们还是在学习和经验中探寻部分的解释。

当然，在跨语境的症候群的病原学中，也存在遗传的成分。这些成分将会在更抽象的，而不是更经验的层次上发挥作用。例如，遗传组件可以决定学习技能是跨语境的，或是(更抽象地)决定获得这一技能的潜力。或者反之，基因组可以决定抵制跨语境通道的技能，或决定得到这后一种技能的潜力。(对于确定由 DNA 携带的讯息逻辑分类的必要性，遗传学家们关注得还非常少。)

无论如何，遗传决定与经验的东西的交汇点的确是非常抽象的，而这肯定是真实的，即便遗传讯息的体现是单一基因，也是如此。(单一信息比特——单一差异——也许是对任何抽

象层次上的任何程度的复杂性问题的是或否的回答。)

目前那些(为“精神分裂症”)提出了具有“低外显率”(low penetrance)的单显性基因的理论，似乎为任何经验理论开辟了道路，而后者将表明，怎样的经历会导致隐而不见的潜力出现在表型之中。

不过，我必须承认，除非其倡导者们尝试详细阐述下述问题，否则这些理论几乎没有什么意义，这个问题就是：决定“精神分裂症”的复杂过程中的哪些组件是由假设基因所提供的？对于这些组件的认定，肯定是一个**做减法的**过程。就环境作用大的地方而言，在环境效应得到认定和控制之前，这种遗传学是不可能得到研究的。

但是，对别人怎样对自己也应该怎样，上述关于遗传学家所谈的看法使我有义务清楚地阐述下述问题：双重束缚经历能够提供怎样的跨语境过程的组件。因此，适当的做法是重新思考双重束缚理论得以立足的二次学习理论。

一切生物系统(有机体和有机体的社会的或生态的组织)都有适应性改变的能力。但根据我们选择来思考的系统的尺度和复杂性，适应性改变采取多种形式，诸如应答、学习、生态演替、生物进化、文化演进，等等。 274

不管什么样的系统，适应性改变都依赖于**反馈环**(feedback loops)，那些由自然选择提供的系统，或那些个体强化系统，都是如此。于是，在一切情况下，必定存在一个**试误**的过程，以及一个**比较**的机制。

但是，试误必定总是包含着错误，错误在生物学意义上和/或心理意义上，又总是高代价的。因此适应性改变肯定始终是**有等级的**。

需要的不仅是适合当下环境(或生理)需求的第一秩序的改变，而且是第二秩序的改变，后者将减少为达到第一秩序改变所必需的试误的次数。通过叠加和相互连接许多反馈环，我们(以及所有其他生物系统)不仅解决了特定的问题，而且形成了用来解决多种问题**类别**的**习惯**。

我们表现得像是整个问题类别都能够根据假说或前提得到解决似的，这些假说或前提者在数量上少于问题类的成员。换句话说，我们(有机体)**学会学习**(learn to learn)，或用更加专业的术语来说，我们二次学习(deutero-learn)。

但是，习惯是出了名的刻板，这是它们在适应等级中的地位的必然结果。由习惯的形成所获得的对于试误的那种节省(economy)只是有可能的事情，因为用工程师的术语来说，习惯相对而言是“硬程式化的”(hard programmed)。准确地说，节省在于**不要**每次使用习惯时都重新考察或发现习惯的前提。我们可以说，这些前提部分地是“无意识的”，或者，如果你们喜欢的话，我们可以说一种不考察这些前提的**习惯**得到了发展。

此外，重要的是注意到：习惯的前提几乎肯定是抽象的。在某种程度上，每个问题都不同于每个其他问题，它在心灵中的描述或表现因此将包含独一无二的命题。显而易见，将这些独一无二的命题沉入到习惯的前提层次，将会是一个错误。习惯只能成功地应对那些具有普遍性或重复性真理的命题，它们

275

通常处于相对高等的抽象秩序之中。[①]

我认为，特定命题在决定跨语境的症候群方面是至关重要的，现在，这些命题就是那些形式的抽象物，它们描述和决定人与人之间的关系。

我说了“描述和决定”，但是即便这样也还是不充分。更好的说法是，关系就**是**这些讯息的交换；或者，关系就内在于这些讯息之中。

心理学家通常认为，那些关系的抽象物(“依赖”“敌意”“爱”等)似乎是由讯息所描述或“表达”的真实的东西。这是认识论的倒退。事实上，讯息构建了关系，像“依赖”一词是交换讯息组合中的内在模式的语言代码描述。

正如已经提到的那样，心灵中无“物”，连“依赖”也没有。

我们如此这般地被语言所迷惑，以至于无法冷静地思考，有时候，方便的事情是记住我们其实就是哺乳动物。“心”的认识论是任何非人类的哺乳动物的认识论。猫不会说“牛奶”，它只表现(或就**是**)它的交换目的，我们在语言中会把这个模式称为“依赖”。

但是，表现或就是一个相互作用模式的目的，是在提出另一个目的。一个**语境**为了某个特定类的反应而确立起来。

各种语境的编织，以及提供语境的讯息——但这些讯息与
其他任何讯息一样，只是凭借语境才有“意义”——的编织，是 276

① 不过，重要的是，命题总是真的，而不是抽象的。抽象的东西如果选择得好的话，正好(碰巧)具有真理的恒定性。对于人类来说，空气出现在鼻子周围，是持续为真的；控制呼吸的反应能力因此可以在髓质中被硬程式化。对于海豚来说，命题“围绕鼻孔的空气”只是断断续续地为真，因此，呼吸肯定是以来自某个更高中心的某种更加灵活的方式而得到控制的。

所谓双重束缚理论的主题。

可以用一个著名的和形式上正确的[①]植物类比来阐述这个问题。150年前，歌德指出，在开花植物解剖学中，存在一种句法或语法。“茎”就是承载“叶子”的东西，“叶子”就是在它的腋上有芽的东西，芽就是产生于叶子腋上的茎，等等。每一个器官的形式（也就是传播）本质都是由其语境地位所决定的，既是它在此发生的语境，也是它为其他部分设置的语境。

我在上面说过双重束缚理论关注的问题是：在习惯规则或前提中产生纠结的经验成分。我现在仍然主张，语境结构编织物中的有经验的违规实际上就是“双重束缚”，而且（如果它们是致力于学习和适应的等级过程的话）必定促进那个我所说的跨语境症候群。

想想一个非常简单的范例：一只雌性海豚（糙齿海豚）受到训练，以接受训练员的作为“次级强化”的哨声。哨声之后应该是食物，如果它后来重复了哨子吹起时正在做的事情，那么，它将期待再次听到哨声，并得到食物。

现在，这只海豚被训练员用来向公众展示“操作性条件反射”（operant conditioning）。当它进入表演池时，把头抬出水面，听哨声，得到食物。然后，它再次抬头，再次得到强化。这个序列对于展示来说，重复三次足够了。然后，这只海豚被带离舞台，等待两小时以后的下一场表演。它已经学会了某些简单的规则，而这些规则将它的行为、哨声、表演池和训练员

---

① 形式上正确，是因为像行为一样，形态发生的确是一个处于语境之中的讯息问题（见 G. Bateson，“A Re-examination of ‘Bateson’s Rule，’”*Journal of Genetics*，印制中）。

连接成一个模式——一个语境结构，一套如何将信息组合起来的规则。

但是，这个模式只适合表演池里的一个时段。它必须打破这个模式才能应对此种时段的分类。存在更大的语境之语境 277
(contexts of contexts)，它们将使这只海豚陷入困境。

在下一场演出中，训练员想再次展示“操作性条件反射”，但是，要做到这一点，海豚必须选择一个不同的引人注目的行为。

它上台了，再次抬头。但是它没有听到哨声。训练员等待下一个引人注目的行为——可能是拍打尾巴，这是恼怒的一种常见表现。这个行为然后就被强化和重复。

但是，拍打尾巴当然在第三场表演中就得不到奖励。

最后，这条海豚学会了应对语境的语境——每当它走上舞台时，就展示一种不同的或新的引人注目的行为。

所有这一切都已经在海豚、训练员和观众之间关系的自由的自然史中发生过了。这个序列然后借助一只新海豚而实验性地得到重复，并且被仔细地记录下来。[①]

这个序列的实验性重复必须增加两点：

第一，有必要(根据训练员的判断)多次打破实验规则。海豚因为有了做错了的经历而心烦意乱，所以为了维护海豚与训练员之间的关系(也就是语境的语境的语境)，对于海豚无权做的那些事情，必须给予多次强化。

---

① K. Pryor, R. Haag, and J. O'Rielly, "Deutero-Learning in a Roughtooth Porpoise(*Steno bredanensis*)," U. S. Naval Ordinance Test Station, China Lake, NOTS TP 4270.

第二，最初十四个时段中的每一个的特点都是在做许多徒劳的重复，就是对已在上一个时段得到强化的无论什么样的行为的重复。似乎只有出于“偶然”，这只海豚才能给出一个不同的行为。在第十四时段和第十五时段之间的空隙，海豚显得非常激动，当它来到第十五时段的舞台时，它做出了一次复杂的表演，包括八个引人注目的动作，其中四个是全新的——这是在这种动物中以前从未见到过的事情。

我相信，这个故事说明了跨语境症候群(a transcontextual
278 syndrome)之产生的两个方面。

第一，就关于用来理解两个哺乳动物之间的某种重要关系的规则而言，可以通过将其中一个哺乳动物置于困境而使其陷入剧烈的痛苦和不适之中。

第二，如果这个病理可以被避开或受到抵制，那么，总体经验会促进**创造力**。

参考文献

G. Bateson，“Social Planning and the Concept of Deutero-Learning,”*Science*，*Philosophy and Religion*；*Second Symposium*，L. Bryson and L. Finkelstein，eds.，New York，Conference on Science，Philosophy and Religion in their Relation to the Democratic Way of Life，Inc.，1942.

G. Bateson，“Minimal Requirements for a Theory of Schizophrenia，” *A.M.A. Archives of General Psychiatry*，1960，2：477-491.

G. Bateson，*Perceval's Narrative*，*A Patient's Account*

of his Psychosis, *1830-1832*, edited and with an introduction by Gregory Bateson, Stanford, Calif., Stanford University Press, 1961.

G. Bateson, "Exchange of Information about Patterns of Human Behavior," *Information Storage and Neural Control*; *Tenth Annual Scientific Meeting of the Houston Neurological Society*, W. S. Fields and W. Abbott, eds., Springfield, Ill., Charles C. Thomas, 1963.

G. Bateson, "The Role of Somatic Change in Evolution," in *Evolution*, 1963, 17: 529-539.

21 学习和传播的逻辑类型[1]

279 各种行为科学家都在这个或那个意义上，关注“学习”这一语词。而且，自从“学习”成为一种传播现象以来，所有的人在思想上都受到控制革命的影响。这场革命发生在刚刚过去的25年中，由工程师和传播理论家所触发，但其更早的根源在于坎农(Cannon)和克劳德·伯纳德（Claude Bernard)的生理学，在于克拉克·麦克斯韦(Clarke Maxwell)的物理学，在于罗素和怀特海的数学哲学。截至目前，行为科学家仍然忽略《数学原理》[2]的问题，他们可以说过时了大约60年。

不过，把各种行为科学家分开的那些误解的障碍似乎还是可以得到(但不是消除)阐述的，其方法则是将罗素的“逻辑类

① 这篇论文写于1964年，当时作者在国家心理健康研究所“职业发展奖”(K3-NH-21，931)的资助下，任职于传播研究所。它作为一篇立场论文呈交给“世界观大会”，会议由温纳-格伦基金会赞助，1968年8月2—11日举行。关于“三型学习”的部分添加于1971年。

② A. N. Whitehead and B. Russell，*Principia Mathematica*，3 vols.，Cambridge，Cambridge University Press，1910—1913.

型论”运用到他们都关心的“学习”概念之中。本篇论文的一个 280
目的就将是尝试做出这样的阐述。

逻辑类型论

首先，恰当的做法是指出“逻辑类型论”的主题：这一理论声称，在形式逻辑或数学话语中，没有什么类可以是其自身的成员；诸类之类不可能是为其成员的诸类之一；名称不是被命名的事物；“约翰·贝特森”(John Bateson)是这个男孩儿为其唯一成员的那个类；等等。这些主张也许看上去是琐碎的，甚至尽人皆知，但是，我们以后将会看到，对于行为科学理论家来说，寻常之事毕竟就是：他们所犯的错误正类似于将名称与被命名的东西归为一类的错误，或吃菜单卡而不是用晚餐——这就是一种**逻辑分类**的错误。

这个理论进一步的主张多少有点不那么好理解，即一个类不可能是那些被正确地分类为其非成员的项中之一。如果我们把椅子都归为一类，以建构椅子的类，我们接着就可以注意到，桌子和灯罩是一个“非椅子”大类的成员，但是，如果我们在非椅子类的项中算上**椅子类**，那么，我们就将犯下形式话语的错误。

既然没有类可以是其自身的成员，非椅子类显然就不可能是一个非椅子。关于对称的简单思考就足以说服非数学领域的读者：(a)椅子类具有和非椅子类同样的抽象秩序(即同样的逻辑类型)；(b)如果椅子类不是一把椅子，那么相应地，非椅子类就不是一个非椅子。

最后，这个理论声称，如果这些简单的形式话语规则被违背了，那么将产生悖论，话语将失效。

这样，“逻辑类型论”就涉及高度抽象的问题，并首先是从抽象的逻辑世界中推论出来的。在那个世界中，当一连串的命题可以被展示为生成了一个悖论的时候，涉及生成那个悖论的
281 公理、定理等整个结构因此就被否定和归于无。似乎它从未存在过。但是，在真实世界中(或至少在我们对它的描述中)，总是存在**时间**，由此便没有什么东西可以这样被完全否定。(由于错误编程)而遇到悖论的那台计算机并没有消失。

逻辑的“如果……那么……”不包含时间。但在计算机中，因果被用来**模拟**逻辑的“如果……那么……”；而一切因果序列必定涉及时间。(反之，我们可以说在科学解释中，逻辑的“如果……那么……”被用来模拟因果的“如果……那么……”。)

计算机永远不会真正遇到逻辑悖论，而只会模拟因果链条中的悖论。因此，计算机不会消失。它只是振荡。

事实上，逻辑世界和现象世界之间存在巨大的差异，而每当我们将自己的论证基于存在于它们之间的部分而又重要的类比基础上的时候，就必须考虑到这些差异。

这篇论文的论题是：部分类比可以在与其学习相关的现象分类上，为行为科学家提供重要的指导。正是在动物的和机械的传播领域中，某种类似于类型理论的东西一定是适用的。

不过，这种问题在动物学实验室、人类学田野营或精神病学会议中往往没有得到讨论，因此有必要对以下观点进行论证，即这些抽象的思考对于行为科学家来说乃是至关重要的。

想一想这个三段论：

> (a)哺乳动物的行为项的频率变化，可以根据各种强化“定律”而得到描述和预测。
>
> (b)在老鼠中观察到的“探究”(exploration)是哺乳动物行为的一个类别或类。
>
> (c)因此，“探究”频率的变化应该可根据同样的强化“定律”而得到描述的。

马上要说明的是：第一，经验资料表明，结论(c)是不真的； 282
第二，如果结论(c)可论证为真，那么，无论是(a)还是(b)都会是不真的。[①]

关于结论(c)的一种扩展和修正会更好地满足于逻辑和自然史，多少有点类似于如下所述：

> (c)如果就像(b)所主张的那样，“探究”不是哺乳动物行为的一个*项*，而是此类项的一个*类别*的话，那么，对于行为*项*来说为真的描述性陈述，却不可能对“探究”来说也为真。不过，如果对于行为项来说为真的描述性陈述，对“探究”来说也为真，那么，“探究”就是一个项，而不是诸项的一个类。

---

① 可以想象，同样的*语词*既可以用来描述一个类和它的成员，而且在这两种情况下都为真。语词“波浪”(wave)是分子运动的一个类的名称。我们也可以说，波浪本身“运动”，但是我们将涉及一类运动的运动。在摩擦力下，这个元运动就像一个分子运动一样，不会失去速度。

全部问题取决于一个类和它的成员之间的区别是否就是我们研究的行为现象中的一个秩序排列原则。

用不太正式的语言来说就是，当老鼠琢磨一个特定的奇怪物体时，你们可以(肯定或否定地)强化这只老鼠。而它将恰当地学会接近物体或回避物体。但是，探究的目的正是获得哪些物体应该被接近、哪些物体应该被回避的信息。因此，有关特定物体是危险的这一发现就是获得信息事务方面的*成功*。这个成功阻止了老鼠以后再去探究其他那些奇怪的物体。

人们可以先验地论证说，一切感知和一切反应，一切行为和一切行为的类，一切学习和一切遗传学，一切神经生理学和内分泌学，一切组织和一切进化——一个完整的主题——都必
283 须在本质上被认为是传播的，因此受到适合于传播现象的重要通则或“定律”的约束。这样，我们就被告诫说，有希望在我们的资料中发现基本的传播理论会提出的那些秩序原则。“逻辑类型论”“信息论”等就有可能成为我们的指导方针。

计算机、老鼠与人的“学习”

“学习”一词无疑表示某种*改变*。要说是*什么样*的改变，则是一个微妙的问题。

不过，从总公分母——“改变”——出发，我们可以推断，我们关于“学习”的描述将必须同样考虑逻辑类型的种类——自牛顿时代以来，这已经成为物理科学中的日常工作。改变的最简单和最令人熟悉的形式是*运动*，即便我们在非常简单的物理层次上工作，我们都必须根据“位置或零运动”“恒定速度”

“加速度”“加速度的时间变率”等[①]来建构我们的描述。

改变表示过程。但是过程本身受到“改变”的约束。过程可以加速，它可以慢下来，或者，它可以经历其他类型的改变，所以我们会说它现在是一个“不同的”过程。

这些思考表明，我们应该从关于最简单层次上的学习观点的序列起步。

让我们来想一想反应的特异性或**零学习**(zero learning)的例子。在这种情况下，实体在其对重复感觉输入项的反应中，表现出最小的改变。接近这一简单程度的现象发生在各种语境之中：

(a)实验背景，即当“学习”是完整的，而动物对于重 284
复刺激给予了近乎百分之百的正确反应。

(b)习惯化(habituation)的情况，在那里，对于从前的一个引起混乱的刺激，动物不再给予明显的反应。

(c)反应模式最低程度由经验所决定，最高程度地由遗传因素所决定的那些情况。

(d)反应在此成了高度刻板印象的情况。

(e)简单的电子回路的情况，在那里，**回路结构本身不受由回路中的脉冲通路所导致的改变的制约**，也就是说，在那里，就像工程师所说的那样，“刺激”和“反应”之

---

① 描绘分子运动的牛顿方程式停留在“加速度”的层次上。**加速度改变**只能随运动物体的递进变形而发生，但牛顿的“分子”不是由“部分”构成的，因此(在逻辑上)不能变形或不能有任何其他内部改变。这样，它就不受加速度时间变率的约束。

间的因果连接是被“焊接进去的”。

通常，按照非技术的说法，语词“学习”往往被应用于这里被称为“零学习”的东西，也就是应用于对来自外部事件的信息的简单接收，以至于后来(或适当)时候的类似事件将传递同样的信息，如我从工厂的汽笛声中“学习到”现在是12点。

有趣的问题也在于注意到：在我们的定义框架内，许多非常简单的机械装置至少显示出零学习的现象。问题不是：“机器可以学习吗?”而是：一个给定的机器达到了什么层次或秩序的学习？这值得看一个极端(假设的)例子。

一个冯·诺依曼游戏的“参与者”是一个数学虚构(人物)，可以和几何学中的欧几里得直线或物理学中的牛顿分子相媲美。按照定义，这个“参与者”能够进行一切为解决游戏事件可能提出的任何问题所必需的计算；只要这些计算是恰当的，他就不能不进行这些计算；他总是服从其计算的发现。这样一个“参与者”从游戏事件中接收信息，并且按照那个信息而恰当地行动。但是，他的学习被限定在这里所称为的零学习范围之内。

285 对于这种形式虚构的考察，将有助于我们对零学习的定义。

(1)这个“参与者”可以从游戏事件中接收高逻辑类型或低逻辑类型的信息，他也可以用这种信息来做出高类型的决策或低类型的决策。就是说，他的决策也许要么是战略的(strategic)，要么是战术的(tactical)，而他对其对手的战术决策和战略决策都能够做出识别和反应。不过，在冯·诺依曼关于“博弈”的形式定义中，博弈可以提出的一切问题都确实被认为是可计算的，也就是说，虽然博弈也许包含许多不同逻辑类型的问题和信息，但这些类型的等级是严格限定的。

这样，关于零学习的定义似乎就将不依赖于由有机体所接收的信息的逻辑分类，也不依赖于有机体可能做出的适应性决策的逻辑分类。一个很高(但有限)的复杂性秩序不过是建立在零学习基础上的适应性行为的特点。

(2)这个“参与者”会计算能够给他带来利益的信息的价值，并会计算通过“探究性的”行动而获得这个信息将会给他带来好处。要不，他会在等待必要信息的同时，采取延缓或暂时的行动。

由此可推断，进入探究行为的老鼠也许是在零学习的基础上而如此行事的。

(3)这个“参与者”会计算到，采取随机行动将会给他带来好处。在匹配便士(matching pennies)的博弈中，他将计算出，如果他随机选择了“正”或“反”，他就将有一个赢的机会。如果他用了任何计划或模式，那就将像是他的行动序列中的一个模式或冗余，而他的对手因此将接收信息。于是，这个“参与者”就将选择以一种随机的方式来行事。

(4)这个“参与者”不能“有错”。他会有充分理由选择随机行动或探究性行动，但是根据定义，他不能“通过试误”来学习。

如果我们以这一学习过程的名义，假定语词“错误”意味着当我们说“参与者”不能有错时所意味的东西的话，那么，“试误”就从冯·诺依曼的“参与者”的全部技能中被排斥出去了。 286

事实上，冯·诺依曼的“参与者”迫使我们对自己说的“试误”的意思是什么的问题进行非常仔细的考察，以及的确要对任何种类的“学习”是什么意思的问题进行非常仔细的考察。有关语词“错误”的意思的假定不是微不足道的，而是现在就必须予以考察。

某种意义上，这个“参与者”可能是错的。例如，他也许将一个决策建立在概率思考的基础上，然后采取行动——该行动按照有限的可用信息来说，最有可能是对的。当可以获得更多信息的时候，他也许发现那个行动是错的。但是，这一发现对于他未来的技能来说，不能发挥任何作用。根据定义，“参与者”正确地使用了所有可用信息。他正确地估计各种可能性，采取最有可能正确的行动。发现在特定情形下他是错的，这对以后的情形不能产生任何影响。当同样的问题在下一次又出现时，他将正确地进行同样的计算，并做出同样的决策。而且，他从中做出自己选择的那个可供替代的集合将是同一集合，正是这样。

相比之下，一个有机体在这个“参与者”不能错的许多方面，是可以错的。当这些错的选择是那种会为有机体提供有利于其未来技能的信息的那种选择时，它们就被恰当地称为“错误”。它们都将是这样的情况，在此，有些可用信息要么被忽视，要么被不正确地加以使用。各种诸如此类的有利可图的错误可以得到分类。

假定外部事件系统包含可以告诉有机体的细节，即(a)他应该从哪个可供替代的集合中选择他的下一步行动？(b)他应该从那个可供替代的集合中选择哪一个成员？这种情况允许两个错误**秩序**：

（1）有机体可以正确地使用特定的信息，该信息告诉他应该从哪个可供替代的集合中进行选择，但是应该在从那个可供替代的集合中选择错误的东西。

（2）他可以从一个错误的可供替代的集合中进行选择（也存在一类有趣的情况，在那里，各个可供替代的集合包含共同的成员。这样，有机体就有可能出于错误的理由而是“正确”的。这种形式的错误不可避免地是自我强化的）。

如果我们现在接受这样的总体观点，即一切学习（除了零学习以外）在某种程度上都是随机的（也就是包含着“试误”的成 287
分），那么，就可推断，学习过程的秩序排列可以建立在错误类型的等级分类的基础上，而这些错误将在各种学习过程中得到矫正。这样，零学习就将是个标记，用以标记所有那些无须通过试误来矫正的（简单和复杂的）行为的当下基础。“一型学习”就将是个恰当标记，用以标记对在一个不变的可供替代的集合中的选择的修正；“二型学习”也将是个标记，用以标记对从中做出选择的那个可供替代的**集合**的修正；等等。

一型学习

遵循由运动“定律”（也就是描述运动的规律）所提供的形式类比，我们现在来探寻可被恰当地描述为零学习中的**改变**（就像“运动”描述位置的改变）的那类现象。存在这样一些情况，在此，一个位于时间 2 的实体做出了一个反应，该反应不同于它在时间 1 的时候做出的反应，而我们又遇到了种种情况，它们以不同的方式与经验、生理学、遗传学和机械过程相关。

(1)存在一种习惯化的现象：针对一个重复事件的每一次发生，都有从反应到不公开反应的改变。也存在习惯化的消亡或失去的现象，这可以作为刺激性事件重复序列中的一个或多或少的长间隙或其他中断的结果而发生。(习惯化特别有趣。我们称之为零学习的反应特异性是所有原生质的特性，但有意思的是注意到“习惯化”或许是“一型学习”的唯一形式，而生物不需要神经回路就可获得这种学习。)

(2)最令人熟悉，或许也是研究得最多的情形是经典的巴甫洛夫式的条件反射作用。在时间 2，狗分泌唾液以回应铃声；它在时间 1 的时候没有做出这个行为。

(3)存在着发生于工具性奖励或工具性回避的语境之中的“学习”。

288 (4)存在机械学习的现象，在那里，有机体的一个行为项成为另一个行为项的刺激物。

(5)存在“已完成”学习的打乱、消失或抑制，它们可以随着强化的改变或缺失而产生。

简言之，“一型学习”的清单包括最经常地在心理学实验室里被称为“学习”的那些项。

注意，在“一型学习”的所有情形下，我们的描述中都存在一种关于“语境”的假设。这一假设必须得到明确。“一型学习”的定义假定，铃声(刺激物)由于某种原因在时间 1 和时间 2 是“同样的东西”。这个关于“同样”的假设也必须限定“语境”——它必须(从理论上说)在两个时间都是一样的。由此得出，在我们的描述中，发生在时间 1 的事件没有被包括在我们关于时间

2 的语境的定义之中，因为要包括它们的话，立刻就会产生“时间 1 的语境”和“时间 2 的语境”之间的巨大差异(套用赫拉克利特的话就是：“没有男人能和同一个姑娘履行两次初夜权”。)。

传统假设认为，语境至少在某些情况下是可重复的，笔者在这篇论文中将这个假设作为下述论点的基石而采纳，即行为研究必须按照“逻辑类型论”来排出秩序。如果**没有**关于可重复语境的假设(以及这样的假设：**对于**我们研究的**那些有机体**来说，经验系列确实不知何故被以这种方式给点断了)，那么，随之而来的就是会认为一切“学习”都具有一个类型，就是说，一切学习都将是零学习。关于巴甫洛夫式的实验，我们只能说，狗的神经回路从一开始就包括了“被焊入的”特性，诸如在时间 1 的语境 A 下，它不会分泌唾液，而在时间 2 的完全不同的语境 B 下，它将分泌唾液。从前被我们称为“学习”的东西，现在我们会将之描述为时间 1 的事件和时间 1 **加**时间 2 的事件之间的“区别”。然后，在逻辑上就会是，一切此类问题——“这个行为是‘习得的’还是‘天生的’?”——都应该以有利于遗传学的方式来得到回答。

我们会论证说，如果没有关于可重复语境的假设，我们的 289
论点就会落空，连同关于“学习”的整个一般概念。另一方面，如果对于我们所研究的那些有机体来说，关于可重复语境的假设以某种方式被接受为正确的东西，那么，对学习现象进行逻辑分类的问题就肯定是有效的，因为“语境”概念本身是可以进行逻辑分类的。

我们或是必须抛弃“语境”概念，或是保留这个概念，并借助于它，来接受以下等级系列：刺激，刺激的语境，刺激的语境的语境，等等。这个系列可以按照如下逻辑类型等级的形式得到阐述：

刺激是一个内部或外部的基本信号；

刺激的语境是对基本信号**进行分类**的**元讯息**；

刺激的语境的语境是对元讯息进行分类的元-元讯息；

等等。

从“反应”概念或“强化”概念出发，能够建立同样的等级。

或者，跟踪被随机过程或“试误”所修正的错误的等级分类，我们可以将“语境”看作适合所有下述事件的一个集合术语：这些事件告诉有机体必须在哪个可供替代的**集合**中做出自己的下一个选择。

在此，引入“语境标记”(context marker)的术语是件便利的事情。一个有机体对不同语境下的“同样”刺激做出不同的反应，而我们因此必须提出有机体的信息来源的问题。它(他)是从什么样的感知中知道语境 A 不同于语境 B 的呢?

在许多情况下，也可能并不存在将两种语境进行分类或区分的特殊**信号**或标记，有机体将不得不从事件——它们构成每一种情况的语境——的实际聚合中获得信息。但是，在人类生活以及或许许多其他有机体的生活中，的确出现了其主要功能就是对语境**进行分类**的那些信号。下述假定并非没有道理，即当狗绳被套到狗(它已经在心理学实验室里接受了长期的训练)身上时，它就由此知道自己现在正进入某个特定种类的语境系
290 列。我们将把这样一种信息来源称为“语境标记”，并且立刻注意到，至少是在人类层次上，也存在“语境的语境的标记”。例

如，一个观众正在看舞台上的哈姆雷特，听到这个英雄在他与其死去的父亲、奥费利娅和其他人的关系的语境下讨论自杀问题。观众们没有立即打电话叫警察，因为他们已经收到有关哈姆雷特的语境的语境的信息。他们知道，这是一出“戏剧”，并且已经从许多“语境的语境的标记”——节目单，座位安排，幕布，等等——中获得这个信息。另一方面，当“国王”让自己的良心被戏剧中的戏剧所刺痛时，他正忽略了许多“语境的语境的标记”。

在人类层次上，各种各样的事件集合落入了“语境标记”的类型之中。这里列出了一些例子：

> a. 教皇据此做出权威性宣告的宝座，而这些宣告具有某种特殊的合法性秩序。
>
> b. 医生为改变病人的主观经验而用来设置场景的安慰物。
>
> c. 某些催眠师在“诱导恍惚”时所使用的发光物。
>
> d. 空袭警报和“警报解除”。
>
> e. 拳击手开战之前的握手。
>
> f. 礼仪的遵守。

不过，这些都是高度复杂的有机体的社会生活的例子，而在这个阶段，更有帮助的是探讨语前层次的类似现象。

一条狗可以看到主人手中的狗绳，并且表现得就像它知道这表示要出去似的；或者，它也许从语词“走”的声音中得到信息，说是这种类型的语境或序列即将到来。

当一只老鼠开始一连串的探究活动时，是为了回应一个“刺激”吗？或者，是为了回应一个语境？再或者，是为了回应一个语境标记？

291 这些问题使“逻辑类型论”的形式问题浮出水面，它们必须要得到讨论。这个理论在其原始形式下，只是严格地涉及数字传播，它能够在多大的程度上被运用于类比或像似系统，还是个令人怀疑的问题。我们这里称之为“语境标记”的东西也许是数字的(例如，上面提到的语词“走”)；或者，它们也许是类比的信号——主人的一个轻快动作也许表明，一次外出走路就在眼前了；或者，正在出现的语境的某个**部分**可以用作一个标记(作为遛狗一部分的狗绳)；或者，在极端情况下，遛狗本身以其全部的复杂性可以代表自己，不需要狗和经验之间的标签或标记。感知事件本身可以传播自己的发生。当然，在这种情况下，不可能存在“菜单卡”之类的错误。而且，不会产生悖论，因为在纯类比或像似传播中，不存在代表“不”的信号。

事实上，几乎不存在涉及类比传播的形式理论，特别是不存在“信息论”或“逻辑类型论”的等同物。当我们离开逻辑和数学的纯净世界而开始面对自然史的现象时，形式知识的这一差距就会引起麻烦。在自然界，传播很少要么是纯数字的，要么是纯类比的。离散数字点经常组合起来以构成类比图，就像打印机的半色调一样；而且有时候，就像在语境标记中的情况那样，存在从明示的(ostensive)东西经过像似的东西再到纯数字的东西的连续渐变。在这个序列的数字端，信息论的一切原理都完全有效，但是在明示的和类比的那一端，它们则是无意义的。

虽然相当程度上，甚至高等哺乳动物的行为传播都仍是明示的，或类比的，但这些生物的内部机制至少在神经细胞层次上似乎也已经变得数字化了。看起来，类比传播在某种意义上比数字传播更加原始，并且好像存在一个以数字机制取代类比机制的广阔进化趋势。比起外部行为进化中的情况来，这个趋势似乎在内部机制的进化中运转得更快。

以下是上述观点的概括和延伸：

a. 可重复的语境观是任何将“学习”限定为*改变*的理论的 292
一个必要前提。

b. 这个观念不仅是我们的描述工具，也包括内隐的假设，即对于我们所研究的有机体来说，生命经验、行为等序列是以某种方式被分割或点断为那些子序列或“语境”的，这些语境可以被有机体等同起来，或者加以区分。

c. 对于复杂情境中的高等有机体来说，通常在感知与行为、传入与传出、输入与输出之间的区分是无效的。一方面，几乎每一项行为都可以或是由外部感觉，或是由内感(endoceptive)机制报告给中枢神经系统，在此情况下，这个项的报告成了一个输入。而另一方面，在高等有机体中，感知绝不仅仅是一个被动的接收过程，它至少部分地是由来自高级中心的传出控制所决定的。众所周知，感知可以被经验所改变。原则上，我们必须对两种可能性都予以考虑：每个行为项或输出项都可以产生一个输入项，以及在某些情况下，感知可以具有输出性。并非偶然的是，几乎所有感官都被用于有机体之间的信号发射。蚂蚁通过触角进行传播，狗通过竖起耳朵进行传播。

d. 原则上，即便在零学习中，根据整个序列如何被点断的方式，任何经验项或行为项都可以要么被看作“刺激”，要么被看作“反应”，或两者兼而有之。当科学家说，铃声是一个给定序列中的“刺激”，他的话中含有关于有机体如何点断那个序列的假设。在“一型学习”中，根据相互作用的整个序列如何被点断的方式，每一个感知或行为项都可以是刺激，或都可以是反应，或都可以是强化。

二型学习

上面的阐述已经为“学习”的下一个层次或逻辑类型（我们这里将称之为“二型学习”）的思考奠定了基础。各种术语已经
293 见诸有关这一秩序的各种现象的文献之中。我们可以提到“二次学习”①、“定势学习”（set learning）②、“学会学习”（learning to learn）以及“学习的转换”（transfer of learning），等等。

我们对迄今为止给出的定义做出以下概括和延伸：

零学习的特点是反应特异性（specificity of response），它无论对错，都不会受到修正。

“一型学习”是在一个可供替代的集合中，通过对选择错误的矫正而产生的反应特异性中的改变。

“二型学习”是“一型学习”过程中的改变。例如，一个可供替代的集合——选择由此做出——中的矫正性改变，或者，它

① G. Bateson, “Social Planning and the Concept of Deutero-Learning,” *Conference on Scinece, Philosophy and Religion, Second Symposium*, New York, Harper, 1942.

② H. E. Harlow, “The Formation of Learning Sets,” *Psychol. Review*, 1949, 56: 51-65.

是一个经验序列如何被点断的过程中的改变。

“三型学习”是“二型学习”过程中的改变。例如，可供替代的几个集合——选择由此做出——系统中的矫正性改变。（我们以后将会看到，有时候，要求某些人和某些哺乳动物采取这一层次的行为是会致病的。）

“四型学习”会是“三型学习”中的改变，但或许不会发生于这个地球上的任何成年生物有机体中。不过，进化过程创造了那些有机体，它们的个体发育将其带到三型层次。事实上，种系发育与个体发育的结合达到了第四层次。

我们当下的任务是为将“二型学习”定义为“‘一型学习’中的改变”的做法提供理由，而其基础已经有了准备。简言之，我相信，“二型学习”现象都能够被以某种方式包括在改变的标题之下，在此，一系列行为和经验，连同语境标记使用中的变化，被分割或点断为各种语境。

在以“一型学习”的名义分类的现象清单中，包括（但未穷尽）被以不同方式建构的语境的一个大集合。在经典的巴甫洛夫式的语境中，描述了“刺激”（CS）、动物行为（CR）和强化（UCS）之间关系的权变模式（contingency pattern），根本不同于作为学习的工具性语境之特性的权变模式。

在巴甫洛夫式的情况下：如果是刺激和一定的时间间隔， 294
那么强化。

在工具性奖励的情况下：如果是刺激和一个特定的行为项，那么强化。

在巴甫洛夫式的情况下，强化不依据动物的行为而定，而在工具性奖励的情况下，强化则依据动物的行为而定。以这个比较作为一个例子，我们看到，如果能够表明，巴甫洛夫类型的一个或更多的语境经验导致了动物在某种后来的语境中的行为——就像这也具有巴甫洛夫式的权变模式似的，那么，“二型学习”就已经发生了。同样，如果工具性序列的以往经验导致动物在某种后来语境中的行为——就像期望这也是一个工具性语境似的，那么，我们将再次说“二型学习”已经发生了。

如此限定下，只有在动物对一个特定权变模式的期望碰巧是正确的时候，“二型学习”才是适应的，而在这种情况下，我们将会看到一种可测量的学会学习。在新语境中建立“矫正”行为，应该需要更少的试验。另一方面，如果动物对其后来的权变模式的识别是错误的，那么，我们就将期望“一型学习”在新语境下的延迟。对巴甫洛夫式的语境有着长期经验的动物，也许永远无法理解那种特定的试误行为，这种行为对于发现一种正确的工具性反应来说，是必不可少的。

至少存在四个实验领域，在那里，已经有了关于“二型学习”的详细记录。

a. 在人类的机械学习中。赫尔[1]进行了揭示这一现象的非常仔细的量化研究，同时建构了一个数学模型——它会模拟或解释他所记录的“一型学习”的曲线。他还观察到一个二阶现象(second-order phenomenon)——我们可以将之称为“学会机械学习”(learning to rote learn)，并在其著作的附录中介绍了这一现象的曲线。这些曲线与著作的主体相分离，因为如同他所主张的那样，他的(机械的“一型学习”)数学模型并没有涵盖这

① C. L. Hull, et al. , *Mathematico -deductive Theory of Rote Learning*, New Haven, Yale University, Institute of Human Relatins, 1940.

方面的数据。

我们这里持有的理论立场的一个推论是：一个给定逻辑类型的严谨话语无论怎样都不能“解释”一个更高类型的现象。赫尔模型的作用就像逻辑分类的一块试金石，它自动排除了其逻辑范围以外的解释现象。就是这一点(以及赫尔对其的认识)既证明了他的严谨，也证明了他的洞察力。 295

资料显示，对于许多特定的实验对象来说，存在对连续时段的机械学习的修正，即逐渐接近一定程度的技能——它随实验对象的不同而变化。

这一机械学习的语境是非常复杂的，并且对于每一个学习者来说，看起来无疑都有主观差异。有些学习者也许更多地受到“错了”的恐惧的激发，而其他学习者则寻求“对了”的满足。有些学习者会更加容易受到影响，以表现出相比于其他实验对象的良好记录；还有些学习者会被弄得神魂颠倒，以至于在每个阶段中都会与自己从前的表现相抗争。所有实验对象肯定都有对实验环境性质的(正确或不正确的)看法，也肯定都有“抱负水平”(levels of aspiration)，以及记住各种材料的从前经验。在赫尔那里，任何实验对象都会进入受到前面“二型学习”影响的学习语境之中。

尽管存在所有以前的“二型学习”，尽管具有或许在此层次上起作用的遗传差异，但一切实验对象在几个时段中都表现出了改进。这种改进不能归结于“一型学习”，因为任何对于前面时段学习的特定音节序列的回忆，都不会适用于应对新的序列。这样的回忆更有可能是一个障碍。因此，我认为，从一个时段到另一个时段的改进，只能通过对赫尔为机械学习所提供的**语境**的某种适应来加以考虑。

还值得注意的是：教育者对于机械学习的(肯定或否定的)培训价值有着牢固的看法。“进步的”教育者坚持“顿悟”(insight)方面的培养，而更加保守的教育者则坚持机械的和灌输性的回忆。

b. 从实验角度进行研究的第二类的“二型学习”被称为“定势学习”(set learning)。这个概念和术语来自哈洛
296 (H. F. Harlow)，适用于“二型学习”的一种非常特殊的情况。概括地说，哈洛的工作以多少有点复杂的**格式塔**或“问题”来描述恒河猴。这些猴子必须解决获得食物奖励的问题。哈洛表明，如果这些问题具有同样的“定势”，也就是包含同样类型的逻辑复杂性，那么，就存在从一个问题转到另一个问题的学习延续。事实上，有两个涉及哈洛实验的权变模型秩序：第一，工具主义(instrumentalism)的整体模型(**如果**猴子解决了这个问题，**那么**强化)；第二，特殊问题范围内的权变逻辑的模型。

c. 比特曼(Bitterman)等人最近用“反转学习”(reversal learning)设定了一种实验样式。通常情况下，在这些实验中，实验对象首先被传授一个二元识别(a binary discrimination)。当学会了以此为标准时，刺激物的意思就反转了。如果 X 起先“意味着”R_1，Y 起先意味着 R_2，那么，反转之后，X 开始意味着 R_2，而 Y 开始意味着 R_1。当所含意思再次被反转时，试验也再次达到标准状态。在这些实验中，关键的问题是：实验对象学会了这个反转吗？也就是说，自一系列反转之后，比起他在这个系列开端时的情况，实验对象是不是以更少的试验次数就达到了标准呢？

显而易见，比起有关简单学习的问题来，在这些实验中所提出的问题具有更高的逻辑类型。如果简单学习是建立在一个试验的**集合**的基础上，那么，反转学习就是建立在一个诸如此类的多个集合之集合的基础上。一方面是这种关系，另一方面是罗素的“类”与“诸类之类”的关系，两者之间有着直接的对应性。

d.“二型学习”也是著名的“实验性神经官能症”(experimental neurosis)现象的例子。通常情况下，一个动物或是在巴甫洛夫式的学习语境中接受训练，或是在工具性学习语境中接受训练，以便能够对某个 X 或某个 Y 做出识别。例如，在椭圆和圆之间做出识别。当这个识别被学会了的时候，就有了更加困难的任务：椭圆被逐渐地弄得圆一些，圆则被弄平了。最后达到了一个阶段，在此，识别成为不可能的事情。在这个阶段，动物开始表现出严重障碍的各种症状。

值得注意的是：(a)一个头脑简单的动物被置于一种情境之中，在那里，某个 X 可以(在某种随机基础上)要么意味着 A，要么意味着 B。此时，这个动物没有表现出有障碍的样
子；(b)在缺少作为实验环境特点的许多语境标记的情况下， 297
这种障碍不会发生。[①]

这样，“二型学习”似乎是行为障碍的一个必要准备。关于“这是一个识别的语境”的信息在这个序列的开端就得到传递，并在一系列阶段上得到**强调**，而识别则在这些阶段上被弄得越来越困难了。但是，当识别开始变得不可能了的时候，语境结

① H. S. Liddell, “Reflex Method and Experimental Neurosis,” *Personality and Behavior Disorders*, New York, Ronald Press, 1944.

构就完全改变了。语境标记(例如，实验室和实验装置的气味)现在变得有误导作用了，因为动物处于一种需要猜测或赌博、而*不是识别*的情境之中。事实上，整个实验序列是一个在“二型学习”的层次上将动物置于错误之中的过程。

用我的术语来说，动物被置于一个典型的“双重束缚”之中，可能会引发精神分裂症。[①]

在心理学实验室以外的奇特世界，属于“二型学习”类型的现象主要是涉及人类学家、教育家、精神病学家、动物训练员、人类父母亲和儿童的事情。一切对决定个体性格的过程以及人类(或动物)关系改变的过程进行思考的人，都必须在其思考中采用有关“二型学习”的各种假设。这些人常常将实验心理学家称为咨询师，然后便碰到了某种语言屏障。例如，当精神病学家谈论“二型学习”的时候，当心理学家谈论“一型学习”的时候，而且当两者都不辨识差异的逻辑结构的时候，诸如此类的语言屏障肯定总是会产生。

在“二型学习”借以出现于人类事务的诸多方式中，只有三种方式将在这篇论文中得到讨论。

a. 在对人类个体的描述中，科学家和普通人通常都诉诸对“性格”的形容词描述。有人说道，琼斯先生是依赖型的、有
298 敌意的、想入非非的、挑剔的、焦虑的、有表演癖好的、自恋的、被动的、争强好胜的、充满活力的、胆大的、懦弱的、宿命论的、幽默的、爱玩的、精明的、乐观的、完美主义的、粗心的、谨慎的、不拘小节的，等等。根据已经做过的阐述，读

---

① G. Bateson, et al., “Toward a Theory of Schizophrenia,”*Behavioral Science*, 1956, 1: 251-264.

者将可以把所有这些形容词归入其适当的逻辑类型。它们都是对“二型学习”的(可能)结果的描述，而如果我们能够更加仔细地限定这些语词，那么，我们的定义就将在于制订“一型学习”语境的权变模式——而这个“一型学习”的语境是有可能产生“二型学习”的，并且也正是“二型学习”会使得这种形容词具有适用性。

我们可以谈谈“宿命论”者，就像是巴甫洛夫实验中的实验对象那样，他与环境交往的模式是通过长期或重复的经验所获得的；而且我们注意到，这个“宿命论”的定义是特殊的和准确的。除了这个按照特定学习语境来定义的“宿命论”之外，还有许多其他形式的“宿命论”。例如，有作为古典希腊悲剧特性的更加复杂的类型，在那里，一个人自己的行为让人感到是在帮助不可避免的命运的转动。

b. 在人类相互作用的点断法(punctuation)里，具有批判眼光的读者会看到，实际上，严格说来，上述号称描述个体性格的形容词并不适合于个体，而是描述了个体与其物质和人类环境之间的交往(transaction)。在真空中，没有什么人会是“足智多谋的”或“依赖型的”或“宿命论的”。他的特性无论是什么样的，都不是他的特性，而是在他与某个其他东西(或人)之间所运行的那个东西的特性。

在此情况下，探讨人们之间发生了什么便是自然而然的事情了，即在那里探寻“一型学习”——它有可能将自身形态提供给“二型学习”的过程。诸如此类的系统涉及两个或更多的人，而其中的大部分重要事件都是生物的姿势、行为或表达，我们在这些系统中立刻就注意到，通常情况下，事件流被人们之间就其关系性质达成的默契而点断为学习语境，或者通过语境标记和对这些语境标记的默契(也就是默认这些语境标记将对双方“意味着”同样的东西)而点断为学习语境。一件有益的工作是：尝试对A和B之间正在发生的相互交换进行分析。我们就A行为的任何特定项提出问题：这个项是对B的刺激吗？
299 或者，它是A对B早些时候说过的某种东西的反应吗？或者，它是由B提供的某个项的强化吗？或者，在这个项中，A是在完成某种自我强化吗？等等。

此类问题立即将揭示出：对于A行为的许多项来说，答案常常是相当不清楚的。或者，如果存在一个明确的答案，那么这种明确只能归结于A和B之间就其相互角色的本质所达成的一种(很少完全明确的)默契，就是那个关于它们会彼此期望的语境结构之本质的默契。

如果我们在下述抽象中看看这样一种交换：…$a_1b_1a_2b_2a_3b_3a_4b_4a_5b_5$…，在那里，$a$ 都表示A行为项，b 都表示B行为项，那么，我们就可以采纳任何 a_i，并围绕它建立三个简单的学习语境。它们将是：

ⅰ.($a_i b_i a_{i+1}$)，在此，a_i 是对 b_i 的刺激。

ⅱ.($b_{i-1} a_i b_i$)，在此，a_i 是对 b_{i-1} 的反应，B以 b_i 强化了这个反应。

ⅲ.($a_{i-1} b_{i-1} a_i$)，在此，a_i 现在是A对B的 b_{i-1} 的强化，而这曾是对 a_{i-1} 的反应。

由此推断，a_i 可以是对B的刺激，或者，它可以是A对B的反应，或者，它可以是A对B的强化。

不过，除此之外，正像上面讨论的那样，如果考虑到“刺激”和“反应”以及“传入”和“传出”等概念的模糊性的话，我们就会注意到，任何 a_i 也可能是对 A 的一个刺激；它也许是 A 对自身的强化；或者，它也许是 A 对自己某个从前行为的反应，就像机械行为序列中的情况一样。

事实上，这个普遍的模糊性意味着，两个人之间正在进行的相互交换序列只是由人自己的感知建构的，即将此序列感知为一系列语境，每一个语境又导致下一个语境。任何特定的人用来构建该序列的特定方式，都将由那个人以前的“二型学习”所决定(或者可能由他的遗传因素所决定)。

在这样一个系统中，类似“统治的”和“顺从的”以及“照顾的”和“依赖的”等语词作为对相互交换部分的描述，都将具有确定的意思。如果 A 和 B 通过其行为表现出下面的样子，那么我们会说，“A 统治 B”。即：他们将其关系视为具有 $a_1b_1a_2$ 类型序列的特性，在那里，a_1 被(A 和 B)看作一个限定了工具性奖励或惩罚的条件的信号，b_1 被看作一个服从这些条件 300
的信号或行为，而 a_2 则被看作一个强化了 b_1 的信号。

同样，如果 A 和 B 的关系具有序列 $a_1b_1a_2$ 的特性，那么，我们会说“A 依赖于 B”，在那里，a_1 被看作一个软弱的信号，b_1 被看作一种帮助行为，而 a_2 被看作对 b_1 的一个确认。

但是这取决于 A 和 B 在“统治”和“依赖”之间做出区分(有意识或无意识地，或者就是不能区分)，一个“命令”有可能与“求助”的一声尖叫非常相像。

c. 心理治疗中，“二型学习”是“移情”现象的最明显的例子。正统的弗洛伊德理论主张，病人将不可避免地把有关他与治疗师的关系的不当看法带入治疗室。这些(有意识或无意识的)看法将是这样的：病人将以某种方式来行事和谈话，以至于会迫使治疗师用类似病人关于某个重要的他人(通常是父母之一)在最近或遥远的过去如何对待他的描述，来做出反应。用这篇论文的语言来说就是，病人将根据他(即病人)从前“二型学习”的前提，来试图形成他与治疗师的相互交流。

通常可以观察到的是，决定病人的移情模式，并确实相当程度上决定所有人的关系生活的“二型学习”，在许多方面都(a)来自幼儿早期，以及(b)是无意识的。这两个概括似乎都是正确的，也似乎都需要某种解释。

看起来可能的情况是，这两个概括之所以为真，就是因为我们正在讨论的现象的那个本质。我们提出，在“二型学习”中学习的东西是一种点断事件的方式。但一种点断方式没有真假。这一学习的诸多命题中不包含什么能够被现实所检验的东西。它像是一幅在墨迹中看到的画；既没有正确，也没有不正确。它只是看待这片墨迹的一个方式。

想一想工具性的生命观。在一个新的情境中，带有这种生命观的有机体将开始试误的行为，以便使得这个情境能够提供一个肯定的强化作用。如果他没有得到这种强化，那么，他的
301 目的哲学就没有因此被否定。他的试误行为就将继续下去。“目的”前提与物质的生命事实的逻辑类型完全不同，因此，不能轻而易举地被这些事实所反驳。

魔法师在魔法不起作用的时候，也不会忘记他关于事件的神奇看法。事实上，支配点断的那些命题具有自我验证的一般

特点。[①] 我们称之为“语境”的东西既包括外部事件，也包括实验对象的行为。但是，这一行为是由前面的“二型学习”所控制的，因此，它将是能够构成整个语境，以适应期望中的点断的那样一种行为。总之，“二型学习”的内容的这一自我验证的特性具有的效应是：这样的学习几乎是不能根除的。由此推断，幼儿期获得的“二型学习”有可能持续一生。反之，我们必须预料到，在许多方面，成年人的重要的点断特性就源于其幼儿早期。

关于这些点断习惯的无意识，我们看到，“无意识”不仅包括受到压抑的材料，而且包含格式塔感知的大部分过程和习惯。从主观上来说，我们意识到我们的“依赖性”，但是无法清楚地说明这个模式是如何被建构的，也无法清楚地说明我们在对它的创造中使用了什么样的暗示。

三型学习

关于通过“二型学习”获得的前提之自我验证性的问题，上面已经做出的论述表明，“三型学习”有可能是困难的，而且即便在人类中也是罕见的。可以预测的是，对于不过是人类的科学家来说，要想象或描述这一过程也将是困难的事情。但是据称，某种这样的东西常常出现于心理治疗、宗教皈依以及其他发生深刻的性格重组的序列之中。

禅宗佛教徒、西方神秘主义者和某些精神病学家主张，这 302

① J. Ruesch and G. Bateson, *Communication*: *The Social Matrix of Psychiatry*, New York, Norton, 1951.

些事情统统超出了语言所及的范围。但虽然有这样的警示，还是让我们开始探究(逻辑上)必须是怎样的情况。

首先必须做出一个区分：上面指出，每当存在关于反转事实的可测量学习时，反转学习的实验就表现出“二型学习”。在给定时间内，有可能学习(“一型学习”)一个给定前提，并在后来的时间里学习相反的前提，而无须获得反转学习的技巧。在这种情况下，从一个反转到下一个反转，将不会有任何改进。“一型学习”的一个项在根本没有达到“二型学习”的情况下，就完全取代了“一型学习”的另一个项。另一方面，如果随着连续的反转而出现了改进，那么，这就为“二型学习”提供了证据。

如果我们将同样的逻辑运用于“二型学习”和“三型学习”之间的关系上，那么，我们就受到引导而产生这样的期待：也许在没有达到任何“三型学习”的情况下，会有对于“二型学习”层次上的前提的替代。

因此，在对于“三型学习”进行任何讨论之前，必须区分两者：一是没有“三型学习”的纯粹替代，二是对将成为真正的“三型学习”的替代的促进。

即便是在对通过“二型学习”而获得的前提的纯粹替代中，心理治疗师也应该能够帮助他们的病人，而当我们考虑到诸如此类的前提的自我验证性以及它们或多或少的无意识特性时，上述心理治疗师的帮助就已经是了不起的成就了。但是，毫无疑问，这方面还可做大量的工作。

在治疗关系受到控制和受到保护的背景之下，治疗师也许会尝试下述策略中的一个或多个策略。

(a)达到病人的前提与治疗师的前提之间的一种对抗，而这些治疗师受过严格的训练，所以不会落入证实过去前提的陷阱之中。

(b)或是在治疗室内，或是在治疗室外，使病人按照那些将对抗他自己的前提的方式行事。

(c)揭示当下控制病人行为的那些前提中的矛盾。

(d)诱使病人对于建立在其过去前提基础上的经验进行某种**夸大或讽刺**(例如，在梦中或催眠中)。

如同布莱克很久前就注意到的那样，“没有矛盾，就没有 303
进步”。(在其他地方，我已经在第二层次上，将这些矛盾称为“双重束缚”。)

但总是存在各种漏洞，借助于它们，矛盾的影响有可能被减小。学习心理学的常见情况是，如果实验对象每次做出了正确的反应，都会被强化的话，那么他将学习得更快(“一型学习”)，而如果强化停止了，这样的学习就将非常迅速地消失。另一方面，如果强化只是偶然发生的，实验对象就将学习得更慢，但由此导致的学习在强化完全停止了的时候，就将不容易被根除。换句话说，实验对象也许学到(“二型学习”)了这一点：语境就是这样的，以至于强化的消失并不表明他的反应是错误的，或是不恰当的。事实上，在实验者改变策略之前，实验对象关于语境的观点是正确的。

确实，治疗师必须支持或者阻碍驱动病人的那些矛盾，从而堵上这种或那种漏洞。被指派了悖论(**心印**)的禅宗候选人必须“像咬铁杠的蚊子”那样费劲。

我在其他地方(本书《原始艺术中的风格、优雅和信息》一文)已经论证过：一切习惯形成和“二型学习”的基本与必要的功能，都是要节省用于解决问题或“一型学习”的思想过程(或神经通道)。通常被称为“个性”(“自我”的限定)的那些前提使得个体不必考察许多生命序列的抽象的、哲学的、美学的和伦理方面的问题。“我不知道它是不是好音乐；我只知道我是不是喜欢它。”

但是，“三型学习”将使这些未经考察的前提面向置疑和变化。

如同上面对于“一型学习”和“二型学习”所做的工作那样，这里列出某些我们乐于称其为“三型学习”的改变清单。

(a)个体可以更容易地学会形成那些习惯，而我们将其形成过程称为“二型学习”。

(b)他可以学会自己填补那些会使其避开“三型学习”的“漏洞”。

(c)他可以学会改变通过“二型学习”所形成的那些习惯。

304 (d)他可以通过学习而知道他是一个能够并且的确也是无意识地达到“二型学习”的生物。

(e)他可以学会限制或指导他的“二型学习”。

(f)如果“二型学习”是对于“一型学习”的语境的学习，那么，“三型学习”就应该是对于那些语境的语境的学习。

但是，上述清单提出了一个悖论。“三型学习”(也就是关于“二型学习”的学习)也许不是导致“二型学习”的增加，就是导致对“二型学习”的限制，可能还会导致那个现象的减少。它的确肯定会导致通过“二型学习”过程而获得的那些前提的更大灵活性——一种摆脱其束缚的自由。

我曾听到一位禅宗大师明确宣布：“任何习惯都是一件可

怕的事情。”

但是任何摆脱习惯束缚的自由也肯定意味着对于自我的一次深刻的重新定义。如果我止于“二型学习”的层次，那么，“我”就是那些我称之为我的“个性”(character)的特性的集合体。“我”是我在语境中行事的习惯，是形成和感知我于其中行事的语境的习惯。个性是“二型学习”的产物或集合体。一个人达到了“三型学习”，并根据语境的语境来学会感知和行动，就此而言，他的“自我”将变得无关紧要。“自我”概念将不再发挥作为经验点断中的一个节点论据的作用。

这个问题需要得到思考。在关于“二型学习”的讨论中，曾有主张说一切类似“依赖”“骄傲”“宿命论”等语词都涉及在关系序列中学到(“二型学习”)的自我的特性。事实上，这些语词是用来表示关系中的“角色”的术语，并涉及某种人为地从相互作用序列中分割出来的东西。还曾提出，将精确的意思赋予任何这些语词的正确方式是：详尽说明被命名的特性之可得到学习的那个序列的形式结构。因此，巴甫洛夫式的学习的相互作用序列就作为某种“宿命论”的一个范式而被提出来了。

但是，现在我们探询学习的这些语境的语境，也就是探询诸如此类的范式之被嵌入的那个更大序列。

想一想“二型学习”的一个小项，上面提到过它，说的是它为摆脱“三型学习”而提供了一个“漏洞”。自我的某个特性—— 305
就称它为“坚持”——是由多重序列中的经验产生的，而强化是随机地发生于这些序列之中的。我们现在必须探询此类序列的更大语境。这类序列是如何产生出来的？

这是个爆炸性的问题。在实验室中，简单风格的相互作用的实验序列是由偶然事件的网络所产生的，并部分地决定这个网络。该网络有着上百种发展方向，可将这个实验室带入心理学研究由以设计的过程之中，带入心理学家之间的相互作用之中，带入研究货币的经济学之中。

或者，我们在一个更“自然的”背景下思考同样的形式序列。一个有机体正在寻找一个需要或缺失的东西。一头猪在拱土寻觅橡子；一个赌徒在喂一台老虎机，希望得个大奖；或者一个人必须找到他的车钥匙。存在成千上万的情景，在那里，正**因为**强化是随机的，或是不可能的，生物就必须准确地坚持某些种类的行为。“三型学习”将通过把这些实例作为单一类别来处理的方式，简化这个域。但是，如果“三型学习”关涉这些实例的语境，那么，“二型学习”的那些类别就将暴露出来。

或者，想一想语词“强化”在不同层次上意味着什么的问题。一只海豚在做了训练员要求做的事情时，从后者那里得到一条鱼。在第一层次上，鱼的事实是与特定行为之“正确”相关。在第二层次上，鱼的事实证实了海豚对于自己与训练员之间的(可能是工具性的，或是依赖性的)关系的理解。还要注意到，在这个层次上，如果海豚不喜欢或害怕训练员，那么，来自后者的痛苦也许就是一种积极的强化，即证实了那种不喜欢(“如果这不是我想要的方式，我会证明给你看”)。

但第三层次上的(对于海豚或对于人的)强化是怎么回事呢？

就像我上面已经提出的那样，如果这个生物被产生于第二层次的“矛盾”推到第三层次上，那么，我们就可以期待：正是对于这些矛盾的解决，将会在第三层次上建立积极的强化。这样的解决可以采取许多形式。

甚至第三层次上的尝试也有可能是危险的，有些还会半途
而废。这些尝试常常被精神病学贴上精神病的标签，其中许多 306
尝试发现自己无法使用第一人称代词。

对于其他比较成功的人来说，这些矛盾的解决也许是许多在第二层次上学到的东西的崩溃，它揭示了一种简单性，在此，饥饿直接导致吃东西，得到确认的自我不再负责组织行为。他们是这个世界的未玷污的天真者。

对于其他更有创造性的人来说，矛盾的解决揭开了一个世界，在那里，个人身份在宇宙互动的某种广阔的生态学或美学中，融入了一切关系过程。任何那些能够幸存下来的人，似乎差不多都是个奇迹，但是，某些人或许借助于其专注生命细节的能力，而免于被海洋般的感觉卷走。宇宙的每一个细节都被看作是提出了一种整体观。他们就是布莱克在《天真的预言》(“Auguries of Innocence”)中为其写下著名忠告的人：

> 一沙一世界，
> 一花一天堂。
> 无限掌中置，
> 刹那成永恒。[①]

---

① 此处采用了徐志摩的译文。——译者注

遗传学在心理学中的作用

关于动物的学习或学习能力，无论怎样，都对动物的遗传组成产生了影响。而这里关于学习层次所谈论的观点，对于遗传构成和个体能够及必须获得的改变之间的整个相互作用产生了影响。

就任何确定的有机体而言，都存在一个上限，如果超出了它，一切便由遗传学所决定。真涡虫可能不会超出“一型学习”。除了人以外的哺乳动物或许能够达到“二型学习”，但不能达到“三型学习”。人有的时候可以达到“三型学习”。

307 任何有机体的这个上限(逻辑上和推测性地)都是由遗传现象所设定的，或许不是由个体基因或基因组合所设定的，而是由控制着基本门特征发育的任何因素所设定的。

对于有机体能够发生的每一次改变来说，事实上都存在那种能力。这一事实也许是由遗传因素决定的；或者，这个能力也许是习得性的。如果是后者，那么遗传因素可能已经决定学习这个能力的能力了。

通常情况下，这既适用于我们称为学习的那些行为改变，也适用于一切体细胞的改变。一个人的皮肤在阳光下晒黑了。但是，遗传因素进入了这幅图画的什么地方？遗传因素完全决定他晒黑的能力吗？或者，有些人能够增加他们晒黑的能力吗？在后一种情况下，遗传因素显然在更高的逻辑层次上发挥作用。

与任何行为相关的问题显然不是“它是习得的还是天生的

问题”，而是“上升到什么逻辑层次，是学习的效应，又下降到什么层次，遗传因素发挥决定性的或部分的效应的问题”。

学习的进化的宽广历史似乎是一个缓慢的过程，它逐渐将遗传决定论推回到更高的逻辑类型层次。

关于等级的注解

这篇论文讨论的模式不言而喻地假定：逻辑类型能够以简单的、无支链阶梯的形式排出秩序。我相信，明智的事情是首先处理由这样一个简单模式所提出的问题。

但是，行动、经验、组织和学习的世界不可能被完全绘制于这样的模式上，也就是那个排除了关于各类不同逻辑类型之间关系的命题的模式。

如果 C_1 是一类命题，C_2 是关于 C_1 成员的一类命题，那么 C_3 就是关于 C_2 成员的一类命题；这样，我们将如何对有关这些类之间关系的命题进行分类呢？例如，有关“由于 C_1 的成员将是 C_2 的成员，所以 C_2 的成员将是 C_3 的成员”的命题就不能在无支链类型阶梯的范围内进行分类。

整体上，这篇论文建立在以下前提的基础上，即 C_2 和 C_3
之间的关系可以与 C_1 和 C_2 之间的关系进行比较。我已反复 308
采取我的逻辑类型阶梯的立场，来讨论这个阶梯的结构。因此，这篇论文本身是这个阶梯并非无支链的事实的一个例子。

由此出发，下一个任务将是探求学习的种种范例，这些范例不可能根据我的学习等级来分类，但是作为有关这个等级的各个阶段之间关系的学习而属于该等级结构的一个方面。我在其他地方(本书《原始艺术中的风格、优雅和信息》一文)已经提出，一般情况下，艺术关注的学习致力于架设以下两者之间的桥梁：一是通过“二型学习”获得的、或多或少的无意识前提，二是意识和即时行动的更具片段性的内容。

还应该注意的是，学习秩序的等级是由下而上，从零层次到第三层次而呈现给读者的，在此意义上，这篇论文的结构是归纳式的。但这并不意味着关于该模式所提供的现象世界的解释就将是单向的。在向读者解释这个模式时，单向的方法是必需的，但是在这个模式的范围之内可以假定，高层次可以解释低层次，反之亦然。还有假定认为，一个相似的反射关系——归纳的和演绎的都是如此——在关于学习的思想和项中都可以得到，因为这些思想和项就存在于我们所研究的生物的生命之中。

最后，虽然有主张说，在向上和向下的相临层次的思想之间，都存在解释性或决定性的关系，但是，直接的解释关系是否存在于分离层次之间，如是否存在于第三层次和第一层次之间，或零层次和第二层次之间的问题，还是不清楚的。就此而言，该模式还是模糊不清的。

这个问题以及附属于类型等级的命题和思想的状况问题，还没有得到考察。

22 “自我”控制论：嗜酒理论[1]

相比紧张的精神统治的“逻辑”[凭借此，“嗜酒者互诫 309
协会”（Alcoholics Anonymous，简称 AA）能够对抗酒瘾]，“酒瘾”的逻辑困扰精神病学家的程度一点儿也不少。这篇论文提出：(1)一种全新的认识论必须来自控制论和系统论，它涉及对于心灵、自我、人类关系和力量(power)的新理解。(2)根据某种认识论，嗜酒者清醒的时候发挥作用。这种认识论在西方文化中司空见惯，但是对于系统论来说，乃是不可接受的。(3)沉溺于醉酒为某种更正确的心灵状态提供了一条局部的和主观的捷径。(4)嗜酒者互诫协会的神学与一种控制论的认识论高度吻合。

这篇论文建立在一些思想的基础上，这些思想可能都是要么为治疗嗜酒者的精神病学家所熟悉，要么为思考控制论和系

---

① 这篇论文原载《精神病学》(*Psychiatry*，Vol. 34，No. 1，pp. 1-18，1971)。威廉·艾伦森·怀特精神病学基金会 1971 年版权所有。选入本书时获得《精神病学》的允许。

统论内涵的哲学家所熟悉。这里提出的论点能够声称的唯一新意，来自认真地将这些思想当作论证的前提，也来自将两个非
310 常不同的思想领域的一般观点结合在一起。

在最初想法中，这篇论文的计划是成为关于酒瘾的一种系统的理论研究，在那里，我会使用来自“嗜酒者互诫协会”出版物的资料，其中包括成功治疗嗜酒者的唯一杰出记录。不过，很快就变得明显起来的是，AA 的宗教观和组织结构表达出了对于系统论怀有极大兴趣的观点，而我的研究的正确范围将不仅包括嗜酒的前提，也包括治疗嗜酒的 AA 系统的前提以及 AA 组织的前提。

显而易见，我对 AA 的感谢将贯穿于——我也希望如此——对该组织的尊敬，特别是对其共同创建人比尔·W(Bill W.)和鲍勃(Bob)医生的尊敬。

此外，我必须表达对于嗜酒病人的一个小样本的感谢，在加利福尼亚帕洛阿尔托的退伍军人管理局医院，我和这些病人一起亲密工作了从 1949 年到 1952 年的大约两年时间。应该提到的是，这些病人除了嗜酒的痛苦以外，还有其他疾病，其中大部分是精神分裂症。有几个人是 AA 的成员。我担心没有给他们什么帮助。

问　题

一个非常普遍地被持有的信念是：“嗜酒”的“原因”或“理由”是要在嗜酒者的戒酒生活中进行探寻的。在其清醒的表现中，嗜酒者通常被称为：“不成熟的”“母亲固恋的”“口欲的”

“同性恋的”“被动攻击的”“害怕成功的”“过分敏感的”“骄傲的”“和蔼可亲的”，或者就是“软弱的”。但是，这个信念的逻辑内涵通常并没有得到考察。

(1)如果嗜酒者的戒酒生活以某种方式驱使他喝酒，或者提供了迈向醉酒的第一步，那么，以下期待就是不可能的了：任何强化他的特定戒酒风格的步骤将会减少或控制他的嗜酒。

(2)如果他的戒酒风格驱使他喝酒，那么，那个风格就肯定包含错误或病理；而醉酒肯定提供了对于这种错误的某种矫正，至少是主观的矫正。换句话说，相比于他的戒酒——该戒 311
酒某种程度上是“错误的”，他的醉酒肯定在某种程度上是“正确的”。“酒后吐真言”的老话也许比起通常归诸它的意义来，包含着某种更深刻的真理。

(3)一个可供替代的假设会提出，在戒酒的时候，嗜酒者比起他周围的人来，不知怎的要更加神志正常，而这种情境是令人难以容忍的。我听到过嗜酒者论证这种可能性，但是我在这篇论文中将忽略它。我认为，AA 的无酒精法律代理人伯纳德·史密斯(Bernard Smith)的这句话一语中的：“[AA]成员绝不是被酒所控制的。酒只是用来使**个人**摆脱物质主义社会的虚假理想的控制。”[①]这不是一个反抗他周围的疯狂理想的问题，而是逃避他自己的疯狂前提的问题，后者不断地被周围的社会所强化。不过，比起正常人来，嗜酒者在某种程度上更加容易受到下述事实的伤害，或对之更加敏感，即他的疯狂(而又常规)的前提导致了令人不满的结果。

---

① [Alcoholics Anonymous], *Alcoholics Anonymous Comes of Age*, New York, Harper, 1957, p. 279.

（4）因此，目前这个嗜酒理论将为戒酒和醉酒两者之间提供一个**逆向匹配**（converse matching），这样后者就可以被看作对前者的一个恰当的主观矫正。

（5）当然，有许多这样的例子，在那里，人们求助于酒精，甚至求助于极端的醉酒，以作为一种麻醉剂，摆脱日常的悲痛、怨恨或身体痛苦。可以论证的是，酒精的麻醉行为给我们的理论目的提供了一种充足的逆向匹配。不过，我的思考将特别排除那些与酒瘾或反复嗜酒的问题没有关联的情况；也不在意以下不可置疑的事实，即“悲痛”、“怨恨”和“挫折”常常被上瘾的嗜酒者用来作为喝酒的**借口**。

因此，比起单纯麻醉所提供的东西来，我将更特别地要求戒酒和醉酒之间的一种逆向匹配。

戒　酒

312 嗜酒者的朋友和亲戚通常鼓励他要“强大”和“抵制诱惑”。他们这样做的意思不是很清楚，但有意义的是，嗜酒者本人在清醒的时候通常赞同他们关于其“问题”的观点。他相信，他能够或至少应该成为“自己灵魂的舵手”①。但是，“喝了第一次”以后，那戒酒的动机就是零的说法，是关于嗜酒的陈词滥调。通常情况下，全部问题在公开场合下被说成是“自我”和“大麦

---

① 这个短语是 AA 在嘲笑试图凭借意志力来抵制喝酒的嗜酒者时所使用的。这一引文以及诗句“满头鲜血，头颅高昂”来自威廉·欧内斯特·亨利（William Ernest Henley）的诗《不可征服》（“Invictus”）。亨利脚有残疾，但不是一个嗜酒者。用意志来征服苦难和身体残疾或许不能与嗜酒者对于意志的使用相提并论。

约翰”(bohn Barleycorn，酒精饮料的拟人化名称——译者注)之间的一场战斗。暗地里，嗜酒者也许为下一次无节制的沉溺而制订计划，甚或秘密地进行存储，但是(在医院的背景下)几乎不可能使清醒的嗜酒者以一种公开的方式来计划其下一次的沉溺。他似乎不能是自己灵魂的“舵手”，也不能公开表示意愿或命令自己喝醉。这个“舵手”只能命令戒酒，然后则得不到服从。

比尔·W是“嗜酒者互诫协会”的共同创建人，他本人也是一个嗜酒者，他在AA著名的“十二个步骤”中第一步，就完全戳穿了这一冲突的神话。这第一步要求嗜酒者同意他对酒是无能为力的。这一步骤通常被认为是“**投降**”，而许多嗜酒者或是不能达到这一步，或只是在一次沉溺之后的悔恨期间短暂地达到了这一步。AA并不认为这些病例是有希望的：他们还没有“触底”(hit bottom)，他们的绝望是不充分的，在或多或少的一段短暂的戒酒期以后，他们将再次尝试采用“自我控制”来与“诱惑”战斗。他们将不会或不能接受以下前提，即无论是醉是醒，一个嗜酒者的全部人格都是一种嗜酒者的人格，这种人格竟能够与嗜酒战斗，乃是不可想象的事情。正如一份AA的传单所说的那样：“试图使用意志力，就像试图靠自己的力量 313
振作起来一样。”

AA的前两个步骤如下：

1. 我们承认，我们对酒已无能为力，我们的生活已变得难以收拾。

2. 要相信有一种比我们自身更强大的“力量”，会帮助我们恢复精神正常。①

把这两个步骤结合起来，就隐含着一个绝妙的——而且我相信是正确的——思想：失败的经历不仅仅可用来使嗜酒者相信那个改变是必不可少的，而且它就是那个改变的第一步。要被酒击败，并且要知道它是首次“精神体验”。自我力量的神话因此被一种更强大的力量的展现所击碎。

总之，我将论证说，醉酒者之“戒酒”的特点在于：笛卡尔的二元论——精神与物质之间的区分，或在此情况下的有意识的意志或自我与人格的剩余部分之间的区分——的一个异常的灾难性变种。比尔·W 的非凡创见是以第一个步骤打破了这个二元论的结构。

从哲学上看，这第一个步骤不是一种投降，它只是认识论的一种变化，是关于如何认识这个世界中的人格的一种变化。而且，值得注意的是，该变化是从不正确的认识论到更加正确的认识论。

认识论与本体论

哲学家已经认识和区分了两种问题。第一种是关于事物是怎样的，人是什么，这是一个什么样的世界的问题。它们是本体论的问题。第二种是关于我们如何认识事物的问题，或更具体地说，是关于我们如何知道世界是什么样的以及如何知道我

① [Alcoholics Anonymous], *Alcoholics Anonymous*, New York, Works Publishing, 1939.

们是什么样的生物——该生物能够对这个问题有所认识(或可能什么也不知道)——的问题。它们是认识论的问题。对于那 314
些既是本体论的问题又是认识论的问题来说，哲学家们试图发现正确的答案。

但是，观察人类行为的自然主义者会提出非常不同的问题。如果他是一个文化相对主义者，他也许会赞同那些主张可以想象一个“真的”本体论的哲学家的观点，但是，他不会提出他所观察的人的本体论是否为“真”的问题。他将期望他们的认识论是被文化决定的，甚或是特质的(idiosyncratic)，他还将期望文化作为一个整体在人们的特定认识论和本体论方面是有意义的。

另一方面，如果这种狭隘的认识论是明显错误的，那么，自然主义者就应该警惕下述可能性，即文化作为一个整体将绝不会真正有“意义”，或只是在有限的环境下才具有意义，后者与其他文化相关联，而新技术会破坏它。

在活生生的人类自然史中，本体论和认识论不能被分离。人(通常是无意识的)关于世界是什么样的信念将决定他如何看世界，以及如何在其中行事，而他的感知和行动的种种方式又将决定其关于世界的本质的信念。活生生的人因此被束缚在一个认识论和本体论前提的网络之中，不管是终极真理还是虚假，这些前提对于他来说，都是部分的自我验证。①

经常不断地既提到认识论又提到本体论是件棘手的事情，认为它们在人类自然史中是分离的，也是不正确的。似乎并没

① J. Ruesch and G. Bateson, *Communications: The Social Matrix of Psychiatry*, New York, Norton, 1951.

有什么便利的语词能够涵盖这两个概念的结合。最接近的语词是“认知结构”(cognitive structure)或“特性结构”(character structure)，但是这两个术语没有做出下述提示，即重要的问题是在人与环境之间的关系中，内含着一批关于习惯的假说或假设；它们也没有做出这些假设可能为真也可能为假的提示。因此，我在这篇论文中将使用“认识论”这个单一语词，以便把这个由各种前提构成的网络的两个方面都涵盖进来，而正是这些前提支配着对于人与物理环境的适应(或不适应)。用乔治·凯利(George Kelly)的话来说，它们是个体由以“构建”其经验的规则。

315 我特别关心的是西方的“自我”概念得以立足的那一组前提，反过来说，是特别关心那些对某些与“自我”概念相关的、更严重的西方错误进行矫正的前提。

控制论的认识论

新近而令人惊奇的是：我们现在对于这些问题中的某些问题有了部分的解答。最近 25 年，在我们关于环境是怎样一回事，有机体是怎样一回事，尤其**心灵**是怎样一回事的认识方面，已经取得了非常巨大的进步。这些进步来自控制论、系统论、信息论以及相关科学。

我们现在可以相当确定地知道，对于心灵是内在的(immanent)还是超越的(transcendent)这一古老问题来说，能够以偏向内在性的方式来进行回答，而比起任何超越的回答来，这个回答对于解释性实体来说都要更加经济省力：它至少含有对奥卡姆剃刀的否定性支持。

就肯定的一面来说，我们可以断言，任何正在发展的事件和物体的集成——该集成具有因果回路的适当复杂性和适当的能量关系——都肯定会表现出精神的特性。它将与差异构成比较，就是说，它将回应差异(除了受到诸如冲击或力的普通物理“原因”的影响之外)。它将“加工信息”，并将不可避免地自我矫正——或是趋向某些变量的体内平衡的最佳状态(homeostatic optima)，或是趋向某些变量的最大化。

可以将一个信息“比特”定义为一种构成差异的差异。当其在一个回路中行进或经历成功的转换时，这种差异就是一个基本的思想。

但是，与当下语境最为相关的是，我们知道，这样一个内在相互作用的系统的任何部分，都不能单方面地控制剩余部分或任何其他部分。心理特性作为一个整体，内在或内存于这个集成之中。

即便在非常简单的自我矫正的系统中，这个整体论的特性都是显而易见的。在带有“调节器”(governor)的蒸汽机中，如 316
果“调节器”被用来表示该系统的这一部分具有单向控制力，那么这个语词就是用词不当。本质上，调节器是一个敏感元件或传感器，它接受蒸汽机的实际运转速度和某种理想的或更可取的速度之间的差异的转换。这个敏感元件把这些差异转换为某种输出讯息方面的差异。例如，燃油供应或停止。换句话说，调节器的行为是由系统的其他部分的行为所决定的，并且间接地是由它以前的行为决定的。

系统之整体的和精神的特性清楚地由这上一个事实所展

现，调节器的行为(而且，的确是因果回路的每一个部分的行为)部分由它以前的行为所决定。讯息材料(也就是连续的差异转换)必须围绕整个回路来传递，讯息材料返回到它由此出发的地方所需要的**时间**是整个系统的基本特性。因此，在某种程度上，调节器(或回路的任何其他部分)的行为就不仅是由其刚刚消失的过去决定的，而且是由它在以前的某个时间做的事情决定的，那是讯息完成回路必需的时间间隔。这样，即便在最简单的控制论回路中，也存在一种决定性的**记忆**。

系统的稳定性(即它是自我矫正地活动，还是震荡或是陷入失控)有赖于围绕回路的所有差异转换的运行结果之间的关系，也有赖于这个特定的时间。“调节器”不能控制这些因素。甚至一个社会系统中的人的调节器也受到同样限定的制约。他由来自系统的信息所控制，并且必须使自己的行为适应于其时间特性，并适应于他以前行为的效应。

因此，任何表现出心理特性的系统的任何部分都不能单方面地控制整体。换句话说，**系统的心理特性是内在的**，**不是内在于某个部分**，**而是内在于作为整体的系统之中**。

当我们提出“计算机能思维吗?”或者“心灵在大脑中吗?”的
317 问题时，这个结论的意义就出现了。对于这两个问题的回答都将是否定性的，除非问题集中在少数心理特性——它们被包含在计算机或大脑之内——中的一个。就计算机的某些内部变量而言，它是自我矫正的。例如，它可以包括温度计或其他敏感元件，后者受到其运行温度的差异的影响，而敏感元件对于这些差异的反应会影响风扇的行为，这转而矫正温度。因此，我们可以说，系统在其内部温度方面，表现出心理特性。但是，下述说法就不对了，即计算机的主要事务——就是将输入差异转换为输出差异——是“一个心理过程”。计算机只是一个更大回路的一段弧，而这更大回路总是包括人和环境，信息在其中得到接收，从计算机输出的讯息也对之产生作用。这整个系统或集成可以合理地被认为是表现了心理特性。它通过试误而运作，并且具有创造性。

同样，我们可以说，“心灵”内在于大脑的这些回路之中，这些回路在大脑中是完整的。或者，心灵内在于回路之中，这些回路在系统——就是大脑*加上*身体——中是完整的。或者，在最终意义上，那个心灵内在于更大的系统——人*加上*环境——之中。

原则上，如果我们想解释或理解任何生物事件的心理方面，那么，我们就必须考虑那个生物事件得以在其中被决定的系统，就是说，那个*封闭*回路的网络。但是，当我们试图解释一个人或任何其他有机体的行为时，这个“系统”往往不会具有与“自我”相同的限制，就像这个术语通常(和不同角度)的理解那样。

想想一个人用斧头砍一棵树。斧头每砍一次都根据前面砍树留下的切面而得到改变或矫正。这个自我矫正(即心理)的过程是由一个整体系统带来的，树—眼睛—大脑—肌肉—斧头—砍—树；正是这个整体系统才具有内在心灵的特性。

更准确地说，我们应该将这个问题阐述如下：树的差异—视网膜的差异—大脑的差异—肌肉的差异—斧头运动的差异—树的差异，等等，围绕这个回路而传递的是差异的转换。而且 318
如上所述，一个造成差异的差异是信息的一个*思想*或单位。

但这不是普通的西方人如何看待树倒下来的事件序列的方式。他说，“我砍倒了这棵树”，他甚至相信，存在一个有边界的代理者，也就是自我——它对一个有边界的物体从事一种有边界的“目的性”行为。

下面这句话说得很好，“台球 A 击中了台球 B，并且把台球 B 送到了球袋中”；下述行为也可能是完全正确的（如果我们能够做的话）：对于包含那个人和那棵树的回路中的所有事件，做出完全硬科学的（hard-science）阐述。但是，一般说法通过诉诸人称代词而将心灵包括在其表达中，然后，通过将心灵限定于人，并使树具体化的方式达到唯心主义和物理主义的混合。最后，心灵本身被这样的思想具体化了：既然“自我”作用于斧头——这把斧头作用于树，那么，“自我”肯定也是一个“物”。“我击中台球”和“这个球击中另一个球”之间的语法对应完全是误导性的。

如果你们向任何人提出自我的位置和界限的问题，这些混乱就会立刻展现出来。或者，想想一位拿着拐杖的盲人。他的自我从什么地方开始？是在拐杖的尖端？是在拐杖的把手上？或在拐杖中间的某一点上？这些问题都是没意义的，因为拐杖是一条通道，沿着它，各种差异在转换中得到传递，所以，在这条通道中画一条分界线，就是切断了决定这个盲人的移动的系统回路的一部分。

同样，他的感官是信息的传感器或通道，他的轴突也是。从系统理论的观点出发，关于在轴突中运行的东西是一个“冲动”的说法，是一个误导性的隐喻。更加正确的说法是，运行着的那个东西是一种差异，或是一种差异的转换。“冲动”的隐喻提示了一条硬科学的思路，这一思路只会很容易地变成关于“精神能量”的废话，而那些谈论这种废话的人将无视**静态**的信息内容。一个轴突的静态与动态不同，其程度就像其动态不同于静态一样。因此，静态和动态具有同等的信息相关性。只有 319
静态的讯息(the message of quiescence)也是可信的，动态的讯息(the message of activity)才能被认为是有效的。

甚至连“动态的讯息”和“静态的讯息”的说法也是不正确的。应该永远牢记信息是差异之转换的事实，而我们最好将其中一种讯息称为“动态——非静态”的讯息，将另一种讯息称为“静态——非动态”的讯息。

同样的考虑也适合于后悔的嗜酒者。他不能简单地选择“戒酒”。他最多只能选择“戒酒——不醉酒”，而他的宇宙仍然是两极化的，总是带有两种可供替代的东西。

加工信息——或如我所说，“思考”“行动”和“决定”——的整个自我矫正的单位是一个**系统**，其界限既与身体的界限根本不一致，也与通常所称的“自我”或“意识”的界限根本不一致；而且，重要的是注意到，在通常设想的思想系统和“自我”之间存在**多重**的差异：

(1)系统不是像“自我”通常被认为的那样，是一个超越的实体。

(2)思想内在于因果通道的网络之中，而差异的转换就沿着这条通道进行。系统的“思想”在所有情况下都至少是二元结构。它们不是“冲动”而是“信息”。

(3)这条通道的网络不限于意识，而是延伸至包括所有无意识心理活动的通道——自动的和压抑的，神经的和内分泌的。

(4)这个网络不受外壳的限制，而是包括一切外部通道，而信息沿着这些通道得以运行。它也包括那些有效的差异，这些差异内在于这样的信息“对象”(objects)之中。它包括声和光的通道，差异的转换沿此进行，而这些差异原初就内在于事物和其他人之中，特别是**内在于我们自己的行为之中**。

重要的是注意到，通俗认识论的基本的——而我认为是错误的——信条是相互强化的。例如，如果超越的通俗前提被抛
320 弃了，那么，直接的替代物就是一个内在于身体的前提。但是这个替代物将是不可接受的，因为思想网络的大部分都位于身体之外。所谓“身—心”问题用词错误，从而迫使论证陷入悖论：如果心灵被假定为内在于身体，那么，它肯定是超越的。如果是超越的，它就肯定是内在的。[①]

同样，如果我们从“自我”(self)中排除无意识的过程，并把它们称为“自我疏离的”(ego-alien)，那么，这些过程就有了“驱动”(urge)和“力”(force)的主观色彩；这种伪动力特性(pseudodynamic quality)然后就被延伸至有意识的“自我”——其试图“抵制”无意识的“力”。因此，“自我”本身成为观看“力”的一个组织。这样，将“自我”等同于意识的流行观念就将导致思想就是“力”的观念；而这个谬误反过来受到关于轴突携带“冲动”说法的支持。要想找到一条摆脱这个困境的道路，绝非是件容易的事情。

我们将通过考察嗜酒者的两极分化的结构而继续前行。在

---

① R. G. Collingwood, *The Idea of Nature*, Oxford, Oxford University Press, 1945.

那个认识论上站不住脚的解决方案——也就是“我将与酒瓶进行战斗”——中，相互抵触的东西应该是什么呢？

嗜酒者的“骄傲”

所有人(以及所有哺乳动物)都受到高度抽象的原则的引导，而对于这些原则，他们或是相当无意识的，或是未觉察到这个支配他们感知和行为的原则是哲学的原则。在这个普遍意义上，嗜酒者是哲学家。就诸如此类的原则而言，一个常见的用词不当是“感觉”(feelings)[①]一词。

这个用词不当自然产生于盎格鲁-撒克逊的认识论倾向，即将所有意识外围的心智现象都具体化为身体，或将之归于身体。这个用词不当无疑也受到以下事实的支持，即这些原则的实施和/或挫败往往伴随着发自肺腑的和其他身体方面的感觉。 321
不过，我相信，帕斯卡尔在说出下述观点时，他是正确的，即“心有心的**理由**，而理性就是不能认识这些理由”。

但是，读者一定不要指望嗜酒者展现出了一幅连贯的图景。当基础性的认识论充满了错误的时候，由此而来的派生物就不可避免地要么是自相矛盾的，要么是其范围极度受到限制的。一个连贯的理论体系不可能来自一个不连贯的公理体系。在此类情况下，想要达到连贯一致的尝试不是导致精神分析理论和基督教神学之复杂特性的激增，就是导致当代行为主义特性的极其狭隘的观点。

---

① G. Bateson, “A Social Scientist Views the Emotions,” *Expression of the Emotions in Man*, P. Knapp, ed., International University Press, 1963.

因此，我将进入对“骄傲”(pride)的考察，它是嗜酒者的特点，而我要表明的是：他们的这个行为原则来自西方文明奇特的二元认识论的特性。

要将诸如此类的原则描述为“骄傲”“依赖性”“宿命论”等，一个便利的方式是将原则当作二次学习①的结果来考察，并提出怎样的学习语境能够易于理解地反复灌输这一原则的问题。

(1)显然，被 AA 称为“骄傲”的嗜酒生活的原则在语境上不是围绕过去的成就而建构的。他们不用这个词来表示对业已完成的某事的骄傲。重点不在于“我成功了”，而在于“我能够……”。它是对于某种挑战的迷恋性接受，是对于“我不能”这一命题的拒绝。

322 (2)在嗜酒者开始因嗜酒而痛苦，或因此受到谴责之后，这个“骄傲”原则就以命题“我能够保持清醒”为后盾而被调动起来。但值得注意的是，这个目的的实现摧毁了上述“挑战”。嗜酒者开始“过于自信”，如同 AA 所说。他放松了他的决心，冒险喝酒，并发现自己沉溺其中。我们可以说，戒酒的语境结构因其目的的实现而发生了变化。就此而言，戒酒不再是“骄傲”的恰当语境设置。它是饮酒的危险——现在饮酒构成了挑战，并要与那个致命的“我能够……”决一死战。

---

① 这一将形式的语境结构用作一种描述工具的做法并非假定说，被讨论的原则完全或实际上部分地是在具有恰当的形式结构的语境中习得的。这个原则本可以是由遗传因素决定的，而且也许还会由此推断出：该原则通过对语境——它是其中的范例——的形式描述而得到了最好说明。正是这个行为对于语境的适应，才使得确定一个行为原则是由遗传因素决定的还是在那个语境中习得的问题变得困难起来，或者成为不可能的事情；参见：G. Bateson，“Social Planning and the Concept of Deutero-Learning,”*Conference on Science*，*Philosophy and Religion*，*Second Symposium*，New York，Harper，1942.

（3）AA 极力坚持，这种语境结构的变化绝不会发生。他们通过一遍又一遍地声称“一旦嗜酒，终生嗜酒”，来重建整个语境。他们试图使嗜酒者将嗜酒置于自我之内，这非常类似于荣格主义的分析者试图让病人发现自己的“心理类型”，并学会接受那个类型的优点和缺点。相比之下，嗜酒者的“骄傲”的语境结构将嗜酒置于“自我”之外：“我能够抵制喝酒”。

（4）嗜酒者的“骄傲”的挑战成分与敢于冒险连在一起。这个原则可以表示为：“我能够做某种不可能成功的、失败了就会很糟糕的事情。”显然，这个原则绝不会有助于保持持续的戒酒。随着成功开始变得有可能，嗜酒者肯定挑战喝一杯的危险。失败的“厄运”或“可能性”的因素使失败超出了自我的极限。“如果失败发生了，它（也）不是我的失败。”嗜酒者的“骄傲”逐渐缩小了“自我”概念，将所发生的事情置于它的范围之外。

（5）“冒险的骄傲”的原则最终几乎是自杀性的。对于这个宇宙是否站在你这一边的问题，做一次试验就挺好，不过，如此这般地一遍又一遍地试验，还带着越来越严格的证据，那就会开始执行了一个只能证明这个宇宙讨厌你的计划。但尽管如此，AA 的叙述反复表明，在绝望的根底部，骄傲有时候防止了自杀。最后的宁静绝不能由“自我”来提供。[①]

---

① 参见：Bill's Story，*Alcoholics Anonymous*，New York，Works Publishing，1939。

骄傲与对称

323 所谓嗜酒者的"骄傲"总是假设一个真实或虚构的"他人"，因此它的完整语境定义要求我们描述与这个"他人"的真实的或想象的关系的特性。这个任务的第一阶段是对关系进行分类，即或是"对称的"关系，或是"互补的"关系。[①] 当这个"他人"是无意识的创造物时，要这么做就不那么简单了，但我们将看到，这样一种分类的标示是清楚的。

不过，某种解释性的题外话还是必要的。其主要标准是简单的：

在一种二元关系中，如果 A 和 B 的行为(被 A 和 B)认为是相似的，并且是相互连接的——以至于 A 的特定行为越多，在 B 那里也就刺激出更多的这种行为，反之亦然，那么，A 和 B 的关系在这些行为方面就是对称的。

相反，如果 A 和 B 的行为不是相似的，而是相互适应的(例如，就像观看适应于表演一样)，并且行为是相互连接的，以至于 A 的行为越多，就刺激出更多的 B 的适应性行为，那么，A 和 B 的关系在这些行为方面就是"互补的"。

简单对称关系的常见例子是军备竞赛、与人攀比、体育运动竞技、拳击比赛等。互补关系的常见例子是统治—顺从、虐待狂—受虐狂、抚养—依赖、观看—表演，等等。

当更高级的逻辑类型出现时，更复杂的思考也就产生了。

---

① G. Bateson，*Naven*，Cambridge，Cambridge University Press，1936.

例如，A和B可能在互赠礼物中竞争，因此在起初的互补行为方面叠加了一个更大的对称框架。或者，反过来，一个治疗师在某种游戏疗法中，也许陷入与病人的竞赛，即围绕该游戏原初的对称交往活动，安置了一个互补性的培养框架。

当A和B以不同的术语来看待其关系的前提时，各种“双重束缚”就产生出来了：当B认为他在帮助A时，A也许认为 324
B的行为是竞争性的。

我们在这里还没有关注这些复杂性，因为我相信，在嗜酒者的“骄傲”中，想象中的“他人”或对方并没有玩弄复杂的游戏——它是精神分裂症的“表达”(voices)特性。

“互补的”关系和“对称的”关系都会逐渐发生那种我称之为“分裂生成”的改变。[1] 用流行的话来说，对称的斗争和军备竞赛也许是“逐步升级的”；而父母和孩子之间的照顾—依赖的正常模式也许会变得可怕的。这些潜在的病理发展应归于系统中的无阻尼(undamped)或未矫正的正反馈，并且也许会像已经阐述的那样，或是发生在互补的系统中，或是发生在对称的系统中。不过，在**混合的**系统中，分裂生成必然会减少。凭借接受它们之间的诸如统治、依赖、敬佩等互补的主题，两个国家之间的军备竞赛将会缓和下来，而对这些主题的拒绝则会加快它们的军备竞赛。

毫无疑问，互补的主题和对称的主题之间的这种对立关系是出于这样的事实，即其中每一个都是另一个的逻辑对立面。在一个纯粹对称的军备竞赛中，国家A被它对于国家B的**更**

① G. Bateson, *Naven*, Cambridge, Cambridge University Press, 1936.

强大力量的估计而激发出了更大的努力。当国家A估计国家B更加弱小时，它就会放松自己的努力。但是，如果国家A对于这种关系的建构是互补性的话，那么，就将发生完全相反的情况。看到B比它要弱小，A将带着征服的希望往前冲。[①]

互补模式和对称模式之间的这一对立也许不仅仅是逻辑上的。值得注意的是，在精神分析理论中[②]，被称为“力比多”的模式以及性敏感区形态的模式都是互补的。侵入、包容、排
325 斥、接受、保持等，都被归类为“力比多”。而对抗、竞争等则属于“自我”和“防御”。

还有可能的是，这两个对立码——对称的和互补的——可以在生理学意义上被中枢神经系统的两种对比状态所表征。分裂生成的渐近变化也许会引发高潮中断和突然逆转。对称性的狂怒也许突然转向悲痛；在一场与死亡相对称的绝望战斗中，夹着尾巴后退的动物也许突然“绝地反击”。暴徒在受到挑战时，也许突然变成懦夫，在对称性冲突中挨打的那只狼可能“突然”发出防止再次进攻的“投降”信号。

这最后一个例子特别有趣。如果狼之间的战斗是对称性的，就是说，如果狼A被狼B的攻击行为刺激出更有进攻性的行为，那么，如果B突然表现出我们可以称之为“消极的攻击”(negative aggression)的行为，A将无法继续战斗，除非它

---

① G. Bateson, “The Pattern of an Armaments Race-Part Ⅰ: An Anthropological Approach,” *Bulletin of Atomic Scientists*, 1946, 2(5): 10-11; also L. F. Richardson, “Generalized Foreign Politics,” *British Journal of Psychology*, Monograph Supplements, 1939.

② E. H. Erikson, “Configurations in Play—Clinical Notes,” *Psychoanalytic Quarterly*, 1937, 6: 139-214.

能够迅速地转移到那种心理互补状态——在那里，B的软弱将刺激它的攻击。在关于对称模式和互补模式的假设范围中，为投降信号假定一个特殊的“抑制”(inhibitory)作用，就没有必要了。

拥有语言的人类能够运用“攻击”的标签来表示所有损害对方的企图，无论这种企图是由对方的强大还是弱小所触发的，都是如此；但是，在前语言的哺乳动物层次上，这两种“攻击”肯定有完全不同的表现。我们被告知说，在狮子看来，“攻击”一匹斑马与“攻击”另一头狮子是完全不同的。[①]

现在，我们已经谈论得足够多了，以至于可以提出以下问题：嗜酒者的骄傲在语境上是以对称的形式建构的，还是以互补的形式建构的？

首先，在西方文化的常规饮酒习惯中，存在非常强烈的对称倾向。与上瘾的嗜酒相当不同，两个一起喝酒的人受习俗的驱使而彼此匹配，为了喝酒而喝酒。在这个阶段，那个“他人”还是真实的，而两人之间的对称或竞争是友好的。

随着嗜酒者变得上瘾，并试图抵制喝酒，他就开始发现难 326
以抵制的是他在与朋友喝酒时应该与其匹配的那个社会语境。AA说：“天晓得，我们已经非常努力了，而且长久以来就像其他人那样喝酒！”

随着情况变得越来越糟，嗜酒者有可能成为一个孤独的喝酒者，并有可能展示出应对挑战的全部能力。他的妻子和朋友开始建议：他的喝酒行为是一种**软弱**，而他也许会对称性地做

① K. Z. Lorentz, *On Aggression*, New York, Harcourt, Brace & World, 1966.

出反应，或是怨恨他们，或是宣称他有力量抵制酒瓶。但是，作为对称性反应的特点，短暂的成功斗争削弱了他的动力，他酒瘾复发。对称的努力需要来自对手的持续不断的反抗。

战斗的中心逐渐发生了变化，嗜酒者发现自己陷入了一种新的、更加致命的对称性冲突的类型之中。现在他必须证明这场战斗不能置他于死地。他“满头鲜血，头颅高昂”。他仍然是“自己灵魂的舵手”，无论如何都是这样。

同时，他与妻子、老板和朋友的关系已经在恶化。他从来就不喜欢他的老板作为一种权威的互补性地位；现在，随着他的情况的恶化，他的妻子越来越不得不承担一种互补的角色。她也许试图行使权威，或者她开始履行保护作用，或者表现出克制，但是所有这些不是招致愤怒，就是招致羞辱。他的对称性的“骄傲”不能容忍任何互补的角色。

总之，嗜酒者与其真实或幻想的“他人”之间的关系显然是对称的，也显然是分裂生成的。它升级了。我们将看到，当受到 AA 的挽救时，嗜酒者的宗教皈依可以被描述为一种巨大的转变，即从这一对称的习惯或认识论转向他与他人的以及他与这个世界的近乎完全的互补观。

骄傲还是逆向证明？

嗜酒者也许表现出顽固的样子，但他们并不愚蠢。他们的决定之得以做出的心灵部分确实位于很深的地方，以至于语词
327 “愚蠢”无法适用。这些心灵层次是前语言的，那里进行的计算是以**初级过程**(primary process)来编码的。

无论是在梦中，还是在哺乳动物的相互作用中，要得到一个包含其自身否定(“我不会咬你”或“我不怕他”)的命题的唯一途径，是对要予以否定的命题进行精心想象或付诸实现，并导向一种归谬法。“我不会咬你”通过一场实验性的战斗——它是一种“不战斗”，有时被称为游戏——而在两个哺乳动物之间达成。正是出于这个原因，“争强好胜的”(agonistic)行为通常演变成为友好的问候。[①]

就此意义而言，所谓嗜酒者的骄傲某种程度上是具有讽刺意味的。出于要证明“自我控制”是徒劳无益的和荒谬的东西的隐蔽而又不明确的目的，来检验某种类似于“自我控制”的东西，是一件要发愤努力的事情。“这根本行不通。”这个最终命题既然包含着一个简单的否定，就不会被表达在初级过程之中。它的最终表达是在行动之中——喝一杯。与酒瓶的英勇战斗，就是与那个虚幻的“他人”的战斗，这场战斗以“言归于好”而告终。

一个毋庸置疑的事实支持这个假设，即对于自我控制的检验又回到了喝酒。而且，如同我上面已论证过的那样，嗜酒者的朋友强烈要求他自我控制，(但)这整个自我控制的认识论是怪异的。如果是这样的话，那么，嗜酒者对于它的抵制就是正确的。他已经使用了传统认识论的一种归谬法。

但是，关于使用一种归谬法的这种描述接近于目的论。如果命题“这行不通”不能容纳在初级过程的编码中，那么，初级过程的计算如何能够引导这个有机体去尝试那些将展示“这行

① G. Bateson, “Metalogue: What Is an Instinct?,” *Approaches to Animal Communication*, T. Sebeok, ed., The Hague, Mouton, 1969.

不通”的行为过程呢？

这个一般类型的问题经常出现在精神病学中，而且也许只能借助某种模式来得到解决——在那个模式中，当有机体处于特定的环境之中时，其不舒服触发了一种正反馈环，从而增加
328 了不舒服之前的行为。这样的正反馈会提供证明，以证实确实是那种特殊行为导致了不舒服，并且有可能增加不舒服，使之达到某种阈值（threshold level）的程度——在此，将有可能发生改变。

在心理治疗中，这样一个正反馈环通常是由治疗师所提供的，治疗师朝着病人症状的方向推动病人——这种技术已被称为“治疗的双重束缚”（therapeutic double bind）。这篇论文在后面引用了该技术的一个例子，在那里，AA 成员激励嗜酒者去做某种“受控制的饮酒行为”，以便他可以自己发现他没有控制力。

常见的情况还有，和梦一样，精神分裂症的症状和幻觉构建了一种矫正的经验，所以整个精神分裂症发作期就带有了自我启动（self-initiation）的特性。芭芭拉·奥布赖恩（Barbara O’Brien）关于她自己的精神病的叙述[①]或许是这个现象的最为生动的例子，它已经在其他地方讨论过了。[②]

将要引起注意的是：这样一种正反馈环会在使不舒服增加到某个阈值（它可能处于死亡的另一边）的方向上造成失控，而

---

① B. O’Brien, *Operators and Things: The Inner Life of a Schizophrenic*, Cambridge, Mass., Arlington Books, 1958.

② G. Bateson, ed., *Perceval’s Narrative*, Stanford, Calif., Stanford University Press, 1961, Introduction.

这种可能存在的正反馈环并不包括在传统的学习理论之中。但是，通过寻求不舒服的反复体验来证实不舒服的趋势，是一种常见的人类品性。这或许就是弗洛伊德称之为“死亡本能”(death instinct)的东西。

醉酒状态

关于对称的骄傲的单调问题，上面所说仅仅是这幅图景的一半。它是与酒瓶*战斗*的嗜酒者的心灵状态的图景。这个状态显然是令人不快的，也显然是不现实的。他的“他人”要么是完全想象中的，要么是对那些他所依赖和或许喜欢的人的严重歪曲。对于这个不舒服的状态，他有一个可供替代的选择：他可 329
以喝醉。或者，“*至少*”喝一杯。

嗜酒者往往会将这一互补性的投降视为恶意的行为——对称性斗争中的一个“回马枪”(Parthian dart)，而由于这一投降的存在，嗜酒者的全部认识论都发生了变化。他的焦虑、愤懑和痛苦魔法般地消失了。他的自控力减弱了，但他将自己与他人做比较的需求进一步减少了。他感觉到酒在血液里的生理温暖，而且在许多情况下，感觉到一种与他人相呼应的心理温暖。他也许要么伤感，要么愤怒，但是他至少再次成为人类场景的一个组成部分。

从戒酒到醉酒的阶段也是从对称的挑战到互补的挑战的阶段——有关这一论点的直接资料是稀少的，并且总是既被对回忆的歪曲弄乱了，也被酒精的复杂毒性弄乱了。但是，来自歌曲和故事的有力证据表明这个阶段就是这样的。在礼仪中，一起饮酒总是代表团结在宗教“社群”或世俗舒适气氛(Gemütlichkeit)中的人的社会集合体。仅就字面意义而言，酒应该使得个体将自己看作团体的一部分，他也是作为团体的一部分而行事的。就是说，它使个体周围的关系互补成为可能。

触　底

AA认为这一现象非常重要，并将那些没有触底的嗜酒者看作一个需要他们帮助的可怜人。反之，他们往往以这样的说法来解释这些人的失败，即回到其嗜酒状态的个体还没有“触底”(hit bottom)。

许多灾难都确实会使一个嗜酒者触底。各种各样的事故，震颤性谵妄(delirium tremens)的一次发作，一段丧失记忆的醉酒时光，妻子的抛弃，失业，绝望的诊断，等等，任何这样的事情或许都有所需的效果。AA认为，“底”对于不同的人来说是不同的，而有些人在到达那里之前就有可能死了。[①]

330 不过，那个“底”是有可能为任何特定个体多次达到的；那个“底”是一阵痛苦，它为改变提供了一个有利的时机，但并非是一个改变乃为不可避免的时机。朋友、亲戚甚至治疗师也许都会把嗜酒者从其恐慌中拉出来，或是用药物或是用安慰，这样他就“恢复”了，重新回到他的“骄傲”和嗜酒——只是在后来某个时刻触到一个更加灾难性的“底”，那个时候他将再次做好

① 来自一个成员的人际交流。

改变的准备。要想在诸如此类的恐慌之间的一段时期改变嗜酒者，是不可能成功的。

下面关于某个“测试”的描述清楚地阐释了这种恐慌的本质。

> 我们不喜欢把任何个体说成是嗜酒者，但是你可以快速地诊断一下自己。走向最近的酒吧，尝试控制饮酒。尝试饮酒，然后突然中断。不止一次地尝试这样做。如果你对自己诚实，那么，你很快就会做出决定，如果你对你的情况完全了解的话，那么，这个极度紧张不安的情形就可能是值得的。①

我们也许可以用一个例子与上面引用的测试做一个比较。当行驶在一段打滑的道路上时，命令一个司机突然停车：他将很快发现，他的控制力是有限的(用“贫民窟”来比喻城镇中的嗜酒区，并非不恰当)。

已经触底的嗜酒者的恐慌，是那种以为自己控制了汽车，但突然发现那辆车还带着他一起跑的人的恐慌。突然，加到他认为是刹车的东西上的压力似乎使得汽车跑得更快。这是一种发现它(系统，也就是自我加上汽车)比他更加强大的恐慌。

根据这里呈现的理论，我们可以说，触底在三个层次上是系统论的实例。

(1)嗜酒者使戒酒的不舒服达到一个阈值点，在那里，他

① [Alcoholics Anonymous], *Alcoholics Anonymous*, New York, Works Publishing, 1939, p. 43.

已经摧毁了“自我控制”的认识论。然后，他喝醉了(因为“系统”比他要强大)，而他很可能向之投降。

331 (2)他不断地使自己醉倒，直至他证明存在一个还要强大的系统。于是，他遭遇了“触底”的恐慌。

(3)如果朋友和治疗师安慰他，他也许会达到一个更不稳定的调整状态，即对他们的帮助上瘾，直到他证明这个系统将行不通，并再次“触底”，但却是在一个更低层次上的触底。这样，就像在所有的控制论系统中一样，对于系统的任何侵入的效应印记(增加或减少)，都有赖于时间的安排。

(4)最后，触底的现象与双重束缚的经历复杂地关联在一起。[①] 比尔·W叙述说，他触底的时间，是在被威廉·D. 西克沃斯(William D. Silkworth)医生1939年诊断为没有希望的嗜酒者的时候，而这个事件就被认为是AA历史的开端。[②] 西克沃斯医生还“为我们提供了工具，用以刺穿最顽固的嗜酒者自我，并给予我们那些震撼人心的短句，而他就用这些短句来描述我们的疾病：**心灵的困扰**迫使我们去喝酒，**身体的过敏**迫使我们走向疯狂和死亡。”[③]这正是一种正确地建于嗜酒者身—心二分法认识论基础上的双重束缚。在这些语句的逼迫下，他一遍又一遍地回到某个节点上，在那里，只是深层无意识认识论的某种不由自主的改变——一种精神体验——就将使得致死

① G. Bateson, et al., “Toward a Theory of Schizophrenia,” *Behavioral Science*, 1956, 1: 251-264.

② [Alcoholics Anohymous], *Alcoholics Anonymous*, *Comes of Age*,, New York, Harper, 1957, p. vii.

③ [Alcoholics Anohymous], *Alcoholics Anonymous*, *Comes of Age*,, New York, Harper, 1957, p. 13.(着重号为原文标示)

性描述变得无关紧要。

嗜酒者互诫协会的神学

嗜酒者互诫协会的神学的一些著名观点如下：

(1)有一种比自我更加强大的力量(Power)。控制论会走得更远些，认为如同通常所理解的那样，“自我”只是一个大得多的试误系统的一小部分，这个大系统进行思考、采取行动和做出决定。该系统包括一切信息通道，它们在任何特定的时刻与任何特定的决定相关联。“自我”是这个巨大的互动领域中的一个没有设定适当边界的部分的虚假体现。控制论还承认，两个或更多的人(任何人群)可以一起形成这样一个思想—行动的系统。 332

(2)这个力量被认为是有人格的，最终也是与每个人连在一起的。“上帝，就如同你理解的那样”。

按照控制论的说法，“我”与我周围的任何更大的系统，包括与其他事物和人的关系，都将不同于“你”与你周围的某种同样系统的关系。……的关系“部分”一定会在逻辑上总是互补的，但是语词“……的部分”的意思对于每个人来说都将是不同的。[1] 在包括不止一人的系统中，这一差异将是特别重要的。系统或“力量”必定依据每个人所处的位置而表现出不同。而且，可以预料的是，诸如此类的系统在相遇时，都将会在这个意义上把彼此视为系统。我穿过的这片树林之“美”既是我对个

---

① 这一整合风格上的差异可以说明以下事实，即某些人成为嗜酒者，而其他人则没有成为嗜酒者。

体树木的认识，也是我对作为**系统**的总体树林生态的认识。当我与另一个人交谈时，类似的美学认知还要更加扣人心弦。

(3)通过“触底”和“投降”，可以与这一力量建立有益的关系。

(4)通过对于这一力量的抗拒，人，特别是嗜酒者使自己陷入了灾难。随着技术人越来越能够与最大的系统相抗衡，将“人”看作与其环境相对立的唯物主义哲学迅速衰落。技术人所赢得的每一场战斗都带来灾难性的威胁。幸存单位无论是在道德方面还是在进化方面，都不是有机体或物种，而是生物生存于其中的最大系统或“力量”。如果生物摧毁了其环境，它就摧毁了它自己。

(5)但是，重要的问题在于，这一力量并不奖励和惩罚。在那个意义上，它没有“力量”。单向控制意义上的力量观念与AA 不相关。他们的组织是严格“民主的”(他们的用词)，甚至
333 他们的神，都仍然是通过我们会将之称为系统决定论的东西来
维系的。同样的限制既适合于 AA 发起者和他希望帮助的醉酒者之间的关系，也适合于 AA 的核心机构与每一个地方团体之间的关系。

(6)嗜酒者互诫协会的前两个步骤连在一起，它们确认嗜酒是这种力量的一种表现。

(7)每个人与这种力量之间的健康关系是互补的。它与嗜酒者的“骄傲”恰恰形成了对比，后者基于与想象中的“他人”之间的对称关系。分裂生成总是比其参与者要更加强大。

(8)每个人与这一力量之关系的质量和内容都指代或反映在 AA 的社会结构之中。这一系统的世俗方面，即它的管理方

面被概括在“十二条准则”[①]之中，它们是“十二个步骤”的补充，是人与这一力量的关系的后来发展。这两个文件在“第十二个步骤”中有重合，作为必要的精神操练，它禁止对其他嗜酒者的帮助——而如果没有这样的操练的话，AA 成员很有可能会旧病复发。整个系统是一种涂尔干式的(Durkheimian)宗教。“AA 是一个比我们中的任何人都要强大的力量。”[②]

总之，每个个体与这一“力量”的关系在语词“**是**……**的部分**”中得到了最好的限定。

(9)匿名。必须得到理解的是，比起仅仅是保护成员免于暴露和羞辱来，在 AA 的思想和神学中，匿名包含着多得多的意义。随着这个组织作为一个整体获得越来越大的名声和成功，对于其成员来说，将成员资格用作公共关系、政治、教育和许多其他领域中的一种有价值的资产，已经成了颇具吸引力的事情。作为该组织的共同创建人，比尔·W 本人早期就受到这种吸引力的影响，并在一篇发表的文章中讨论过这个问题。[③] 他首先看到，任何想抓取这个公众注意中心的行为，对于无法承受这种自我追求的成员来说，都肯定带来个人和精神的危险；除此之外，对于作为整体的这一组织来说，卷入政 334
治、宗教争端和社会改革之中也会是件致命的事情。他明确主张，嗜酒者的过错无异于“今天正撕裂这个世界的那些力量”，

---

① [Alcoholics Anonymous], *Alcoholics Anonymous Comes of Age*, New York, Harper, 1957.

② [Alcoholics Anonymous], *Alcoholics Anonymous Comes of Age*, New York, Harper, 1957, p. 288.

③ [Alcoholics Anonymous], *Alcoholics Anonymous Comes of Age*, New York, Harper, 1957, pp. 286-294.

但拯救世界不是AA的事。他们的唯一目标是“将AA的讯息传递给需要它的嗜酒患者”[①]。他总结说，匿名是“我们所知道的自我牺牲的最大象征”。在其他地方，“十二条准则”中的第十二条准则声称，“匿名是我们准则的精神依托，它不断提醒我们永远把原则置于个人之上”。

对此，我们可以补充说，匿名也是对系统关系(也就是部分与整体)的深刻阐述。有些系统理论家会走得更远，因为系统理论的一个主要吸引力在于理论概念的具体化。阿纳托尔·霍尔特(Anatol Holt)说他想得到一张保险杠贴纸，上面会(自相矛盾地)写着：“剔除名词”[②]。

(10)祈祷。通过探究部分—整体的关系这一非常简单的方法，AA对于祈祷的使用同样确证了这种关系的互补性。他们探究个人特性(如谦卑)，而那些特性事实上是在祈祷行为中得到锻炼的，如果祈祷行为是虔诚的(这可没那么容易)。这对于“上帝，就如同你理解的那样”来说，是特别正确的。在经历了触底的双重束缚的痛苦之后，这个含有自身之美的自我确证的同义反复，正是必需的止痛剂。

多少有些更复杂的是著名的《宁静祷文》(“Serenity Prayer”)：“上帝给我们宁静去接受我们不能改变的事物，给我们

---

① [Alcoholics Anonymous], *Alcoholics Anonymous Comes of Age*, New York, Harper, 1957, pp. 286-294.

② M. C. Bateson, ed., *Our Own Metaphor*, Wenner-Gren Foundation, Conference on the Effects of Conscious Purpose on Human Adaptation, 1968; New York, Knopf, in press.

勇气去改变我们能够改变的事物，给我们智慧去知晓其中的差异。”[①]

如果双重束缚造成了痛苦和绝望，并在某种深层次上摧毁 335
了个人的认识论前提，那么，反过来可推知，对于这些伤痛的医治以及一种新的认识论的生长来说，双重束缚的某种反转，将是合适的。双重束缚通向绝望的结论，“并不存在什么可供替代的选择”。“宁静祷文”明确地将祈祷者从这些疯狂的束缚中解放出来。

在这种联系中，值得一提的是：伟大的精神分裂症患者约翰·珀西瓦尔(John Perceval)在自己的“声音”中观察到了一种变化。在其精神病初期，它们用“矛盾的命令”(或如我会说的那样，双重束缚)吓唬他，但是，后来当它们为他提供那些清晰界定的替代选择时，他就开始恢复过来。[②]

(11)AA 有一个特性，它完全不同于诸如家庭或红杉林那样的自然心理系统。它就一个目标，即“将 AA 的讯息传递给需要它的嗜酒患者”，而这个组织就致力于使上述目的达到最大化。在这方面，AA 不会比通用汽车公司或一个西方国家更加复杂。但是，与那些以西方思想(特别是货币)为前提的系统不同，生物系统有多重目的。红杉林里不存在单一的变量，以至于我们可以说，整个系统是趋向使那个变量达到最大化，而

---

① 这本来不是一份 AA 的文件，其作者不详。文本中有一些小的改动。我引用了我个人喜欢的形式，它来自《AA 时代的来临》(*Alcoholics Anonymous Comes of Age*, New York, Harper 1957, p. 196)。

② G. Bateson, ed., *Perceval's Narrative*, Stanford, Calif., Stanford University Press, 1961, Introduction.

所有其他变量都是附属于它；还有，红杉林的活动确实趋向于(生长繁殖的)最佳状态，而不是最大限度。它的需求是可以满足的，而且任何东西过多了都是有毒的。

不过，存在这样的情况：AA 的单一目标直接向外指向与更大世界的非竞争性关系。要得到最大化的那个变量是一种互补性，它是具有“服务”性质、而不是统治性质的变量。

互补的与对称的前提的认识论地位

上面已经指出，在人类关系中，对称性和互补性可以复杂
336 地组合起来。因此，便有理由提出下述问题：如何可能将这些主题看作非常基础的主题，以至于它们将被称作是“认识论的”主题，即便在关于文化的和人际的前提的自然史研究中也是如此？

解答似乎取决于：在这样一种人类自然史的研究中，“基础的”一词意味着什么，而这个语词好像带有两种意思。

第一，我将那些更深入地嵌入到心灵之中的前提称为**更加基础**的前提，它们是更加“硬程式化的”前提，也更不容易发生改变。在这个意义上，嗜酒者的对称性骄傲或自大是基础的。

第二，我将把那样一些心灵的前提称为更加基础的前提：它们涉及更大而不是更小的系统，或涉及这个论域的格式塔。比起命题“色差造成了差异”来，命题“草是绿的”就不那么基础了。

但是，如果我们提出这样的问题：当这些前提被改变了，会发生什么？那么，显而易见的是：这两个对于“基础的”前提

的限定，就会在非常大的程度上重合起来。如果一个人得到或经历了深嵌入其心灵中的前提的改变，那么，他肯定会发现该改变的结果将蔓延于他的整个宇宙之中。我们可以将此类改变称为“认识论的”改变。

这样，以下问题仍然存在，即从认识论的角度来说，什么是“对的”，什么是“错的”。从嗜酒者的对称性“骄傲”到AA的互补性种类的改变，是对嗜酒者的认识论的一种矫正吗？互补性总是不知怎的要比对称性好吗？

对于AA成员来说，互补性的确很可能总是要比对称性更受欢迎，甚至连网球或象棋比赛那样无足轻重的竞争也许都是危险的。表层事件可以触动深深嵌入的对称前提。但这并不意味着，网球和象棋对每个人都设定了认识论的错误。

实际上，道德的和哲学的问题仅只关涉最广阔的宇宙和最深刻的心理层面。如果我们深深地、甚至是无意识地相信，我们与关联我们的最大系统——一种“比自我更加强大的力量”——的关系是对称的和竞争性的，那么，我们就陷入了错误之中。

对于假设的限制

最后，上述分析具有下述限制和内涵： 337

(1)这不是说：一切嗜酒者都按照这里概述的逻辑而行事。很有可能存在其他类型的嗜酒者，同时近乎可以肯定的是，其他文化中的酒精成瘾会遵循其他思路。

(2)这不是说：嗜酒者互诫协会的方式是唯一正确的生活

方式，或者，他们的神学是控制论和系统论的认识论的唯一正确的派生物。

(3)这不是说：人类之间一切交往都应该是互补的，尽管显而易见的是，个体与他作为其一部分的更大系统之间的关系必定如此。(我希望)人与人之间的关系将始终是错综复杂的。

(4)不过，这是主张：非嗜酒世界有许多可以从系统论的认识论、从 AA 的各种方法中学习的课程。如果我们继续按照笛卡尔的身—心二元论来行事，我们或许也将继续按照精英和平民、受选种族和其他种族、国家和国家、人与环境的方法来看待这个世界。一个既有先进的技术、又用这种奇特方式看待其世界的物种是否能够存活下来，是令人怀疑的问题。

23 关于第三部分的评论

在收入第三部分的论文中，我讨论了出现在一种语境“中”的行为或表达，而这一常规的思维方式提出，特定行为是“因”变量，“语境”是“自”变量或确定变量。但是，就像它已经使我产生了偏离那样，这种关于行为如何与其语境相关联的问题的观点有可能使读者偏离对思想生态学的注意，而正是那些思想共同构建了我称之为“语境”的小型子系统。 338

这个启发式错误就像许多其他错误一样，是从物理学家和化学家的思维方式那里复制而来的，它需要得到矫正。

重要的是：将特殊表达或行为看作被称为语境的生态子系统的**组成部分**，而不是语境之剩余物的结果或效应——这个剩余物是指在我们想要解释的那个部分已被从语境上切除后的东西。

上述错误在形式上，与第二部分的评论中提到的错误是一样的，正是在那里，我讨论了马的进化问题。我们不应该把这个过程只是视为动物适应大草原生活过程中的改变的集合，而是应该将它视为动物和环境之间的**一种持续不断的关系**。正是生态存活下来并缓慢进化。在这一进化中，动物和草地的这个关系体都经历了改变，而这些改变的确时时刻刻都是适应性的。但是，如果适应过程是一个完整的故事的话，那么，就不
339 可能存在系统性的病理。麻烦之产生，恰恰是因为适应的“逻辑”不同于生态系统的生存和进化的逻辑。

用沃伦·布罗迪(Warren Brodey)的话来说，适应的“时间颗粒”(time-grain)不同于生态学的时间颗粒。

“生存”意味着关于某些生命系统的某些描述性报告经过一段时期仍然是正确的；相反地，“进化”是指关于某些生命系统的描述性报告的真理性的变化。这里的诀窍是进行以下限定：即关于哪些系统的哪些报告仍然是正确的，或者，关于哪些系统的哪些报告发生了变化。

系统过程的这些悖论(和病理)的产生正是因为：某个更大系统的持续生存是由作为其构成部分的子系统中的改变而维持的。

动物和草地之间关系的相关持久性(也就是生存)是由这个关系体双方的改变所维持的。但是，如果这个关系体的任何一方的任何适应性改变未被另一方的某种改变所矫正，那么，这种改变终将危及它们之间的关系。这些论点为“双重束缚”假说设置了一个新的概念框架，为思考“精神分裂症”提供了一个新的概念框架，也为语境和学习层次的问题提供了一个新的思维方式。

总之，精神分裂症、二次学习和双重束缚不再是个体心理学的问题，而成为系统或“心灵”中的思想生态的组成部分，这里的系统或“心灵”的界限不再与参与者个体的外壳相重合。

第四部分

生物学与进化论

PART 04

24 论生物学家和州教育委员会的无知[1]

我的父亲是遗传学家 W. 贝特森，他过去常在早饭时给我 343
们读《圣经》的段落，免得我们成长为无神论者；这样，我发现，提出下述问题便是件很自然的事情：从加利福尼亚州教育委员会奇特的反进化论裁决[2]中，会扩展出怎样的心灵？

长期以来，我们一直都缺乏良好的进化论教育。特别是，学生——甚至专业的生物学家们——虽然获得了各种进化理论，却对那些理论试图要解决什么问题，没有任何深刻的理解。他们对进化论演变知之甚少。

《创世纪》第一章的作者们的杰出贡献是对以下问题的感知：**秩序从何而来**？他们看到，大地和水事实上是分开的，物种也是分开的；他们看到，宇宙中的这种分开和分类提出了一个基本的问题。根据现代术语，我们可以说这是内含于“热力学第二定律”中的问题：如果随机事件导致了事物的融合，那

---

① 这一条目原载《生物科学》(*BioScience*，Vol. 20，1970)，选入本书时获得该刊的允许。

② 参见：“California's Anti-Evolution Ruling,”*BioScience*，March 1，1970.

么，通过什么样的非随机事件，事物得以分类？“随机”事件又是什么呢？

344 这是过去5 000年来生物学和许多其他科学的中心问题，它并不是一个微不足道的问题。

我们应该用什么样的“语词”来表示似乎内在于这个宇宙中的秩序原则呢？

加利福尼亚裁决提出，应该告知学生解决这个古老问题的其他尝试。在新几内亚的雅特穆尔部落石器时代的割取敌人首级作为战利品的那些人中，我本人搜集了其中的一种尝试。他们也注意到，大地和水甚至在其沼泽地区就是分开的。他们说，在一开始，存在一种巨大的鳄鱼，也就是卡沃克马里，它用前腿涉水，也用后腿涉水，因此使泥浆悬浮。文化英雄凯维姆布安格用矛刺中了鳄鱼，于是鳄鱼不再涉水，使得泥浆与水相分离，结果便是陆地，而获胜的英雄脚踏在上面。我们可以说，他证明了“这真好”。

如果我们的学生能够看到其他进化理论，那么，他们的心灵就会多多少少得到拓展。如果一个人相信宇宙中的所有分类都归于一个外部力量，要不，如果一个人像雅特穆尔人和现代科学家那样，看到了秩序和模式的潜力就内在于整个世界之中，那么，想想这个人的精神如何肯定会具有不同的样子。

这样，学生就会不得不受到新系统的推动，以便思考“存在巨链”(Great Chain of Being)，从顶部的“最高心灵”(Supreme Mind)到底部的原生动物。他将看到，“心灵”如何在整个中世纪被援引为一种解释性原则，后来又如何成了**问题**。当拉马克表明“存在巨链”应该被颠倒，以便从原生物向上提供进化论序列时，“心灵”就成了需要解释的东西。这样，问题便在于，根据关于这个序列所能够获得的认识来解释心灵。

当这个学生踏入 19 世纪中期，他就可以得到一本菲利普·亨利·戈斯(Philip Henry Gosse)的《创造(肚脐)：一个解开地质结的尝试》[*Creation*(*Omphalos*)：*An Attempt to Untie the Geological Knot*]的教科书。他会从这本奇特的书中学到关于动植物结构的知识，而这些知识在今天许多生物学课程中都很少提到了；值得注意的是，所有动植物都表现出一种时间结构，树的年轮是这种结构的一个基本例子，而生命历史循 345
环则是它的一个复杂例子。每一种植物和动物都建立在其循环性前提的基础上。

戈斯毕竟不可能受到伤害，他是一个虔诚的原教旨主义者，一个普利茅斯兄弟会成员，也是一个杰出的海洋生物学家。他的著作出版于 1857 年，比《物种起源》(*Origin of Species*)早了两年。他写下这本著作是为了表明：化石记录的事实以及生物同源记录的事实，可以被弄得适合于原教旨主义的原则。对于他来说，下面的事情简直是不可想象的，即上帝竟然能够创造一个亚当没有肚脐、“伊甸园”里的树没有年轮、岩石没有地层的世界。因此，上帝肯定是创造了一个仿佛有着过去的世界。

对于学生来说，与戈斯的“早记日期错误定律”(Law of Prochronism)的悖论做斗争，不会有什么害处；如果他仔细倾听戈斯关于生物界的探索性概括，他就将听到“稳态假说”(steady state hypothesis)的一个早期版本。

当然，每个人都知道，生物现象是循环的，从蛋到鸡，到蛋，到鸡，等等。但是，并非所有的生物学家都考察了这个循环特性的内涵对于进化论和生态理论的影响。戈斯关于生物界的观点也许会拓展他们的心灵。

若是仅只带着谁对谁错的问题来探讨进化思想的丰富谱系，那是愚蠢和平庸的。我们还不如断言说，在其对于生存问题的解决上，两栖动物和爬行动物是“错的”，而哺乳动物和鸟是“对的”。

通过与原教旨主义者的争论，我们陷入了一个与之相类似的无知境地。问题的真谛是：“别人劳苦，你们享受他们所劳苦的”(《约翰福音》4：38)，这个文本不仅仅是提醒我们需要谦卑，它也是浩瀚的进化过程的一个缩影，而我们有机体不容分辩地被置于这个过程之中。

25 体细胞改变在进化中的作用[①]

所有的生物进化理论都至少依赖于三类改变：(a)基因型改变，或是通过突变，或是通过基因再分布；(b)环境压力下的体细胞改变；(c)环境条件改变。对于进化论者来说，问题在于建立一种理论，以便将这三类改变组合成为一个持续发展的过程，该理论在自然选择的条件下，将对适应与种系发生的现象做出说明。 346

可以选择某些传统的前提来指导这样的理论建设。

(1)**这个理论不应依赖拉马克遗传**。奥古斯特·魏斯曼(August Weismann)对这一前提的论证仍然有效。人们没有理由相信要么体细胞改变，要么环境改变在原则上都可以(通过生理传播)要求适当的基因型改变。的确，我们关于多细胞[②]个体中的传播的那一点点知识表明，这样一种从体细胞到基因脚本的传播很可能是罕见的，实际上也不可能是适应性的。不

① 这篇论文原载《进化》(*Evolution*，Vol. 17，1963)，选入本书时获得该刊的允许。

② 这里有意排除了细菌遗传学的问题。

过，在这篇论文中，尝试阐述这一前提所包含的内容，还是恰当的。

在可测量环境的影响下，或在可测量的内部生理的影响
347 下，有机体的某种特性只要是可改造的，就有可能写下一个方程式，在那里，相关特性的值被表达为影响环境的值的某种函数。“人的肤色是暴露在阳光下的某种函数”，“呼吸频率是大气压力的某种函数”，等等。诸如此类的方程式的建立对于许多特定观察来说都是正确的，也必然包含若干次级命题，这些命题对于影响环境和体细胞特性的各种数值来说，都是稳定的(即仍然是正确的)。与实验室的原始观察相比，这些次级命题所具有的逻辑类型是不同的，事实上，它们也不是对资料的描述，而是对*我们的*方程式的描述。它们是关于特定方程式的形式的说明，也是关于其中提到的参数值的说明。

在这一点上，虽然环境等的影响决定了这一框架内的实际事件，但以下工作还是简单的，即通过关于此类方程式的*形式和参数*是由基因提供的观点，来确定基因型和表型之间的界限。这就相当于说，例如，(晒)黑的*能力*是由基因型所决定的，而特定情况下晒黑的量则取决于暴露在阳光之下。

对于基因型和环境的相互重叠的作用的问题来说，根据这种过于简单的方法，那个排除了拉马克遗传的命题就会有点儿是这样的意思了：在解释进化过程的尝试中，下述假设是不会存在的，即特定环境下，某个变量的某种特殊值的获得，将会在那个由个体产生的配子中，对支配那个变量与其环境条件之间关系的函数方程(the functional equation)的形式或参数产生影响。

这是一种过分简单的观点，必须有插入语，以便能够处理更加复杂和更加极端的情况。第一，重要的事情是要认识到，被认为是一种传播系统的有机体，本身可以在多重逻辑类型的层次上运行；也就是说，将会出现某些情况，在那里，上面被称为“参数”的东西容易发生改变。个体有机体作为“培养”的一个结果，可以改变其能够在阳光下产生黑色的能力。而这类改变在动物的行为领域中的确非常重要，该领域中的“学会学习”永远不能被忽视。

第二，这个过分简单的观点必须得到扩展，以便使其能够涵盖负效应。一个环境条件也许会对一个不能适应它的有机体产生这样的影响，以至于有关个体事实上将不会产生配子。 348

第三，可以预测的是，一个方程式中的某些参数也许在来自某个环境或生理条件(而不是那个方程式中提到的条件)的影响下，容易发生改变。

既然如此，无论是魏斯曼对于拉马克理论的反对，还是我自己阐述这个问题的尝试，都共有某种非常节省的东西：一种假设，就是说，赋予现象以秩序的那些原则本身，不该被那些它们赋予秩序的现象所改变。奥卡姆剃刀也许会被修正为：在任何解释中，若无必要，不增加逻辑类型。

(2)对于生存来说，体细胞改变绝对必要。任何需要物种的适应性改变的环境的改变都将是致死的，除非有机体(或其中的某些有机体)通过体细胞改变而能够度过一段不可预测的时期，直到或是发生了适当的基因型改变(这种改变不是通过基因突变所产生的，就是通过基因的再分布所产生的，而这些基因已经可以从种群中获得了)，或是因为环境返回到从前的正常状态。这个前提是不言而喻的，无论涉及多大的时间跨度，都是如此。

(3)**基因型改变也许会在有机体与其环境的外部斗争中帮助有机体**，**对于应对任何这样的基因型改变来说**，**体细胞改变也是必不可少的**。个体有机体是相互依赖的组成部分的一个复杂组织。在任何一个这样的部分(不管在生存方面具有怎样的外部价值)中，突变或其他基因型改变都确实需要许多其他部分的改变，而其他部分的改变将不可能在基因的单个突变中得到指定，也不可能内隐于其中。一个假设的前长颈鹿(pregi-raffe)幸运地带有一个突变基因“长颈”，它会通过心脏和循环系统的复杂改造而不得不适应这个改变。这些附带调节必定会
349 是在体细胞层次上获得的。只有那些(在基因型方面)能够产生这些体细胞改造的前长颈鹿才能够存活下来。

(4)这篇论文假设说，在本质上，**基因型讯息语料库绝大多数是数字的**。与之相比，体细胞被看作一个工作系统，在那里，基因型配方得到试验。如果有人知道基因型语料库某种程度上也是类比的——就是一个体细胞的工作模式，那么，(上述)前提(3)在此程度上就会被否定。这样，可以想象的事情就是，突变基因“长颈”也许会改造那些影响心脏发展的基因讯息。人们当然知道，基因也许具有多重效应，但是只有例如某种论点得到说明，这些现象在现有连接中才是相关的，这个论点就是：在有机体的全部整合和适应中，基因 A 对表型的效应以及对基因 B 的表型表现的效应是相互合适的。

这些思考既导致了基因型改变的分类，也导致了环境改变的分类，而分类的根据是这些改变对于体细胞系统灵活性的**代**

价的需求。不是在环境中，就是在基因型中，一个致死的改变就是要求体细胞改造的改变，而有机体是不可能获得这些改造的。

但是，一个特定改变的体细胞代价必须依赖于特定时间内有机体可获得的体细胞灵活性的范围，而绝不是依赖于我们这里讨论的改变。反过来，这个范围又将依赖于有多少有机体的体细胞灵活性已经被用尽，以适合于其他突变或环境改变。我们面对一种灵活性的经济学(economics of flexibility)，如果而且仅当有机体的活动趋近由这种经济学设定的限制条件的话，那么，该经济学就像任何其他经济学一样，将成为进化过程的决定因素。

不过，在一个重要方面，这一体细胞灵活性的经济学将不同于令人更加熟悉的货币经济学或可用能源经济学。在后两者那里，每项新支出都只能被加到前面一项支出上，而当累加总数接近于预算限制时，这种经济学便成为强制性的了。相比之下，多重改变——其中每一个改变都需要体细胞的代价——的 350
组合效应(combined effect)将是成倍增加的。这一观点可以被陈述如下：让 S 成为有机体的所有可能的生命状态的有限集合。在 S 的范围之内，让 s_1 成为所有可以与一个特定突变(m_1)相容的状态的较小集合，并让 s_2 成为可以与一个二次突变(m_2)相容的状态的集合。由此推论，组合中的两个突变将使有机体限于 s_1 和 s_2 的逻辑产物，就是说，限于通常较小的状态子集，这里的小集仅由 s_1 和 s_2 的共同成员所构成。这样，每一个连续的突变(或其他基因型改变)都将把有机体的体细胞调节的可能性分割成几个部分。而且，如果一个突变需要某种体细胞改变，那个被另一方需要的正相反的改变以及体细胞调节的若干可能性，也许立即就会被减少到零。

同样的论证肯定适用于要求体细胞调节的多重环境改变，甚至对那些或许看起来有利于有机体的环境改变，也是这样。例如，饮食改进将从有机体体细胞调节范围内排除掉那些我们称之为“矮化”的生长模式——这或许也为应对环境的某些其他紧急时刻所需要。

从这些思考中得出的推论是，如果进化过程与传统理论相一致的话，它的进程就会受到阻碍。体细胞改变的有限性表明，任何持续发展的进化过程都不能仅仅来自连续的外部适应性的基因型改变，因为这些改变若是组合起来的话，就肯定会是致死的，即需要内部体细胞调节的组合——而体细胞是无法达到这些调节的。

因此，我们转向对基因型改变的其他类别的思考。要提出一种平衡的进化理论，需要的是基因型改变的发生——该改变将**增加**体细胞灵活性的可用范围。当一个物种的有机体的内部组织被环境或突变压力限制在生命状态总体范围的某个狭窄的子集之中时，后续进化发展将需要某种基因型改变——该改变将对这一限制做出补偿。

351 我们首先注意到，虽然基因型改变的结果在个体有机体的生命中是不可逆的，但相反的情况通常是真正的改变，它们是在体细胞层次上获得的。当后者顺应特殊的环境条件而产生出来时，借助于该特性的减少或失去，通常随之而来的是，环境又返回到前一个规范。（我们也许有理由期待，那些体细胞调节也会是这样，而它们肯定伴随某种外部适应性突变，但是，在这种情况下，从个体那里消除突变的影响，当然是不可能的事情。)

与这些可逆的体细胞改变有关的另一点特别有趣。在高等有机体中，并非罕见的是，存在一种我们也许会称为对抗环境要求的“纵深防御”(defense in depth)的东西。如果一个人被从海平面移动到10 000英尺[①]高的地方，他也许就开始气喘，心跳会加快。但是这些起初的改变很快就可逆了：如果他同一天从那儿下来，这些改变就会马上消失。不过，如果他还是停留在高海拔地区，第二道防线就出现了。作为复杂的生理改变的一个结果，他将慢慢地适应。他的心跳将不再加快，他也将不再气喘，除非他经历了某种特别劳累的事情。如果现在他返回到海平面，第二道防线的特性将会非常缓慢地消失，他甚至会有某种不舒服的感觉。

从体细胞灵活性的经济学的角度来看，高海拔地区的第一个效应是将有机体归入一个有限状态的集合(s_1)之中，其特性是心跳加快和气喘。这个人仍然能够生存，但只是作为一种相对不灵活的生物。后一种适应正具有这样的价值：它对于灵活性的失去而言，是一种矫正。在这个人适应了以后，他就可以运用自己的气喘机制来适应其他紧急情况，否则这些情况可能会是致死的。

在行为领域，也可以清楚地看到同样的“纵深防御”。当我们首次遇到一个新问题时，我们或是通过试误，或是可能通过顿悟来处理它。后来，或多或少地，我们逐渐形成了按照早先

① 1英尺约为0.3米。——译者注

有奖励的那个经验方式而行事的"习惯"。继续使用顿悟或试误
352 的方法来处理这一类别的问题，将会是一种浪费。这些机制现在可以保存起来，以为处理其他问题所用。①

无论是在适应中，还是在习惯的形成中，灵活性经济(the economy of flexibility)都是通过用一个更深层、更持久的改变来替代一个更表面、更可逆的改变而实现的。按照上述讨论反拉马克前提所使用的术语，一个改变已经发生在特定函数方程的参数之中，这个方程将呼吸率与外部气候压力连接起来。这里，有机体就像我们可以期待任何超稳定系统的行事方式那样行事。阿什比②已经指出，此类系统的一般形式特性是：那些控制着更快的波动变量的回路，就像各种平衡机制那样活动，以便保护那些变量——在那里，正常情况下的变化是缓慢的，也是小幅度的——持续的恒定性；而任何固定了可变变量值的干预，都肯定会对该系统的正常稳定的组件的恒定性具有干扰效应。对于那个在高海拔地区肯定不断喘气的人来说，呼吸率不能再被用作维持生理平衡的一个可变量。相反，如果呼吸率要再次用作一个快速波动的变量，那么，在系统的更加稳定的组件中，就必须发生某种改变。这样一个改变必将是相对缓慢地获得的，相对来说，也是不可逆的。

不过，在个体生命中，甚至适应和习惯的形成也仍然是可逆的，而正是这个可逆性(reversibility)表明了在这些适应机

---

① G. Bateson, "Minimal Requirements for a Theory of Schizophrenia," *A.M.A. Archives of General Psychiatry*, 1960, 2: 447.

② W. R. Ashby, "The Effect of Controls on Stability," *Nature*, 1945, 155: 242; also Ashby, *Design for a Brain*, New York, John Wiley & Co., 1952.

制中，缺少沟通的节省。可逆性的含义是：某些变量的改变值是通过体内平衡的、错误激活的回路而实现的。在某种变量中，必须有一个手段来发现不好的或有危险的改变，也必须有一根因果链条，从而使矫正行为得以激发起来。进而言之，某 353
种程度上，整个回路在这个可逆改变得以持续——可用讯息通道的大量使用——的全部时间内，都必须是可用的。

有机体的体内平衡回路不是分离的，而是复杂地相互联结的。例如，在器官 A 的体内平衡控制中发挥某种作用的荷尔蒙信使也将影响器官 B、C 和 D 的状态。当我们注意到这一点时，传播经济学(communicational economics)的问题就变得更加重要了。因此，任何对控制 A 的回路的特定持续负载，都将减少有机体控制 B、C 和 D 的自由。

相比之下，由突变或其他基因型改变导致的改变可能会有完全不同的性质。每个细胞都包含一个新的基因型语料库，因此，都将(在适当的时候)以改变的方式行事，而无需从周围组织或器官接收的讯息中的任何改变。如果假定的、携带着突变基因“长颈”的前长颈鹿也能得到“大心脏”(big heart)的基因的话，那么，它们的心脏就得到扩大，而不必使用身体的体内平衡通道来获得和维持这个扩充。这样一个突变将会具有生存值，这并不是因为它能够使这个前长颈鹿为其升高的头颈供应充足的血液——这已经由其体细胞改变所获得了，而是因为它增加了有机体的总体灵活性，使得它能够承受**其他**需求——这些需求可能或是由环境改变，或是由基因型改变而被置之于它的。

这样，如果存在一类突变或其他能够模拟拉马克遗传的基因型改变，那么生物进化的过程似乎就会是持续不断的了。通过基因型命令，这些改变的功能会获得那些特性——它们是有机体在特定时间内借助体细胞改变的不经济的方法而已经获得的特性。

我相信，这样一种假设与遗传学和自然选择的传统理论是毫无冲突的。不过，某种程度上，它改变了当前传统的整体进
354 化的图景，尽管相关思想 60 年以前就已经提出来了。鲍德温(Baldwin)[①]认为，我们应该不仅思考自然选择中的外部环境的活动，而且还应该思考他所称之为“有机选择”(organic selection)的问题，在那里，特定变异的命运将依赖于它的生理活性。在同一篇文章中，鲍德温将下述提法归功于劳埃德·摩根(Lloyd Morgan)，即有可能存在“重合变异”(coincident variations)，它会模拟拉马克遗传[所谓“鲍德温效应”(Baldwin effect)]。

按照这样的假设，有机体中的基因型改变可以与社会中的法律改变构成比较。英明的立法者很少会提出一个新的行为法规，更为经常的是，他将仅限于在法律上确认那种已成为人们习惯的东西。只有以激活社会中的大量体内平衡(homeostatic)的回路或使之超载为代价，才能引入某个创新法则。

有趣的是提出这样的问题：**如果**拉马克遗传就是这个法则，即：如果通过体细胞的体内平衡获得的那些特性是遗传的，那么，一个假设的进化过程会是如何运作的？答案是简单的：**它就不会运作**。理由如下：

---

① J. M. Baldwin, “Organic Selection,” *Science*, 1897, 5: 634.

第一，这个问题在使用体内平衡回路时，就转向了经济的概念，而通过基因型改变而固定所有的变量(它们伴随着一个特定理想的和借助体内平衡而获得的特性)，那就会是经济的反面。每一个这样的特性都是通过完全围绕这些回路的、辅助性的体内平衡的改变而获得的，还有，最令人感到不快的是，这些辅助改变应该是通过遗传所固定的，就像按照任何陷入某种不加区别的拉马克遗传的理论而在逻辑上会发生的那样。那些要捍卫拉马克理论的人肯定准备提出的问题是：一个适当的选择在基因型中如何可能获得？如果没有这样一个选择，获得性状的遗传就只会增加那些不能存活的基因型改变的比例。

第二，按照现在的假设，拉马克遗传会打乱进化必须依赖的那个过程的相关时间安排。至关重要的问题是：一方面是某个特性的不经济的但可逆的体细胞获得，另一方面是基因型的 355
经济的却更加持久的改变，两者之间存在一个时间滞差。如果我们把每一个体细胞都看作是一个可以在工场里以各种方式加以改造的工作模式，那么，显而易见，在这些试验结果被并入大规模生产的最终蓝图之前，足够而并非无限的时间就必须得提供给这些工场试验。这个延期是由随机过程的漫无目的所造成的。它会被拉马克遗传加以过分的缩短。

这里涉及的是普遍原则，绝不是琐碎原则。它通行于所有体内平衡的系统之中，而在这些系统中，特定的效应可由体内平衡回路所导致，这个回路反过来又被某种更高的控制系统改造了特性。在所有诸如此类的系统(从房子的恒温器到政府和行政系统)中，至关重要的是，高级控制系统滞后于外围体内平衡回路的事件系列。

在进化中，出现了两个控制系统：用以处理可承受的内应力的身体的体内平衡，以及对于种群的(在遗传学意义上)不能存活的成员的自然选择行为。从某种工程的观点来看，问题是*限制*从低等的、可逆的体细胞系统到高等的、不可逆的基因型系统的传播。

关于我们只能思考什么的问题的已有假设的另一个方面，是两类基因型改变的可能的相对频率，即那些引入某种新东西的类，以及那些确证通过体内平衡而获得某种特性的类。在“后生动物”(Metozoa)和多细胞植物中，我们面对多重相互连接的体内平衡回路的复杂网络，而任何特定的突变或引发改造的基因重组都有可能产生某种需求，也就是要求通过体内平衡去获得各种各样的和多重的体细胞特性。带有突变基因“长颈”假设的前长颈鹿需要改造的将不仅是它的心脏和循环系统，而且或许还有它的半规管，它的椎间盘，它的姿势反射，它的许多肌肉的长度和厚度的比例，它面对捕食者的逃避策略，等等。这就表明，在诸如此类的复杂有机体中，如果这个物种要
356 避免体细胞的灵活性接近于零的困境，那么，仅仅是肯定的基因型改变就必须在数量上大大超过那些引发改变的东西。

反过来说，这幅图景表明，在任何特定的时间内，大部分有机体或许都处于某种状态之中，在那里，对于肯定的基因型改变来说，存在多重可能性。如果就像有可能出现的情况那样，无论是突变还是基因再分布某种意义上都是随机现象，那么至少，这些多重可能性中的一种或另一种可能性将被碰到的机会是非常多的。

适当的讨论问题是，对于支持或反对这样一个假设来说，

可以获得或探求何种证据。此类验证从一开始显然就是困难的。该假设得以依赖的肯定变异通常是**不可见的**。某个种群正通过体细胞改变而获得对于环境条件的特定调节，从这个种群的许多成员中，将不可能立即挑选出那些少数成员——在这些成员中，同样的调节是由基因型方式所提供的。在这种情况下，从基因型方面被改变的个体将不得不在更正常的条件下，通过哺育和培养后代来得到识别。

一个更大的困难产生于一些情形之中，在那里，我们可以研究那些通过体内平衡所获得的特性，而它们是作为对某种新的基因型改变的回应而得到的。仅仅借助于对有机体的审视，往往将不可能告知在它的特性中的哪些特性是基因型改变的初级结果，哪些又是对它们的次级体细胞的调节。在关于带着有点加长的头颈和加大的心脏的前长颈鹿的想象情形中，也许容易做出这样的**猜测**：头颈的改造是基因型的，而心脏的改造则是体细胞的。但是，一切诸如此类的猜测都将依据关于有机体可以通过体细胞调节得到什么东西的问题的认识，而这一认识目前仍是非常不完整的。

一个巨大的悲剧在于：拉马克学说的争论已经使得遗传学家的注意力从体细胞的适应性现象转移开来了。毕竟，应激之下的个体表型变化的机制、阈限和最大值都必定是由基因型决定的。

另一个本质上非常相似的困难产生于种群层次，我们在那里，遇到了潜在改变的另一种“经济学”，它在理论上与在个体 357
内运作的“经济学”不同。今天，一个野生物种的种群通常被认为在基因型方面是异质的，尽管个体表型之间存在高度的表面相似，也是如此。这样一个种群有希望作为基因型可能性的一个库存而发挥作用。这个可能性库存的经济方面已由西蒙兹(Simmonds)所强调。[①] 他指出，在某个高选作物中，要求百分之百的表型一致性的农夫和育种者们，实际上抛弃了大部分多种基因可能性——其是在野生种群中经过几百代而积累起来的。由此出发，西蒙兹论证说，对于各种机构来说，迫切需要的将是通过维持未选种群来“保存”这一变异的库存。

雷纳(Lerner)[②]已经论证说，自我矫正的或缓冲的机制运作起来，以便使野生基因型的这些混合物的组成部分保持不变，并抵制人工选择的效应。因此，至少存在一个推测：这个种群内的变异经济学将会成为一种乘法类的经济学。

现在，一方面是通过体细胞体内平衡获得的特性，另一方面是通过某种基因型捷径(更加经济地)获得的同样特性，而当我们开始考虑种群而不是生理个体时，对这两种特性进行区分的困难显然就会更加复杂了。这个领域的所有现实的实验都将不可避免地与各种种群一起工作，而在这个工作中必须对下述两种效应进行区分，即在个体内部运作的灵活性的经济学的效应，以及在种群层次上运作的变异性的经济学的效应。这两个经济学的秩序在理论上或许容易分开，但在实验中要区分它们肯定将是困难的。

尽管如此，我们还是想一想对于那些作为这一假设之关键部分的某些命题来说，可以有怎样的证据支持。

---

① N. W. Simmonds, “Variability in Crop Plants, Its Use and Conservation,”in *Biol. Review*, 1962, 37: 422-462.

② I. M. Lerner, *Genetic Homeostasis*, Edinburgh, Oliver and Boyd, 1954.

(1)**按照一种灵活性的经济学，体细胞调节现象得到了适当的描述**。一般来说，我们相信，应激 A 的出现，会减弱有机体对应激 B 的反应能力，而在这一观点的指导下，我们通常保护病人免受天气的影响。那些已经适应办公室生活的人也许爬山就有困难，而训练有素的登山者可能就难以被限制在办公室里；从企业退休的应激也许是致命的；等等。但是，对人或其他有机体中的这些问题的科学认识还是非常稀少。 358

(2)**这个灵活性的经济学具有上面描述过的逻辑结构——对于灵活性的每个连续的要求都对可用可能性的集合进行分离**。该命题是在预期之中的，但就我所知，还没有提出关于它的证据。不过，标准问题值得思考，标准决定一个特定的“经济”系统是通过加法的术语，还是通过乘法的术语得到了更加恰当的描述。似乎有如下两个这样的标准：

a. 只要系统的流通单位是可以相互交换的，并因此不能被有意义地分类为诸如这篇论文早先用过的那些集合，以便表明灵活性的经济学必定是乘法的，那么，它就是加法的。能源经济学的热值是完全可互换的，也是不可分类的，就像个体预算中的美元一样。因此，这两种系统都是加法的。限定有机体状态的各种变量的排列和组合是可分类的，在这个意义上，也是不可互换的。因此，该系统就是乘法的。它的数学算法将类似于信息论或负熵的数学算法，而不是货币或能量守恒的数学算法。

b. 只要一个系统的流通单位是相互独立的，那么它就将是加法的。这里，似乎会有一种两者之间的区别：一是个体的经济系统，其预算问题是加法(或减法)的；二是整个社会的那些系统，在那里，财富的总分配和流动由复杂(或不完美)的体内平衡系统所支配。或许，是否有一个关于经济灵活性的经济学(一个元经济学)，它是乘法的，所以类似于上面讨论过的生理灵活性的经济学呢？不过，注意：这个更加宽泛的经济学的
359 单位将不是美元，而是财富的分配模式。同样，雷纳的“遗传的体内平衡”只要确实是体内平衡的，那么，就将具有乘法的特点。

不过，这可不是个简单的问题，而且，我们不能指望每个系统都将要么完全是乘法的，要么完全是加法的。将会存在居中的情况，它会把两种特性组合起来。特别是，当几个**独立的**、可供替代的体内平衡回路控制了一个单变量时，系统显然就可以表现出加法的特性；甚至如果诸如此类的可供替代的通道能够有效地彼此分隔的话，那么，将它们并入系统或许也是值得的。只要加法和减法的数学算法将比逻辑分数化的数学算法更加有利，此类多重可供替代的控制系统也许就会提供生存优势。

(3)**新的基因型改变通常对体细胞的调节能力提出各种要求**。这个命题在正统意义上被生物学家所信奉，但还不一定能够被直接的证据所证实。

(4)**连续的基因型创新对体细胞提出了乘法的要求**。这个命题(它**既**涉及乘法的灵活性的经济学的思想，**也**涉及每一个新的基因型改变都具有其体细胞值的思想)有几个有趣的或许也是可证实的含义。

a. 我们可以预测，那些有机体——在此，许多新近的基因型改变(例如，作为选择或有计划培育的结果)已经积累起

来——将是脆弱的，就是说，将需要得到保护，以免受到环境应激的影响。这种对于应激的敏感有可能发生在新品种的家养动物和植物之中，并且可以通过实验产生出来，它们是那些或是携带几个突变基因，或是携带异常(也就是近期获得)的基因型组合的有机体。

b. 我们可以预测，对于诸如此类的有机体来说，(任何除了上述讨论的肯定性变化的)进一步的基因型创新都会是越来越有害的。

c. 随着选择对连续几代产生作用，以便有利于那些“实现了获得性状的基因同化”的个体，这种新的和特殊的品种应该越来越既可以抵制环境应激，又可以抵制基因型改变(命题5)。

(5)在适当的选择条件下，由环境减少的获得性状也许会 360
被由遗传决定的同样特性所恢复。这个现象已由沃丁顿[①]为果蝇双胸表型论证过了。他将之称为“获得性状的遗传同化”(genetic assimilation of acquired characteristics)。当实验者们开始证明获得性状的遗传，但由于未能控制选择条件的方式而没有得到这种证明的时候，类似的现象也就可能发生在各种实验之中了。不过，对于遗传同化这一现象的频率，我们根本就没有论据。但是，值得注意的是，按照本文的观点，原则上，或许不可能从那些会证明“获得性状的遗传”的实验中排除选择因素。我的论点恰恰就是：在不确定的或多重的应激的环境下，

---

① C. H. Waddington, “Genetic Assimilation of an Acquired Character,” *Evolution*, 1953, 7: 118; also Waddington, *The Strategy of Genes*, London, Allen and Unwin, 1957.

对拉马克遗传的模拟将具有生存价值。

(6)一般来说，通过基因型改变，而不是体细胞改变而获得的给定特征，是更加经济的灵活性。在这里，沃丁顿实验并没有提供什么启示，因为正是实验者在进行选择。要检验这个命题，我们需要的是这样一些实验，在它们那里，有机体种群被置于双重应激之下：①将导致我们有兴趣的那种特性的应激；②第二种应激，它将选择性地毁坏该种群，从而如同我们希望的那样，有利于其灵活性在适应了第一种应激之后更能够应对第二种应激的那些个体的生存。按照该假设，这样一个系统应该有利于那些通过基因型过程而适应了第一种应激的个体。

(7)最后，有趣的是思考一个推论，它是本文观点的一个反题(converse)。这里已经论证过：当种群必须适应一种持续存在于连续几代的应激时，模拟的拉马克遗传就将具有生存
361 值。这种情况事实上已被那些会论证某种获得性状的遗传的人所考察。某些情况呈现了一个相反的问题，在它们那里，一个种群面临着一种应激，这种应激不可预料地改变了它的强度，并且改变得非常频繁，或许每二三代就来一次。诸如此类的情形或许在自然中是非常罕见的，但可以在实验室里产生出来。

在这类可变环境下，达到获得性遗传同化的反题，就可以为有机体提供生存条件。就是说，它们可能会有利可图地让体细胞的体内平衡机制控制某些特性，而这些特性从前是由基因型更严格地加以控制的。

不过，显而易见的是，这种实验法会是非常困难的。仅就建立诸如双胸那样特性的遗传同化来说，就需要一个天文尺度

上的选择，而其双胸个体由遗传所决定的那个最终种群，可以被发现是一个来自某种类似于 10^{50} 或 10^{60} 的个体的东西的潜在种群的选择样本。在这个选择过程之后，下述问题便是非常令人怀疑的：在这个样本中，是否还会存在足够的遗传异质性以经历又一次逆向选择，从而有利于那些仍通过体细胞手段而获得其双胸表型的个体？

然而，尽管这个逆向的推断可能在实验室里是不可论证的，但某种这样的东西似乎运行在广阔的进化图景之中。通过思考“调节器”(regulators)和“适配器”(adjusters)的二分法，这个问题可用戏剧性的形式呈现出来。[①] 普罗瑟(Prosser)提出，在内部生理包含某些变量——其尺度与某些外部环境变量的尺度一样——的地方，根据有机体无关乎外部变量改变而保持内部变量之恒定性的程度，来对它们进行分类，就是一件便利的事情。因此，按照温度，恒温动物被分类为“调节器”，而冷血动物则是“适配器”。根据水栖动物如何处理内部和外部的渗透压力，同样的二分法也可以适用于它们。

我们通常认为，在某种宽泛的进化论意义上，调节器要“高于”适配器。现在，我们来思考这可能意味着什么的问题。 362
如果存在一个有利于调节器的广阔的进化趋势，那么，这个趋势是否与上面关于生存优势(当控制被传递给基因型机制时，这些优势就会自然增长)所讨论过的东西相一致呢？

显然，不仅调节器，而且适配器都必须依赖于体内平衡机制。如果生命要继续发展，大量的基本生理变量就必须被约束

---

① C. L. Prosser, “Physiological Variation in Animals,” *Biol. Review*, 1955, 30：22-262.

在狭窄的限度之内。例如，如果允许内部渗透压力发生改变，那么，就必须存在那些将保护这些基本变量的机制。由此推论，适配器和调节器之间的差异是一个这样的问题：在生理因果关系的复杂网络中，体内平衡过程是在哪里运作的？

在调节器那里，体内平衡过程在作为个体有机体网络的输入和输出点，或接近它们的地方发挥作用。在适配器那里，环境变量可以进入身体，因此有机体就必须通过使用将进入整个网络的更深层环路的那些机制，来处理环境变量的效应。

根据这种分析，由适配器和调节器之间的极性可以推出另一个进程，以包括我们可称之为“外调节器”(extraregulator)的东西，它通过改变和控制环境而获得身体之外的体内平衡控制——人则是这个类别的最明显的例子。

在这篇论文的前面部分，有论证说在对高海拔地区的适应过程中，按照一种灵活性的经济学，通过从例如喘气转向更深和更不可逆的适应变化，就会有好处；那个习惯比起试误来，要更加经济；而那个基因型控制有可能比起适应来，或许也更加经济。这些都是控制位置的向心(centripetal)变化。

不过，在广阔的进化图景中，这个趋势似乎处于相反的方向：长远看来，自然选择有利于调节器，而不是适配器，有利于“外部调节器”，而不是调节器。这似乎表明，通过控制源的离心(centrifugal)移位，可以得到长期的进化优势。

要想如此广泛地思考这些问题，或许是件浪漫的事，但值得注意的是，总体进化趋势和面对恒定应激(constant stress)的一个种群的趋势，两者之间的比较或许是我们有望从这里正
363 在思考的逆向推论中得出的东西。如果恒定应激有利于控制源

的向心改变，并且如果可变应激(variable stress)有利于离心移位，那么，随之而来的就是：在决定广阔的进化图景的浩瀚时间和变化的跨度内，控制的离心移位将会是有益的。

总　结

在这篇论文中，笔者使用了一种演绎的方法。从传统的生理学和进化论的前提出发，并将其运用于控制论的论述之中，由此表明：肯定存在一种体细胞灵活性的经济学，而且长远看来，这种经济学肯定会对进化过程具有强制作用。如同通常的看法所认为的那样，通过突变或基因型重组的外部适应将不可避免地耗光可用的体细胞灵活性。由此得出，如果进化要持续下去的话，就也必须存在一类基因型改变，以带来额外的体细胞灵活性。

一般来说，体细胞的改变成果是不经济的，因为这个过程有赖于体内平衡，也就是有赖于相互依存的变量的整个回路。由此得出：获得性状的遗传对于进化系统来说，将是致死的，因为它会固定所有那些围绕回路的变量值。不过，通过那种将模拟拉马克遗传的基因型改变，有机体或物种会获得(生存方面的)优势，也就是说，在不涉入整个体内平衡回路的情况下，会导致体细胞体内平衡的适应性成分。这样一种基因型改变(它被错误地称为“鲍德温效应”)将带来一种额外的体细胞灵活性，因此会标志着明显的生存值。

最后，这篇论文提出，某种相反的论点可以运用于一些情况之中，在它们那里，一个种群必须适应可变应激。在此，自然选择应该有利于一个“反鲍德温效应”(anti-Baldwin effect)。

26 鲸目动物和其他哺乳动物传播中的问题[①]

语前哺乳动物的传播

我对鲸目动物几乎没有什么经验。我曾经在“剑桥动物实验室”里解剖一条从当地鱼商那里买来的鲸鱼标本，从那以后，几乎再没有真正碰到鲸目动物，直到当我有机会见到利利(Lilly)博士的海豚的时候。我在接近这些特殊的哺乳动物时想到了一些问题，我希望，我对它们的讨论，将帮助你们考察这些问题或者与之相关的问题。 364

我从前在人类学、动物(个体)生态学和精神病理论等领域的工作，为行为的互动分析提供了一个理论框架。这个理论立场的前提可以简要概括如下：第一，事实上，两个(或更多)有机体之间的关系是一个刺激—反应序列(也就是原学习得以发生的那些语境的序列)；第二，事实上，二次学习(也就是学会

① 这篇论文原载《鲸鱼、海豚和鼠海豚》(*Whales*, *Dolphin and Porpoises*, Kenneth, University of California Press, 1966)。选入本书时获得加利福尼亚大学董事会的允许。

学习)就是要获得关于原学习得以发生的语境的权变模式的信
365 息；第三，有机体的“特性”是其二次学习的集合体，因此反映了过去的原学习的语境模式。[①]

本质上，这些前提是对某种学习理论的等级性建构，并依照的是与罗素“逻辑类型论”[②]有关的思路。遵循“逻辑类型论”的这些前提首先适合于数字传播(digital communication)的分析。在什么程度上，它们可以被运用于类比传播(analogic communication)，或可以运用于将数字传播与类比传播组合起来的系统，还是成问题的。我希望，关于海豚传播的研究将为这些基本问题提供启发。关键既不在于发现海豚有复杂的语言，也不在于教海豚学会英语，而是通过研究一个系统来填补我们关于传播理论知识的各种空白，而无论这个系统是基础的系统还是复杂的系统，都几乎肯定是一个完全不为人所熟悉的领域。

让我从海豚是一个哺乳动物的事实开始。这个事实对于解剖学和生理学来说，当然具有各种各样的含义，但是，我关注的不是这些问题。我感兴趣的是它的传播，是被称为其“行为”的东西，这种行为被看作同一物种的其他成员的可感知的和有意义的资料集合体。首先，就影响了一个受体动物的行为而言，它是有意义的；其次，在获得上述第一种意义的恰当含义方面的感知失败，将对动物双方的行为都产生影响，就此而

---

① J. Ruesch and G. Bateson, *Communication: The Social Matrix of Psychiatry*, New York, Norton, 1951.

② A. N. Whitehead and B. Russell, *Principia Mathematica*, London, Cambridge University Press, 1910.

言，它是有意义的。我对你说的东西也许是完全无效应的，但是我的**无效应**如果是可感知的，那么就将对你和我都产生影响。我之所以强调这一点，是因为必须记住的是：在人与某些其他动物之间的所有关系中(特别是当那个动物是一只海豚的时候)，这两种有机体的绝大部分行为都是由这种无效应所决定的。

当我将海豚的行为看作传播时，对于我来说，哺乳动物的标签包含着某种非常确定的东西。让我借用一个来自布鲁克菲尔德动物园的“本森·金斯伯格”(Benson Ginsburg)的狼群的例子，来阐述我心里的想法。

在犬科动物中，断奶是由母亲来完成的。当小狗要喝奶
时，狗妈妈张开嘴压在小狗脖子后面，并把它按倒在地上。狗 366
妈妈反复做着这个动作，直到小狗不再要求。这个方法被(北美)郊狼、澳洲野犬和家养犬所采用。狼之间的系统是不一样的。小狼顺利地从接受乳头逐渐发展到接受反刍食物。狼群吃饱了就回到窝里。它们都反刍其得到的东西，并且都在一起吃。在某个时刻，成年狼开始采用其他犬科动物所使用的方法，不再给小狼吃这些食物；成年狼张开嘴压在小狼脖子后面，把它按倒在地上。在狼那里，这个功能不限于母亲，是由两种性别的成年狼都加以实施的。

芝加哥狼群的领袖是一只健壮的雄性动物，它不停地巡视狼群出没的那片土地。它优雅地小跑着走来走去，似乎不知疲倦，而这个狼群的其他八九个成员大部分时间则在打瞌睡。当母狼发情时，它们通常向领袖提出要求，用它们的屁股来撞它。不过，这个领袖通常没有反应，尽管它确实采取了行动来

防止其他公狼与母狼交配。去年，其中的一只公狼与一只母狼成功地发生了性关系。正如其他犬科动物中的情形一样，公狼被卡在母狼那里，无法抽出它的阴茎，而它孤立无援。那个狼群领袖冲了过去。对于这只孤立无援的，竟敢侵犯领袖特权的公狼，狼群领袖会做什么呢？拟人论大概提出，它会把这只孤立无援的公狼撕得粉碎。但是，没有。这部电影表明，它用张开的下巴把那只冒犯的公狼的头向下按了四次，然后，就走开了。

从这个阐述中能够得出什么样的研究意义呢？狼群领袖的行为无法用刺激—反应的术语来加以描述，或者，用刺激—反应的术语只能得到不充分的描述。它并没有"负强化"其他公狼的性行为。它坚持或确证了它自己与其他狼之间关系的本质。如果我们要将狼群领袖的行为转换成语词，那么，它们将不会是"别那么做"。相反，它们会转化隐喻的行为："我这个成年公狼比你的级别高，你这个小子！"特别是就狼以及一般的语前
367 哺乳动物而言，我试图要表达的意思是：它们的话语首先是与关系的规则和权变情况相关的。

我来举一个更加令人熟悉的例子，以帮助你们明白这个观点的普遍性，而该观点在(个体)生态学家中，绝非是正统的思想。当你的猫想要你给它些吃的东西时，它是怎么做到这一点的？它没有食物或牛奶的语词。它能做的事情就是动来动去，并发出猫咪对猫妈妈特有的声音。如果我们要把猫的讯息转换成语词，那么，认为它正在喊"牛奶！"的说法，就不可能是正确的了。倒不如说，它正说着某种类似于"妈妈！"的东西。或许，更正确的是，我们应该说它正在坚持"依赖！依赖！"。这

只猫依照关系的模式和关系的权变情况来说话，从这句话出发，你的事就是采取一种演绎的步骤，猜测这只猫要的东西就是牛奶。正是这个演绎步骤的必要性，标志着以下两者之间的差异：一个是语前哺乳动物的传播，另一个则既包括蜜蜂的传播，也包括人的语言的传播。

人类语言进化中的非凡之物(伟大新事物)不是发现抽象或概括，而是发现如何具体说明关系以外的某种东西。尽管已经获得了这个发现，但即便对于人类的行为来说，它也的确还很少产生影响。如果 A 对 B 说，“飞机计划在 6 点 30 分起飞”，B 很少把这句话仅仅当作一个关于飞机的事实陈述来接受。他更经常地将几个神经元投射到下述问题上：“对于我与 A 的关系来说，A 告诉我这个是表明了什么?”虽然不久前获得了语言技巧，但我们哺乳动物的祖先还是离水面很近。

即便如此，我研究海豚传播的第一个期望是：它将证明主要与关系相关的一般哺乳动物的特性。这个前提本身或许足以说明哺乳动物大脑(large brains)的单个发育。我们无须抱怨这些生物表面看来不聪明，就像大象不说话，鲸鱼没有发明捕鼠器一样。我们只需要假定：在某个进化阶段，大脑发达的生物不够聪明，以至于不能进入关系的游戏，而一旦这个物种卷入
了这个游戏——该游戏将其参与者彼此间的行为解释为与这个 368
情境和重要主题相关的东西，那些能够更机灵和更有智慧地玩游戏的个体，就有了生存值。这样，我们或许有理由预期在鲸科动物中发现一种高度复杂的关系传播。因为它们是哺乳动物，我们就可以预期它们的传播将是关于关系的模式和权变情况的，也主要是按照关系的模式和权变情况来进行的。因为它

们是社会性的和大脑发达的，我们就可以预期它们的传播中的某种高度复杂性。

方法论思考

对于如何检验什么是所谓个体动物的“心理学”(例如，智力、独创性、识别等)的问题来说，上述假设带来了非常特殊的困难。诸如利利实验室已经做过，以及毫无疑问其他地方也已做过的实验那样，一个简单的识别实验(discrimination experiment)涉及一系列阶段：①海豚也许会、也许不会感知刺激物 X 和 Y 之间的差异。②海豚也许会、也许不会感知这个差异是行为的一个提示。③海豚也许会、也许不会感知到这里的行为对于强化来说具有好或不好的效果，就是说，也许会、也许不会感知到在一定条件下，做“对”的事情之后，就有鱼(吃)。④海豚也许会、也许不会选择做“对”的事情，即便是在它知道什么是对的事情以后，也是这样。前三个阶段的成功仅仅为海豚提供了进一步的选择点。这一额外的自由度必须是我们研究的首要中心。

出于方法论的原因，它必须是我们的首要中心。想想那些通常建立在这种实验基础上的论证吧。我们的论证总是从特定系列后面的阶段到前面的阶段。我们说，“如果这个动物能够在我们的实验中达到阶段 2，那么，它就肯定能够达到阶段 1”。如果它能够学会以将为之带来奖励的方式而行事，那么，它就肯定具有必要的感官敏锐度，以便对 X 和 Y 做出识别。

正是因为我们要从对动物在后面阶段的成功的观察开始论

证，再到更加基础的阶段的结论，所以至关重要的事情便是，了解我们正在研究的有机体是否能够达到阶段 4。如果能够的话，那么，所有从阶段 1 到阶段 3 的论证就将无效，除非控制阶段 4 的适当方法被建构到实验的设计之中。非常奇特的是，尽管人类完全能够达到阶段 4，但以人为研究对象的心理学家已经能够研究从阶段 1 到阶段 3，而无须特别费心地排除由这一事实所带来的混乱。如果人作为实验对象是“合作的和心智健全的”话，那么，他通常就会通过抑制其大部分冲动的方式来对实验环境做出反应，以便按照他关于自己与环境的关系的个人看法来修正行为。在阶段 4 的层次上，语词“合作的”和“心智健全的”包含某种程度上的一致性。心理学家凭借一种预期理由(petitio principii)来工作：如果实验对象是合作的和心智健全的话(也就是说，如果关系规则是比较恒定的话)，那么，心理学家就无须担心那些规则中的变化。 369

当实验对象是不合作的、患有精神病的、精神分裂症的，一个淘气的孩子，或是一只海豚，方法问题就完全不同了。或许这个动物的最吸引人的特性就来自其在这个相对高的层次上活动的能力，一种还要加以论证的能力。

现在，我用一点时间来思考动物训练员的技能问题。从与这些高水平的人(既有海豚训练员，也有导盲犬训练员)的谈话中，我的印象是：一个训练员的首要条件是他必须能够防止动物在阶段 4 的层次上进行选择。在一个特定情境中，当某个动物明白怎么做才是对的时候，必须持续不断地使之清楚那是它唯一能够做的事情，并且不准胡闹。换句话说，马戏团成功的一个首要条件是：动物会放弃运用自己的某种更高层次的智力。催眠术的艺术也与之相类似。

塞缪尔·约翰逊(Samuel Johnson)博士讲过一个故事。一个无聊的妇人让她的狗在他面前表演把戏。博士似乎未被打动。妇人说："可是，约翰逊博士，难道你不知道这对于一条狗来说有多难。"约翰逊博士回答说："难？夫人？那是不可能难的！"

370 关于马戏团的把戏，有趣的事情是：动物可以放弃运用它的如此之多的智力，并且还留下了足够的智力来完成这个把戏。我把有意识的智力看作是人类心灵最伟大的装饰。但是许多权威人物——从禅宗大师到弗洛伊德——都重视那种不那么有意识的，或许还是更古老的层次上的足智多谋(ingenuity)。

关于关系的传播

如同我前面说过的那样，我认为海豚传播是一种几乎完全陌生的传播。让我来对此做出阐述。作为哺乳动物，我们熟悉有关我们的关系的传播习惯，尽管大部分都是无意识的。与其他陆栖哺乳动物相似，我们通过身势语和副语言信号，来进行大部分关于这一主题的传播，诸如身体的活动、随机肌的不由自主的紧张，面部表情变化，犹豫、说话或行动的节奏变化，声音的暗示以及呼吸的不规则。如果你要明白一条狗的叫声的"意思"，你看它的嘴唇、它脖子后背的毛、它的尾巴等等。它的身体的这些"表达"部分告诉你，它正对着那个环境下的什么东西在叫，在接下来的几秒内，它又可能按照与那个东西的什么关系模式而行事。最重要的是，你观看它的感觉器官：它的眼睛、它的耳朵和它的鼻子。

在所有哺乳动物中，感觉器官也成了传递关系讯息的器官。一个盲人使我们觉得不舒服，不是因为他看不见——那是他的问题，我们只是对之有模糊的意识，而是因为他没有通过其眼睛的活动向我们传递那些我们希望和需要、以便可以知道和确证我们与他的关系状态的讯息。我们不能完全理解海豚传播，除非我们明白了一只海豚在另一方对于回声定位的使用、方向、音量和音调中能够知道些什么。

或许正是我们的这一缺失使得海豚传播看起来神秘而难以理解，但是我猜测到一种更深刻的解释。对于海洋生活的适应 371
已经夺去了鲸鱼的面部表情。它们没有外在的耳朵来摆动，如果有什么竖起的毛发的话，那也是很少了。在许多物种中，甚至连颈椎都被融成一个实心块，而进化已经使得身体呈流线型，为了整体的运动牺牲了独立部分的表现力。还有，海洋具有特定的生活条件，在那里，即便海豚有表情多变的脸，其他海豚也只是在非常近的范围内才看得见其表情的细节，连在最近的水域中也是如此。

这样，就有理由猜测，在这些动物中，发声已经取代了大部分动物通过面部表情、摇尾巴、握紧拳头、转动手以便使手心向上、张开鼻孔等来进行的传播功能。我们可以说，鲸鱼的传播与长颈鹿的传播完全不同；它没有头颈，但是有一种声音。仅仅是这一思考就会使得海豚传播成为浓厚的理论兴趣的一个研究对象。例如，下述问题的研究有着迷人的吸引力，即从身势语到发声的进化转变中，是否保留了相同的总体结构类型？

我自己的印象——它也是唯一未被检验过程所证实的印象——是，当我听到海豚的声音时，有关海豚以副语言替代了身势语的假设，就与我的经验不太吻合了。我们陆栖哺乳动物对于副语言传播是熟悉的，我们自己在哼哼唧唧、欢笑和哭泣、说话中调节呼吸等的时候使用它。因此，我们不觉得其他哺乳动物的副语言声音是完全不可理解的。我们非常容易地学会了辨别它们那里的某些种类的打招呼、伤感、愤怒、说服和地盘性，尽管我们的猜测往往可能是错误的。但是，当我们听到海豚的声音时，我们甚至不能猜测它们的意义。我不太相信某种预感，它会把海豚的声音仅仅解释为是对其他哺乳动物的副语言的一种精致发挥(不过，比起从我们能做什么而出发的论证来，从我们不能做什么而出发的论证要更加薄弱)。

我个人并不相信海豚具有什么人类语言学家会称之为“语言”的那种东西。我不认为任何没有手的动物都会愚蠢到了产生一种如此稀奇古怪的传播模式的地步。在真正讨论关系模式
372 及其权变情况的时候，使用某种适合于讨论可处理的事物的句法和类型系统，是很不错的。但是我认为，这个房间里正在发生这样的事情。我站在这里说话，你们在听着和看着。我试图说服你们，试图让你们以我的方式看待事物，试图赢得你们的尊重，试图向你们表明我对你们的尊重，试图挑战你们，等等。真正发生的事情是一种关于我们之间关系模式的讨论，一切又都是按照关于鲸鱼的科学会议的规则而进行。所以，它是针对人类的。

我只是不相信海豚具有这个意义上的语言。但是，我相信，与我们自己以及其他哺乳动物相类似，海豚专注于它们自

己的关系模式。让我们把这个关系模式的讨论称为讯息的 μ 功能。猫毕竟是在通过喵喵叫而向我们显示这一功能的重大意义。必要的时候，语前哺乳动物通过使用以 μ 功能为主的信号来进行关于事物的传播。与之相比，人类使用主要面向事物的语言来讨论关系。猫通过表达“依赖”而要得到牛奶，我通过谈论鲸鱼来想得到你们的注意，或许还想得到你们的尊重。但是，我们不知道海豚在它们的传播中，是像我一样，还是像猫一样。它们也许具有非常不同的系统。

类比传播与数字传播

还存在问题的另一方面。对于我们来说，来自奇异文化的人的副语言和身势语，甚至其他陆栖哺乳动物的副语言，至少是部分可理解的，而来自奇异文化的人的口头语言则似乎是完全难以理解的，这是怎么一回事呢？在这方面，比起与陆栖哺乳动物的身势语或副语言的相似程度来，海豚的发声似乎与人类语言更加相似。

当然，我们知道，虽然外国语言是难以理解的，但手势和
语调在某种程度上是可理解的。这是因为语言是数字的(digit- 373
al)，而身势语和副语言是类比的(analogic)。[①] 问题的本质是，
在数字传播中，许多纯粹的规约符号——1，2，3，X，Y，等

① 数字传播模式和类比传播模式之间的区别，或许可以通过一个说英语的数学家在面对一个日本同事的论文时的思考来阐述清楚。他盯着日本人的表意文字，不能理解，但是他能够部分地理解日本出版物中的笛卡尔图表。这些表意文字尽管或许原本是类比图画，但是现在完全是数字的了。笛卡尔图表是类比的。

等——按照被称为算法的规则而被推送。这些符号本身与它们所代表的东西不存在简单连接(例如量值对应)。数字“5”不比数字“3”大。如果我们从“7”那里移去横杠，我们的确会得到数字“1”；但是，这个横杠无论如何不代表“6”。一个名称与被命名的那*一类*，通常只有纯粹的约定俗成或任意的连接。数字“5”只是一个量值*名称*。如果要问我的电话号码是否大于你的电话号码，那是没有意义的，因为电话交换机是一台纯数字机器。它未被加进量值，而只是在一个矩阵中加入了位置的*名称*。

不过，在类比传播中，真实量值得到了使用，它们并且与话语主题中的真实量值相一致。一台照相机的联动测距仪是类比计算机的一个令人熟悉的例子。这个设备给装了一个有真实量值的角度，事实上，它是测距仪的基线在被摄物上的某一点上所对着的角度。这一角度控制了一个凸轮，该凸轮反过来向前或向后移动这台照相机的镜头。这个设备的秘密在于凸轮的形状，它是物体距离和图像距离之间的函数关系的一种类比表示(也就是一张照片，一个笛卡尔图表)。

口头语言几乎(但不完全)是纯数字的。语词“大”并不大于语词“小”。一般来说，在语词“桌子”的模式(也就是关联量值的系统)中，不存在任何东西会与所指物体中的关联量值系统
374 相对应。另一方面，在身势语和副语言传播中，手势的大小、声音的响亮、停顿的长度、肌肉的紧张等量值，通常(直接或反向地)与作为谈话对象的关系中的量值相一致。当我们有了关于狼这一动物的断奶习惯的材料时，狼群领袖的传播中的行为模式就立刻容易理解了，因为断奶习惯本身是类比的身势语

信号。

因此，对于下述假设的思考便是合乎逻辑的了，即海豚的发声也许是 μ 功能的一种数字表达。当我说这或许是一种我们几乎完全不熟悉的传播时，心里想的正是这样一种可能性。人的确有一些用来表达 μ 功能的语词，如“爱”“尊重”“依赖”等语词。但是，这些语词在对于关系参与者之间关系的实际讨论中，能够发挥的作用微乎其微。如果你对一个姑娘说，“我爱你”，比起这些语词本身，她很可能更加在意与之相伴随的身势语和副语言。

当某人通过将我们的手势和姿势转换成与关系有关的语词的途径，来解释这些手势和姿势时，我们人类会觉得非常不舒服。我们更希望我们关于这个主题的讯息仍然是类比的、无意识的和不由自主的。我们往往不相信那种能够模拟关系讯息的人。因此，我们不知道一个带有即便非常简单和初步的数字系统(其基本主题大概是 $\mu\kappa$ 功能)的物种会是什么样子。这个系统是某种我们陆栖哺乳动物不能想象的东西，我们对它也没有共情。

研究计划

我的论文最思辨的部分是：对于这样一个假设体系的检验和扩展计划的讨论。我将受到下述启发式设想的引导。

(1)这些假设得以建立在认识论术语的基础上，而这种认

375 识论本身不受检验。它来自怀特海和罗素[①]，用以指导我们的工作。如果这项工作是值得的，那么，其成功将只是对于该认识论的一种弱验证。

(2)我们甚至不知道对于关系模式的讨论来说，原始的数字系统可能会是什么样子，但是我们可以猜测到，它看起来不会类似于一种“事物”语言(它也许更有可能类似于音乐)。因此，我不会指望破解人类语言代码的技术立刻就适合于海豚的发声。

(3)于是，首先要做的事情是：通过对其行为、相互作用和社会组织的详尽的(个体)生态学研究，来确认存在于这些动物中的关系的种类和成分，并对其进行分类。毫无疑问，这些模式得以建立的各种要素仍存在于该物种的身势语和行为中。因此，我们从列出个体海豚身势语信号的清单开始，然后尝试将它们与其被使用的语境连接起来。

(4)毋庸置疑，正如狼群领袖的行为告诉我们狼群中的“统治”隐喻性地与警告连在一起那样，海豚也将告诉我们其用来表示“统治”“依赖”和其他 μ 功能的身势语隐喻。这个信号系统将逐渐地一个个地组合起来，从而构成了一幅关系变量图——它即便在完全被武断地限制于一个大水池里的动物中，也是存在的。

(5)当我们开始理解海豚的隐喻系统时，就将有可能认识它的发声语境，并对其进行分类。在这一点上，可以想象的是，破译代码的统计技术或许就变得有用了。

---

① A. N. Whitehead and B. Russell, *Principia Mathematica*, 3 vols, Cambridge, Cambridge University Press, 1910-1913.

(6)这整篇论文都建立在学习过程的等级结构的基础上，而与这一等级结构相关的那些假设又为各种实验提供了基础。借用一种观察某些类型的学习最容易发生在什么类型的语境之中的观点，原学习语境可以有差别地建立起来。我们将特别关注那些既涉及两个或更多动物与一个人的关系，也涉及两个或更多人与一个动物的关系的语境。诸如此类的语境是某种社会 376
组织的微模型——在那里，可以预期动物会表现出各种有特色的行为，并且有可能做出有特色的尝试，以便修正那个语境(也就是操纵人类)。

评　论

伍德先生：在佛罗里达海洋工作室的12年间，我花了大量时间来观察圈养的宽吻海豚最自然的组合可能是什么。包括各种年龄的动物，其中两个或更多动物处于成长过程中，而就你打算在维尔京群岛上的一个更受限制的动物群体中寻找的东西而言，我还很少看到。

有一次，我看到了某件非常有趣的事情。早晨6点或6点30分的时候，并前后持续了至少半小时的样子，在水池中，一只成年雄性海豚在一只雌性海豚边上摆出了一种姿势，后者当时正停着不动。雄性海豚偶尔会游过去，又移开，然后再回来，在雌性海豚边上摆出一种姿势，并反复用右鳍敲击其的一侧。没有迹象说明这包含着什么性的意味。雄性海豚没有勃起，雌性海豚那里也没有可以观察得到的反应。但这显然是一个非言语信号，就像我曾经在水池里看到的那样。

贝特森先生：我想说的是，发出的信号量比乍看起来要大得多。当然，有些非常特殊的种类的信号是十分重要的。我不否认这一点。我的意思是触摸，等等。但是，那个羞涩的个体，就是那个有创伤的雌性海豚，几乎静止不动地待在水下三英尺的地方，其他个体则闲荡着，而正是因为这只雌性海豚待在那里不动才受到了许多的关注。它也许不能积极地传递信号，但在这种肢体传播的事情中，你不必积极地进行传递就能够使你的信号被对方所接收。你只要能在，而那个雌性海豚就
377 是因为在那里，就吸引了另外两只海豚的大量关注，后者游过来，经过这里，经过的时候停一会儿。我们会说，这只雌性海豚是“孤僻的”(withdrawn)，但它实际上差不多像一个精神分裂症患者——他通过作为孤僻的人而成了家庭重心——一样孤僻。那个群体的所有其他成员都围着其孤僻的事实打转，而它是绝不会让它们忘记这一点的。

雷博士：我倾向于同意贝特森先生的观点。我们在纽约水族馆研究白鲸，而我相信这些动物非常具有表现力，远远超出我们想要怀疑的程度。我认为它们在圈养中没有太多动作的原因之一是：它们大部分时间都无聊得要死。在它们的水池环境中，没有什么非常有趣的事情，而我想提议的是，比起我们的所作所为，我们必须用灵巧得多的方式来管理对它们的圈养。我不是说操纵鲸鱼。它们不喜欢那样。但是，尽可能引入不同种类的动物，或聪明的小东西，就确实会使它们有更多的反应。圈养的鲸目动物就像笼子里的猴子一样。它们非常聪明，高度发达，可是它们无聊。

另一个因素是我们的观察技巧，而在白鲸那里，我们至少

能够通过观看其额隆——这种动物的最明显标志——的形状变化，注意它们发出的声音。它可能在这一侧或那一侧隆起来，或者呼应于声音的产生而采取不同的形状。这样，借助相当细致的观察和/或熟练的操作，我认为这些动物可以非常容易地做许许多多的事情。

贝特森先生：我想指出的是，哺乳动物(甚至蚂蚁)中的所有感觉器官都是讯息传递的主要器官，诸如，“另一个家伙的目光聚焦在哪里?”“它的鳍集中在这个方向还是那个方向?”感觉器官就是以这样的方式成为信号的传递器官。

如果要理解海豚的话，我们绝对必须获得的东西之一是这样的认识：一个动物从另一个动物对声呐的使用中知道什么，又能够从中明白了什么。在这件事上，我猜想存在各种各样的礼貌规则；过多地用声呐扫描你的朋友，这恐怕是不礼貌的，就像在人类中，仔细地盯着另一个人的脚看，也的确是不礼貌的。我们在观察彼此之间的身势语的时候，有许多禁忌，因为 378
采用那样的方式，能够得到的信息太多了。

珀维斯博士：依我看，在过去，与人相比，海豚或者鲸目动物肯定处于甚至更不利的地位，因为据说(我已经忘记了权威出处)人的说话起源于一种类比语言。换句话说，如果你使用了语词“下来”，你就同时放低手，并压低下颌。如果你说“上去”，你就抬高手，并抬高下颌。如果你使用“桌子”的语词(而且最好用法语来拼这个词)，那么，你的嘴就变宽了，你还做了一个水平的手势。不管人类语言如何复杂，它都起源于一种类比语言。可怜的海豚可没有类似这样的起点。所以，它必须非常聪明，以便开发出一个全新的传播系统。

贝特森先生：在这个生物那里发生的事情是，我们以及其他陆栖动物通过视觉所获得的信息，肯定被推入了声音之中。我仍然坚持认为，对于我们来说，合适的做法是从研究这种视觉材料的其余部分起步。

27 “贝特森规则”的再审视①

引　言

差不多80年以前，我的父亲威廉·贝特森开始着迷于对 379
称和分节规律性的现象，就像动植物形态学中所表现出来的那样。对于他在探寻什么的问题，今天还难以给出恰如其分的确定。但是，宽泛地说，他显然相信：一个关于生物本质的全新概念将会从这类现象的研究中产生出来。他的下述主张毫无疑问是正确的，即自然选择不可能是进化改变方向的唯一定子，变异的发生不可能是一件随机的事情。因此，他开始论证变异性现象中的规律和“定律”。

在试图论证一种当时大部分生物学家都予以否定的秩序(order)时，他受到以下从未得到清楚阐释的想法的引导，即探寻变异规律性的地方，往往就在变异对于已有规律或重复的东西产生影响之处。其本身有着严格规律的对称与分节现象，

① 这篇论文原载《遗传学杂志》(*Journal of Genetics*)，选入本书时获得该刊的允许。

380 肯定会是由进化过程中的那些规律或“定律”所导致的，因此，对称和分节的**变异**应该就是这些起作用的定律的实例。

采用今天的语言，我们会说，他在探寻生物的那些秩序方面的特性，这些特性说明了有机体在控制论的、组织的和其他传播的限度内的进化与发展的事实。

正是为了这一研究，他发明了“遗传学”一词。①

他着手考察世界博物馆、私人收藏品和载有动物对称与分节畸形学的杂志中的材料。这个研究详细地载于一部仍具有重要意义的巨作②之中。

为了论证畸形变异领域中的规律性，他试图对各种他所碰到的改造进行分类。我在这里不关心这个分类，除了他在这一研究中碰巧有了一种可以被称为“发现”的概括以外。这一发现后来就被称为“贝特森规则”(Bateson's rule)，并且仍是生物学中的一个未解之谜。

这里所做说明的目的是要将“贝特森规则”置于一个新的理论视野之中，该视野是由控制论、信息论等理论决定的。

简言之，“贝特森规则”以其最简单的形式主张，当一个不对称的侧附肢(an asymmetrical lateral appendage，例如一只右手)被重复时，所产生的重复肢体将是两侧对称的，它由两个部分组成，其中每一个部分都是另一个部分的镜像，并被如
381 此安置，以至于可以在它们之间想象出一个对称面。

---

① W. Bateson, "The Progress of Genetic Research," Inaugural Address, Royal Horticultural Society Report, 1906.

② W. Bateson, *Materials for the Study of Variation*, London, Macmillan and Co., 1894.

不过，他本人对于这样一个简单重复(simple reduplication)是否发生的问题，持有非常怀疑的态度。他相信并且积累证据以便表明，在大部分诸如此类的情况下，重复系统的一个组件本身是双重的。他断言，在诸如此类的系统中，三个组件正常情况下是在一个平面上的，双联体的两个组件是彼此的镜像，双联体的更加靠近原始附肢的那个组件是原初附肢的镜像。

对于脊椎动物和节肢动物中的大量重复例子来说，我父亲证明的这个概括是合适的，对于其他门类(在这方面，博物馆的材料当然更加稀缺)中的少数情况来说，也是适合的。

罗斯·哈里森(Ross Harrison)①相信，W. 贝特森理解了简单重复的重要性。

不管简单重复是否是一个真实和普通的现象，我的这篇论文都将以关于它会提出的逻辑问题的讨论而起步。

重新界定的问题

1894 年，这个问题似乎以下述提问为中心：是什么造成了两侧对称在一个它不属于的语境中的发展?

但是，现代理论已经把所有诸如此类的问题都颠倒过来了。在技术的意义上，信息就是排除某些可供替代的东西。带有调节器的机器不选择稳态，它避免使自己处于任何可供替代的状态；在所有此类控制系统中，矫正行为是由差异带来的。用工程师的行话来说，系统是“被错误激活的”(error activa-

① R. G. Harrison, “On Relations of Symmetry in Transplanted Limbs,” *Journal of Experimental Zoology*, 1921, 32: 1-118.

ted)。某个当前状态和某个“优选”状态之间的差异激活了矫正反应。

技术术语“信息”可以被简洁地定义为：*任何在某个后来事件中造成一种差异的差异*。这个定义对于所有控制论系统和组织的分析来说，都是基本的。该定义将这样的分析与科学的其余部分——在那里，事件的原因通常不是差异，而是力、作用等——连接起来。这种连接的典型例子是热机，在那里，可用能(即负熵)是两个温度之*差*的函数。就这个经典的例子而言，“信息”和“负熵”相重合。

382 进而言之，这类控制论系统的能量关系一般来说是颠倒的。因为有机体能够存储能量，所以，在有限的时间范围内，能量消耗通常是能量输入的反函数。变形虫在缺少食物的时候更加活跃，某种绿色植物的茎在偏离光线的那一侧生长得更快。

因此，让我们把关于整个重复附肢的问题颠倒为：为什么这个双附肢不像正常有机体的相应附肢那样不是不对称的呢？

对于这个问题，一个形式和普遍的回答可以建立在下述思路的基础上：

(1)一个未受精的青蛙卵是径向对称的，有动植物极，但是没有它的赤道半径(equatorial radii)的分化。这样一个卵子发展成为两侧对称的胚胎，但它如何选择一条子午线以成为那个胚胎的一个两侧对称面？答案是已知的，即事实上，青蛙卵接收了*来自外界*的信息。精子的进入点(或某个细纤维刺的进入点)标志着一条不同于所有其他东西的子午线，而这条子午线就是未来的两侧对称面。

我们也可以引证相反的情况。许多家庭植物开着两侧对称的花。这类花都明显地来自三价径向对称(就像兰花中的情形那样)，或来自五价对称(就像在唇形科植物、豆科植物等植物中的情形那样)；而两侧对称是通过这个径向对称的一个枢椎(axis)而获得的(例如，令人熟悉的香豌豆的“旗瓣”)。我们再次提出它是如何可能选择相似的三(或五)个枢椎中的一个的问题。我们也再次发现，每一朵花都从外界接收信息。诸如此类的两侧对称的花只能在枝茎上产生出来，而花的分化往往又总是趋向有花的枝茎依此脱离主茎的那个方式。极其偶然的情况是，一个通常开着两侧对称的花的植物将在一个主茎的末端形成一朵花。这样一朵花必然只是径向对称的——一个杯型的怪东西(例如，在兰花科的弹粉兰族中，两侧不对称的花的问题是有趣的。可以推测，就像动物的侧附肢一样，这些花儿肯定也是长在从主茎生长出的分支上，而这些分支本身已经是两侧 383
对称的了，如背腹是扁平的)。

(2)这样，我们注意到，在生物系统中，从径向对称到两侧对称的阶段通常需要一条来自外界的信息。不过，可以想象的是，某个发散过程也许会被微小和随机分布的差异所触发，如在青蛙卵的赤道半径中的那种差异。在这种情况下，适合特殊发育的特定子午线的选择当然本身就是随机的，而且不能定向于有机体的其他部分，就像香豌豆和唇形科植物的花的两侧对称面那样。

(3)同样的思考适合于从两侧对称到不对称的阶段。再次出现的情况是，不对称(一半与另一边的分化)要么必须通过一个随机过程而达到，要么必须通过接收来自外界的信息(也就是来自邻近组织和器官的信息)而达到。每一个脊椎动物或节肢动物的侧附肢都或多或少地是不对称的[①]，而不对称绝不是相关于该动物的其余部分而被随机地构成的。右肢不是产生在身体左侧的，除非在实验环境下才是如此。因此，这种不对称必须依赖外在信息，或许是来自邻近的组织。

(4)但是，如果从两侧对称到不对称需要附加信息，那么就可以由此推论：在缺少这种附加信息的情况下，本该不对称的附肢就只有可能是两侧对称的。

384 这样，重复肢体的两侧对称的问题就成了不过是信息的**缺失**的问题。它来自以下一般的逻辑规则，即对称的每一次(从径向到两侧、从两侧到不对称)的减少，都需要**附加**信息。

这并非主张说，上述论证是对所有说明“贝特森规则”现象的解释。上述论证确实只是表明：存在一种简单的思维方式，来思考这些还少有探究的现象。我们所提出的与其说是单个假设，不如说是一个**科系**假设。不过，对于上述关于它就像是单个假设的说法的某种批判性思考，将提供关于该方法的进一步阐释。

在任何特定的重复情况下，都有必要确定什么样的特定信息已经缺失了，而截至目前的论证应该使得这一确定变得容易起来。一个自然而然的首要猜测会是这样：生成中的附肢需要三种定向信息，以便使之能够达到不对称，即近—远信息

---

① 在这一连接中，鳞、羽毛和毛发特别有趣。一片羽毛似乎会有非常清楚的两侧对称，在上面，对称面与鸟的前后分化相关。重合在上的是一种不对称，类似于个体两侧肢体的不对称。正如侧肢的情况一样，身体两边相对的羽毛是彼此的镜像。可以说，每一片羽毛都是一个旗瓣，其形状和颜色表示其成长点和时间中的决定性变量值。

(proximo-distal information)、背—腹信息(dorso-ventral information)和前—后信息(antero-posterior information)。最简单的假设提出，这些信息可以被分别加以接收，因此，在任何特定的重复情况下，这些种类的信息中的一个将会失去或缺少。这样，按照哪一个定向信息正在失去，来对重复情况进行分类，就会是一件容易的事情了。应该最多有三种诸如此类的重复，这些重复应该是明显不同的。

鞘翅目昆虫的超数双足

但是，在该演绎可以进行检验的唯一的一组实例中，事实显然却不符合上述假设。它们就是甲虫中的那些超数的一对附肢的实例。1894 年，大约有 100 个诸如此类的实例为人们所知。W. 贝特森[①]对其中约一半的实例进行了描述，并绘制了 13 张图表。

形式关系引人注目地相一致，并且使“单个类型的解释应该适合于所有实例中的对称性”的观点不容置疑。

---

① W. Bateson, *Materials for the Study of Variation*, London, Macmillan and Co., 1894, pp. 477-503.

385

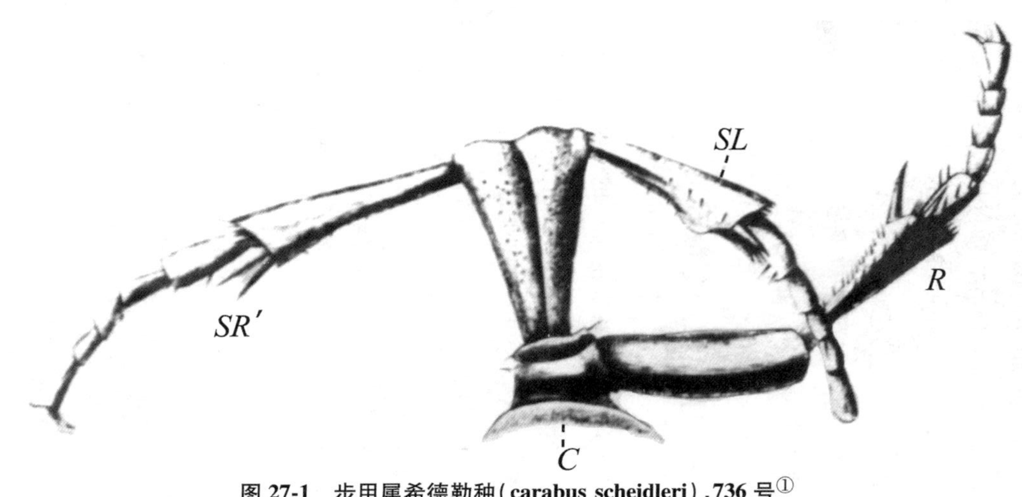

图 27-1　步甲属希德勒种(carabus scheidleri),736 号①

① 正常右前足 *R* 有额外的双足 *SL* 和 *SR′*,它们从基节的腹面 *C* 生长出来。这可从前面看见(克拉茨博士版权所有)。引自:W. Bateson,*Materials for the Study of Variation*,London,Macmillan and Co.,1894,p. 483.

386

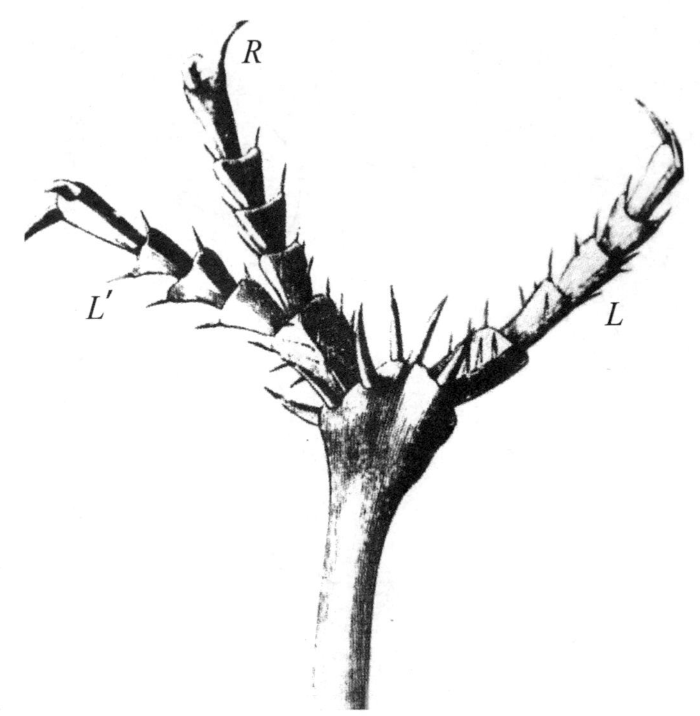

图 27-2 通缘步甲属缪菲德种(pterostichus mühlfeldii),742 号①

① 在顶部 L(即正常跗节)的前腹侧边上长有额外跗节的左中胫节的半图示。R,额外的右跗节;L',额外的左跗节(克拉茨博士版权所有)。引自:W. Bateson,*Materials for the Study of Variation*,London,Macmillan and Co.,1894,p. 485.

387

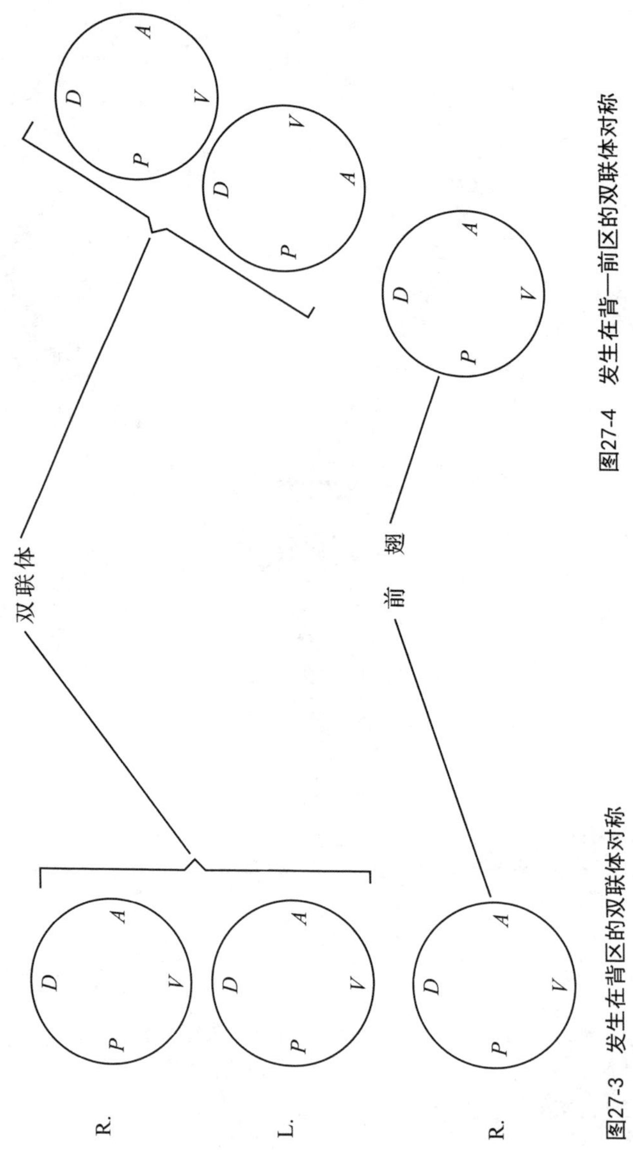

图27-3　发生在背区的双联体对称

图27-4　发生在背—前区的双联体对称

图 27-5　一个机械装置，用来显示“二次对称”中的额外足彼此之间的关系，以及与它们从中生长出来的正常足间的关系①

① 模型 *R* 表示一只正常右足。*SL* 和 *SR* 分别表示额外双足中的额外右足和额外左足。*A* 和 *P* 是胫节前后距。在每只足中，就形态学意义而言，前面是被遮蔽的，而后面则是透明的。从腹面可以看见 *R*，而 SL 和 SR 则处于“腹背”的位置。引自 W. Bateson，*Materials for the Study of Variation*，London，Macmillan and Co.，1894，p. 480.

389 通常情况下[①]，甲虫的一只足(很少有超过一只足的时候)是不正常的，因为它在其身长的某一点上长出一个分支。这个分支常常是一个双联体，由两部分组成，在从主足处长出的分支、但各自末端也往往分开的某一点上，这两个部分可以融为一体。

因此，在远离分支生长的那个点上，有三个组件：一只主足和两只超数足。这三个组件处于一个平面上，并且具有如下对称性：超数双联体的两个组件是一个互补的对子，一个是左侧的部分，另一个是右侧的部分，就像贝特森规则会提出的那样。在这两个组件中，最靠近主足的那个部分是对它的补充。

这些关系在图 27-3 中得到呈现。每一个组件都被展示在图的横截面中，而它们的背面、腹面、前面和后面则由字母 D、V、A 和 P 分别表示。

这些畸形的令人吃惊之处在于：不存在清楚的中断，以便能够据此按照何种定向信息已经缺失的标准来对各种情况进行分类——而这与上述提供的假设是相冲突的。超数双联体可以在主足外围的任何地方生长出来。

图 27-3 说明了生长在背区的一个双联体的对称性。图 27-4 说明了生长在背—前区的一个双联体的对称性。

这样，对称面似乎就在分支生长点上与主足外围的切线构成了平行，但是，由于这些分支生长点可以处于其外围的任何地方，所以，一系列**持续不断的**、可能的两侧对称便产生出来。

---

① 见图 27-1 和图 27-2。

图 27-5 显示的是由 W. 贝特森发明的一台机器，用来展示这一可能的两侧对称的持续系列。

如果这个双联体的两侧对称是由某个定向信息的缺失所造成的，那么我们就应该期望那个两侧对称面与缺失信息的方向构成直角。也就是说，如果背—腹信息缺失了，那么，由此导致的肢体或双联体就应该包含一个对称面——它会与背—腹线成直角。

（对于这种期望的论证可以阐述如下：一个线性序列中的 390
梯度在该序列的两端造成了一种差异。如果这个梯度不存在，那么，序列的两端将是相似的，即这个序列将与横向于其自身的对称平面相对称。或者，想一想青蛙卵的例子。精子的两个极点和进入点决定了一个两侧对称面。为了获得不对称，这个卵子需要**与这个平面成直角**的信息，也就是某种会使右半侧不同于左半侧的东西。如果这个东西缺失了，那么，该卵子就将回复到原始的两侧对称状态，带有横向于缺失信息方向的原始对称面。）

如上所述，超数双联体可以来自主足的**任何**一面，因此，所有中间体都发生在预期的信息缺失的非连续性类型之间。由此推论：如果这些双联体中的两侧对称是由信息缺失所造成的，那么，信息缺失就不可能被分类为前—后信息、背—腹信息或者近—远信息。

那个假设因此必须得到矫正。

让我们保留有关缺失信息的一般看法及其推论：两侧对称面肯定处于与缺失了的信息的方向成直角的地方。

下一个最简单的假设提出，信息缺失肯定会是中心—外围的(centro-peripheral)[我在这里保留了这个两极术语，而没有使用更简单的“径向的”(radial)一词]。

这样，我们来想象处于主足横切面之内的某个中心—外围的差异，它或许是一个化学梯度或电子梯度；并假定：这个差异在沿主足长度的某一点上的缺失或模糊，决定了在此长出的任何分支肢体都将不能获得不对称。

由此自然会引出以下结果，即这样一个分支肢(如果生长出来的话)将是两侧对称的，而这个两侧对称面将与缺失的梯度或差异的方向成直角。

但是，显而易见，一个中心—外围的差异或梯度**不是**那个
391 决定主足之不对称的信息系统的一个主要部分。不过，这样一个梯度会抑制分支的产生，因此它的缺失或模糊就会在缺失点上导致一个超数分支的产生。

表面看来，问题变得自相矛盾的了：一个可以抑制分支产生的梯度的缺失导致了分支的形成，所以这个分支就不可能获得不对称。这样，假设的中心—外围梯度或差异似乎就可能具有两种命令功能：①抑制分支的产生；②决定那个分支中的不对称，而该分支毕竟只有在中心—外围梯度缺失的情况下才能产生。如果这两种讯息功能可以被证明是相互重叠的，或在某种意义上是同义的，那么，我们应该是在对这种现象进行一种经济的假设描述。

因此，我们致力于这样的问题：是否存在一种先验的情况，以期待一个梯度(它会抑制主足上的分支形成)的**缺失**将会允许一个分支——对于决定一个与缺失梯度成直角的平面的不对称来说，这个分支会缺少必要的信息——的形成？

我们必须把这个问题倒置过来，以适合于一切控制论解释的颠倒。于是，“决定不对称所需的信息”的观念就成了“**抑制**两侧对称所需的信息”。

但是，任何“抑制两侧对称”的东西也将“抑制分支的产生”，因为一个分支结构的两个组件构成了一组对称的对子(尽管这些组件也许是径向对称的)。

因此，我们便有理由期望：一个抑制分支形成的中心—外围梯度的缺失或模糊将允许分支的形成，不过，分支本身与某个平行于主肢外围的平面构成了两侧对称。

与此同时，有可能发生的情况是，在主肢之内，通过防止分支的形成，一个中心—外围的梯度能够具有某种功能，以维护以前决定下来的不对称。

上述假设为超数双联体以及其中的两侧对称的形成，提供了一个可能的解释框架。我们仍要思考的问题是那个双联体的组件的方向。按照“贝特森规则”，最接近主足的那个组件与其 392
处于两侧对称之中。换句话说，趋向主足的那个超数面，是分支得以从中产生的主足之外围面的形态对应。

这个规律性的最简单、或许也是最明显的解释是：在分支形成的过程中，存在对于分支与主足之间的形态分化结构的一种共用，而事实上，这些被共用的结构就是那种必要信息的载体。不过，既然与由梯度承载的信息相比，这样被承载的信息显然将具有完全不同的属性，因此，恰当的做法就是略为详尽地阐述这个问题。

想一想带有圆形底座的径向对称锥面。这样一个图形在轴向尺寸上是有分化的，如顶点和基部之间的分化。要使得这个锥面完全不对称，必要的是在基部的外围上分化出两个点，它们彼此将是不同的，并将不会处于截然相反的位置，也就是说，基部肯定包含诸如此类的分化，乃至以顺时针方向命名其各个部分的做法，产生的结果不同于以逆时针方向命名其各个部分的做法的结果。

现在假定：超数分支——其起源是作为从某个矩阵中生长出来的单位——具有近—远分化，这个分化类似于锥面的轴向尺寸的分化。因此，要获得完全的不对称，生长着的肢体就必须接收其外围的某条弧上的信息。这样的信息显然立刻就能从那个外围上获得，以至于在分支的生长点上，次级肢体必须与主肢共用某个外围。但是这些共用点——它们处于主肢外围的顺时针秩序上——将处于分支外围的逆时针秩序上。因此，来自共用弧的信息将会对以下两者都具有决定性作用：作为结果产生的肢体将是主肢的镜像，以及那个分支将恰当地面向主肢。

关于甲虫足的重复问题，现在就有可能建立一个假设的事件序列：

393 (1)一只主足产生了不对称，并从周围组织中得到了必要的信息。

(2)这条信息在已发挥了作用以后继续存在，并转换为形态上的分化。

(3)正常主足的不对称因此由一个中心—外围的梯度所维护，该梯度通常抑制分支的生长。

(4)在畸形样本中，这种中心—外围的梯度缺失或模糊了——这或许发生在某个损伤或创伤点上。

(5)随着中心—外围梯度的缺失，分支产生了。

(6)作为结果而产生的分支是一个双联体；由于缺失可决定不对称的梯度信息，因此这个双联体肯定是两侧对称的。

(7)那个靠近主足的双联体的组件，是通过共用分化的外围结构而趋向于成为主足的镜像。

(8)同样，这个双联体的每一个组件本身都是不对称的，是在双联体面上从共用外围的形态上得到了所需的信息。

上述思考旨在阐明信息缺失的解释性原则如何可以被用于归在“贝特森规则”名下的某些规律。但是，将要注意的是，有关甲虫足对称的资料事实上已经被阐释过度了。

已经诉诸了两个不同的但并非相互排斥的解释类型：(a)应该是来自一个中心—外围梯度信息的缺失；(b)来自共用的外围形态的信息。

上述两类解释本身都不足以说明这个现象，但是，当被组合起来时，这两个原则就有了重叠，以至于整体图景的某些细节可以被同时归诸这两个原则。

毫无疑问，这样的冗余是生物系统中的规则，而不是其中的例外情况，就像在所有其他组织、分化和传播系统中一样。在一切诸如此类的系统中，冗余是稳定、预测和整合的一个主要的和必不可少的源泉。

系统内的冗余将不可避免地表现为我们关于系统的解释之 394
间的重叠。的确，没有重叠，我们的解释通常就将不充分，就不能解释生物整合的事实。

关于进化改变的通道如何受到此类形态学和生理学的冗余的影响的问题，我们知之甚少。但是，这类内部冗余肯定为变异现象强加了非随机的特性。[①]

两栖动物的重复肢体

此时此刻，有趣的是从关于甲虫足的重复分析转向另一组资料，在那里常常发生重复，并且已被归于“贝特森规则”。[②]它们是关于幼体蝾螈的实验移植肢体中的重复的资料。

(1)存在某些实例，它们多半是嫁接肢芽在其中发育成一个简单且明显相等的二元系(binary system)的异位移植(heterotopic transplant)实例，在这些实例中，两个组件处于镜像对称之中。三年前，加州理工学院的埃默森·希巴德(Emerson Hibbard)博士向我展示了一个非常引人注目的标本。在这个标本中，肢芽已被旋转了180°，因此，肢芽的前缘面向宿主的后缘，并已被植入宿主头部后区的一个中背位上。该移植体已发展成两只处于镜像关系中的非常完整的足。这个二元系只是通过一个窄长的组织间桥而与宿主的头相连起来。

诸如此类的标本——那里的产品是二元的和部分等同的——确实看起来像是可以从定向信息的一个维度的简单缺失
395 中产生出来的东西(正是希巴德的标本提示我想到：关于缺失信息的假设可以应用于两栖动物的材料)。

---

① G. Bateson, “The Role of Somatic Change in Evolution,” *Evolution*, 1962, 17: 529-539.

② R. G. Harrison, “On Relations of Symmetry in Transplanted Limbs,” *Journal of Experimental Zoology*, 1921, 32: 1-118.; also F. H. Swett, “On The Production of Double Limbs in Amphibians,” *Journal of Experimental Zoology*, 1926, 44: 419-472.

(2)然而，除了这些相等的二元冗余的情况以外，两栖动物的材料毕竟不适合任何会将重复的原因解释为信息之简单缺失的假设。的确，如果“贝特森规则”限于某些情况(在那里，就形式而言，这种解释类似于适合昆虫足之重复的解释)，那么，两栖动物的情况就有可能不属于这个规则。

不过，一个假设的限制条件与其适用条件一样重要，因此，我将在这里对有关原位移植(orthotopic transplants)的非常复杂的资料做一概述。

采用一个示意图范例就够了：如果右前肢芽被切除，转动180°并在伤口处复位，它将长出一只左肢。但是，这个主肢或许随后就在其底部形成了一个次肢芽，通常要么直接是在插入点的前区，要么是在其后区。这个次肢将是主肢的一个镜像，甚至也许后来会发展成一个三级肢芽——它通常是在次肢之外形成的，就是在最远离主肢的次肢的侧面上形成的。

身体右侧的左主肢的形成从以下假设①中得到解释，即肢芽接收前—后方向的信息要早于接收背—腹方向的信息，而一旦被接收了，这个前—后方向的信息就是不可倒置的了。有猜测说，移植物在移植时就已由前—后方向的信息所决定，但是后来，它从其现有联系的那些组织中接收了背—腹方向的信息。结果就是这样一个肢体，其背—腹方向的新设置是正确的，但其前—后方向则被颠倒了。人们默认，肢芽的近—远方

① F. H. Swett, “On the Production of Double Limbs in Amphibians,” *Journal of Experimental Zoology*, 1926, 44: 419-472; also R. G. Harrison, “On Relations of Symmetry in Transplanted Limbs,” *Journal of Experimental Zoology*, 1921, 32: 1-118.

向未受干扰。结果就是这样一个肢体，它就其三种不对称的一个不对称而言，被颠倒了。这样一个肢体在逻辑上肯定是一只左肢。

我接受这个解释，并且继续思考这些重复。

396 它们在四个重要方面不同于上面讨论的甲虫足的重复问题。

第一，在甲虫那里，重复通常是相等的。那个超数双联体的两半边的大小一样，而且大小与主足的相应部分通常也几乎一样。诸如在三个组件中出现的差异就像是那些可能来自营养的差异一样。但在幼体蝾螈中，大小方面的极大差异发生在重复系统的组件之间，而这些差异似乎是由时间所决定的。次肢小于主肢，因为它们是后来产生出来的，同样，罕见的三级肢体是后来产生的，因此小于次肢。这个事件的时间间隔清楚地表明，主肢接收了所有对于决定其自身不对称来说乃是必不可少的信息。它的确接收了“错误的”信息，并在身体右侧生长出了一条左腿，但它并没有因为缺失一种诸如会立刻使之无法获得不对称的信息而受到影响。不能把这个重复简单地归诸主肢中的定向信息的缺失。

第二，甲虫足的重复可以发生在其足长的任何点上。但是两栖动物幼体的重复通常从肢体附着于身体的那个区域中生长出来。甚至次肢始终与主肢共用组织的事情，也都是不能确定的。

第三，在甲虫的实例中，超数双联体构成了一个持续的序列，它从主足外围的任何部分上生长出来。与之相比，两栖动物幼体的肢体重复要么位于主肢的前区，要么位于主肢的后区。

第四，在甲虫中，两个超数的组件显然构成了一个单位。许多情况下，(就像图 1 中那样)存在两个组件的实际复合过程。那个双联体的组件无论如何[1]都不会更接近于与之相复合、而不是与其他超数组件相复合的主肢。另一方面，在两栖动物的标本中，次肢和三级肢体是否构成了一个亚单位的问题，是不清楚的。三级肢体和次肢之间的关系似乎没有次肢与主肢之间的关系那么紧密。总之，这种关系在时间维度上是不对称的。 397

两种体系的资料间的这些深刻的形式差异表明，对于两栖动物资料的解释肯定具有一种不同的秩序。这个过程似乎不会是处于肢干之中，而是处于肢体基部或围绕这个基部的组织之中。我们可以尝试性地猜测，某种程度上，主肢通过对梯度信息的倒置而以某种方式设定了后来一个次肢的形成，而那个次肢同样设定了一个倒置的三级肢体。诸如此类的系统模型可以见于那些回路结构——其设定了罗素悖论——的控制理论之中。[2] 眼下，任何要建立此类模式的尝试都还是不成熟的。

小　结

这篇关于重复的侧附肢的对称性的论文从一个解释性原则

---

① W. 贝特森的《变异研究的材料》(*Materials for the Study of Variation*, London, Macmillan and Co., 1894, p. 570)阐述和描述了这个主张的一个令人怀疑的例外情况。这是拟步璃锹甲(platycerus caraboides)左踝骨关节上的一个重复。

② G. Bateson, "Minimal Requirements for a Theory of Schizophrenia," *A. M. A. Archives of General Psychiatry*, 1960, 2: 477-491.

开始，即任何减少某个器官对称性的个体发育分化的步骤(例如，从径向对称到两侧对称，或从两侧对称到不对称)，都需要附加的定向信息。基于这个原则而出发的论证是，一个缺失某条必要的定向信息的正常不对称侧附肢，将只能获得两侧对称，也就是说，其结果不是一个正常的不对称附肢，而将是一个两侧对称的双联体。

为了思考这个解释性原则，也鉴于“贝特森规则”体现在翅目昆虫的罕见超数双足之中，所以笔者试图建立一个假设来阐述其规律性。在这个假设的建构中，论文提出的设想是，形态发生意义上的定向信息也许经历了从一类编码到另一类编码的转换，而每一次转换或编码都要受到特定的限制。

(1)信息可以被嵌入梯度之中(或许是生物化学的梯度)。
398 在这个编码过程中，信息能够从邻近组织中传播出来，并且为生长中的附肢不对称提供最初定子。论文提出，以这种方式加以编码的信息只是短暂可用的，而一旦肢体的不对称被建立起来，该信息就会继续存在，但是转换成了形态。

(2)论文提出，被编码为形态差异的信息基本上是稳定不变的。它不能被传递到邻近组织，也不能抑制分支的产生。不过，它可以被一个分支所使用，而这个分支在其开端与其得以产生的主肢共用组织。在这种情况下，通过共用外围的方法而传递的信息必将是倒置的：如果主肢是一个右肢，那么，分支就将是一个左肢。

(3)由于形态学形式的信息(根据假设)不能抑制分支的产生，因此，生长中的主肢不对称肯定是由一个中心—外围的梯度加以维持的，它本身不是那种不对称的一个定子。

(4)论文提出，这样一个中心—外围梯度的缺失可以有两个效应：允许分支产生的效应，以及使作为结果的分支缺失必要的定向信息的一个维度的效应。这样，这个分支就只能是一个两侧对称的单位，具有与缺失的中心—外围梯度成直角的一个对称面。

有关两栖动物实验移植肢芽的重复资料也得到了考察。论文论证说，这些资料不是通过定向信息的简单缺失而得到解释的。论文提出，简单缺失将有可能导致相等的和同步的两侧对称。一般来说，两栖动物的重复是不相等的，也是连续不断的。在一些实例中，同步的和相等的重复发生在两栖动物实验中，特别是在异位植入物中。诸如此类的实例或许可以被认为是由于定向信息的简单缺失而导致的。

附录(1971年)

比较以下两者：甲虫足的超数双联体的两侧对称，以及香
豌豆或兰花的花的两侧对称。无论是在植物中，还是在动物 399
中，两侧对称单位都来自一个分支生成点。

在植物中，分叉形态提供了信息，以便使得花不是径向对称，而是两侧对称，这也是将花的“背侧”标准与花的腹唇区分开来的信息。

在甲虫足的双联体中，两侧对称面与花中的对称面呈正交关系。

我们可以说，甲虫足已缺失的信息恰恰就是植物通过分支过程而产生的信息。

28 关于第四部分的评论

400 在这一部分中，被放在一起的论文是各色各样的，因为虽然每篇论文都是本书论证主干的一个分支，但这些分支是从不同的地方产生出来的。《体细胞改变在进化中的作用》是《精神分裂症理论的最低要求》背后思想的扩展，而《鲸目动物和其他哺乳动物传播中的问题》是《学习和传播的逻辑类型》在一个特殊种类的动物上的一个运用。

《"贝特森规则"的再审视》也许看上去开辟了新天地，但是与本书的其余部分都有关联，因为它扩展了信息控制的思想，以便能够包括形态发生学领域，并且通过讨论在必需信息缺失的情况下会发生什么的问题，阐述信息在其中得以接收的那个语境的重要性。

巴特勒以不可思议的洞察力一度曾对梦与单性生殖(parthenogenesis)的相似性做过评论。我们可以说，甲虫的神秘双足分享了这个类比：它们是特定接收语境的投射，而这个语境已丧失了本该来自外部源泉的信息。

讯息材料或信息从一个语境进入到另一个语境，而本书其他部分的重点已放在信息得以产生的那个语境上。这里的重点更确切地则是作为一个语境的有机体的内部状态，而信息必定是在这个语境之中得以接收的。

当然，无论是对于我们理解动物来说，还是对于我们理解人来说，这两个重点本身都不够充分。但或许并非偶然的是，在这些探讨非人类有机体的论文中，得到讨论的“语境”是我在本书其他部分关注的“语境”的对应或补充。 401

想一想未受精的青蛙卵的实例，对此，精子的穿入点限制了未来胚胎的两侧对称面。

来自一把驼毛刷上的发刺可以被替代，并且仍然携带同样的讯息。由此看来，讯息由以产生的外部语境是相对不确定的。卵子仅从穿入点就能够对外部世界有所知晓，不过知之甚少。但是讯息得以产生的内部语境肯定是异常复杂的。

这样，未受精的卵子包含一个内在问题(immanent question)，而精子的穿入点则为之提供了一个答案；这种论述问题的方式与常规观点是相反的，或者是相对的，因为常规观点会把学习的外部语境看作一个“问题”——对之，有机体的“正确”行为是一种答案。

我们甚至可以开始列出这一内在问题的某些组件的清单了。首先，青蛙卵的两极已经存在了，而且必然地，还有趋向这些极点的中间原生质的极化。对于精子穿刺的接收来说，如果没有某种诸如此类的结构条件，这条讯息可能就没有意义。讯息必须进入一个适当的结构之中。

但是光有结构还不够。青蛙卵的任何子午线或许似乎都有可能成为两侧对称面，因此，所有的子午线都是一样的。由此推论，在这个意义上，它们之间不存在结构差异。但是每一条子午线都必须是为激活讯息而准备的，它的“准备”是有方向的，但在其他方面则不受结构的限制。事实上，准备正是非结构的(not-structure)。如果并当精子释放它的讯息时，新的结构就得以产生出来。

根据灵活性经济学——它在《体细胞改变在进化中的作用》以及后面(第六部分)《都市文明中的生态学和灵活性》那里得到讨论，这一“准备”是未加约定的改变潜力，而我们在这里注意到，这个未加约定的潜力不仅总是数量有限的，而且必须被恰当地置于一个结构矩阵——它肯定在任何确定时间内也是数量有限的——之中。

这些思考自然而然地通向第五部分，我已经将该部分命名为“认识论与生态学”。或许，“认识论”只是心灵生态学研究的另一个语词。

第五部分

认识论与生态学

PART 05

29 控制论的解释[①]

对控制论解释的某些特性做出描述，或许是一件有益的工作。 405

因果解释通常是肯定的。我们说，因为台球A从如此这般的一个角度击中了台球B，所以台球B以如此这般的一个方向移动。与之相反，控制论的解释总是否定的。我们思考怎样的可供替代的可能性能够合乎想象地发生，然后我们提出为什么许多可供替代的可能性没有随之而来的问题，这样，特定事件就是那些事实上很少能够发生的事件之一。这类解释的典型例子是自然选择下的进化论。按照这个理论，那些既不能在生理意义上生存，也不能在环境意义上生存的有机体，就不可能活到繁殖的时候。因此，进化总是因循生存性的通道。如同刘易斯·卡罗尔(Lewis Carroll)已经指出的那样，这个理论非常令人满意地解释了今天为什么没有“黄油面包飞行”(bread-and-

① 这篇论文原载《美国行为科学家》(*American Behavioral Scientist*, Vol. 10, No. 8, April 1967, pp. 29-32)，选入本书时获得出版商塞奇出版公司的允许。

butter-flies)[①]的问题。

用控制论的语言来说，事件的原因据说是要受到*各种约束*(restraints)的，而且有假设认为，除了诸如此类的约束以外，变化通道只会受制于概率相等。事实上，控制论的解释所依据的那些“约束”在所有情况下都可以被认为是确定概率不相等的
406 要素。如果我们发现一只猴子看上去是在随机地敲打着打字机，但实际上写出了有意义的散文，我们就会寻找约束，或是在猴子的内部寻找，或是在打字机的内部寻找。也许猴子不能敲击不适当的字母；也许如果敲击得不对，打字机上的铅字连动杆就不会移动；也许不正确的字母不能在纸上存留。在某个地方，肯定存在一个回路，它能识别错误，并且删除这个错误。

在理想状态以及通常情况下，任何序列或集合体中的实际事件都被独一无二地限定在控制论的解释术语之内。许多不同种类的约束可以结合起来产生这种独特的限定。例如，在一个拼板玩具中，要为一块拼板选择一个特定的位置，就受到许多因素的“约束”。它的形状必须适合它的几块相邻拼板的形状，可能还要适合这个玩具边界的形状；它的颜色必须适合它的区域的颜色图案；它的边缘方向必须服从由这个玩具之被制作的切割机所设定的拓扑规律；等等。在那个正试图对付这个拼图玩具的人看来，这些都是线索，也就是信息来源，它们将指导他的选择。在控制论的观察者看来，它们都是*约束*。

同样，从控制论观点看来，一个句子中的一个词，或一个

① 出自刘易斯·卡罗尔的《爱丽丝梦游仙境》。——译者注

词中的一个字母，或一个有机体内的某个部分的结构，或一个生态系统中的一个物种的作用，或一个家庭中的一个成员的行为，它们全都要通过对于各种约束的分析而得到（否定性的）解释。

这些解释的否定形式正好可以借助归谬法而与逻辑证明的形式构成比较。在此种证明中，一套充足的互相排斥的、可供替代的命题被列举出来。例如，“P”和“非 P”，证明过程则是通过以下论证而进行的，即这套命题中除了一个命题以外的所有命题都是站不住脚的，或是“荒谬的”。由此推论，在该逻辑系统的条件下，这套命题中的那个存活下来的命题肯定是站得住脚的。这是一种证明形式，有时候，非数学专业人士会认为它不可信，而且，毫无疑问，出于同样的理由，自然选择理论对于非数学专业人士来说，似乎也是不可信的，不管那些理由会是什么，都是如此。

数学证明的另一条策略——它在控制论解释的建立中有其 407
对应物——是使用“制图”或精确的比喻。例如，一个代数命题可以在一个几何坐标体系上绘制成图，并在那里通过几何学方法得到证明。在控制论中，每当一个概念“模式”得到求助时，或更具体地说，每当一台计算机被用来模拟一个复杂的传播过程时，制图似乎就是一门解释的技术。但这不是制图在这一科学中的唯一呈现。原则上，制图的形式流程、转化或转换都被输入控制论学者正试图解释的任何现象序列的每一个进程。这些制图或转换也许非常复杂，如在那里，某个机器的输出被认为是输入的一个转换；或者，它们也许是非常简单的，如在那里，特定点上的轴沿其长度的旋转，被认为是它在之前的某个点上的旋转的转换(尽管相同)。

在这样的转换中保持恒定的那些关系也许是任何可以想象的关系。

一方面是控制论的解释，另一方面是逻辑或数学证明的策略，两者之间的这种比较的意义并非微不足道。我们在控制论之外寻找解释，而不是寻找任何会模拟逻辑验证的东西。这种验证的模拟是某种新东西。不过，我们可以通过事后的智慧来说道，那个借助模拟逻辑或数学验证的解释是可以预料的。控制论的主题毕竟不是事件和物体，而是由事件和物体“承载”的**信息**。我们认为物体或事件只是提出事实、命题、讯息、感知等等。如果主题是命题式的，就可以期待那个解释会模拟逻辑的东西。

控制论者已经专门研究了那些模拟**归谬法**和“制图”的解释。或许整个解释领域都有待于某个数学家来发现，他在自然信息方面识别能够模拟其他类型验证的序列。

因为控制论的主题是自然界中的事件和物体之命题的或信息的方面，所以这门科学不得不执行的程序就与其他科学的那些程序完全不同。例如，在控制论中，地图与疆域之间的差
408 异——语义学家在其著述中坚持认为科学家们应该尊重这一差异——必须在科学家描述的那些现象中得到关注。可以预测的是，从事传播的有机体和编程的计算机会错误地把地图当作疆域；而科学家的语言必须能够处理诸如此类的反常情况。在人类行为系统中，特别是在宗教和仪式以及任何原始过程支配场景的地方，名称往往**就是**被命名之物。面包**是**圣体，酒**是**圣血。

同样，当我们不仅在我们自己的论证中，而且在资料间的关系中看到了归纳和演绎的进程时，归纳与演绎的全部问题以及我们对于这个或那个问题的教条式的偏好，就将具有一种全新的意义。

这一结合的特殊意义是**语境**与其内容之间的关系。一个音素本身只能在与构成一个词的其他音素的连接中存在。词是该音素的**语境**。但是词本身只能在更大的话语语境中存在才具有“意义”，而话语也只能在某种关系中才具有意义。

这个语境中的语境等级对于现象的传播(或“主位”)方面而言是普遍的，并推动科学家始终到更大的单位中去寻求解释。在物理学中，可能(或许)正确的做法是：关于宏观世界的解释要到微观世界中去寻找。在控制论中，正确的做法通常是与之相反的：没有语境，就没有传播。

根据控制论解释的否定特性，“信息”是以否定的术语来得到量化的。在讯息文本的特定位置上，诸如字母 K 等事件或物体**可以**是英语中有限的一套 26 个字母中的任何其他字母。实际的字母排除了(也就是通过约束消除了)25 个可供替代的字母。与一个英语字母相比，中国的一个表意文字会排除几千个可供替代的表意文字。因此，我们说，比起字母来，中国的表意文字承载着更多的信息。信息量通常被表述为：关于实际事件或物体的以 2 为底的非概率对数。

概率是具有相似维数的数量比，而它本身是零维数的。就 409
是说，中心解释量(即信息)是零维数的。真正的维数(质量、长度、时间)及其导数(力、能量等)的量在控制论的解释中没有位置。

能量的地位具有特殊的意义。一般来说，在传播系统中，相比于因—果序列，我们更多地与类似于刺激—反应的序列打交道。当一个台球击中了另一个台球时，就存在能量转换，所以第二个台球的运动在第一个台球的影响下产生了能量。另一方面，在传播系统中，反应的能量通常是由反应者所提供的。如果我踢一只狗，它随即产生的系列行为的能量是由它的新陈代谢提供的，而不是由我踢的动作提供的。同样，当一个神经元激发了另一个神经元，或一个来自麦克风的脉冲激活了一条回路，后续事件就有其自己的能量来源。

当然，所发生的每一件事都仍处于能量守恒定律限制的范围之内。狗的新陈代谢最终会限制它的反应，但是，一般来说，在我们讨论的系统内，能量储备相比于对它们的需求来说，是丰富的；而且，早在储备被耗尽之前，有限数量的可用替代物造成了"经济的"限制，即存在一种概率经济学。这种经济学不同于能源经济学或货币经济学，因为概率(就是一种比率)不受制于加法或减法，只受制于乘法过程，诸如分数化(fractionation)。当其大部分可供替代的线路占线时，紧急时刻的电话总机也许会"堵塞"。这样，就存在接通任何特定讯息的低概率。

除了由有限的替代物经济学造成的约束以外，两个其他类型的约束也必须予以讨论：与"反馈"相关的约束，以及与"冗余"相关的约束。

我们先来思考反馈概念：

当宇宙现象被看作通过因果和能量转换而连接在一起的时候，所导致的图景带有复杂的因果分支和相互连接的链条。在

这个宇宙的某些范围(值得注意的是环境、生态系统、恒温器、 410
带调节器的蒸汽机、社会、计算机等中的有机体)，各种因果链条构成了回路，因果相互联系可以围绕这些回路得到跟踪，并回到任何被(任意)选择为描述出发点的位置。就此意义而言，这些回路是“**封闭的**”。在这样一个回路中，显然可以预期的是，回路上的任何位置的事件以后都会对回路的**所有**位置产生影响。

不过，在以下意义上，诸如此类的系统总是**开放的**：(a)在回路从某个外部来源那里获得能量，并通常以热量的形式向外部消耗能量的意义上；(b)在回路中的事件有可能受到外部的影响或有可能影响外部事件的意义上。

控制论的一个非常重大的部分涉及这类因果回路的形式特性，以及它们的稳定的条件。这里，我将把诸如此类的系统仅仅视为**约束**的来源。

想想回路中任何位置上的一个变量，并假设这个变量值会发生随机的变化(该变化或许来自某个外在于回路的事件的影响)。我们现在提出的问题是：当这个序列效应围绕回路而产生时，这个变化后来将如何影响该变量值。显然，对以上问题的回答将有赖于这个回路的特性，并因此**不是随机的**。

这样，原则上，**在随机事件得以发生的回路中的那个位置上**，一个因果回路将对一个随机事件产生一个非随机的反应。

对于任何特定位置上的任何变量中的控制论约束的产生来说，这乃是一般必要条件。当然，任何特定情况下产生的特定约束都将有赖于特定回路的特性，无论其总增益是肯定的还是否定的，都是如此；并将有赖于它的时间特性，它的活动阈值，等等。这些方面将共同决定它在任何特定位置上所加诸的那些约束。

出于控制论解释的目的，当观察中的一台机器以(不大可能的)恒定速率运行时，甚至是在变动负荷下运行时，我们就将探寻那些约束，如某条回路的约束，而那条回路将由速率变化所激活，当被激活时，它又将以诸如减小速率改变的方式来
411 操纵某个变量(例如燃油供给)。

当看到那只猴子能够(不大可能地)打出散文时，我们将探寻某条回路：每当猴子犯了个“错误”时，该回路就被激活了，而一旦激活，它又将在错误发生的位置上将其证据删除。

控制论的否定性解释的方法提出了这样的问题：“对的”(being right)和“不是错的”(not being wrong)之间有区别吗？我们该说一只迷宫中的老鼠已经“记住了正确的路径”吗？或者，我们只是该说它已经学会了“避免错误的路径”？

从主观上看，我觉得我知道如何拼出许多英文词，而且当我必须拼出“many”(许多)这个词的时候，我的确没有意识到丢弃字母 K 是不可取的。可是，在控制论解释的第一个层次，我应该被看作是：拼出“many”一词的时候积极地抛弃了可供替代的字母 K。

这可不是个琐碎的问题，答案也既是微妙的，又是基础性的：**各种选择毕竟不是在同样的层次上**。在一个特定的语境中，我在选择语词“many”的时候，或许必须避免错误，抛弃可供替代的选择：“few”(少数的)、“several”(几个的)、“frequent”(常见的)，等等。但是，如果我能够在一个否定的基础上达到这个高级的选择层次，那么由此可推论，语词“many”

及其替代物对于我来说，肯定是可以想象的东西——肯定是作为独特的、并可能有了标记或编码的模式而存在于我的神经过程之中。如果在某种意义上，它们的确存在，那么就可推论，在对使用什么语词的问题做出高级选择之后，我不一定会面临低级层次的替代物。对于我来说，从语词“many”中排除字母K，或许竟成了一件没有必要的事情了。有关我肯定知道如何拼出语词“many”的说法将是正确的，而不仅仅是有关我在拼出那个语词时、知道如何避免犯错误的说法是正确的。

由此可知，刘易斯·卡罗尔关于自然选择理论的玩笑不能完全令人信服。在生物进化的传播和组织过程中，如果存在某种类似于**层次**的东西——项、模式，或许还有模式的模式，那么，进化系统在逻辑上就有可能制造出某种类似于肯定选择的东西。此类层次或模式化在基因或其他什么地方中，或许就是可以想象的了。

也许需要使用上述提到的猴子的线路，来识别对于“散文” 412
的那些偏离，而散文具有模式的特性，或者用工程师们的话来说，具有冗余的特性。

存在过一种相等的概率，就是说25个字母中的任何其他字母都可能出现在那个位置上，就此意义而言，字母K在一条英语散文讯息中的特定位置上的出现并不完全是一个随机事件。有些字母在英语中比其他字母更常见，而某些字母的组合比其他字母的组合更常见。因此，有一种模式化(patterning)部分地决定了哪些字母将会出现在哪些空档(slots)中。结果，如果讯息的接收者已经接收了该讯息的所有其他部分，但是没有接收到我们正在讨论的K这个特殊的字母，那么，他也许能够比随机的成功更好地猜测到缺失的字母实际上是 K。如果是这样的话，对于那个接收者来说，字母 K 不排除其他 25 个字母，因为它们已在某种程度上被接收者从该讯息的其他部分接收的信息所排除了。一个更大事件集合体(aggregate)中的特定事件的模式化或可预测性，在技术上就被称为“冗余”(redundancy)。

如同我已推论那样，冗余概念通常有以下来源：首先思考信息的最大值——它也许是由特定项所承载的，然后思考这个整数如何可能被对特定项为其组成部分的那些周围模式的认识所减少。不过，有一种情况需要从另一方面来看待整个事情。我们可以把模式化或可预测性就视为传播的精髓和存在的理由，并把没有旁系线索的单个字母视为一种特殊的情况。

传播**是**冗余或模式化的创造物——这一思想可以被运用于最简单的工程实例中。让我们设想一个**观察者**，他正看到 A 发送一条讯息给 B。这个传递的目的(从 A 和 B 的观点来看)是在 B 的讯息板上生成一个字母序列，它们与从前出现在 A 的讯息板上的序列是一致的。但是，从观察者的观点来看，这是冗余的创造物。如果他已经看到 A 在其讯息板上的东西，那么，从对 B 的讯息板的审视中，他将得不到任何关于这条
413 讯息的新信息。

显然，“意义”、模式、冗余、信息等的本质有赖于我们处于什么位置。在通常的工程师关于一条从 A 发送到 B 的讯息的讨论中，习惯上会忽略观察者，并认为 B 从 A 那里接收了信息，而这个信息根据发送的字母数量是可以测量的，能够被文本中的诸如可允许 B 做出某种猜测的冗余所减少。但在一

个更广阔的域中，也就是在由观察者的观点所限定的域中，这似乎不再表现为一种信息的“传递”，而是一种冗余的延展。A 和 B 的行为已经连接起来使得这个域的观察者更有预测性，更有秩序，也更有冗余。我们可以说，A 和 B 玩的“游戏”的规则(作为“约束”)解释了如果不是这样的话，那么，在观察者的域中，将会是怎样一种令人困惑和不大可能的巧合，也就是两块讯息板上的书写物之间的一致。

本质上，要做出猜测就是要面对各个项的序列中的某种切割或斜线，就是越过那个斜线来预测另一方可能有哪些项。斜线可能是空间的，也可能是时间的(或者两者兼而有之)，而猜测则可能要么是预测性的，要么是回溯性的。事实上，一个模式可定义为事件或物体的一个集合体，而当这整个集合体不能得到考察时，它在某种程度上就将允许诸如此类的猜测。

但是，在有机体之间的传播领域之外，这种模式化也是一个非常普遍的现象。一个有机体对讯息材料的接收，与任何其他感知情况没有根本的不同。如果我看到一棵树的顶端直立着，那么，我就能够(比随机成功更好地)预测到这棵树植根于地下。关于树顶的感知是系统的组成部分的冗余(也就是包括关于系统的组成部分的“信息”)，而由于地面的不透明所提供的斜线，我是不能感知这些部分的。

如果我们说一条讯息有“意义”，或说它与某个指涉对象(referent)“有关”，那么，我们的意思是说存在一个更大的关联域，它由讯息加上指涉对象(message-plus-referent)组成，而冗余或模式或可预测性便被这条讯息引入这个域。

414 如果我对你说“下雨了”，那么，这条讯息就将冗余引入这个域，也就是讯息加上雨点(message-plus-raindrops)的域，这样，仅仅从这条讯息出发，你就能够(比随机成功更好地)猜测到你要是向窗外望去，就会看到什么。讯息加上指涉对象的域被赋予了模式或形式——在莎士比亚的意义上，这个域是通过讯息而被告知的；而我们正在谈论的“形式”不在讯息之中，也不在指涉对象之中。它是讯息和指涉对象之间的一种对应。

在闲谈中，定位信息似乎是件简单的事情。一个特定空档中的字母 K 表示在那个特定空档中的字母是一个 K。只要所有的信息都是这么非常直接的，那么这个信息就能够被“定位”：关于字母 K 的信息看来就在那个空档中。

如果讯息文本是冗余的，问题就不是如此简单了。但是，如果我们是幸运的，并且那个冗余是低序位的，那么，我们也许仍然能够指出文本的那些部分，它表明(携带某种信息)字母 K 预料之中地就在那个特定的空档中。

可是，如果有人问我们，诸如以下这类项的信息在哪里：①“这条讯息是英文的”；②“在英语中，字母 K 往往跟在字母 C 的后面，除非 C 是一个词的开头”。那么，我们只能说，这样的信息**没有被定位**在文本的任何地方，而是来自作为整体的文本的一个统计归纳(或许来自“相似”文本的一个集合体)。这毕竟是一个元信息(metainformation)，与“这个空档中的字母是 K”的信息相比，它具有根本不同的秩序，即根本不同的逻辑类型。

许多年来，定位信息的问题为传播理论带来了困惑，并特别为神经生理学带来了困惑。因此，如果我们从作为基本概念的冗余、模式或形式出发，来思考问题究竟是怎样的，那会是一件有趣的事情。

非常明显的是，零维度变量(variable of zero dimensions)都不能真正得到定位。“信息”和“形式”与比较、频率、对称、相应、适合、一致等相类似，因为它们都具有零维度，所以都是不能被定位的。这张白纸和那个黑咖啡之间的比较不在这张纸和那个咖啡之间的什么地方，即便我们把纸和咖啡紧紧地并列放在一起，它们的比较还是不在它们之间，或被夹在它们之 415
间。那个比较也没有在这两个物体和我的眼睛之间。它甚至不在我的头脑之中；或许，如果它在的话，那它也肯定是在你的头脑之中。但作为读者的你，没有看到我所说的纸和咖啡。我在我的头脑里有它们之间的这个比较的想象，或转换，或名称；而你在你的头脑中有一个我在我的头脑中的东西的转换。但是，我们之间的一致是不可定位的。事实上，信息和形式不是能够被定位的项。

不过，在一个包括冗余在内的系统内，就有可能开始(但或许不完全地)进行一种形式关系的制图工作。想想物体或事件的一个有限集合体(比如说一个字母序列，或一棵树)，以及一个观察者，后者已被告知这个集合体内的所有得到识别的(即具有统计学的意义)冗余规则。然后，就有可能限定这个集合体的区域，而观察者在其中可以比随机猜测更有收获。迈向定位的下一个进程是由用斜线标记划分这些区域来完成的，以至于通过它们，这个受过教育的观察者能够从斜线的一侧是什么，猜测出斜线的另一侧是什么。

然而，在原则上，这样一种模式分布的制图是不完全的，因为我们没有考虑观察者已有的冗余规则知识的来源。现在，如果我们思考一个缺乏已有知识的观察者，那么显然，他也许会从自己对**不那么完整的**集合体的感知中发现某些相关的规则。然后，他可以用其发现来预测那个其余部分的**规则**，就是那些即便没有例证说明也将会是正确的规则。他也许会发现，“H 往往跟在 T 后面”，即便集合体的其余部分并不包含这个组合的例子，也是这样。为了达到这种现象秩序，一个不同的斜线标记——元斜线（metaslashes）——秩序将是必不可少的。

有趣的是注意到：元斜线限定了朴素的观察者要发现一个规则所必需的东西，在原则上，这些元斜线相对于那些斜线而移动，后者会出现在由观察者准备的图表上，而这个观察者完
416 全了解该集合体的冗余规则。（这个原则具有某种美学意义。从美学观点来看，一只钳子大于另一只钳子的螃蟹的形式不仅仅是不对称的。它首先提出了一个对称规则，然后，通过提出一个更复杂的规则组合，而巧妙地否定了这个规则。）

当我们从我们的解释系统中排除了所有的东西和所有的真实维度时，我们就只能将传播序列的每一个进程都视为从前进程的**转换**。如果我们考虑一个沿着轴突而通过的脉冲，我们就将把沿着这条通道的每一个点上的事件都视为任何从前点上的事件的一种转换（尽管是同一或相似的）。或者，如果我们考虑一系列神经元，每一个神经元都使下一个神经元兴奋起来，那么，每一个神经元的兴奋都是其前一个神经元的兴奋的转换。我们与事件序列打交道，而它们并不一定包含着相同能量的传递。

同样，我们可以考虑任何神经元的网络，并在一系列不同

位置上任意横切整个网络，那么，我们将把每一个横断面上的事件都视为某个前面横断面上的事件的转换。

在思考感知时，例如，我们不会说“我看见一棵树”，因为这棵树不在我们的解释系统的范围之内。最多只是有可能看见一个镜像，它是这棵树的复杂而又系统的转换。当然，这个镜像是由我的新陈代谢提供能量的，而转换的本质部分地是由我的神经回路中的因子所决定。“我”在各种约束下创造镜像，其中有些约束是由我的神经回路加诸的，其他的约束则是由外部的那棵树加诸的。一个幻觉或梦会更真实地是“我的”幻觉或梦，只要它是在没有直接的外部约束的情况下产生出来的，就是这样。

这一切都不是信息，不是冗余，不是形式，也不是约束，而是噪声，是新模式的唯一可能的源泉。

30 冗余和编码[①]

417 关于人类传播系统和其他动物的传播系统之间的进化关系和其他关系的讨论，已经使得下述观点十分清楚了，即言语传播的编码设置特性完全不同于身势语和副语言的编码设置特性。但已有观点指出，在身势语和副语言的代码与非人类的哺乳动物的代码之间，存在大量的相似之处。

我认为，我们可以从类型的角度来陈述以下观点：人的言语系统并不是以什么简单方式来自这些以像似为主的代码(preponderantly iconic codes)的。有一种普遍的流行观念认为，在人类进化中，语言替代了其他动物的更加原始的系统。我相信这是完全错误的，并将论证如下：

在任何能够适应进化变化的复杂功能系统中，当一个给定功能的性能被某种新的和更有效的方法所替代时，旧的方法就

① 这篇论文原为《动物传播：学习技能和研究结果》(*Animal Communication: Techniques of Study and Results of Research*, edited by Thomas A. Scheol)第 22 章，该书 1968 年由印第安纳大学出版社出版。选入本书时获得出版商的允许。

废弃和衰退了。当金属开始得到使用时，通过敲打火石来制造武器的技能就退化了。

进化替代下的器官和技能的衰变是一个必要和不可避免的 418
系统现象。因此，如果在任何意义上，口头语言都是对借助身势语和副语言而进行传播的一种进化式替代，那么，我们会期望旧的、以像似为主的系统经历了明显的衰退。它们显然没有这样的经历。相反，人的身势语更加丰富了，也更加复杂了，而且副语言与口头语言的进化一起繁盛起来。身势语和副语言都已经被整合为艺术、音乐、芭蕾、诗歌等的复杂形式，甚至在日常生活中，人类身势语传播、面部表情和声调的错综复杂，都远远超出了任何其他动物的已知产物。人类将仅仅依靠清晰的数字信号进行传播——逻辑学家的这个梦想并没有成为现实，也不可能成为现实。

我认为，伴随着口头语言的进化，身势语和副语言的这种独立发展的进化表明，我们的像似传播的适用功能完全不同于语言传播的适用功能，而且还的确履行着口头语言不适合履行的那些功能。

当一个男孩对一个女孩说“我爱你”时，他正使用语词来传递这个意思，而这个意思如果用他的音调和动作来传递的话，就更加令人可信了；这个女孩如果有什么感觉的话，会更加注意与之相伴随的示意动作(signs)，其程度超过了对于那些语词的注意。我们都认为我们在使用语词时具有自主的控制力，相比之下，有的人——专业演员、骗局设置者等——却能够采取一定程度的自主控制力来使用身势语和副语言传播。对于这些可以用身势语撒谎的人来说，非言语传播的特殊作用是被减弱了。他们要成为一个诚实的人有点儿更加困难，要被相信为一个诚实的人则是一件还要困难的事情。他们陷入了回报递减的过程之中，以至于当得不到信任时，他们就试图提高其模拟副语言和身势语真诚的技能。但正是这种技能导致其他人不相信他们。

非言语传播的话语似乎就涉及了自我与对方之间，或自我
419 与环境之间的关系的问题——爱、恨、尊重、恐惧、依赖等，而人类社会的本质正是这样：对于这个话语的篡改(falsification)很快成为发病的机制。因此，从某种适应性观点出发，重要的是这个话语通过各种技巧所进行，而这些技巧相对来说是无意识的，并且只是不完全地受到自主控制的支配。用神经生理学的术语来说，对于这个话语的控制必须被置于真语言(true language)控制的大脑尾部。

如果关于这个问题的普遍观点是正确的，那么，就一定会推论出：要把身势语或副语言讯息转换成为文字，或许就会引起严重的篡改——其不仅是因为人类具有试图篡改有关“感情”和关系陈述的癖好，也不仅是因为每当一个编码系统的产品被分解成为另一个系统的前提时所产生的歪曲，而且特别是因为以下事实，即所有此类转换都必须赋予或多或少的无意识和非自主的像似讯息以有意识意图的外观。

作为科学家，我们关心的是用文字建设一个现象世界的模拟物(simulacrum)。就是说，我们的产品是要成为现象世界的一个语言转换。因此，我们有必要非常仔细地考察这个转换的规则，以及自然现象、讯息现象和语词之间的编码差异。我知道，人们很少会假定对非生命现象的“进行编码”，而为了证明

这个术语，我必须像通信(communication)工程师所使用那样，对“冗余”概念做出一些扩展。

工程师和数学家们已经非常严谨地关注了讯息材料的内部结构。通常情况下，这个材料由一个事件或物体(一般是有限集合——音素等——的成员)的序列或集合所构成。借助于信号/噪声比和其他特性，这个序列与发生在同样时空区域中的无关事件或物体区别开来。当这个序列在缺失了某些项的情况下被接收时，如果接收者能够比随机的成功更好地猜测到缺失项，那么就可以说信息材料包含“冗余”。有人已经指出，事实上，“冗余”术语之被如此使用，以至于成了“模式化”的一个同 420
义词。[①] 重要的是注意到：这个讯息材料的模式化总是有助于接收者区分信号和噪声。实际上，被称为信号/噪声比的规律确实只是冗余的一个特殊情况。(传播的反面)遮蔽(camouflage)是借助以下途径获得的：①减小信号/噪声比；②扰乱信号中的模式和规则；③将同样的模式引入噪声。

通过将注意力集中于讯息材料的内部结构，工程师们相信，他们可以避开被“意义”概念引入传播理论的各种复杂问题和困难。不过，我会论证说，“冗余”概念至少部分程度上与“意义”同义。在我看来，如果接收者能够猜测讯息的缺失部分，那么，那些被接收的部分实际上就肯定携带某种意义——它涉及缺失的部分，也是关于那些部分的信息。

如果我们现在离开讯息结构的狭窄领域，思考自然现象的外部世界，我们立刻就看到这个外部世界同样具有冗余的特

① F. Attneave, *Applications of Information Theory to Psychology*, New York, Henry Holt and Co., 1959.

性，也就是说：当观察者只感知到现象的一个序列或结构时，他在许多情况下就可以比随机成功更好地对其不能直接感知的部分进行猜测。科学家的主要目的确实就是阐明现象世界的这些冗余或模式化。

如果我们现在思考这两个次级域为其组成部分的那个更大的域，也就是讯息加上外部现象的系统，那么，我们发现这一更大的系统包含一种非常特殊的冗余。通过对讯息材料的接收，观察者预测外部现象的能力大大增加了。如果我告诉你“下雨了”，并且你向窗外望去，那么，比起你从未收到我的讯息的情况来，你从对雨点的感知中得到的信息要更少。从我的讯息中，你可以猜到你会看到雨。

总之，每当“冗余”和“意义”这两个词都被运用于同样的论
421 域时，它们就是同一的。在受到约束的讯息序列域的范围内，“冗余”当然不是既包括讯息，也包括外部指涉对象的更大域中的“意义”的同义词。

需要注意的是，这种关于传播的思维方式将所有编码方法集合在“部分代整体”(part-for-whole)的单一标题之下。言语讯息“下雨了”要被看作是一个更大域的一部分，而在这一更大域中，那个讯息创造了冗余或预测性。“数字”“类比”“像似”“隐喻”以及所有其他编码方法都被纳入这个单一标题之下。[语法学家称之为“借代”(synecdoche)的东西是隐喻性地用一个部分名称来替代整体名称，就像在词组“五头牛”中一样。]

这一解决问题的方法具有某些优势：分析者必须一直对假定其中会出现“冗余”或“意义”的论域进行限定。他不得不考察一切讯息材料的“逻辑类型”。我们将要看到，关于这一问题的

广阔视野使得辨识传播进化中的主要进程变得容易起来。我们来试想正在观察一个物理环境中的两个动物的科学家。于是，下述组件就必须予以考虑。

(1)这个物理环境包括内部模式化或冗余，也就是说，对于动物和/或观察者来说，关于某些事件或物体的感知使得其他事件或物体成为可预测的了。

(2)来自一个动物的声音或其他信号可以为系统——**环境加上信号**——提供冗余；也就是说，这些信号或许是与这个环境“相关的”。

(3)信号序列确实将包含冗余——来自一个动物的一个信号使得来自同样动物的另一个信号变得更加容易得到预测。

(4)这些信号可以为这个论域提供冗余；A **类信号加上** B **类信号**，也就是说，这些信号也许是**有关于**它们为其组件的那个相互作用的。

(5)如果动物传播和理解活动的一切规则或代码都是由基因型固定的，那么，这份清单就将到此结束。但是某些动物能够**学习**，如序列的重复可能导致它们成为有效的模式。在逻辑中，“每个命题都提出自己的真理”，但是在自然历史中，我们 422
总是涉及这个概括的反题。伴随某个特定感知的那些可感知的事件提示出：此感知将“意味着”那些事件。通过某些诸如此类的进程，有机体可以学会使用包含在外部事件的模式化序列中的信息。因此，我能够比随机的成功更好地预测到：在那个有机体**加上**环境的域中，事件的发生将完成有机体和环境之间的习得性适应的模式或构型。

(6)通常在心理实验室中得到研究的行为“学习”具有不同

的秩序。那个域的冗余由动物行为加上外部事件所组成，而从动物的角度看来，当动物经常采用某种行为对某些事件做出反应时，该冗余就增加了。同样，当动物成功地产生了那些作为特殊的外部事件之常规先兆（或原因）的行为时，这个域就得到了冗余。

(7)对于每一个有机体来说，存在种种限制和规律，它们限定了将要学习什么，以及这种学习将会发生在什么样的环境之下。这些规律和模式成为任何物种的个体适应和社会组织的基本前提。

(8)最后，但并非不重要的是，存在种系发生的（phylogenetic）学习和一般种系发生的问题。在诸如有机体加上环境的系统中存在冗余，以至于从形态学和有机体的行为出发，一个人类的观察者就能够比随机成功更好地猜测到环境的本质。关于环境的这条“信息”通过长期的种系发生过程，已经嵌入到有机体之中，而它的编码类型也是非常特殊的。能够从鲨鱼的形状那里学习水生环境的观察者，必须从应对水的适应行为中推演流体动力学。包含在表型鲨鱼中的信息内含于作为这个域——表型加上环境，其冗余是通过表型而增加的——的其他部分的特性之补充的那些形式之中。

这是关于生物系统和它们的关联世界中的某些类型之冗余的非常简要和不完全的研究，它表明，在以“部分代整体”的一
423 般标题下，部分与整体之间的许多不同种类的关系都被包括进来了。这些形式关系的某些特性的清单已经准备就绪。我们来思考几个像似的情况。

(1)我们这里称之为“部分”或“信号”的事件或物体也许是

一个现存序列或整体的真正组件。一棵树直立的树干表示不可见的树根之可能的存在。一片云可以表示暴风雨即将到来，而它是这场暴风雨的一部分。一条狗裸露的尖牙齿也许是一次真正进攻的一部分。

(2)“部分”与其整体也许只有一种条件关系：那一片云可以表示如果我们不进屋，就会被淋湿；而裸露的尖牙齿可以是一次进攻的开始，除非碰到某些条件，否则这个进攻将会得到完成。

(3)“部分”也许完全是从作为其指涉对象的整体上分离出来的，特定时刻裸露的尖牙齿也许提醒一次进攻，而如果/和当这个进攻发生了，它将包括一次新的裸露尖牙齿。“部分”现在成了一个真正的像似信号。

(4)一旦一个真正的像似信号卷入进来——未必通过上面的三种情况，许多其他的进化路径就会成为可能：

a.“部分”可能或多或少地成为数字化的(digitalized)，以至于其中的那些数值(magnitudes)不再作为其指涉对象整体中的数值，但却有助于例如改进信号/噪声比。

b.“部分”在某些语境(在那里，部分曾指涉的那个原初整体不再与之相关联)中可以具有特殊的仪式或隐喻的意义。小狗一旦断奶，狗妈妈和小狗之间相互咬嘴的游戏可以成为一种仪式性的集合体。喂养一只幼鸟的行为可以成为一种求偶的仪式，等等。

这里只是简要地指出了这个系列的分支和变种，而在整个系列之中，值得注意的是，动物传播仅限于来自动物自己行为的信号，也就是那些作为诸如此类的行为之组成部分的信号。

就像已经提出的那样，外域充满了部分代整体的讯息，在此意义上，它是冗余的，或许也是因为这个原因，这个基本的编码风格是原始动物传播的特性。但是，只要动物竟然还能够发出
424 关于外部域的信号，它们就可以通过作为对域的反应之组成部分的行为来这样做。寒鸦们相互暗示说，洛伦兹是吃寒鸦的，这种暗示的做出不是通过模拟吃寒鸦行为的某个部分，而是通过模拟其对这种生物的进攻的一部分。偶尔有的时候，可能的筑巢材料的碎片，“战利品”等外部环境的实际物件被用来进行传播，而在这些情况下，讯息通常又是为讯息加上有机体之间关系的那个域（而不是讯息加上外部环境的那个域）提供了冗余。

按照进化论的观点，对下述问题的解释不是一件简单的事情，即为什么基因型控制会一次又一次地得到发展，以至于能够决定这样的像似信号的发送。从人类观察者的角度看来，诸如此类的像似信号是非常容易得到解释的，我们可以预测，像似编码对动物来说，是比较容易解码的，只是动物必须学会这样做。但是有假设认为，这个基因组是不能在此意义上进行学习的，因此，我们可以认为由基因型决定的信号是非像似的或任意的信号，而不是像似的信号。

对于基因型信号的像似性质，这里可以提供三个可能的解释。

(1)即便由基因型决定的信号没有作为分离和独立的要素发生在表型生命中，但它们却是一个复杂的行为矩阵的必要组件，而其中至少有些行为是习得性的。由基因型决定的信号的像似编码有可能使这些信号容易同化到这个矩阵之中。或许有

那么一个经验丰富的“女教师”(schoolmarm)，她选择性地行动以支持那些将导致像似信号发送的基因型改变，而不是任意信号发送的基因型改变。

(2)一个使发送者处于随时准备进攻的位置上的侵略信号，比起一个更加任意的信号来，可能更加具有生存值。

(3)当由基因型决定的信号影响了另一个物种的行为(例如，具有警示效应的眼纹和姿势，便于伪装或警戒拟态的动作)时，对于那个其他物种的感知系统来说，这个信号显然肯定就是像似信号。不过，许多情况下出现的一个有趣现象是：在它们那里获得的是一个次级统计学的像似性(a secondary statistical iconicism)。清洁隆头鱼(labroides dimidiatus)是一 425
种小型的印度—太平洋隆头鱼，靠其他鱼类的体外寄生物生活，它有鲜明的色彩，以容易识别的方式移动或“跳舞”。毫无疑问，这些特性吸引了其他鱼，并成为信号发送系统的组成部分，该系统使得其他鱼有可能接近这个清道夫。但是，有一种鱼酷似这种隆头鱼，就是剑齿鳚(saber-toothed blenny)(三带盾齿鳚，Aspidontus taeniatus)，同样的颜色和动作使得这个模拟物能够接近其他的鱼，并咬掉它们的鳍片。[①]

显而易见，这个模拟物的颜色和动作是像似的，并“表征”那个清道夫。但是，后者的颜色和动作是什么？所有的基本要求是：那个清道夫是引人注目的，或是独特的。它不需要表征什么其他的东西。可是，当我们思考这个系统的统计方面时，

---

① J. E. Randall and H. S. Randall，“Examples of Mimicry and Protective Resemblance in Tropical Marine Fishes，”*Bulletin of Marine Science of the Gulf and Caribbean*，1960，10：444-480.

以下问题便清晰起来了：如果这些鳚鱼的数量太多了，隆头鱼的独一无二的特性就将成为像似警示，而它们的宿主也将避开它们。不可避免的是：隆头鱼的信号将清楚无疑地表征隆头鱼，也就是说，这些信号尽管初看起来或许是非像似的，但是必须通过多重影响来获得和维持一种自动像似（autoiconicism）。“当我说它三次，它就成为真的了。”只是这个自动像似性的必要性，也可以产生于物种的内部。对于信号发送的基因型控制保证了必要的重复（如果这些信号不得不被学习，那么，必要的重复或许就只是偶然发生的了）。

（4）有人主张，就某种特殊的意义而言，比起通过体细胞改变或表型学习而获得的适应性来，同样特性的基因型决定要更加经济。这个问题已经在其他地方得到了论证。[①] 简言之，据认为，任何有机体的体细胞适应的灵活性和/或学习能力都是有限的，而对于这些能力的需求将通过任何适当方向上的基
426 因型改变而被减少。因此，诸如此类的改变具有生存值，因为它们为其他用途释放了大量宝贵的适应能力或学习能力。这就等于是对**鲍德温效应**（Baldwin effects）的一个论证。延伸这个论证，就会表明，在某些情况下，基因型控制的信号发送特征的像似性，也许会通过假定这些特性曾被学习而得到解释。（该假设当然不包含任何种类的拉马克遗传，显而易见的是：①在一个体内平衡的回路中，通过这种遗传来固定任何变量值，就会很快打乱身体的体内平衡系统；②在一个体内平衡的回路中，因变量的任何改造都不会改变这个回路的偏差。）

---

① G. Bateson, “The Role of Somatic Change in Evolution,” *Evolution*, 1963, 17: 529-539.

(5)最后，关于行为的基因型决定可能在什么层次上起作用的问题，是不清楚的。上面提出，对于有机体来说，比起更任意的代码来，像似代码更加容易学习。就这样一个有机体而言，基因型的贡献可能不会采取固定特定行为的形式，而是会采取使这个行为更易于学习的形式——是特殊的学习能力方面的改变，而不是基因型决定的行为方面的改变。来自基因型的这样一个贡献会具有明显的优势，因为它会与个体发生的(ontogenetic)改变相一致地发挥作用，而不可能是与之相反地发挥作用。

我们可以将截至目前的论证概括如下：

(1)可以理解的是，(在某种进化的意义上)创造冗余的一个早期方法往往是使用像似的部分代整体的编码。外部非生物宇宙包含这种冗余，而在进化出一种传播代码时，可以料想的是：有机体将会落入同样的技巧。我们已经注意到，“部分”可以从整体分离，因此，尖牙齿的展露可以表示一种可能但还不存在的战斗。这就借助“意向动作”(intention movements)等途径而为传播提供了解释的背景。

(2)可以部分地理解的是，通过像似部分而进行编码的此类技巧也许会由基因型所固定。

(3)业已提出了这样的观点：关于人际关系的人类传播的这种原始(因此也是不自主的)的信号发送行为，可通过这类事情上的诚实需求而得到解释。

但是，非像似的言语编码的进化仍然没有得到解释。 427

我们从对失语症的研究中，从霍基特(Hockett)在这次关于语言特性的会议上的列举中，以及从基本的常识中得知，有许多创造和理解言语传播的组件过程，而当这些组件过程中的任何一个过程被中断时，语言就失败了。这些过程中的每一个过程可能都应该是一个独立的研究重点。不过，我在这里将只考虑问题的一个方面：简单直陈断言(simple indicative assertion)的进化。

动物的像似编码与人类说话的言语编码的一个有趣的中介可见于人类的梦和人类神话之中。在精神分析理论中，梦的过程的生产据说具有“原发过程”思维的特性。[1] 梦不管是不是言语的，都要被认为是隐喻的陈述，也就是说，梦的指涉物是梦者有意识或无意识地在其清醒世界中所感知的关系。正如在所有隐喻中那样，这个关系体并没有被提到，而在它们的位置上，出现的是其他的项，因此这些替代项之间的关系，就会像清醒世界中的关系体之间的那些关系一样。

要在清醒世界中识别梦所指涉的关系体，就要将隐喻倒置为明喻，并且一般情况下，梦不包含公开履行这一功能的讯息材料。在梦中，不存在什么信号来告诉梦者这是一个隐喻，或者隐喻的指涉可能会是什么。同样，梦没有时态。时间被压缩了，过去事件的表征以真实或歪曲的形式，可能以现在作为其指涉物，反之亦然。梦的模式是无时间的。

在一座剧院里，观众通过幕布和舞台框架结构而被告知，舞台上的行为“只是”一出剧。从那个框架内，制作人和演员也许试图让观众陷入现实的幻觉，看起来如此直接，就像是梦的
428 经历一样。而且，和在梦中一样，这出剧具有外部世界的隐喻

① O. Fenichel, *Psychoanalytic Theory of Neurosis*, New York, Norton, 1945.

的指涉物。但是，在梦中，除非睡觉的人对于睡的事实有部分的意识，否则就没有幕布，也没有行为的框架结构。部分否定——“这只是隐喻”——是不存在的。

我提出，元传播框架以及梦中持续存在的模式识别的缺失，是一种进化意义上的古老特性。如果这是正确的，那么，一种关于梦的理解就会既有助于探讨像似传播如何在动物中发挥作用的问题，也有助于探讨从像似传播到言语传播的神秘的进化过程。

在由元传播框架的缺失所造成的限制下，梦要做出直陈断言显然是不可能的，无论是肯定的，还是否定的，都是如此。就像不可能存在将内容标记为“隐喻的内容”的框架那样，也不可能存在把内容标记为“字面的(literal)内容”的框架。梦可以想象雨水或干旱，但是它绝不能断言“下雨了”，或“没有下雨”。因此，正如我们已经看到的那样，想象“下雨”或“干旱”的用处限于它们的隐喻方面。

梦可以提出模式的适用性。它绝不能断言或否定这一适用性。它更加不能做出一个关于任何可识别的涉及物的直陈断言，因为不存在可识别的指涉物。

模式就是这回事。

梦的这些特性也许是古老的，但重要的是记住它们不是过时的：正如身势语和副语言传播已经被整合到舞蹈、音乐和诗歌中一样，梦的逻辑已经被整合到戏剧和艺术之中。更令人惊叹的是那个我们称之为数学的严格的奇幻世界，一个借助其公理和定义而永久脱离了做出关于“真实”世界的直陈断言之可能性的世界。仅当直线是两点之间的最短距离时，才是毕达哥拉斯断言的定理。

银行家按照数学家提供的规则操纵数字(numerals)。这些数字是数量(numbers)的名称，而数量以某种方式体现在(真
429 实或虚假的)美元之中。为了记住他正在做的事情，银行家用标签标记他的数字，诸如美元符号，但它们是非数学的，计算机不需要它们。在严格的数学程序中，就像在梦的过程中一样，关系模式控制所有的操作，但关系体是未被识别的。

现在，我们回到那两者之间的比较，一个是通过发送相互作用模式的组成部分，而在有机体**加上**其他有机体的域中创造冗余的像似方法，另一个是命名关系体的语言机制。我们在上面注意到，在人与人之间的关系中造成冗余的人类传播，大多数仍然是像似的，并且是通过身势语、副语言、意向动作、行为等而获得的。它与那个讯息**加上**环境的域打交道，在那里，口头语言的进化已经取得了巨大的进步。

在动物话语中，冗余是由作为发送者的可能反应的像似部分的信号而被引入这个域的。环境项可以发挥某种明显的功能，但一般来说，不能被提及。同样，在关于关系的像似传播中，关系体(即有机体本身)不一定被识别，因为这个像似话语中的任何谓词的主语都是信号的发射者——其总是明示性地在场。

这样，从对自身行为模式之组成部分的像似使用到命名外部环境的实体，至少有两个进程似乎是必不可少的：既有编码方面的改变，也有主谓语框架(the subject-predicate frame)确定中心的改变。

我们只能推测性地尝试重建这些进程，但还是可以提供某

些看法。

(1)环境现象的模拟在仍然保留像似代码的同时，有可能使主谓框架从自我转向某个环境实体。

(2)一个同样的从自我到其他的主谓框架转变，潜在于动物之间的相互作用之中，而在这些相互作用中，A 提出了一个相互作用的模式，B 以像似的或明示性的“不做”(don't)来否定这个模式。这里，被变成动词“不做”的 B 讯息的对象是 A。

(3)那些构成关于关系的像似信号之发送基础的相互作用的范例，有可能可以作为言语语法范例的进化模式。我提出， 430
我们不该把言语传播的最早萌芽(rudiments)看作以下东西的类似物，即某人用几句外语，并在不了解其语法和句法的情况下所做的传播。确实，在语言进化的所有阶段，我们祖先的传播都是被建构和被形成的，它自身完整，不是由碎片构成的。语法的先行词比起语词的先行词来，肯定是一样古老，或者更加古老。

(4)就自我行为来说，像似缩写是随时可用的，而且，它们通过对于相互作用范式的隐含指涉而控制着对方。但是，所有这样的传播都必然是肯定的。展露牙齿是为了提示战斗，提示战斗是为了计划战斗。不可能存在关于某种否定的简单像似表征：动物根本不可能说“我不会咬你”。不过，如果(也只是如果)其他有机体先提出会被禁止的行为模式，那就容易想象传播的否定命令的方式了。通过威胁，通过不恰当的反应等，“不做”(don't)有可能得到传播。由一个有机体提供的相互作用模式被其他有机体所否定，后者中断了已经提出的范式。

但是，“不做”完全不同于“不”(not)。通常情况下，重要的讯息“我不会咬你”是作为两个遵从真正的或礼仪式的战斗的有机体之间的协议而产生的。就是说，上个讯息的反面被处理得达到了一种归谬法，这样，该归谬法就可以成为相互和平、等级优先或性关系的基础。动物的许多奇怪的相互作用被称为“玩耍”，它们像(但不是)战斗，而它们或许就是这种否定性协议的检验和再确认。

不过，这些相互作用是获得否定协议的麻烦而又笨拙的方法。

(5)上面提出，言语语法的范式或许以某种方式来自相互作用的范式。因此，我们在相互作用的范式中寻求简单否定的进化根源。不过，这可不是个简单的问题。对于有关动物层次上发生了什么的问题的认识是：矛盾的信号(既提示进攻的姿势，又提示逃跑的姿势，等等)同时出现。可是，这些模棱两
431 可的东西完全不同于人类所熟知的现象，在人类中，一项人语词中的友好也许与他的声音或姿势的紧张或进攻性相矛盾。这个人陷入了一种欺骗，一项总的来说更加复杂的成就，而模棱两可的动物则在提供肯定的替代物。从这两个模式中，都不容易得到一个简单的“不”。

(6)从这些思考出发，简单否定的进化显然有可能通过心力内投或模拟对方而产生，从而能够以某种方式从“不做”中得出“不”。

(7)从关于相互作用模式的传播如何转变到关于事物和外在世界其他组件的传播，这个问题仍未得到解释。正是这个转变决定了语言绝不会使关于人际关系的权变模式的像似传播变得废弃无用。

我们现在也只能说这么多。言语命名活动的进化甚至有可能先于简单否定的进化。不过，重要的是注意到，如同我们知道的那样，一个简单否定的进化会是迈向语言的一个决定性的进程。这个进程会立即使(无论是言语的还是像似的)信号在一定程度上离开它们的指涉物，而这会成为我们把信号看作"名称"的理由。同样的进程将使得分类的否定方面的使用成为可能：那些不是可识别类的成员的项会被识别为非成员。而最终，简单肯定的直陈断言将成为可能。

31 有意识的目的和本质[①]

432 我们的文明在这里正有待得到研究和阐释，它植根于三种主要的古代文明：罗马文明、希伯来文明和希腊文明。我们的许多问题好像都与下述事实有关，即我们具有一种帝国主义文明，它由巴勒斯坦的一个受压迫、受剥削的殖民地孕育或催生。在这次会议上，我们打算再次对罗马人和巴勒斯坦人之间的冲突问题进行论辩。

你们要记住圣保罗夸下的海口："我生来自由。"他的意思是他生于罗马，而这具有某种法律优势。

我们可以通过支持被压迫者，或是支持帝国主义而卷入那场古老的战斗。如果要去参加那场战斗，你们就必须站队。就这么简单。

圣保罗的野心以及被压迫者的野心当然总是站在帝国主义一边——自己要成为中产阶级帝国主义，而且，为我们这里正

---

① 这个演讲发表在1968年8月关于"解放辩证法"的伦敦会议上，原载《解放辩证法》(*Dialectics of Liberation*)，选入本书时获得出版商企鹅图书公司的允许。

在批评的那种文明制造更多的成员，这是否就是解决问题的办法，还是值得怀疑的。

因此，存在另一个更加抽象的问题。我们需要了解整个罗 433
马—巴勒斯坦体系的病理和特性。我有兴趣谈论的正是这个问题。这里，我不在意是捍卫罗马人，还是捍卫巴勒斯坦人——人上人或受压迫的人(the upperdogs or underdogs)。我要思考我们陷入的整个传统病理的原动力，而只要我们继续在那个旧冲突的范围里争斗，我们就仍然身处那个病理之中。我们只是按照旧有的前提转圈子。

幸运的是，我们的文明还有第三个根源，它在希腊。当然，希腊陷入了相当类似的糟糕状态之中，但仍然有许多清醒冷静的思考，那是一种非常不同的令人惊叹的思考。

让我们从历史的角度来接近一个更大的问题。从圣托马斯·阿奎那(St. Thomas Aquinas)到18世纪的天主教国家，再到新教徒中的宗教改革[因为我们通过宗教改革运动而丢掉了许多希腊人的机智(sophistication)]，我们的宗教结构是希腊式的。18世纪中叶的生物界看起来像是这样：在梯子的顶端是一个最高心灵，它是由此往下的一切事物的基本解释——在基督教中，这个最高心灵就是上帝；它在不同哲学阶段上具有不同属性。这架解释的梯子从上帝往下推演到人类、到类人猿等，一直往下推演到纤毛虫。

这个等级是一套演绎进程，从最完美者到最原始者或最简单者。而且它是严格的。每个物种都被假定是固定不变的。

拉马克或许是历史上的最伟大的生物学家，他将这架解释的梯子颠倒过来。他提出了如下观点：解释的梯子始于纤毛虫，在通向人类的过程中存在许多变化。他颠倒了这种分类学，而这是业已发生的最令人惊叹的成就之一。它在生物学中引起的革命相当于天文学中的哥白尼革命。

将这一分类学颠倒过来的逻辑结果是：进化研究可以提供一种关于**心灵**的解释。

直到拉马克那里，心灵才成为生物界的解释。但是，问题
434 马上就产生了：生物界是心灵的解释吗？谁是这个解释的问题现在变成了谁要被解释的问题。拉马克的《动物学哲学》(*Philosophie Zoologique*，1809)大约四分之三的内容都要尝试建立一种比较心理学，这是非常粗糙的尝试。他达到并阐述了许多极为现代的思想：你们不能赋予任何没有心理器官的生物以心理能力；心理过程必须始终具有身体表征；神经系统的复杂性与心灵的复杂性是相关联的。

这个问题在那里蛰伏了 150 年，主要是因为 19 世纪中叶的进化论不是被一个天主教异端所接管的，而是被一个新教异端所接管的。你们或许还记得，达尔文的对手不是有点儿机智的亚里士多德和阿奎那，而是原教旨主义基督徒，他们的机智止于《创世纪》的第一章。心灵的本质问题是某种 19 世纪的进化论者们试图从其理论中加以排除的东西，而且直到第二次世界大战之后，这个问题才再次引起认真的思考(因循这条思路，我正对某些异教徒有点不公，特别值得注意的是对巴特勒等人的不公)。

在第二次世界大战中，人们看到了怎样的复杂性(complexity)需要心灵来光顾。也是自从有了这个发现以后，我们才知道，无论在这个宇宙中的什么地方遇到了这一复杂性，我

们都是在与心理现象打交道。它是心理的，也是物质的。

我来试试向你们描述那个复杂性的秩序，这在某种程度上是一个技术问题。拉塞尔·华莱士(Russel Wallace)从印度尼西亚给达尔文寄了一篇著名的论文。在论文中，他宣布了自己关于自然选择的发现，这一发现与达尔文的发现相吻合。他关于生存斗争的描述部分是有趣的：

> 这个原理(生存斗争)的作用恰如蒸汽机的作用一样，在任何不规律性变得明显之前，就会检测到并纠正它们；动物世界也以同样的方式，不允许任何失衡的缺陷达到显著的量级，因为失衡会让生存变得困难，灭绝也势必会随之而来，所以在它们出现的第一时间就会被动物察觉到。

带有调节器的蒸汽机只是一条因果事件的循环链，在那个 435
链条上的什么地方有个连杆，这样，某个东西越多，回路上的下一个东西就越少。调节器的球偏离得**越远**，燃料供应就**越少**。如果带有那个一般特性的因果链被供应能量，那么，(若你们是幸运的，各种东西也是相互抵消的话)结果就将是一个自我矫正的系统。

事实上，华莱士提出了第一个控制论模型。

今天，控制论处理的是这种一般类型的更加复杂得多的系统；而我们知道当我们谈论文明的进程时，或者当我们评价人类行为、人类组织或任何生物系统时，我们就在涉及自我矫正系统。基本上，这些系统总是某种**守恒**的东西。正如带有调节器的蒸汽机中的情况一样，燃料供应被改变得维持飞轮的速度——保持恒定，所以，在诸如此类的系统中，变化的发生是为了维持某种描述性陈述的真理性，也就是现状的某个组件的真理性。华莱士正确地看到了问题，自然选择的作用主要是维持物种的固定不变；但是在更高层次上，它的作用也许是保持那个我们称之为“生存”(survival)的复杂变量的恒定不变。

莱恩(Laing)博士注意到，人们很难看到显而易见的东西。这是因为人是自我矫正的系统。他们自我矫正以对抗干扰，如果明显的东西不是那种他们不受内在干扰就能够容易吸收的东西，那么，他们的自我矫正机制就会发生作用，从而转变它，隐藏它，甚至到了如有必要就会闭上眼睛的程度，或者到了关闭感知过程的各个部分的程度。干扰性信息可以像一颗珍珠似的给框起来，这样它自己不会惹麻烦；按照系统本身对于什么东西会造成麻烦的问题的理解，这将是可以做到的事情。有关何者会造成干扰的那个前提，也是某种习得的东西，它然后就会永久存在或保持下去。

在这次会议上，我们主要讨论守恒环路的这些非常复杂的系统或排列中的三种。一种是人类个体。这个系统的生理机能和神经机能维持体温，血液化学值，在生长期和胚胎期中的器
436 官长度、大小和形状，以及人体所有其他特征。这是一个维持关于人、身或心的描述性陈述的系统。对于个体心理学也是如此，在那里产生了学习过程，从而维持关于这个现状的判定和组件。

我们关注的第二种系统是个体生活于其中的社会，这个社会同样也是一个一般类型的系统。

我们关注的第三种系统是生态系统，也就是这些人类动物

的自然生物环境。

让我从人类周围的自然生态系统开始。一片英国橡树林，或一片热带森林，或一片沙漠，都是一个生物群落。在橡树林中，或许有 1 000 个物种，可能还要多；在热带森林里，或许有 10 倍于上述数字的物种生活在一起。

我可以说，你们当中很少有人看到过这样一个未受干扰的系统；它们中的许多都没有保留下来；大多数都被人类糟蹋了，而人类不是消灭某些物种，就是引入其他物种，那些引入的其他物种成为杂草和害虫，或者改变了供水系统，等等。当然，我们正迅速地摧毁世界上的所有自然系统，也就是平衡的自然系统。我们只是使它们变得不平衡——但仍是自然的。

无论如何，那些动物和植物在竞争与相互依赖的组合中生活在一起，而正是那个组合是需要加以思考的重要问题。每个物种都有一个初级的马尔萨斯能力(a primary Malthusian capacity)。相比父母一代的种群数量来，任何没有生产更多后代之潜力的物种都会被淘汰。它们注定要灭亡。对于每个物种和每个这样的系统来说，绝对必要的是其组件在种群曲线中具有潜在的正增长。但是，如果每一个物种都有潜在的增长，那么，要获得平衡就是一种技巧了。所有种类的互动平衡和依赖都在发挥作用，而正是这些过程具有我已经提到的那种回路结构。

马尔萨斯的曲线是指数式的(exponential)。它是人口增长的曲线，而将之称为人口爆炸，是恰当的。

你们或许因为有机体具有这种爆炸特性而感到遗憾，但你们最好还是接受它。那些不是这样的生物就出局了。

437 在一个基础本质就该如此的平衡的生态系统中，非常明显的是，任何胡乱折腾这个系统的行为都有可能打破平衡。这样，指数曲线将开始呈现。有些植物将变成杂草，有些动物将被灭绝，作为一个**平衡**系统的系统就有可能崩溃。

对于共同生活在一片树林里的物种来说是适用的东西，对于一个社会中的群体和各种人来说，也是适用的，这些人同样处于依存与竞争的不稳定的平衡之中。而且同样的道理也内在于你们的身体之中，在那里，存在器官、组织、细胞等之间的一种不稳定的生理竞争和相互依存。没有这种竞争和依存，你们就不会存在，因为你们不能缺少任何竞争着的器官和组成部分。任何部分如果都没有扩张性，那么它们就会出局，你们也会出局。这样，即便在身体上你们也有责任。在对系统的不适当的干扰下，指数曲线就出现了。

在一个社会中，同样是如此。

我认为，你们必须假定，在某种程度上，一切重要的生理的或社会的变化，都是系统在某个点上沿着指数曲线而滑行。这个滑行也许不会太远，否则它可能就会走向灾难。但是，原则上，比如说，如果你们在一片树林里杀光了鸫，那么，平衡的某些组件就将沿着指数曲线运行到一个新的落脚点。

在这种滑行中，总是存在危险，即某种变量(例如人口密度)有可能达到这样一种数值，以至于进一步的滑行会被那些内在有害的因素所控制。例如，如果人口最终由可获得的食物供给所控制，那么，活着的个体就会饿死一半，而食物供给也过度消耗了(overgrazed)，通常到了无可挽回的地步。

现在，我们来谈一谈个体有机体。这个实体与橡树林相类似，其控制体现在**整体**心灵（the total mind）——它或许只是整体（the total body）的一个反映——之中。但是，这个系统以各种方式被分割，以至于应该说，你们的饮食生活中的某个东西的效应不能完全改变你们的性生活，而你们的性生活中的东西也不能完全改变你们的身势语生活。存在一定数量的分隔，它 438
们无疑是一种必要的经济措施。有一个分隔在许多方面是神秘的，但在人类生命中又确实是至关重要的。我指的是意识与整体心灵的其余部分之间的“半透性的”（semipermeable）联系。有关这个心灵之更大部分中发生的事情的一定数量的信息，似乎被传递到我们可以称之为意识屏幕（the screen of consciousness）的东西上。但是，到达意识的信息是经过选择的，它是对其他部分的系统（而非随机）的抽样。

当然，心灵**整体**不能被报告在心灵的一**部分**之中。这在逻辑上来自部分与整体之间的关系。电视屏幕没有为你们提供发生在整个电视流程中的事件的所有报道，这不仅是因为观众会对这种报道没有兴趣，而且是因为就整个流程的任何额外部分进行报道，都需要额外的电路（circuitry）。不过，对这个额外电路中的事件进行报道，会需要再增加更多的电路。每一次增强意识的步骤都将使系统更加远离整体意识。在机器的特定部分增加一个关于事件的报道，实际上将**减少**总报道事件的百分比。

因此，我们必须满足于非常有限的意识，而问题则产生了：这个选择行为是如何做出的？你们的心灵根据什么原则选择那个“你们”会有意识的东西？还有，虽然人们对于这些原则知之不多，但还是知道一些的，尽管起作用的那些原则往往本身不能为意识所进入。最重要的是，(尽管)大部分输入信息都经过有意识的扫描，但这只是发生在其被完全无意识的感知过程处理**之后**。感觉事件被打包在镜像之中，而这些镜像然后就成为“有意识的”了。

我，有意识的我，看到影响我的视网膜的那一小部分东西的一个无意识编辑的版本。我的感知受**目的**的引导。我看到谁出场了，谁没有出场，谁在理解，谁没有理解，或者我至少对这个问题有了一个虚构的故事，它也许是非常正确的。我说话的时候对获得那个虚构的故事感兴趣。它与我想让你们听我说的目的有关。

439 当一幅控制论系统的图景(一片橡树林或一个有机体)是被选择性地描绘，以便只是回答目的问题时，这幅图景会是什么样子呢？

想一想今天的医学状况。它被称为医学科学。那里发生的事情是：医生们认为消灭小儿麻痹症或伤寒、癌症会是好事情。所以，他们投入研究经费，并努力侧重于这些“问题”或目的。在某个时刻，索尔克(Salk)博士等人“解决了”小儿麻痹症的问题。他们发现了一个利用病菌的解决办法，而你们可以把这个病菌注射给儿童，这样的话，这些儿童就不会患小儿麻痹症。这是对小儿麻痹症问题的解决。这时，他们不再将大量的人力财力投入到小儿麻痹症的问题上，而是继续研究癌症或者其他任何可能的问题。

因此，医学作为一门整体科学终止了，而它的结构基本上是一口袋技能。对于我正在谈论的那些问题，这门科学里的知识非常少；就是说，身体作为一个按照系统论和控制论组织的自我矫正系统的问题。医学的内部相互依赖关系之得到认识的程度是最低的。业已发生的是：目的决定了在医学科学的审视或意识之下将会出现的东西。

如果你们让目的来组织你们通过有意识的审视而产生的结果，那么，你们得到的将是一口袋技能，其中有些技能是非常宝贵的。这些技能的发现是一项非凡的成就；所有这一切我都无可非议。但是，我们对于整体网络系统确实一无所知。坎农写了一本《躯体的智慧》(*The Wisdom of the Body*)的书，但还没有人写一本关于医学科学的智慧的书，因为智慧正是它所缺少的东西。我把智慧看作关于大的相互作用系统的知识，那个系统如果受到干扰的话，就有可能产生指数变化的曲线。

在对有关身体的事件和过程以及整体心灵中发生的事情的采样中，意识以类似于医学的方式而运作。它是根据目的来得到组织的。它是一个快捷手段，以便能够让你们迅速地得到想要的东西；不能为了生存来以最大的智慧行事，而是遵循最短的逻辑或因果路径，从而获得你们想要的下一个东西，那也许
是晚餐，也许是一首贝多芬奏鸣曲，也许是性。最重要的是， 440
它也许是金钱或者权力。

但是你们或许会说：“是的，可我们已经那样生活了一百万年了。”意识和目的成为人类特性至少有了一百万年，而且有可能在比那个还要长得多的时间里一直陪伴着我们。我不想说，狗和猫没有意识，更不想说海豚没有意识。

所以，你们可能会说：“为什么要为此焦虑？”

可使我焦虑的是现代技术加诸古老系统的东西。今天，意识的目的被越来越有效应的机械所完成，运输系统、飞机、武

器、医术、杀虫剂等。有意识的目的现在被赋予了打乱身体、社会和我们周围的生物世界之平衡的权力。一种病理——也就是失去平衡——的危险正在逼近。

我认为，在相当程度上，今天把我们带到这里的，正是与我已对你们提出的那些思想有着基本关联的东西。一方面，我们具有人类个体的系统本质，具有人生活于其中的文化的系统本质，具有围绕着人的生物和生态系统的系统本质；另一方面，我们会对个体人的系统本质进行奇特的扭曲，而通过这种扭曲，意识几乎必然无视人本身的系统本质。有目的的意识从整体心灵中抽出了不具有环路结构的序列，而环路结构是整体系统结构的特性。如果你们遵循意识的"常识"命令，实际上就会变得贪婪和不明智(unwise)——我再次将"智慧"(wisdom)当作一个用来认识整体系统生物之知识的语词，当作一个受这种知识所引导的语词。

缺乏系统的智慧总是要受到惩罚的。我们可以说，生物系统(个体、文化和生态)部分地是它们的组件细胞或有机体的生命维持者。但是，这些系统仍然在惩罚任何不明智到与其生态相争的物种。如果你们愿意的话，可以将这些系统的力量称为"上帝"。

让我给你们讲一个神话故事。

从前有一座园子。它或许是在亚热带，包含了数百个物种，这些物种生活在富饶平衡的土地上，有大量的腐殖质，等
441 等。在那个园子里，有两只类人猿，他们比其他动物更加聪明。

在一棵树上，有个果子，非常高，两只类人猿都摘不到。

于是他们就开始思考。那可是个错误。他们开始有目的地思考。

不久以后，那只名为亚当的雄性类人猿拿来一个空盒子，将其放在树下，并且踩在上面，但发现还是摘不到那个果子。所以他拿来另一个盒子，将其放在第一个盒子上面。然后，他爬到了两个盒子之上，并终于摘到了那个苹果。

亚当和夏娃然后就几乎陶醉在兴奋之中。这就是做事情的方法。制订个计划，ABC，然后获得了D。

这样，他们就开始专注于按照有计划的方式做事情。实际上，他们从这座园子里驱逐了他们自己的整体系统本质的思想，也驱逐了园子的整体系统本质的思想。

当把上帝逐出这座园子之后，他们就真正开始了这件有目的的事了，很快，表层土消失了。从那以后，几种植物变成了"杂草"，有些动物变成了"害虫"；亚当发现，弄园子是件非常辛苦的工作。他不得不辛苦劳作以养活自己，所以他说："这是一个会报复的上帝，我真不该吃那个苹果。"

而且，当亚当和夏娃把上帝逐出园子以后，他们之间的关系还发生了质的变化。夏娃开始对性生活和繁殖后代的事情感到不满。每当这些非常基本的现象干扰了她现在的有目的的生活方式时，她就回想起已经被逐出这座园子的那种大生活。因此，夏娃开始抱怨性生活和生育，而到了分娩的时候，夏娃发现这个过程非常痛苦。她也说，这是出于上帝的报复本性。她甚至听到一个"声音"在说："你生产儿女必多受苦楚，你必恋慕你丈夫，你丈夫必管辖你。"

我的故事大量地借用了《圣经》的版本，该版本并没有解释这个超乎寻常的价值堕落，而女性的爱的能力似乎正是借此成为一个由神所施加的咒语。

442 尽管如此，亚当继续追求他的目的，并最终发明了自由企业体系。很长时间，夏娃因为是一个女性而不被允许加入进去。但是，她参加了一家桥牌俱乐部，并在那里找到了其怨恨的出气口。

下一代再次为爱而感到烦恼。上帝对发明家和创新者该隐说："他（亚伯）必迷恋你，你要制服他。"因此，该隐杀死了亚伯。

当然，寓言不是关于人类行为的资料。它只是一个解释性的手段。但是，我已经在里面建构了一种现象，而当人犯下了目的性思维的错误，并抛弃了他必须应对的世界的系统本质时，上述现象似乎就近乎是普遍的了。这个现象被心理学家称为"投射"（projection）。人毕竟是按照他所认为的常识来行事的，可现在他发现自己陷入了混乱。他不是很清楚造成这个混乱的原因是什么，而且觉得业已发生的事情不知何故是不公平的。他仍然没有把自己看作是那个混乱的系统的一部分，所以他或是谴责系统的其他部分，或是谴责他自己。在我的寓言中，亚当把两种胡言乱语搅和在一起："我是有罪的"的想法和"上帝是会报复的"的想法。

如果你们看一看我们的世界——在那里，为了取悦目的或常识，世界的系统本质已经被忽略——的真实状况，就会发现一个非常相似的反应。约翰逊（Johnson）总统无疑充分意识到他要应对一片混乱，不仅在越南，而且在国家和国际生态系统的其他部分，都是如此；我相信，处于他的位置，以及根据他的性格，他似乎凭借常识遵循自己的目的，而混乱必定要么由其他人的软弱造成，要么由他自己的罪过造成，或者是由这两者的组合所造成。

关于诸如此类的情境的麻烦是：它们不可避免地缩短了所有制订计划的时间跨度。危急情况出现了，或迫在眉睫；因此，长期智慧为了权宜之计而被牺牲，尽管有人模糊地认识到，那个权宜之计终将不能提供长远的解决办法。

还有，既然我们在诊断我们自己的社会机器，那么就让我
再增加一点：我们的政治家同样完全忽略了我所讨论的问题， 443
无论是处于权力状态中的政治家，还是处于捍卫或仇恨权力状态中的政治家，都是如此。你们可以在国会议事录(Congressional Record)中搜寻那些意识到了政府的问题是生物学的问题的演讲，而且你们会发现能够运用生物学视角的人非常非常少，异乎寻常的少！

一般来说，政府决策是由像鸽子一样对这些事情一无所知的人制订的。就像《众生之道》(*The Way of All Flesh*)[①]中的著名的斯金纳博士，他们"将鸽子的智慧与蛇的无害结合在一起"。

但是，我们相聚在这里，不仅是要对这个世界的某些疾病进行诊断，也是要思考医治的方法。我已经提出，对于我称之为罗马—巴勒斯坦的问题不可能通过回到罗马人对抗巴勒斯坦人，或巴勒斯坦人对抗罗马人的途径，而得到简单的药方。它是系统的问题，其解决也必定有赖于对这一事实的认识。

---

① 《众生之道》是塞缪尔·巴特勒所写的一部小说。——译者注

先要有谦卑，而我不是把它作为一个道德原则来提出——这会令许多人厌恶，只是把它作为科学哲学的一个问题来提出。在工业革命时期，或许最重大的灾难是科学傲慢的巨大增长。我们已经发现了如何制造火车和其他机器的方法。我们知道如何把一个盒子放到另一个盒子上面以便能够摘到那个苹果，而西方人将自己视为对一个由物理和化学构成的宇宙拥有全部权力的独裁者。生物现象最终就像试管里的过程一样得到控制。进化是有机体如何学习更多的技能来控制环境的历史，而人比任何其他生物都具有更好的技能。

但是现在，那种傲慢的科学哲学过时了，取而代之的是这样的发现，即人只是更大系统的一部分，那个部分绝不可能控制整体。

戈培尔(Goebbels)认为，他能够在德国用一个庞大的传播系统控制舆论，而我们自己的公关人士或许也容易产生类似的错觉。但事实上，想要成为控制者的人肯定总是有其密探出来
444 告诉他，人们在怎样谈论他的宣传。因此，他就处于对他们所说的东西**做出反应**的境地。这样，他就不能有一个简单的线性控制。我们不是生活在一种有可能实施简单线性控制的宇宙。生活不是那样。

同样，在精神病学领域，家庭是一个我正在讨论的控制论系统，而通常当系统性的病理发生时，家庭成员们相互指责，或者有时候指责他们自己。但问题的真谛是：这两种可供替代的选择从根本上说都是傲慢的。其中每一个选择都假定人类个体对于他或她为其一部分的系统具有完全的控制力。

即便在人类个体之内，控制也是有限的。某种程度上，我

们可以安排自己去学习哪怕是诸如傲慢或谦卑等抽象的特性，但是，我们绝不是我们灵魂的舵手。

不过，医治有意识目的的疾病的药方可能取决于个体。存在着弗洛伊德所说的通向无意识的捷径。他指的是梦，但是我认为我们应该把梦和艺术的创造力结合在一起，或把梦和关于艺术、诗歌等诸如此类的东西的感知结合在一起。而且，我想把最好的宗教也包括在它们之中。这些都是整个个体参与的活动。艺术家可以有出售其画作的有意识的目的，甚或有作画的有意识的目的。但在作画过程中，他一定要为了有利于创造力的体验来减轻那种傲慢，而在创造力的体验中，他的有意识的心灵仅只发挥了一小部分的作用。

我们可以说，在创造性艺术中，人必须体验作为一个控制论模式的自己——他的整体自我。

20 世纪 60 年代的特点是，许多人为某种智慧或某种意识的扩张而寻找迷魂药，而我认为，我们时代的这个症候也许是作为一种想要补偿我们过度的目的性尝试而产生的。但是，我不认为可以用那种方式获得智慧。我们需要的不仅仅是减缓意识，以便让无意识的材料喷涌而出。这样做，只是把关于自我的一个局部观点换成了另一个局部观点。我猜想，需要的是这两种观点的综合，而这是更加困难的事情。

我自己关于 LSD[1] 的些许经验让我相信，普罗斯彼罗 445

① 迷幻药“麦角酸二乙基酰胺”(lysergic acid diethylamide)的缩写。——译者注

(Prospero)[①]下面的这句话是错误的："构成我们的材料也就是构成梦的材料。"在我看来，纯粹的梦似乎是非常琐碎的，就像纯粹的目的一样。它不是构成我们的材料，而只是那个材料的一点点。同样，我们有意识的目的也只是一点点。

系统的观点又是另一回事了。

---

① 莎士比亚的戏剧《暴风雨》中的主要人物之一，是一位魔法师。——译者注

32 有意识的目的对人类适应的作用[①]

“进步”“学习”“进化”以及种系发育和文化演进之间的相似 446
与区别等，都是多年来的讨论对象。受控制论和系统论的启发，它们成为新的研究问题了。

在这次的温纳—格伦会议上，上述宽泛主题的一个特殊方面将得到探讨，即意识在人类适应的持续过程中的作用。

三个控制论的或体内平衡的系统将得到思考：人类个体有机体，人类社会和更大的生态系统。意识将被认为是这些系统耦合过程的一个重要的组件。

一个极具科学价值的，或许也是非常重要的问题是：通过意识加工的信息对于人类适应的任务来说，是否合适与恰当？意识很有可能包含着对观点的系统歪曲，而当这种歪曲被现代技术所完成时，便会破坏人类、人类历史和人类生态系统之间

① 这篇论文是为参加“有意识的目的对于人类适应的作用”的温纳-格伦基金会会议而准备的立场论文。作者是这次会议的主席，会议于 1968 年 7 月 17—24 日在奥地利瓦尔滕施泰因城堡(Burg Wartenstein)召开。这次会议的论文作为一个整体，由玛丽·凯瑟琳·贝特森汇编，题为《我们自己的隐喻》(*Our Own Metaphor*)，由诺普夫出版公司出版。

的平衡。

447 我们可以通过提供下述思考来引入这个问题：

(1)一切生物的和进化的系统(也就是个体有机体、动物和人类社会、生态系统等)都是由复杂的控制网络组成的，而所有此类系统都共有某些形式的特性。每一个系统都包含着子系统，子系统潜在地具有再生性，就是说，如果未加矫正，它们便会陷入指数"失控"的危险之中(这种再生组件的例子是马尔萨斯的人口特性、个体相互作用的分裂生成变化、军备竞赛，等等)。通常情况下，诸如此类的子系统的再生潜力会被各种各样的控制回路所抑制，以便获得"稳态"(steady state)。在其倾向于维持有关它们的组件变量值命题的真理性的意义上，特别是在维持否则就会表现指数变化的那些变量值的意义上，诸如此类的系统是"守恒的"。这些系统是体内平衡的，也就是说，输入进去的小小变化的效应将被否定，而稳态将由逆向调整来维持。

(2)但是，"万变不离其宗"。这句法语格言的反题似乎可以更准确地描述生物的和生态的系统。某个变量的恒定是由改变其他变量来维持的。带有调节器的发动机的特性是：转速的恒定是由改变燃料供应来维持的。在对细节做出必要修正的情况下，同样的逻辑是进化发展的基础：有些突变将会持续下去，它们有助于我们称为"生存"的复杂变量的恒定性。同样的逻辑也适用于学习、社会变化等。某些描述性命题的持续真理性是由改变其他命题来得到维持的。

(3)在包含许多相互连接的体内平衡回路的系统中，由外部影响导致的改变也许会缓慢地扩散到整个系统。为了维持某个特定变量(V_1)的特定值，V_2、V_3 等的值经历了变化。但是，V_2 和 V_3 本身会受到体内平衡的控制，或者会与受到控制的那些变量(V_4、V_5 等)相连接。这个二阶体内平衡可以导致 V_6、V_7 等的改变。

(4)在最宽泛的意义上，这个扩散变化的现象是一种**学习** 448
活动。适应与成瘾是这个过程的特殊情况。随着时间的推移，系统变得依赖于那个原初的外部影响的持续存在，该影响的直接效应被第一阶的体内平衡所中和。

例如，在“禁酒令”的影响下，美国社会系统从体内平衡的角度做出了反应，以维持酒的供应的稳定性。酿造私酒者作为一个新职业产生出来。为了控制这个职业，警察系统发生了改变。当解除的问题被提出来时，就可以预料酿造私酒者确实会赞成维持“禁酒令”，而警察系统也可能赞成维持“禁酒令”。

(5)在这个最终的意义上，所有的生物改变都是保守的，所有的学习都是令人反感的。得到食物奖赏的老鼠接受了那个奖赏，以中和饥饿正开始导致的那些改变；而通常划定的“奖赏”和“惩罚”之间的区别则有赖于一条或多或少的任意线——我们画出这条线，来界定我们称之为“个体”的那个子系统。如果某个外部事件的发生矫正了会导致惩罚的某个“内部”改变，那么，我们就把这个外部事件称为“奖赏”。

(6)意识和“自我”是紧密相连的思想，但是这两个思想(或许与基因型决定的领土前提相关)通过那条或多或少任意的线——它界定个体，并限定“奖赏”与“惩罚”之间的逻辑差异——而得以具体化了。当我们把个体看作与其环境耦合在一起的伺服系统(servesystem)时，或看作个体加上环境的更大系统的一部分时，适应和目的的整体面貌就发生了改变。

(7)在极端情况下，改变将促成或允许某些失控或者滑行，它们是沿着基础性的再生回路的潜在指数曲线而发生的。这有可能出现在系统没有遭到完全破坏的情况下。当然，在极端情况下，沿着指数曲线的滑行将总是受到系统故障的限制。如果没有这样的灾祸，其他因素也可能限制这种滑行。不过，重要的是注意到：会有达到一定层次的危险，在那里，限制是由本身有害的因素施加的。韦恩—爱德华兹(Wynne-Edwards)已经
449 指出了每个农民都知道的事情，健康个体的人口不可能直接由可获得的食物供应来限定。如果饥饿是去除过剩人口的方法，那么，幸存者将遭受的如果不是死亡的痛苦，也至少是严重的饮食不足的痛苦，而食物供应本身或许将不可避免地因过度消耗而减少。原则上，生物系统的体内平衡控制必须由其本身无害的变量所激活。呼吸反射不是由缺氧所激活的，而是由相对无害的二氧化碳过量所激活的。学会忽略二氧化碳过量的信号，并继续潜水以接近缺氧状态的潜水员冒着巨大的风险。

(8)在人对自己生活于其中的社会和生态系统的适应中，将自我矫正系统耦合在一起是首要的问题。很久以前，刘易斯·卡罗尔嘲笑过由生物系统的不恰当耦合所造成的那种**随机**性的性质和顺序。我们可以说，问题就是创造一个“博弈”，它应该是随机的，不仅在“匹配便士”的有限意义上是随机的，而且是元随机的(meta-random)。“匹配便士”的两个参与者的动作的随机性限于一个有限的已知替代物的集合中，就是任何给定游戏中的(掷钱币猜)“正面”或“反面”(heads or tails)。不可能超出这个集合，在有限或无限的集合之集合中，没有元随机

的选择。

不过，借助著名的槌球比赛中的生物系统的不完美耦合，卡罗尔创造了一个元随机游戏。爱丽丝与一只火烈鸟耦合，而“球”则是一只刺猬。

这些构成对比的生物系统的“目的”(如果我们可以使用这个语词的话)如此不一致，以至于比赛的随机性不再可能用参与者已知的、有限的几个替代物的集合来界定。

爱丽丝的难题源于她不“理解”火烈鸟这个事实，就是说，她对于自己面对的“系统”没有系统的信息。同样，火烈鸟也不了解爱丽丝。双方各有各的目的，说不到一块儿。通过意识将人与其生态环境耦合起来的问题是具有可比性的。如果意识缺乏关于人的本质和环境的信息，或者如果这个信息是歪曲的，是不恰当地选择出来的，那么，耦合过程就有可能产生元随机 450
的事件序列。

(9)我们假定，意识并非完全没有作用，它是一个没有反馈到系统中的单纯的侧支共振(collateral resonance)，一个单面镜背后的观察者，一个本身不影响节目的电视监控器。我们相信，意识已经反馈到心灵的其余部分，因此对于行为是具有某种作用的。但是这一反馈的作用几乎是未知的，也迫切地需要得到研究和证实。

(10)意识的内容肯定不是关于发生在心灵其余部分的事件报告的随机样本。倒不如说，意识屏幕的内容系统地选自大量的心理事件。但是，关于这个选择的规则和偏好，还知之甚少。这个问题需要研究。同样，也需要思考口头语言的限制问题。

(11)不过，意识屏幕的信息选择系统似乎与“目的”“意图”等类似现象有着重要的关联，这些现象也需要界定、阐述等。

(12)如果意识已经反馈到心灵的其余部分[上述(9)]，如果意识仅仅与整体心灵事件的一个歪曲样本打交道，那么，在对自我与世界的有意识的观点和自我与世界的真实本质之间，就肯定存在**系统的**(即非随机的)差异。这种差异肯定会歪曲适应过程。

(13)就这一连接而言，存在文化变革过程与种系发生进化过程之间的深刻差异。在后者那里，体细胞和种质之间的魏斯曼障碍(Weismannian barrier)被假定为完全不透明的。不存在从环境到染色体的耦合。在文化演进和个体学习中，通过意识的耦合是存在的、不完全的，或许也是歪曲的。

(14)有观点提出，这种歪曲的特性是这样：就意识“屏幕”的内容是由关于目的的思考所决定而言，**自我和世界的控制论本质往往是意识感知不到的东西**。有关目的的论证往往采取的
451 形式是：“D 是值得拥有的东西；B 导致 C；C 导致 D；因此 D 可以通过 B 和 C 来获得。”但是，如果一般来说，整体心灵和外部世界不会有这种线性结构，那么，要是将此结构强加于它们的话，我们就会无法理解自我与外部世界的控制论循环。我们有意识的数据抽样不会揭示整个回路，只是回路的弧线，后者是根据我们的选择意图从这些回路的矩阵上切割下来的。尤其是，试图在一个或者位于自我之中，或者位于环境之中的特定变量中引起改变的努力，有可能是在不理解该变量周围的体内平衡网络的情况下进行的。于是，这篇论文的(1)～(7)段落概括的思考将被忽略。对于**智慧**来说，或许必不可少的是：

狭隘的目的观应该以某种方式得到矫正。

(15)意识在人与其周围的体内平衡系统之间的耦合中的作用当然不是新现象。不过，三种环境使得对于这个现象的研究成为一个紧迫的问题。

(16)第一，人习惯于改变其环境，而不是改变他自己。有机体在面对自身内的某个它应该控制的变化着的变量(例如温度)时，也许要么在其自身之内做出改变，要么在外部环境中做出改变。它也许适应环境，或者使环境适应自身。在进化的历史中，大多数进程都是有机体自身之内的改变；有些进程是中介类的进程，在它们那里，有机体通过场景改变而达到环境改变。在少数情况下，人类以外的有机体已经在它们周围创造了经过改造的微环境(modified microenvironments)。例如，膜翅目巢和鸟巢，针叶树的浓密森林，真菌菌落，等等。

在所有诸如此类的情况中，进化发展的逻辑都走向了生态系统，该系统只维持那种占有统治地位的、控制环境的物种，以及它的共生物和寄生物。

人作为杰出的环境改造者，在其城市中同样获得了单一物种的生态系统，但他的进程走得更远，也就是为他的共生物建立了特殊的环境。这些东西同样成了单一物种的生态系统：玉米地，细菌培养，家禽架，实验鼠群，等等。

(17)第二，最近100年，有目的的意识和环境之间的功率 452
比已经迅速发生了改变，而且随着技术的进步，这一功率比的变率也确实正在快速增加。作为其环境的改变者的有意识的人，现在完全能够以最佳的有意识意图摧毁自己和那个环境。

(18)第三，最近100年，一种特殊的社会学现象已经出现，它或许有可能将有意识的目的从许多矫正过程中分离出来，而这些过程也许来自心灵的不那么有意识的部分。当今，社会场景的特性是大量自我最大化的实体的存在，它们在法律上拥有某种类似于“人”的地位的东西：信托、公司、政党、工会、商业和金融代理、国家等。在生物学上，这些实体严格地说不是人，甚至不是全体人的集合体。他们是人的组成部分的集合体。当史密斯先生走进其公司的董事会房间时，人们期望他将其思维限制得狭窄些，以适合公司的特定目的，或适合他“代表”的作为公司之组成部分的那些东西。幸运的是，这对他来说是完全不可能的，有些公司决策受到来自心灵的更开阔、更明智的那些部分的思考的影响。但是，就理想状态而言，人们希望史密斯先生发挥一个纯粹的未受矫正的意识的作用，一个非人性化的生物的作用。

(19)最后，适当的做法是提出某些可以作为矫正剂的因素，也就是人类行为的几个领域，它们不受通过有意识目的而进行耦合的狭隘曲解所限制，也正是在那里有可能获得智慧。

a. 其中最重要的因素毫无疑问是爱。马丁·布伯(Martin Buber)以相关方式对人际关系进行了分类。他把“我与你”的关系和“我与它”的关系做了区分，并将后者定义为人与无生命物体之间的相互作用的正常模式。他也把“我与它”的关系看作人类关系的特性，在那里，目的总是比爱要更加重要。但是，在某种程度上，如果社会和生态系统的复杂的控制论结构可以类比于生物，那么，由此就会推论出：“我与你”的关系在人与他
453 的社会或生态系统之间也是可以想象的。在这一联系中，许多非个性化组织中的“敏感性群体”(sensitivity groups)的形成，

是特别重要的。

b. 艺术、诗歌、音乐和人文学科类似于这样的领域：在那里，心灵活跃的程度超出了意识能够允许的程度。“心有心的理由，而理性就是不能认识这些理由。”

c. 人与动物之间的联系，以及人与自然界之间的联系或许有的时候孕育着智慧。

d. 存在着宗教。

(20)作为结语，让我们记住：约伯的狭隘虔诚，他的目的性，他的常识和他在整个世界的成功，最终都在一首绝妙的图腾诗里，受到了“旋风之声”的指责：

> 谁用无知的言语使我的旨意暗昧不明……
> 山岩间的野山羊几时生产，你知道吗？
> 母鹿下犊之期，你能察定吗？
>
> （《圣经·约伯记》，联合圣经公会，1988&1989）

33 形式、实体和差异[①]

454 今天晚上，我在这里感到非常荣幸，非常高兴。面对你们所有的人，我有点儿紧张，因为我相信在座有许多人对于我所涉及的每一个知识领域，都有比我多得多的了解。我的确已经涉及了若干领域，而且我或许可以对你们中的任何人说，我已经涉及一个尚未涉及的领域了。但是，我可以肯定，对于我已涉及的每一个领域来说，这里都有人比我要专业得多。我不是一个学识渊博的哲学家，哲学不是我的本行。我不是一个学识渊博的人类学家，确切地说，人类学也不是我的本行。

但是，我试图涉足科日布斯基曾非常关注的某个问题，整个语义学运动也已经关注了这个问题，就是说，我已经研究了下述两者之间的影响范围：一是非常抽象和形式的哲学思想，另一是人类和其他生物的自然历史。我主张，在今日，形式前提与实际行为之间的这一重合是至关重要的。我们面对一个世

① 这是纪念科日布斯基的第19届年会的演讲，发表于1970年1月9日，由“普通语义学协会”赞助。原载《普通语义学通讯》(*General Semantics Bulletin*, No. 37, 1970)，选入本书时获得“普通语义学协会”的允许。

界，它的危险不仅在于许多种类的解体，而且在于其环境的破坏，而我们今天仍然不能清楚地思考有机体与其环境之间的关 455 系。我们称为“有机体加上环境”的东西，究竟是一种什么样的东西呢?

让我们回到那个原初声明——科日布斯基就是因此而成为最著名的学者，即**地图非疆域**。这个声明来自一系列非常广博的哲学思考，可以追溯到古希腊，并蜿蜒贯穿于过去 2 000 年的整个欧洲思想史。在这个历史中，存在一种粗糙的二分法，也经常有深刻的争论。有过暴力的仇恨和流血。我猜想，这都始于毕达哥拉斯信徒与其前人的争论，争论采取的方式是:“你问它是由什么构成的——土、火、水等?”或者，你问“它的**模式**是什么?”毕达哥拉斯赞成研究模式，而不是**实体**(substance)。[①] 这一争论已经历了漫长的岁月，直到最近，总的看来，其中的毕达哥拉斯那一方已经成了衰落的一方了。诺斯替教派信徒追随毕达哥拉斯信徒，炼金术士追随诺斯替教派信徒。18 世纪末，这一争论达到了顶峰，当时，一种毕达哥拉斯哲学的进化理论被建立起来，然后又被抛弃，它是一种涉及“心灵”的理论。

拉马克理论是 18 世纪晚期的进化论，它是第一个有组织的生物变化论者(transformist)的进化论，是在一种奇特的历史背景——其已由洛夫乔伊(Lovejoy)在《存在巨链》(*The Great Chain of Being*)中做了描述——下产生的。在拉马克之前，有机界(也就是这个生物世界)被认为是具有结构等级的，

① R. G. 科林伍德在《自然的观念》(*The Idea of Nature*，Oxford，1945)中，对毕达哥拉斯的立场做了清晰的阐述。

“心灵”则处在顶部。这根链条或这架梯子，通过人类、类人猿，一直向下走到纤毛虫或原生动物，再从那儿往下走到植物和石头。

拉马克所做的事情就是把这根链条颠倒过来。他观察到，动物在环境的压力下发生改变。当然，他错误地认为这些改变是遗传所得的，但是无论如何，这些改变在他看来是进化的证
456 据。当他将这架梯子颠倒过来时，曾经有的解释，也就是处于顶部的“心灵”现在就变成了本身必须得到解释的东西。他的问题就是解释“心灵”。他相信进化，他的兴趣停留于此。所以，如果你们阅读《动物学哲学》，就会发现，其前面的三分之一致力于解决进化问题，然后颠倒了那个分类法，而该书的其他部分实际上致力于比较心理学，一门由他创立的科学。“**心灵**”是他真正感兴趣的领域。他已经将习惯用作其进化论的公理现象之一，这当然也使他进入了比较心理学的问题。

这样，在由达尔文、赫胥黎等人 19 世纪中叶发展起来的后来的进化理论中，作为解释原则的心灵和模式被排除在生物学思考之外，而它们是最需要研究的问题。仍然还有一些像巴特勒那样的淘气孩子认为，心灵不能这样被否定，但是他们的声音微弱，而且顺便说一句，他们从来不考虑有机体。我认为，巴特勒除了他自己的猫，从来不思考任何别的什么东西，但比起一些更加传统的思想家来，他还是对进化有更多的认识。

现在，随着控制论、系统论和信息论等理论的发现，我们终于开始有了一个形式的基础，能够让我们思考心灵，也能够让我们以一种完全背离大致从 1850 年直到第二次世界大战的

方法，来思考所有这些问题。我必须讨论的问题是：在控制论和信息论的影响下，认识论的巨大二分法是如何发生转变的？

我们现在可以或至少可以开始说，我们认为的心灵是什么。在下一个20年，将会有其他方式来言说它，而且，因为这些都是新发现，所以我只能向你们提供我的个人观点。旧的说法肯定是错误的，但是哪些修改过的图景将会存活下来，我们还不知道。

让我们从进化的角度出发。现在经验上清楚的是：达尔文的进化论在确定自然选择下的生存单位的问题上，包含着极大的错误。单位被认为是至关重要的，达尔文的进化理论也是围 457
绕它而建立起来的，单位或是育种个体，或是家系(the family line)，或是亚种，或是同种个体的某个相似同质的集合。现在我提出，过去的100年已经从经验上证明，如果一个有机体或有机体的集合体开始重视它自己的生存，并认为那是选择它的适应性行动的方式，那么，它的“进步”就最终导致环境的破坏。如果有机体到头来破坏了它的环境，那么它实际上就破坏了它自己。在下一个20年，我们可以非常容易地看到这个过程被带入其最终的归谬法。生存单位不是育种有机体，不是家系，也不是社会。

旧单位已经被种群遗传学家部分地进行了矫正。他们坚持认为，进化单位事实上不是同质的(homogeneous)。任何物种的野生种群总是由个体组成的，这些个体的基因组成有非常大的差异。换句话说，改变的潜力和准备已经被建构在生存单位之中。野生种群的异质性已经是那个试误系统的一半，而该系统对于应对环境来说乃是必不可少的。

人类的家养动物和植物的人工同质种群很少能够适合生存。

今天，有必要对这个单位做进一步的矫正。灵活的环境也必须与灵活的有机体一起包括在内，因为正如我已经说过的那样，摧毁其环境的有机体也摧毁自己。生存单位是一个处于其环境中的灵活有机体(a flexible organism-in-its-environment)。

现在，让我们暂时离开进化论，来思考什么是心灵单位的问题。我们回到地图和疆域的说法，并提出以下问题："疆域中的什么东西进入了地图?"我们知道，疆域没有进入地图。这是我们在这里都同意的中心要点。现在，如果疆域是统一的，那么，除了它的边界以外，就没有什么东西会进入地图，而这些边界是节点，在此，疆域不再与某个更大的矩阵相一致。事实上，进入地图的是*差异*，这是海拔的差异，是植被的差异，是人口结构的差异，是地表的差异，或者是无论什么样的差异。差异是进入地图的东西。

458 但什么是差异？差异是一个非常特殊和模糊的概念。它当然不是东西或事件。这张纸与这个讲台的木头不同。它们之间有许多差异：颜色、质地、形状等。但是，如果我们要问这些差异的位置，我们就陷入了麻烦。显然，纸和木头之间的差异不在纸上；它也明显地不在木头上；它显而易见地不在纸和木头之间的空间里，也显而易见地不在它们之间的时间里(我们把跨越时间而发生的差异称为"改变")。

于是，差异是一个抽象的问题。

在硬科学(hard sciences)中，效应一般是由非常具体的条件或事件造成的，如冲击(impacts)、力(forces)等。但是，当你们进入传播、组织等世界时，你们就离开了那个其效应是由力、冲击和能量转换所造成的整个世界。你们进入了一个世界，在那里，“效应”(effects)——而且我不确定人们是否应该还使用这同样的语词——是由**差异**造成的。就是说，它们是由离开疆域而进入地图的那种“东西”造成的。这就是差异。

差异从木头和纸张进入我的视网膜。然后，它由我头脑里的这个奇特的计算机器拾捡起来和进行处理。

整个能量关系是不同的。在心灵世界，没有什么东西(**不**是什么东西)可以成为原因。在硬科学中，我们寻找原因，而且我们希望它们存在并且是“真实的”。但是记住：零不同于一，而因为零不同于一，零才能够是心理世界、传播世界中的一个原因。你们没有写的信可能得到一个愤怒的回复，你们没有填的所得税表格可能激起国税局的家伙采取有力的行为，因为他们也吃早餐、午餐、茶和晚餐，能够以来自其新陈代谢的能量做出反应。未曾存在的信件不是能量的来源。

当然，由此可知，我们必须改变有关心理和传播过程的整
个思维方式。人们从硬科学那里借用了能量理论，以便为其试 459
图建立的心理学和行为的理论——也就是那整个“普罗克鲁斯忒斯的”(Procrustean)[①]结构——提供概念框架，而这种通常的类比是一派胡言乱语。它是错误的。

现在，我向你们建议，在其最基本的意义上，语词“思想”

① 普罗克鲁斯忒斯(Procrustes)是古希腊神话中的一个强盗，其开黑店，拦截路人。设置一长一短两张床，强迫旅客躺在床上，身矮者睡长床，强拉其躯体使与床齐；身高者睡短床，用利斧把长出的腿截短。“普罗克鲁斯忒斯的”比喻强求一致的。——译者注

(idea)是“差异”的同义词。康德在《判断力批判》中主张，最基本的美学行为是对事实的选择——如果我的理解是正确的话。他论证说，在一支粉笔中，存在无限数量的潜在事实。自在之物(即粉笔)绝不可能因为这种无限而进入传播或心理过程。感觉受体不可能接受它；这些受体把它过滤掉了。感觉受体所做的事情是从这支粉笔中选择特定的事实——用现代术语来说，就是信息。

我提出，康德的主张可以被改为这样的说法：围绕着这支粉笔，并在这支粉笔之中，存在无限数量的差异。在粉笔和宇宙的其他部分之间存在差异，在粉笔和太阳或月亮之间存在差异。而且在这支粉笔中，对于每一个分子来说，都存在它的位置和它可能有的位置之间的无限差异。我们在这一无限中选择一个非常有限的数字，它就成了信息。事实上，我们所说的信息的意思——信息的基本单位——是造成差异的差异，而它之所以能够造成差异，是因为它所经过和不断转换的神经通道，是由其本身提供能量的。这些通道做好了被触发的准备。我们甚至可以说，问题已经隐含在它们那里了。

不过，在身体之内的大部分信息通道和身体之外的大部分信息通道之间有一个重要的对比。纸张和木头之间的差异首先被转换成光或声的传输(propagation)的差异，然后以此形式进入我的感觉末梢器官。它们行程的第一部分是以普通硬科学的方式从“背后”(behind)予以激发。但是，当各种差异通过触发末梢器官而进入我的身体时，这种行程被另一种行程所替代，后者在每一个进程都由潜在于原生质——它接收这个差异，重新创造或转换它，并将之传递下去——中的新陈代谢的能量予以激发。

当我用榔头敲一根钉子头时，一种冲量就给传递到这个点 460
上。但如果说在轴突中行进的就是某种“冲量”的话，那就是一个语义错误，一个误导性的隐喻。它可以被正确地称为“关于某个差异的消息”。

尽管如此，这个对于内部通道和外部通道之间的比较不是绝对的。这条线的两边都有例外。有些外部的事件链条是由中转器给予能量的，而有些身体内部的事件链条是从“背后”给予能量的。值得注意的是，肌肉的机械的相互作用可以被用作一种计算模型。①

虽然存在这些例外情况，下述观点还是普遍正确的：体外差异的编码和传输与体内差异的编码和传输截然不同，而这种不同必须被提出来，因为它可能导致我们陷入错误。我们通常认为，外部“物理世界”是以某种方式与内部“精神世界”相分离的。我相信，这种区分是建立在身体内外的编码和传输的比较的基础上的。

精神世界——心灵，也就是信息加工的世界——不受皮肤的限制。

现在让我们回到这个观念上，即行进在某个回路中的差异转换是一个基本思想。如果这是正确的，那么我们来提出心灵是什么的问题。我们说，地图不同于疆域。但什么是疆域？可

---

① 有趣的是注意到，数字计算机依靠“来自背后”的能量传输，以便沿着线路将“消息”从一个中转器传送到另一个中转器。但是每一个中转器都有它自己的能源。类比计算机——例如潮汐机等——一般完全是由“来自背后”的能量所驱动的。两种类型的能量供给都可以被用于计算的目的。

操作的方法是，某人走出去，带有视网膜，或者一根测量棒，并制出随后便被置于纸上的表征(representation)。出现在纸质地图上的，是制作这幅地图的那个人的视网膜表征中的一种表征；当你们把问题推回去，你们看到的就是一个无限回归，一个无限系列的地图。疆域根本进不去。疆域是自在之物，而你们不能用它做任何事情。表征的过程始终将是把它过滤掉，
461 以至于精神世界只是永无止境的地图的地图的地图。[①] 所有的现象实际上都是“表象”(appearances)。

或者，我们可以跟随这根链条继续往前走。我收到了各种各样的我称之为资料或信息的绘图。一旦接收了它们，我就行动。但是，我的行动，我的肌肉收缩是输入材料中的差异的转换。而我再次接收作为我的行动的转换的资料。因此，我们获得了一幅关于精神世界的图景，它以某种方式已经从我们传统的关于物理世界的图景中跳跃出来。

这不是什么新东西，而且就历史背景来说，我们再次走向炼金术士和诺斯替教徒。卡尔·荣格(Carl Jung)曾经写过一本非常奇特的小书，我把它推荐给你们大家。该书名为《向死者的七篇布道文》(*Septem Sermones ad Mortus*)[②]。荣格在其《回忆、梦与思考》(*Memories*，*Dreams*，*Reflections*)中告诉

---

① 或者，我们可以详尽地阐述这个问题，并认为，当差异沿其通道而被转换和传输时，在每一个进程上，差异在该进程前的体现都是一个“疆域”，在该进程后的体现都是一幅“地图”。在每一个进程上都能得到地图—疆域关系。

② 写于1916年，H. G. 贝恩斯(H. G. Baynes)译，1925年私下分发。1961年由伦敦斯图尔特与瓦金斯出版社、兰登书屋再版。在后来的著作中，荣格好像没有了“七篇布道文”的清晰。他的《回答约伯》(“Answer to Job”)中的那些原型据说是“普累若麻的”(pleromatic)。不过，的确真实的是，当思想集群的概念特性未被识别时，它们或许主观上看起来类似于“力”。

我们说，他的屋子里全是鬼魂，吵吵闹闹的。它们使他烦恼，使他的妻子和孩子们烦恼。用精神病学的通俗行话，我们可以说，这个屋子里的每一个人都像是啼叫的猫头鹰一样疯狂。如果你们把自己的认识论弄乱了，你们就得了精神病，而荣格正在经历一场认识论危机。所以他坐在桌旁，拿起笔开始写作。当他开始写的时候，那些鬼魂就都不见了，他就写下了这本小书。他将他后来的所有洞见都追溯于此。荣格将这本小书的作者托名“巴西里德斯”(Basilides)，他是 2 世纪亚历山大的一个著名的诺斯替教徒。

荣格指出，存在两个世界。我们可以把它们称为两个解释 462
的世界。他把它们命名为“普累若麻”(pleroma，希腊文，原指充盈的状态)和“受造物”(creatura)，这些是诺斯替教派的术语。“普累若麻”是这样一个世界，在那里，事件是由力和冲击造成的，那里也没有“区别”。或者，如同我会说的那样，没有“差异”。在“受造物”中，效应正是由差异造成的。事实上，这同样是心灵和物质的古老二分法。

我们可以研究和描述“普累若麻”，但我们描述的区别总是被我们赋予“普累若麻”的。“普累若麻”对于差异和区别一无所知，它在我正使用的“思想”一词的意义上，没有“思想”。当我们研究和描述“受造物”时，我们必须正确地识别那些在其中发生作用的差异。

我提议，“普累若麻”和“受造物”是我们可以有用地采纳的语词，因此，值得思考存在于这两个“世界”之间的桥梁。而以下说法过分简单了，即“硬科学”只是和“普累若麻”打交道，心理科学只是和“受造之物”打交道。问题还不止于此。

想一想能量和负熵之间的关系。经典的卡诺热机由一个带有活塞的气缸组成。这个气缸被交替置于与热气容器和冷气容器的连接中。当气缸中的气体被热源或冷源加热或冷却时，它就交替膨胀和收缩。因此，活塞就被上下驱动。

但是，随着发动机的每一次循环，热源和冷源之间的温差就会减小。当这个差值为零时，发动机就将停止工作。

物理学家在描述“普累若麻”时，会写下方程式，以便将温差转换为“可用能”——物理学家把它称为“负熵”，并将由此出发继续向前走。

关于“受造物”的分析者将会注意到，整个系统是一个由温差所触发的感觉器官。他会把这个造成差异的差异称为“信息”或“负熵”。对于他来说，有效差异恰好是一个能量学问题的情况，只是一种特殊的情况。他对所有能够激活某个感觉器官的
463 差异都同样感兴趣。在他看来，任何这样的差异都是“负熵”。

或者，想一想神经生理学家称之为“突触总和”(synaptic summation)的现象。人们观察到，在某些情况下，当两个神经元 A 和 B 与第三个神经元 C 有突触连接时，这两个神经元的放电本身就都不足以激发 C；但是，当 A 和 B 同时(或近乎同时)放电，那么，它们的组合“冲量”就会导致 C 也放电。

用“普累若麻的”语言来说，这个超越某个阈值的事件组合就被称为“总和”(summation)。

但是，从“受造物”的研究者(而神经生理学家肯定一只脚站在“普累若麻”的世界，另一只脚站在“受造物”的世界)的角度来看，这根本就不是总和。所发生的事情是：这个系统的运作造成了差异。A 进行的是两个不同类别的放电：那些由 B

伴随的放电和那些没有由B伴随的放电。同样，由B进行的放电也有两个类别。

从这个观点来看，当两者都放电时，所谓“总和”就不是一个加法过程。它是一个逻辑乘积的形成——一个分数化的过程，而不是总和的过程。

因此，“受造物”是一个被看作心灵的世界，不管在哪里，这样一个观点都是合适的。而凡在这个观点是合适的地方，就产生了一种复杂的物种，它在“普累若麻的”描述中是缺席的：“受造物的”描述总是有等级的。

我已说过，从疆域到地图中得到的东西是差异的转换，而这些(以某种方式选择的)差异是基本的思想。

但是，差异之间存在差异。每一个有效的差异都表示一种分界，一条分类线，而所有的分类都是有等级的。换句话说，差异本身是被加以区别和分类的。因此，我将仅只略为触及有关差异的分类问题，因为如果把问题再向前推进，就会使我们陷入《数学原理》(*Principia Mathematica*)的问题之中了。

我来邀请你们做一个心理学实验，即使只是为了展示人类
计算器的脆弱。首先注意，质地差异**不同于**(a)颜色差异。然 464
后注意，大小差异**不同于**(b)形状差异。同样，比率不同于(c)减法差异。

现在，我来邀请作为科日布斯基的追随者的你们，来对上一段里的“不同于(a)”“不同于(b)”和“不同于(c)”之间的差异做出限定。

人类头脑中的计算器想到这个任务就不知所措。

但并非所有类别的差异都是棘手得难以处理的差异。

你们都熟悉一个这样的类别。就是由转换过程所产生的那类差异，而借助于它们，疆域内的固有差异变成了地图内的固有差异。在每一幅严肃地图的角落，你们都将发现这些被清楚说明的转换规则，通常是用文字来表达的。在人类心灵中，绝对必要的是识别这一类别的差异，而且，的确也是这些差异构成了“科学和理智”的核心主题。

一个幻觉或一个梦境的确是某种东西的转换。但是什么东西的转换？凭借的又是什么转换规则？

那些差异是有等级的，生物学家将之称为“层次”(levels)。我的意思是指诸如细胞和组织之间、组织和器官之间、器官和有机体之间、有机体和社会之间的那些差异。

它们是单位或格式塔的等级，其中，每个亚单位都是下一个更大范围的单位的一部分。而且，我称为“……部分”的那种差异或关系在生物学中总是这样的，即部分中的某些差异对于更大单位具有信息效应，反之亦然。

在陈述了生物学的部分与整体之间的这一关系以后，我现在就能够从作为一般“心灵”的“受造物”的观念继续前行到什么是一个心灵的问题。

我所说的“我的”心灵，是什么意思呢？

我提出，个体心灵的界定必须始终依赖于我们希望理解或解释的现象是什么。显而易见，在皮肤之外有许多讯息通道，每当这些通道及其承载的讯息是相关联的时候，它们就必须作为心理系统的一部分而被包括在内。

想想一棵树、一个人和一把斧头。我们看到，斧头穿越空气，在树的一侧以前存在的切痕上造成了某些类型的切口。如

果我们现在要解释这组现象，我们就会涉及树的切面中的差
异，人的视网膜中的差异，人的中枢神经系统中的差异，人的 465
输出神经讯息中的差异，人的肌肉行为中的差异，斧头如何挥动中的差异，斧头然后在树表面上造成的差异。我们的解释(出于某些目的)将围绕那个回路循环往返。原则上，如果你们要解释或理解人类行为中的任何东西，你们就始终要涉及整体回路，也就是完整的回路。这是基本的控制论思想。

实际上，回路中的基本控制论系统及其讯息是心灵的最简单的单位；在回路中进行的某种差异的转换是基本的思想。更加复杂的系统或许更值得被称为心理系统，但是，这实质上正是我们在谈论的东西。表现出试误特性的单位将被合理地称为心理系统。

但“我”是怎么一回事？假定我是一位盲人，我使用一根拐杖。我吧嗒、吧嗒、吧嗒地走。我从哪里开始的？我的心理系统是不是限于拐杖的手柄？是不是限于我的皮肤？它是从拐杖的中间开始的？它是从拐杖的尖端开始的？但这些问题都是愚蠢的问题。拐杖是一条通道，沿着它，差异的转换得以传递。描述这个系统的方式就是以某种手段来描述那条极限线，以至于你们不能用使问题变得不可解释的方法来切割这些通道中的任何通道。如果你们正试图解释的东西是一个特定的行为，诸如盲人的走动，那么为了这个目的，你们就会需要街道、拐杖和人；街道、拐杖，等等，循环不息。

但是，当这位盲人坐下来吃午饭时，他的拐杖及其讯息就不再有关联了——如果你们要理解的是他吃饭的这件事的话。

关于限定个体心灵的问题，除了我已经说过的东西以外，

我认为还必须包括记忆和资料“库”的关联部分。最简单的控制论回路毕竟可以被认为是具有一种动态的记忆，它不是建立在静态存储器的基础上，而是建立在信息围绕回路而传递的基础上。一台蒸汽机的调节器在时间 2 的行为部分地由它在时间 1
466 的行为所决定的，时间 1 和时间 2 的间隔对于信息完成这个回路来说，是必要的时间。

这样，我们就有了一幅作为控制论系统的同义词的心灵图景，也就是相关整体信息加工、试误的完成单位。而且我们知道，就最宽泛的意义而言，在“心灵”中将存在一个子系统的等级，我们可以将其中的任何一个等级称为一个个体的心灵。

但是，这幅图景与我在讨论**进化单位**时所获得的图景完全一样。我相信，这个同一性是我今天晚上必须为你们提供的最重要的概括。

在思考进化单位时，我论证说，你们在每一个进程上都必须包括外在于“普累若麻”集合体的那些完整的通道，不管它是细胞中的 DNA(脱氧核糖核酸)，还是体内细胞，或环境中的身体，都是如此。这个等级结构不是什么新东西。从前，我们谈论育种个体，或家系，或分类单位，等等。现在，这个等级的每个进程都被认为是一个**系统**，而不是与周围矩阵相分割，以及被视为与之相**对立**的一块东西。

心灵单位和进化生存单位之间的同一性，不仅在理论上非常重要，而且在伦理上也非常重要。

你们看，它意味着我正在大生物系统(即生态系统)之内确定某种我称为“心灵”的东西的位置。或者，如果我在不同层次中画出系统的分界线，那么，心灵就内在于整个进化结构之中。如果心理单位和进化单位之间的这种同一性总体上是正确的话，那么，我们就会面临许多思维的转变。

我们来思考生态学。生态学目前有两个向面：一是被称为生物能学(bioenergetics)的向面，就是一片珊瑚礁、一片红杉林或一座城市中的能源和材料的经济学；二是信息、熵、负熵等的经济学。这两个向面并非完全吻合，因为其单位是以不同方式在两种生态学中得以界定的。在生物能学中，自然而恰当的做法是思考被界定在细胞膜或皮肤上的单位；或思考由那些同种个体的集合所组成的单位。这些界限因此就是边界：在此，可以做出测量以便为特定的单位确定加—减的能源预算。 467
相比之下，信息或熵的生态学涉及通道和概率的预算。由此产生的预算是分数化的(而不是减法的)。这些界限必须包括(而不是分割)相关的通道。

进而言之，当我们不再思考某种以皮肤为界的东西的生存，而是开始思考回路中的思想系统的生存时，“生存”的意义就变得不一样了。皮肤的内容在死亡时便随机化了，皮肤中的通道也随机化了。但是思想在进一步的转换中，能够以书籍或艺术作品的形式在这个世界上继续存在下去。苏格拉底作为一个生物能的个体死了。但是在很大程度上，作为当代思想生态学的一个组件，他仍然活着。[①]

同样清楚的是，神学有了变化，或许也有了更新。5 000

① 关于“思想生态学”一词，我要感谢杰弗里·维克斯(Geoffrey Vickers)爵士的论文《思想生态学》[“The Ecology of Ideas”，见《价值体系和社会过程》(*Value Systems and Social Process*)，基础图书公司，1968]。关于思想生存的更为正式的讨论，见戈登·帕斯克(Gordon Pask)在温纳-格伦会议上就《有意识的目的对人类适应的作用》所做的评论。

年来，地中海宗教一直摇摆于内在性和超越性之间。在巴比伦，众神超然于山顶之上；在埃及，有内在于法老之中的神；而基督教则是这两种信仰的复杂结合。

我为你们提供的控制论的认识论提出了一种新方法。个体心灵是内在的，但不仅仅内在于身体。它也内在于身体之外的通道和讯息；还有一种个体心灵为其子系统的更大“心灵”。这个大“心灵”可以与上帝相比拟，或许也是某些人意指的“上帝”，但是它仍然内在于整个相互联系的社会系统和行星生态之中。

弗洛伊德的心理学向内扩展了心灵概念，使之包括身体之内的整个传播系统：自主的、习惯的和大量的无意识过程。我正阐述的观点向外扩展心灵。这两个变化都缩小了意识本身的
468 领地。某种谦卑成为适当之事，受到成为某个更大之物的组成部分的尊严或愉悦的调节。它就是上帝的一部分，要是你们愿意这样说的话。

如果你们把自然置之于外，并使之与其创造物相对立，那么，你们就将从逻辑的角度把自己视为外在的东西，视为与你们周围事物相对立的东西。由于你们把全部心灵都硬归于自己，你们将把周围的世界看作无心灵的，因此也没有资格得到道德或伦理的考虑。环境似乎也将是你们有待开发利用的东西。你们的生存单位将是你们和你们的家人或同伴，它们处于与其他社会单位、其他种族和牲畜及植物的环境的对立之中。

如果这就是你们对自己与自然的关系的评估，如果你们**还拥有先进的技术**，你们的生存压根将会是不可能的。你们或是死于自己仇恨的有毒副产品，或者就是死于人口过剩和过度消

耗。这个世界的原材料是有限的。

如果我是对的，那么，我们关于我们是谁、其他人是谁的全部思考就必须进行调整。这不是开玩笑，我也不知道我们得用多长时间来做这件事。如果我们继续按照那些流行于前控制论时代的前提——它们在工业革命时期得到了特别的重视和巩固，而且似乎也证明了达尔文的生存单位——而行动，那么，我们还有二三十年就会被自己的陈旧立场的逻辑归谬法给摧毁了。在现在的系统下，没有人知道我们还有多长时间，就会遭受某种比摧毁任何国家集团的灾难还要严重的灾难。今天最重要的任务或许是学会以新方式进行思考。我可以说我不知道如何看待那种方式。从理智上说，我能够站在这里，能够为你们提供关于这个问题的一个合理的阐述；但是如果我在砍倒一棵树，那么，我仍然在想“G. 贝特森”正在砍倒那棵树。我正在砍倒那棵树。对我来说，“我自己”仍然是一个非常具体的物体，与我所称为的“心灵”的其余部分是不一样的。

意识到并习惯于其他思维方式，以至于当人们伸手拿一杯水或砍倒一棵树时就自然而然地想到了那个方式，这并不是一个容易的进程。

而且，我非常认真地向你们提议，我们不应该相信那些来 469
自还没有这种习惯的人的决策。

有些经验和训练或许可以帮助我想象拥有这种正确的思维习惯会是什么样子。在 LSD 的作用下，和许多其他人一样，我经历了自我和我正聆听的音乐之间的分隔的消失。感知者和被感知物奇特地结合为单一的实体。这个状态的确要比好像“我”在那里“听音乐”的状态更加正确。那声音毕竟是自在之物，而我对它的感知是心灵的一部分。

有个关于约翰·塞巴斯蒂安·巴赫(Johann Sebastian Bach)的故事，说到当某人问他怎么弹奏得如此美妙时，他回答说："我按音符写下的顺序弹奏它们。是上帝创造了这首乐曲。"但是，我们中的许多人都不会认为他的认识论是正确的，或说威廉·布莱克的认识论是正确的，后者认为"诗人的想象"(the Poetic Imagination)是唯一的实在。诗人们自古以来就明白这些事情，但是，我们中的其他人则误入各种虚假的"自我"具体化以及"自我"与"体验"间的分离之中。

对我来说，另一条线索——也就是心灵的本质有了清晰的另一个瞬间——是由小阿德尔伯特·埃姆斯（Adelbert Ames, Jr.)的著名实验所提供的。它们是深度感知中的视觉错觉。作为埃姆斯的实验对象，你们发现，那些你们用来在三维视角中创造世界的心理过程，是在你们的心灵之中的，但完全是无意识的，也完全超出自主的控制。当然，我们都知道是这样的——心灵创造图像，"我们"然后看到这些图像。但是，对于这个我们始终知道的东西有了直接体验，这仍然是一个深刻的认识论冲击。

请不要误解我。当我说诗人们总是知道这些事情，或大部分心理过程都是无意识的时候，我不是在提倡更多地使用情感，或更少地使用理智。当然，如果我今天晚上阐述的观点近乎是正确的，那么，我们关于思想和情感之间关系的看法就需要得到修正。如果"自我"的界限被划错了，甚或完全是虚构的，那么，将情感或梦或我们对各种观点的无意识计算视为"自我异质"，就可能是无稽之谈了。

我们生活在一个奇特的时代，在这个时候，许多心理学家都试图通过宣讲一种反智主义来使其科学“人性化”。他们也许会明智地试图通过抛弃数学工具来使物理现象有形化。 470

将理智与情感相分离的尝试是极其荒谬的，我还要提出，同样荒谬和危险的是试图使外部心灵和内部心灵相分离。或者，使心灵与身体相分离。

布莱克注意到，“一滴泪珠是一件智性事物”；帕斯卡尔主张，“心有心的理由，而理性就是不能认识这些理由”。我们无需为下述事实烦恼：内心(或下丘脑)的推理伴随着欢乐或悲伤的感觉。这些计算涉及对哺乳动物至关重要的问题，它们也就是关系的问题，我用它来表示爱、恨、尊重、依赖、观看、表演、统治，等等。它们是任何哺乳动物生命的核心问题，而我对将这些计算称为“思想”是没有异议的，尽管关系计算的单位肯定不同于我们用来计算可分离之物的单位。

但是，在一种思想和另一种思想之间存在桥梁，而且在我看来，艺术家和诗人们特别关注这些桥梁。这不是说艺术是无意识的表达，而是说艺术关注不同层次的心理过程之间的关系。从一件艺术作品中，有可能分析出艺术家的某些无意识的思想，但是，我相信，如弗洛伊德关于列奥纳多·达·芬奇的《圣安妮膝上的圣母》的分析恰恰就忽略了整体运行的重点。艺术家的技能是许多(无意识的、有意识和外部的)心灵层次的组合，以便形成一个关于它们之组合的陈述。它不是一个表达单一层次的问题。

同样，当伊莎多拉·邓肯(Isadora Duncan)在谈论“如果我能说，我就不用跳了”的时候，也是在胡说，因为她的舞蹈是说与动的组合。

的确，如果我所阐述的观点毕竟是正确的，那么，美学的全部基础就需要得到重新考察。看来我们把感情不仅连接于内
471 心的计算(computation)，而且连接于心灵外部通道中的计算。当我们认识到“受造物”在外部世界的运作时，我们就明白了“美”与“丑”。“河边报春花”是美的，因为我们知道，构成其外观的不同差异的组合只能通过信息加工才可获得，也就是只能**通过思想**而获得。我们在自己的外部心灵中认识到其他心灵。

最后，还有死亡。在一个将心灵与身体分离的文明中，可以理解的是，我们要么试图忘记死亡，要么试图制造关于超越心灵生存的神话。但是，如果心灵不仅内在于那些处在身体之中的信息通道，也内在于外部通道，那么，死亡就呈现出不同的一面。我称之为“我”(me)的通道的个体联系(nexus)不再如此珍贵，因为那个联系只是一个更大心灵的组成部分。

在我看来，这些思想也可以成为内在于你们的思想。如果是对的话，它们或许会存活下来。

34 关于第五部分的评论

在这个部分的最后一篇论文《形式、实体和差异》中，本书 472
前面几部分讨论过的许多内容都落到实处了。总之，业已阐述的观点是：除了(并始终与之一致的)令人熟悉的、作为我们的宇宙之特性的物质决定论以外，还存在精神决定论。这个精神决定论绝不是超自然的。相反，它具有展现精神特性的宏观世界[①]的本质。这个精神决定论也绝不是超越的，而是内在于宇宙之活生生的或包括各种生物在内的部分之中，也是那些部分中的特别复杂和明显的东西。

但是，如此之多的西方思想以超越的神性为前提，以至于对不少人来说，根据内在性来重新思考它们的理论，成了一件困难的事情。甚至达尔文有时也用几乎将其过程归诸超越和目的之特性的术语来描写自然选择。

因此，或许值得对超越的信念和内在性的信念之间的差

① 我不同意巴特勒、怀特海或泰亚尔·德·夏尔丹(Teilhard de Chardin)的下述观点，即从这个宏观世界的精神特性可以推断，单原子肯定具有精神特性或潜在性。我只是把精神视为复杂关系的一个功能。

异，尽可能地做出描述。

超越的心灵，被想象为是有人性的，也是无所不知的，并是通过与世俗世界分离的渠道接收信息。它看到一个物种正以
473 必定破坏其生态的方式而行事，于是或是出于悲伤，或是出于愤怒，它投下了战争、灾害、污染和放射性尘埃。

内在心灵会达到同样的最终结果，但既不会悲伤，也不会愤怒。内在心灵没有可借以认识或行动的独立的、超自然的通道，因此，也不可能具有独立的情感或评价意见。在更大的决定论方面，内在性将不同于超越性。

圣保罗(《加拉太书》第六章)说，“上帝是轻慢不得的”，内在心灵同样既没有复仇心理，也不是宽大仁慈的。找借口是无济于事的；内在心灵是“轻慢”不得的。

但是，既然我们的心灵——而这包括我们的工具和行动——只是更大心灵的组成部分，那么，它的计算就可能被我们的矛盾和困惑弄得混乱不清。既然内在心灵包括我们的精神错乱，它就不可避免地有可能精神错乱。正是凭借技术，我们有能力在我们为其组成部分的更大系统中制造精神错乱。

在本书的最后一部分，我将思考某些这样的精神病理过程。

第六部分

心灵生态学的危机

PART 06

35 从凡尔赛到控制论[①]

我必须按其在我这一代对我呈现的样子和在你们这一代对你们呈现的样子来谈论最近的历史，并根据今天上午我在飞机上时心中开始回荡的那些词句来谈论它。比起我或许能够组成的任何词句来，它们具有更加震动的效果。这些词句之一是："父亲吃了酸葡萄，孩子酸倒了牙。"(The fathers have eaten bitter fruit and children's teeth are set on edge.)另一句是乔伊斯(Joyce)的话："历史是一场醒不过来的噩梦。"还有就是："恨我的，我必追讨他的罪，自父及子，直到第三、第四代。"以及最后一句，虽没有直接关联，但我认为仍与社会机制问题有关："行善总是具体的、特定的，笼统的行善是恶棍、伪君子和献媚者的托词。" 477

我们正在讨论重大的问题。我将这个演讲称为"从凡尔赛到控制论"，说到20世纪的两个历史事件的名字。"控制论"一

---

① 这是贝特森于1966年4月21日在萨克拉门托州立大学的"两个世界专题研讨会"上做的演讲。此前未曾发表。

词是令人熟悉的，不是吗？但是你们中有多少人知道1919年在凡尔赛发生了什么？

问题是，在过去60年的历史中，什么事件可以算作重要
478 的？我62岁，当开始思考一生中所看到的历史时，我确实似乎仅仅看到了两个时刻——在人类学家的观点中，它们是真正的重要时刻。一个是那些导致《凡尔赛条约》(Treaty of Versailles)的事件，另一个是控制论的突破。我没有提到原子弹，甚或没有提到第二次世界大战，这或许会使你们感到意外或震惊。我没有提到汽车的普及，没有提到广播和电视的普及，也没有提到发生在过去60年中的许多其他事情。

让我来阐述我关于历史重要性的标准：

一般来说，我们身为其中的哺乳动物不是特别关心片段(episodes)，而是关心他(它)们的关系模式。当你们打开冰箱门的时候，猫就出现了，并发出某种声音，它不是在说(鸡等动物的)肝或牛奶，尽管你们或许很清楚地知道那是它想要的东西。你们或许能正确地猜到并给它那个东西，如果冰箱里有的话。它实际上说的是某种有关它和你们之间关系的事儿。如果你们把它的讯息转换成文字，那就是某种类似于“依赖，依赖，依赖”的东西。事实上，它在说着关系内的一个非常抽象的模式。通过对于某种模式的坚持，对你们的期待是从一般走向个别：推论出“牛奶”或(鸡等动物的)“肝”。

这是至关重要的。这就是哺乳动物的意义。他(它)们注重关系的模式，注重当面对其他什么人(动物)时，他(它)们在爱、恨、尊重、依赖、信任等类似的抽象活动中的位置。把我们的位置放错了，就会伤害我们。如果我们是相信的，可看到

我们信任的东西是不值得信任的；或者，如果我们是不相信的，可看到我们不信任的东西事实上是值得信任的，那么，我们的感觉就不好了。人类和所有其他哺乳动物都有可能从这类错误中遭受极大的痛苦。因此，如果真的想知道什么是历史的重要时刻，我们就必须问问历史中的哪些时刻有了态度的改变。存在诸如此类的时刻——在它们那里，人们因为他们从前的“价值”而受到了伤害。

想一想你们的家用恒温器。外面的天气变化了，房间里的温度就下降了，起居室的恒温器开关运行，并接通壁炉电流；壁炉温暖了房间，而当房间热起来了的时候，恒温器开关又关闭了。这个系统就被称为体内平衡回路，或伺服回路。但是， 479
起居室的墙上还有一个小盒子，你们用它来设定恒温器。如果这房间上星期太冷了，你们就必须把它从当前的设定往上移，以便使得系统现在可以围绕一个新层次而振荡。不管是热是冷，或是其他什么，天气不会改变那个设置，它被称为系统“偏差”(bias)。房间的温度将有振荡，它将会根据各种环境而变得更热和更冷，但是那个机制的设置不会被那些变化所改变。可当你们走过去移动这个偏差时，就会改变我们可以称之为系统的“态度”(attitude)的东西。

同样，关于历史的重要问题是：偏差或设置被改变了吗？在一个固定的背景下，事件的情节发展确实是微不足道的。正是因为这一想法，我才会说，我人生中的两个最重要的历史事件是《凡尔赛条约》和控制论的发现。

你们中的大部分人或许不大知道《凡尔赛条约》是怎样产生的。这个故事极其简单。第一次世界大战一拖再拖，德国人非常明显地陷入失败。在这个时刻，公关人士乔治·克里尔(George Creel)——我还要你们别忘了此人是现代公共关系的祖师爷——有了一个想法，即如果我们为德国人提供温和的停战条款，那么他们就有可能投降。他因此起草了一组温和条款，按照这组条款，不会有惩罚性措施。这些条款是在“十四点和平原则”中制定的。他把这个“十四点和平原则”传递给威尔逊(Wilson)总统。如果你们要欺骗什么人，那最好用一个诚实的人来传播这个讯息。威尔逊总统是一个近乎病态般诚实的人，也是一个人道主义者。他在许多演说中阐述了“十四点和平原则”：要“无兼并，无捐款，无惩罚性赔偿……”等等。因此，德国人投降了。

我们英国人和美国人，特别是英国人，当然继续封锁德国，因为我们不想他们在签署这份“条约”之前盛气凌人。所以，他们又匮乏了一年。

480 梅纳德·凯恩斯(Maynard Keynes)在《和平的经济后果》(*The Economic Consequences of the Peace*，1919)中，对“和平会议”做了生动的描述。

《凡尔赛条约》最终由四个人起草：克列孟梭(Clemenceau)，“那只老虎”，他要摧毁德国；劳合·乔治(Lloyd George)，他认为，免除德国大量赔偿和不进行某种报复，这在政治上是有利的；威尔逊，他必须还要被愚弄。每当威尔逊会对他的那些“十四点和平原则”产生怀疑的时候，他们就把他带到战争公墓，让他为没有生德国人的气而感到羞愧。还一个人是谁？他就是意大利人奥兰多(Orlando)。

这是我们文明史中的一场大骗局。一个极为特别的事件完全直接而不可避免地导致了第二次世界大战。它还导致了德国政治的彻底坠落(而比起它所导致第二次世界大战，这或许是更加重要的事实了)。如果你们答应你们的孩子什么事，可又食言了，并将整个事情都置于高道德水准的框架中，那么，你们或许就将发现，他不仅对你们很生气，而且只要他感受到你们对他的所作所为的不公正的抽打，他的道德态度就会恶化。对于一个被如此特殊地对待的国家来说，不仅仅第二次世界大战是一个合适的回应；更加重要的是，从这种对待中，可以预料到该国家的道德堕落。而从德国的堕落出发，我们也变得堕落了。这就是我为什么说《凡尔赛条约》是一个态度转折点的原因。

我想象得到，从那场特殊的大骗局开始，我们还要经历几代人的后遗症。事实上，我们就像希腊悲剧中的阿特柔斯(Atreus)之家的成员。先有梯厄斯忒斯(Thyestes)的通奸，然后阿特柔斯杀了梯厄斯忒斯的三个孩子，他在和平宴会上把这三个孩子的肉奉献给梯厄斯忒斯，再以后，梯厄斯忒斯的儿子埃癸斯托斯(Aegistheus)杀死了阿特柔斯的儿子阿伽门农(Agamemnon)，最后，是俄瑞斯忒斯(Orestes)杀死了埃癸斯托斯和克莉坦娜丝查(Clytemnestra)。

它继续走下去。一部不信任、仇恨和毁灭的悲剧震荡和自我传播到后面几代人。

我要你们想象自己进入这些悲剧系列的一个系列之中。对
于阿特柔斯家族的中间一代来说，它会是怎样的？他们生活在 481
一个疯狂的世界中。从挑起这场混乱的人的角度来看，它不是如此疯狂；他们知道发生了什么，也知道是怎么会走到那一步

的。但是，开始的时候不在那里的后代人，发现自己生活在一个疯狂的世界之中，并发现他们自己也是疯狂的，这恰恰是因为他们不知道他们是怎么走上那条路的。

来一点儿迷幻药(LSD)就行了，而你们或多或少地将会有疯狂的体验，但是这将很有意思，因为你们知道吃了一点儿迷幻药。换一个角度，如果你们意外地吃了一点迷幻药然后发现自己陷入疯狂，不清楚你们怎么会变成那样，那么就是一个可怕的和恐怖的体验。这是一个严重和可怕得多的体验，非常不同于如果你们知道自己吃了迷幻药而能够享受的那种幻觉。

现在，考虑一下我们这一代和 25 岁以下的你们这一代的差异。我们都生活在同样疯狂的宇宙中，它的仇恨、不信任和虚伪(特别是在国际层面上)回溯起来，便与“十四点和平原则”和《凡尔赛条约》有关。

我们老一代人知道我们是怎么走到这一步的。我能够记得我父亲在早餐桌旁读着“十四点和平原则”，并说：“天啊，他们要给这些人体面的停战，体面的和平。”或某种类似的东西。我能够记得当《凡尔赛条约》出来时他所说的这种事情，但是我无法尝试用言语来表达。它是不适合出版的。因此，我多少有点儿知道我们是怎么走到这一步的。

但是，从你们的观点来看，我们是绝对疯狂的，你们不知道什么样的历史事件导致了这场疯狂。“父亲吃了酸葡萄，孩子酸倒了牙。”对于父亲们来说，这一切很正常，他们知道自己吃的是什么。孩子们不知道吃的是什么。

我们来想想一场大骗局结束后的一段时间内，人们的期望是什么。在第一次世界大战之前，通常的假定是：妥协和一点

儿虚伪是日常舒适生活的非常重要的组成部分。例如，如果你
们阅读塞缪尔·巴特勒的《重访埃瑞璜》(*Erewhon Revisited*)，
就会明白我的意思。小说中的所有主角都陷入了一团糟的境
地：有些人是因为要被处死，其他人是因为公共丑闻，这个国
家的宗教体系也面临崩溃的危险。这些灾难和混乱被伊登格伦 482
(Ydgrun)夫人(或者，就像我们会说的那样，“格兰迪夫人”)
所平息，她是埃瑞璜道德的守护人。她认真地重建历史，就像
一个拼图游戏，以至于没有人真的受到伤害，也没有人真的蒙
受耻辱，更没有什么人被处死。这是一个非常舒适的哲学。一
点点虚伪和一点点妥协为这个社会生活的轮子添加了润滑剂。

但是，大骗局之后，这个哲学就站不住脚了。你们完全正确，是有某种东西错了，某种错的东西具有欺骗性和虚伪性。你们生活在腐败之中。

当然，你们的自然反应是清教徒式的。不是性欲的清教徒主义，因为在此背景之下的欺骗不是一种性欺骗；而是一种反对妥协的极端清教徒主义，一种反对虚伪的清教徒主义，而这最终将使生活变得支离破碎。正是生活的大一体化结构似乎已经带有了这种疯狂，所以你们试图关注这些最小的东西。“行善总是具体的、特定的，笼统的行善是恶棍、伪君子和献媚者的托词。”对于正在兴起的一代人来说，笼统的行善有虚伪的味道。

如果你们要求乔治·克里尔来证明“十四点和平原则”的合理性，那么，他会提倡笼统的行善，对此我是没有疑问的。他的小动作有可能在1918年拯救了几千名美国人的生命。我不知道第二次世界大战中丧失了多少生命，以及自那以后在朝鲜

和越南又丧失了多少生命。我回想起，广岛和长崎的正当性被笼统的善行所证明，并拯救了美国人的生命。有大量关于“无条件投降”的讨论，或许是因为我们不能相信自己会遵守有条件的停战协定。广岛的命运是否在凡尔赛就被决定了呢？

现在，我要谈谈我人生中发生的另一个重要的历史事件，时间大约是1946至1947年。它是第二次世界大战期间在不同地方产生的许多思想的逐渐聚合。我们可以把这些思想的集合体称为控制论，或传播理论，或信息论，或系统论。它们产生于许多地方：由贝塔朗菲在维也纳，由维纳在哈佛，由冯·诺依曼在普林斯顿，由香农在“贝尔电话实验室”，由克雷克在剑
483 桥，等等。所有这些在不同的智力中心产生的独立发展都涉及传播问题，特别是涉及何为一个有组织的系统的问题。

你们将会注意到，就历史和凡尔赛而言，我所说的一切都是关于组织化的系统及其属性的讨论。现在，我要说，对于这些非常神秘的组织化系统，我们正在产生一定程度的严谨的科学认识。我们今天的知识领先于乔治·克里尔能够言说的任何东西。在科学成熟到能够被应用之前，他就是一名应用科学家。

控制论的来源之一可追溯到怀特海和罗素，以及被称为“逻辑类型论”的理论。原则上，特定名称不是被命名的东西，名称的名称也不是那个名称。按照这个强大的理论，某个**关于**战争的讯息不是这场战争的组成部分。

让我们来这样表达：讯息“我们下棋吧”不是象棋游戏中的一个步骤。比起棋盘上的游戏语言来，它采用了更加抽象的语言的讯息。讯息“让我们在某种条件下讲和吧”，并不处于类似

战斗骗局和伎俩那样的道德系统之中。他们说，爱情和战争是不择手段的，这在爱情和战争之内可能是对的，但是，在爱情和战争之外，以及在关于爱情和战争的问题上，道德标准是有点不一样的。几个世纪以来，人们一直认为，休战或和平建设中的背叛比战斗中的背叛更加恶劣。今天，这个道德准则得到了严谨的理论和科学的支持。现在人们可以用形式、严谨、逻辑、数学等诸如此类的东西看待道德原则，它所依据的基础也不同于单纯的祈祷布道。我们不必摸索前行，我们有时候能够分辨是非。

我把控制论列为我人生中第二个重要的历史事件，是因为我至少有一个模糊的希望，即我们能够诚实地运用这一新认识。如果我们对自己正在做的事情有一点理解，它就将有可能帮助我们找到道路，以走出我们已在自己周围制造的幻觉迷宫。

无论如何，控制论都促成了改变，不仅是态度方面的改变，而且甚至是关于何为态度的理解方面的改变。

我在选择什么是重要的历史事件时采取的立场——重要事 484
件是态度得以被决定的时刻，是恒温器的偏差得以被改变的时刻——直接来自控制论。它们是由自 1946 年及以后的事件所形成的思想。

但是，忙忙碌碌未见得有好结果(pigs do not go around ready roasted)。我们现在有了大量控制论，大量博弈论，以及理解复杂系统的诸多开端。但是，任何理解都可能以破坏性的方式而得到使用。

我认为，在过去的 2 000 年中，控制论是人类从“知识树”

(the Tree of Knowledge)的果子上咬下的最大一口。但是，通常出于那些控制论的原因，大部分从那个果子上如此咬下的东西都是非常难以消化的。

控制论本身具有完整性，能够帮助我们免受其诱惑而陷入更加疯狂的境地，但是我们无法相信它会使我们远离罪恶。

例如，几个国家的政府部门今日就正在通过计算机的支持，将博弈论用作制定国际政策的一种方式。它们首先确认国际交往的博弈规则似乎是什么，然后考虑实力、武器、战略重点、不满情绪等在地理和确定的国家中的分布。然后它们要求计算机计算下一步应该采取什么行动，以便把我们输掉这场博弈的可能性降到最低。于是计算机启动、运转并给出答案，也就有了某种要服从计算机的诱惑。如果你们遵循计算机(指令)的话，那么，比起要自己做出决定，你们毕竟就少了一点责任了。

但是，如果你们按照计算机的建议行事，那么你们通过这个举动就表明：你们支持你们输入计算机的博弈规则。你们确证了那个博弈的规则。

毫无疑问，对方国家也有计算机，也在玩着类似的游戏，并正在确证它们输入其计算机的游戏规则。结果就是一个系统，在那里，国际交往规则变得越来越严谨。

485 我向你们提出的观点是：国际领域的问题在于那些规则需要改变。问题不是：在这些规则现有的范围内，我们目前最好能够做什么？问题是：我们如何能够摆脱我们在过去10年或20年，或自《凡尔赛条约》以来一直在其中运作的那些规则？关键是改变那些规则，而只要我们任凭自己的控制论发明——

计算机——将我们带入越来越僵化的境地，我们实际上就将滥用和摧毁自 1918 年以来的第一个有希望的进步。

当然，在控制论中，还潜在地存在其他危险，其中许多危险还未得到辨识。例如，我们不知道从所有政府档案的计算机化中，会产生怎样的效应。

但可以非常肯定的是，潜在于控制论之中的，还有一种获得一个新的、或许更人性化前景的手段，一种改变我们的控制哲学的手段，以及一种从更广阔的视角看待我们自己的愚蠢的手段。

36 认识论的病理①

486 我想要你们参加我的一个小实验。我请你们举手表决。你们中有多少人会同意说看到我？我看到了许多手——所以我猜想疯狂爱抱团(insanity loves company)。当然，你们没有“真的”看到我，你们看到的是一堆关于我的信息，你们把它综合到一幅关于我的图像之中。你们制作了那幅图像。就这么简单。

命题“我看到你们”或“你们看到我”是一个其中包括着我称为“认识论”的命题。它在自身中包括关于我们如何得到信息的假设，关于信息是什么材料的假设，等等。当你们说“看到”我，并以一种天真的方式举起手来的时候，你们实际上是赞同某些关于认识的本质，我们生活于其中的宇宙的本质，以及我们如何认识这个宇宙的命题。

我将论证说，许多这样的命题恰恰是假的，即便我们都分

① 1969 年，这篇论文提交给在夏威夷东西方中心召开的“亚洲和太平洋地区心理健康第二次会议”。东西方中心出版社 1972 年版权所有。它也将见于那次会议的报告，选入本书时获得夏威夷东西方中心出版社的允许。

享了它们。在诸如此类的认识论命题的情形中，错误不容易得
到发现，也不会很快地受到惩罚。你们和我都能够在这个世界
上生活下去，能够飞到夏威夷，阅读精神病学论文，围绕这些
桌子找到自己的位置，并且尽管有非常深层的错误，我们通常 487
像人类一样合理地运作。事实上，是那些错误的前提**在工作**。

这些前提的作用只能达到一定限度，而且在某个阶段或特定环境下，如果你们犯了严重的认识论错误，你们就将发现它们不再起作用。在这个时刻，令人恐惧的是，你们发现要克服这个错误，成了非常困难的事情，它是黏糊糊的。就像是你们碰到了蜂蜜。和蜂蜜一样，虚假的东西传得到处都是；而你们试图擦掉的每一样东西都会变黏，你们的手也仍然是黏糊糊的。

很久以前，我就出于理智地知道，你们没有看到我，你们毫无疑问也都出于理智地知道这一点；但是直到经历了阿德尔伯特·埃姆斯实验(the Adelbert Ames experiments)，并面临我的认识论错误所导致的行为错误的境况之后，我才真正知道了这个真相。

让我用一盒好彩牌(Lucky Strike)香烟和一盒火柴来描述一个典型的埃姆斯实验。好彩牌香烟给放到了离实验对象大约三英尺的地方，被大钉支撑在桌子上方，而火柴则被同样的大钉支撑在离实验对象六英尺的地方。埃姆斯让实验对象看着桌子，并说出这些物体有多大，它们在哪里。实验对象会同意，它们就在它们所在的地方，它们就是它们所是的那么大，并且不存在明显的认识论错误。埃姆斯然后说："我要你弯下来，通过这块木板来看。"这块木板垂直地立在桌子的末端。它就是

一块带有一个圆孔的木板，而你们就通过这个孔来看。现在，你们当然失去了一只眼睛的用途，而且你们已经被要求弯下腰来，因此你们不再有一种俯视的视角。但是，你们仍然看见好彩牌香烟就在那里，还是如其所是的那么大。于是埃姆斯说："你为什么不通过滑动这块木板来得到一个视差效应呢?"你们横向滑动这块木板，突然之间，图像改变了。你们看到一小盒火柴，大约是原来的一半大小，被放在离你们三英尺的地方；而那盒好彩牌香烟看起来是它原来的两倍大，现在是处于六英尺之外了。

这个效应完成得非常简单。当你们滑动那块木板时，事实上是在桌子下面操纵一根你们看不见的杆子。杆子颠倒了视差效应，就是说，杆子造成这个更靠近你们的东西和你们一起移
488 动，而那个离你们较远的东西被留在了后面。

你们的心灵已经受到了训练，或已经被基因型地决定了(有许多证据是支持训练的)，以至于能够做必要的数学来利用视差，从而创造一个深度图像(an image in depth)。它在没有意志、没有你们的意识的情况下，完成了这一奇迹。你们无法控制它。

我想把这个例子用作我要谈论的那种错误的一个范式。这是个简单的例子；它具有实验背景；它说明了认识论错误的难以确定的本质，以及改变认识论习惯的艰难。

在我的日常思考中，我**看到你们**，即便我理智地知道我没有。自从大约 1943 年看到这个实验以来，我已经努力实践，以便生活在真实世界里，而不是生活在认识论的幻想之中；但是我认为我并没有成功。精神错乱毕竟需要心理治疗来改变

它，或者用某种非常新的经验来改变它。仅有实验室里完成的那一种经验是不够的。

今天上午，当我们在讨论荣格博士的论文时，我提出了那个没有人愿意认真对待的问题，或许是因为我的语气惹得他们发笑。这个问题是：是否存在**真正的**意识形态。我们发现，世界上不同的人有不同的意识形态，不同的认识论，不同的关于人与自然之间关系的思想，不同的关于人自身本质的思想，不同的关于人的知识、感情和意志的本质的思想。但是，如果存在一种关于这些问题的真理的话，那么，只有那些按照该真理来思考的社会群体才有可能合情合理性地是稳定的。而且，如果这个世界上的文化都不按照那个真理来进行思考，那么就不会有稳定的文化。

再次注意：我们面临的问题是它需要多长时间才会碰到麻烦。认识论错误经常得到强化，并因此自我验证。你们可以一切顺顺当当，尽管事实是，你们是在心灵前提的相当深的层次上娱乐，而那些前提是完全虚假的。

我认为，或许20世纪最有趣(尽管仍不完全)的科学发现是对于**心灵**本质的发现。让我来概述对这个发现做出了贡献的
某些思想。伊曼努尔·康德在《判断力批判》中主张，美学判断 489
的初级行为是对事实的选择。在某种意义上，自然中没有事实；或者如果你们喜欢的话，自然中有无数潜在的事实，美学判断从中选择一些——它们通过那个选择行为而成为真正的事实。现在，将康德的思想和荣格在《向死者的七篇布道文》中的见解做一比较，后者是一个奇特的文献，在那里，荣格指出，存在两个解释的世界或理解的世界，即“普累若麻”和“受造

物”。在“普累若麻”中，只存在力和冲击。在“受造物”中，则存在差异。换句话说，“普累若麻”是硬科学的世界，而“受造物”是传播和组织的世界。差异不可能被定位。在这张桌子的颜色和那个便笺簿的颜色之间存在差异。但是那个差异不在便笺簿中，不在桌子中，我也不能在它们之间捏到它。这个差异不在它们之间的空间里。总之，**一个差异就是一个思想**。

“受造物”是这样一个解释的世界：那里的效应是由思想造成的，本质上是由差异造成的。

如果现在把康德和荣格两个人的见解结合起来，我们就创造了一种哲学。这种哲学主张，在这支粉笔里，存在无数的**差异**，但是其中只有一些差异造成了一个差异。这是信息论的认识论基础。信息的单位是差异。事实上，心理输入的单位是差异。

只要涉及“受造物”中的解释，“普累若麻”的全部能量结构——硬科学的力和冲击——就完全消失了。零毕竟不同于一，因此，零可以是一个原因，而这在硬科学中是不允许的。你们没有写下的信件可以激发一种愤怒的回复，因为零可以是必要的信息比特的一半。即便相同也可能是一个原因，因为相同有别于差异。

这些奇特的关系之所以能够得到公认，是因为我们这种有机体(和我们制造的许多机器)恰恰能够存储能量。我们恰恰具有必要的回路结构，所以我们的能量消耗可以是能量输入的一
490 个反函数。如果你们踢一块石头，它凭借来自你们踢的动作的能量而移动。如果你们踢一条狗，它凭借来自它自己的新陈代谢的能量而移动。当一条变形虫饿了的时候，会在很长一段时

间内活动得更多。它的能量消耗是能量输入的反函数。

这些奇特的生物效应(它们不发生在“普累若麻”中)也依赖于回路结构，而一个回路就是一个封闭的通道(或多条通道的网络)，差异(或差异的转换)就沿这个通道而被传输。

在刚刚过去的20年中，这些观念突然结合在一起，为我们提供了我们生活于其中的世界的广义概念——一种关于什么是心灵的问题的新的思维方式。我来列出一份清单，而在我看来，它是一个系统的那些最低限度的基本特性的清单，我也将把那些特性看作心灵的特性。

(1)系统将通过差异来运作，并对差异产生作用。

(2)系统将由封闭环或各种通道的网络所构成，差异和差异的转换则将沿着它们得到传输(神经元上传输的不是一个冲动，而是关于差异的消息)。

(3)系统中的许多事件都将由回应的部件提供能量，而不是由发射部件的冲击提供能量的。

(4)在体内平衡的方向和/或失控的方向上，系统将表现出自我矫正。自我矫正包含试误。

现在，无论何时何地，只要存在因果环路的适当的回路结构，心灵的这些最低限度的特性就会产生出来。心灵是适当的复杂性的一个必要的、不可避免的功能，不管这种复杂性发生在哪里，都是如此。

但是，那个复杂性除了发生在我的头脑和你们的头脑中以外，还发生在许多其他地方。我们稍后会讨论人或计算机是否有心灵的问题。眼下，我来谈谈这个问题：一片红杉林或一片珊瑚礁的有机体的集合相互连接在它们的关系之中，因此它们

具有必不可少的总体结构。每一个有机体的反应都是由其新陈
代谢提供能量，总系统的行为通过各种方式而自我矫正。与之
491 相似，人类社会具有封闭的因果环路。每一个人类组织都既表
现出自我矫正的特性，也都具有失控的潜力。

现在，我们来用一点时间思考计算机是否有思维的问题。我会说，它没有思维。有“思维”或进行“试误”的，是人**加上**计算机**加上**环境。人、计算机和环境之间的界限完全是人为的、虚假的界限。它们是**横越**信息或差异的传送通道的界限。它们不是思维系统的界限。从事思考的是进行试误的总系统，即人加上环境。

但是，如果你们接受了作为思想或心理过程之标准的自我矫正，那么，显而易见的是，在人的内部，还是有“思想”在自动层次上运行，以便维持各种内部变量。同样，计算机如果控制了它的内部温度，就是在自身之内从事某个简单的思维活动。

现在，我们开始探讨西方文明的某些认识论谬误。与 19 世纪中叶英国普遍的思想氛围相应，达尔文提出了自然选择理论和进化论，其中生存的单位要么是家系，要么是物种或亚物种，或某种诸如此类的东西。但是，今天相当明显的是，这不是真实的生物界中的生存单位。生存单位是**有机体加上环境**。我们正通过惨痛的经验而认识到摧毁其环境的有机体也摧毁了自己。

这样，如果我们把达尔文的生存单位矫正为包括环境和有机体与环境的相互作用，那么，一个非常奇特而令人惊讶的同一性就出现了：**进化生存的单位原来是与心灵的单位相同一的**。

从前，我们把一个分类等级——个体、家系、亚物种、物种等等——作为生存单位。现在我们看到一种不同的单位等级：有机体中的基因（gene-in-organism），环境中的有机体（organism-in-environment），生态系统，等等。在最宽泛的意义上，生态学原来就是关于各种回路中的思想和程序（也就是差异、差异的复合体等等）之间的相互作用和生存的研究。

现在让我们来思考当你们犯了选择不正确单位的认识论错误的时候，会发生什么的问题：你们终将使物种与其周围的其他物种相对立，或使物种与物种在其中运作的环境相对立。人 492
对抗自然。实际上，你们终将导致卡内奥赫湾污染，伊利湖变成一片黏糊糊的绿色泥潭，以及“让我们制造更大的原子弹，来杀光隔壁邻居”的结果。有一种坏思想的生态学，就像有一种杂草生态学一样，而该系统的特性就是那个基本错误的自传播。它像一个根生寄生物那样从生命组织中长出分支，一切都陷入非常奇特的混乱之中。当你们把自己的认识论弄得狭窄，并按照“我感兴趣的东西就是我，或我的组织，或我的物种”的前提行事，你们就中断了对于环路结构中的其他环路的思考。你们决定要抛弃人类生活的副产品，而伊利湖将成为安置它们的绝妙之处。你们忘记了被称为伊利湖的生态-心理系统是*你们的*更广阔的生态-心理系统的一部分，而如果伊利湖给弄疯了，它的疯狂就被融入*你们的*思想和经验的更大系统之中。

你们和我如此深刻地被同化在“自我”、组织和物种的思想之中，因此已经难以相信：人类可以用任何其他不同于那种我已相当不公正地归咎于 19 世纪的进化论者的方式，来看待自己与环境的关系。所以，我必须就所有这一切的历史说点什么。

立于人类学的角度，从我们对早期材料的了解似乎可以得出以下观点，即社会中的人从周围的自然界中获得思路，并以一种隐喻的方式将它们运用于其所生活的社会。就是说，他认同或共情(empathized)于周围的自然界，并将那种共情作为他自己的社会组织，以及他关于他自己的心理学理论的一种指导。这就是被称为“图腾崇拜”的东西。

某种程度上，这是一派胡言，但是它比我们今天所做的大部分事情更有意义，因为我们周围的自然界确实具有这种总体系统结构，所以是一个恰如其分的隐喻源泉，以便使人能够在他的社会组织中理解自身。

下一个进程似乎是要颠倒这个过程，从人类自己那里得到思路，并将它们运用于周围的自然界。这是“泛灵论”(animism)，是将人格或心灵的概念延伸到高山、河流、森林等诸如此类的东西。这在许多方面还不是一个坏思想。不过，再下
493 一个进程就是将心灵与自然界相分离，这样你们就得到了神的概念。

但是，当你们把心灵与它内在于其中的结构相分离时，诸如人类关系、人类社会或生态系统等，我相信，你们就因此犯下了基本的错误，其终将伤害你们。

斗争对你们的灵魂或许有好处，直到赢得这场战斗变得容易起来的时刻。当你们具有足够有效的技术，以至于你们真的能够依据你们的认识论错误而行事，并且能够在你们生活的世界上造成重大的破坏，那么，这个错误就是致命的了。认识论错误不要紧，认识论错误是可以的，直到达到一个节点——在

此，你们围绕自己创造了一个宇宙，就此而言，上述错误内在于那个你们已经创造而现在试图生活于其中的宇宙的巨大改变之中。

你们看，我们没有在谈论亚里士多德、阿奎那等从古到今的人的那个尊贵古老的“最高心灵”，就是那个不能出错，也不能精神错乱的“最高心灵”。我们正在谈论内在心灵，正如你们从专业上都知道的那样，它太容易精神错乱。这正是你们之所以坐在这里的原因。自然的这些回路和平衡可能太容易处于失常状态，而当我们思想的某些基本错误由数以千计的文化细节所强化时，它们也就必定失常了。

我不知道今天有多少人真的相信存在一个与身体相分离、与社会相分离、与自然相分离的完整心灵。但是，对于你们中的那些会认为这全是“迷信”的人来说，我倒是准备赌一下：几分钟内我就可以向他们表明，与那些迷信相伴随的思维习惯和方式仍然存在于他们的头脑之中，并且仍然决定他们的绝大部分思想。**你们可以看到我**——这一想法仍然统治着你们的思想和行为，尽管事实上你们或许从理智上明白不是这样的。出于同样的方式，我们中的大部分人受到我们明知为错的认识论的控制。让我们想一想我正在阐述的问题的某些含义。

我们看看那些基本概念是如何得到强化的，又是如何表现在关于我们怎样行事的所有种类的细节之中。我独白式地与你们说的事实(这是我们学术亚文化的规范，但却是我可以**单向** 494
地传授给你们的思想)是心灵控制身体的前提的派生物。每当心理治疗师陷入单向治疗时，他就在服从同样的前提。事实上，我正站在你们面前，通过强化你们心灵中的一种实际上是胡言乱语的思考，来从事一种颠覆性的行为。我们大家一直都在做这件事，因为它被建构到我们行为的细节之中。注意：你们坐着的时候，我是怎样站着的。

当然，同样的思维导致了各种控制理论，也导致了各种权力理论。在那个宇宙中，如果你们没有得到想要得到的东西，你们就将指责某个人，并根据兴趣爱好，要么建立一座监狱，要么建立一座精神病院，而如果你们能够识别他们的话，就将把他们放入其中。如果你们不能识别的话，你们就会说，“就是那个体系”。这大概就是我们的孩子现在身处之处，责备制度，但是你们知道不能怪这些制度。它们也是同样错误的组成部分。

这样，当然就有了武器的问题。如果你们相信那个单向世界，而且认为其他人也相信那个世界(你们可能是对的，他们是相信那个世界)，那么，问题自然就是要拿起武器，狠狠地打击他们，并“控制”他们。

他们说权力腐败，但是我觉得这是胡说。真实的情况是权力思想的腐败。权力最为迅速地腐蚀了那些相信它的人，也正是他们会最渴望权力。显而易见，我们的民主体系往往为那些渴望权力的人提供权力，并且为那些不想要权力的人尽可能地提供避免得到权力的机会。如果权力腐蚀了那些相信权力并想要权力的人，那就不是一个非常令人满意的安排。

或许不存在诸如单向权力那种东西。掌握权力的人毕竟“一直依赖于从外界接收信息”。他对那条信息做出反应，其程度恰似他“造成了”事情的发生。戈培尔不可能控制德国舆论，因为要做到这一点，他必须有间谍、搜集情报的人或民意测验，来告诉他德国人在想什么。然后，他必须整理对这条信息的看法，并再次弄清楚德国人如何做出反应。它是一种互动，不是一种线性的情境。

但是，权力的神话当然是一个非常强大的神话，或许这个世界上的大部分人都或多或少地相信它。如果每个人都相信它，那么，在此意义上，它就成了一个自我验证的神话。可它 495
仍然是认识论的疯狂，并不可避免地导致了各种灾难。

存在迫在眉睫的问题。现在，对于许多人来说，显而易见的是，有大量的灾难性危险，它们从西方认识论的错误中生长出来。从杀虫剂到污染，到原子尘，到融解南极冰帽的可能性。总之，我们拯救个体生命的强烈冲动已经造成了不远的将来世界饥荒的可能性。

或许，在未来的 20 年，我们还有可能遭受的任何灾难，都不会比一个国家的毁灭或国家集团的毁灭更加严重了。

我相信，这个对人类及其生态系统造成巨大威胁的集合体，就来自我们的深层次和部分无意识层次上的思维习惯。

作为治疗师，我们显然担负某种责任。

首先，我们自己要清晰；其次，探求其他人的每一个清晰的印迹，并为他们的任何心智健全提供工具和支持。

在这个世界上，仍然幸存着一些精神健全的地方。比起西方世界已经产生的任何思想来，东方哲学在很大程度上都要更加清醒，而我们自己的年轻人的一些难以言说的努力，比起这个制度的各种常规习俗来，都要更加清醒。

37 生态危机的根源[①]

496 摘要：其他涉及夏威夷污染和环境恶化特殊问题的法案证词已经提交。希望提议中的“环境质量管理办公室”和设在夏威夷大学的“环境中心”将超越这一临时方法(ad hoc approach)，并将研究当前涌现的环境困境的更加基本的原因。

现有证词论证说，这些基本原因在于以下几方面的综合行为：(a)技术进步；(b)人口增长；(c)关于人的本质以及人与环境的关系的传统(而错误)的思想。

结论是：下一个5至10年将类似于美国历史上的“联邦制时期”，在那个时期，政府、教育和技术的全部哲学都必须得到讨论。

我们提出：

(1)所有的“临时措施”(ad hoc measures)都未使这一困境

① 这一文献是代表“夏威夷大学生态与人类委员会”所做的证词，1970年3月呈交夏威夷州参议院委员会，以赞成一个法案(S. B. 1132)。该法案提出成立“政府环境质量管理办公室”和“夏威夷大学环境中心”。该法案获得通过。

的深层原因得到矫正，而且更坏的是，它们通常放任那些原因 497
越来越强大，并且变得复杂起来。就医学来说，在没有治愈疾病的情况下缓解症状，是明智的，也是充足的，当且仅当这些疾病要么确实是晚期的，要么是会自身治愈的。

DDT 的历史说明“临时措施”基本上是荒谬的。当它被发明出来并首次投入使用的时候，其本身就是一个“临时措施”。这个东西发明于 1939 年，是一种杀虫剂(发明者获得了诺贝尔奖)。杀虫剂在以下几方面是“有需要”的：(a)增加农业产量；(b)使人们摆脱疟疾的伤害，特别是在海外部队中。换句话说，DDT 是对那些与人口增长相关的问题的一种对症治愈。

到了 1950 年，科学家们认识到，DDT 对于许多其他动物都是有严重毒害的[蕾切尔·卡森(Rachel Carson)的畅销书《寂静的春天》(*Silent Spring*)出版于 1962 年]。

但与此同时，(a)大量工业致力于生产 DDT，(b)DDT 所针对的昆虫越来越有免疫力，(c)通常吃那些昆虫的动物正濒临灭绝，(d)世界人口借助于 DDT 而得到了增长。

换句话说，这个世界变得对曾经为“临时措施”的东西上瘾了，也正是这个“临时措施”现在被认为是一个主要的危险。最终在 1970 年的时候，我们开始禁止或控制这一危险。而我们还是不知道，例如，人类物种按其目前的饮食是否真的能够幸免于 DDT——其已经在世界范围内传播，下一个 20 年还将存在于世界，即便立即完全停止了它的使用，也是如此。

现在，(自从在南极企鹅身上发现了大量 DDT 以来)我们有理由确定：陆地食肉鸟、从前吃害虫的鸟和所有的食鱼鸟都

在劫难逃。或许一切食肉鱼①很快将含有太多的 DDT 为人类所消耗，而它们自身也可能濒临灭绝。蚯蚓，至少森林和其他
498 喷洒区的蚯蚓将消失，并伴随着任何人都能猜测到的对森林的影响。据认为，公海的浮游生物(整个全球生态都依赖于此)还没有受到影响。

这是一个“临时措施”遭到盲目运用的故事，这个故事可以重复用于其他十几项发明中。

(2)面对世界上的社会和环境恶化的更加普遍的过程，提议中的州政府和大学的组合机构，应该致力于诊断、理解以及(如果可能的话)提出治疗方案，并且应该针对这些过程而尝试制定夏威夷的政策。

(3)当前，人类生存面临的所有诸多威胁都可以追溯到三个根本的原因：(a)技术进步；(b)人口增长；(c)西方文化的思维和态度中的某些错误。我们的“价值观”错了。

我们相信，所有这三个基本因素都是摧毁我们世界的必要条件。换句话说，我们乐观地相信，矫正其中的任何一个因素都会拯救我们。

(4)这些基本因素确实是相互作用的。人口的增长激励技术的进步，并制造焦虑——其将我们置于与环境为敌的境地；而技术既有利于人口增长，又强化了我们对自然环境的傲慢，或强化了我们的“自大”(hubris)。

图 37-1 呈现这些相互连接的关系。要注意的是，在这幅图里，每一个角都是顺时针的，表示每一个都是自推进的[或

① 具有讽刺意义的是，竟然是鱼——而不是 DDT——将可能作为汞的携带者而变得有毒了。(G. B. 1971)

如同科学家们所说，“自催化的”(autocatalytic)]现象：人口越多，其增长速度越快；我们拥有的技术越多，新发明产生的速度越快；我们越是相信我们对一个敌对环境的“权力”，我们就似乎越有“权力”，而环境也就似乎越是存有恶意。

同样，几个成对的角顺时针相连，形成了三个自推进的子系统。

这个世界以及夏威夷面对的问题是：怎样将某种逆时针过程引入这个系统？

对于提议中的“州环境质量管理办公室”和“环境中心”来说，如何做到这一点应该是个主要的问题。 499

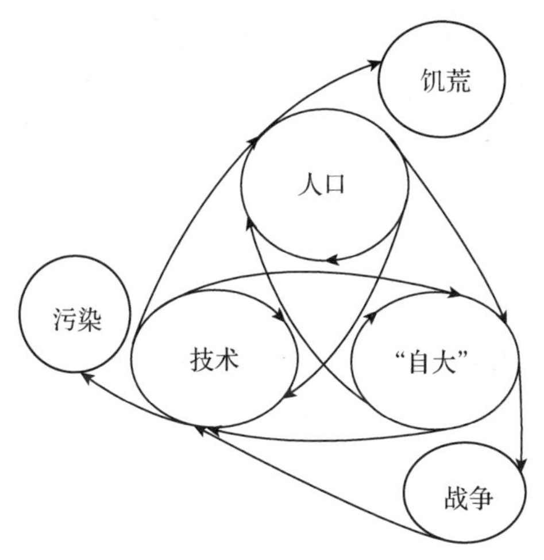

图 37-1　生态危机动力学

目前，唯一可能逆转这个过程的切入点似乎是对于环境的 500
传统态度。

(5)现在，不可能阻止更多的技术进步，但是，有可能以适当的方向来引导它，这将由提议中的办公室来探讨。

(6)人口爆炸是当今世界面临的一个最重要的问题。只要人口继续增长，我们就必须预期新的生存威胁会不断产生，或许以每年一个速度，直到我们达到了最终的饥荒条件(对此，夏威夷是无法面对的)。我们在这里不能提供解决人口爆炸的方案，但是我们注意到，我们可以想象的每一种方案都被西方文化的思维与态度弄得困难或不可能了。

(7)对于生态稳定性来说，真正的第一需要是出生率和死亡率之间的平衡。不管是好是坏，我们都篡改了死亡率，特别是通过控制大的流行病和婴儿死亡。在任何生命(也就是生态)系统中，每一个日益严重的不平衡都将产生它自己的、作为严重了的不平衡之副产品的限制因素。在目前情况下，我们开始知道了大自然矫正这种不平衡的一些方法——烟雾、污染、DDT中毒、工业废料、饥荒、原子尘和战争。但是，**这种不平衡已经走得太远**，**以至于我们无法相信大自然不会做出过分矫正的行为**。

(8)目前统治我们文明的思想就其最有害的形式而言，始于工业革命。它们可以被概括如下：

a. 我们与环境**相对立**。

b. 我们与他人**相对立**。

c. 个体(或个体公司，或个体国家)才是最重要的。

d. 我们**可以**对环境进行单向控制，而且必须为那个控制而奋斗。

e. 我们生活在一个无限扩张的“边界”之中。

f. 经济决定论是常识。

g. 技术将为我们做这(些)事。

我们提出，在过去的150年中，技术的巨大而最终的毁灭 501
性成就完全证明了这些思想是虚假的。在现代生态理论下，它们同样也显得是虚假的。打败了其环境的生物摧毁了它自身。

(9)其他态度和前提——其他人类“价值”系统——已经统治了人与其环境的关系、人与其他文明和其他时代中的同类的关系。值得注意的是，古代夏威夷文明和今日夏威夷人不关心西方的“自大”。换句话说，我们的道路不是人类唯一可能的道路。能够想象，它是可变的。

(10)在科学家和哲学家中，在年轻人中，我们的思维变化已经开始。但是，不仅仅是嬉皮教授(long-haired professors)和嬉皮年轻人(long-haired youth)正在改变他们的思维方式。还有成千上万的商人甚至法律界人士也希望能够改变，不过觉得那会不安全，或者那不是“常识”的做法。如同技术进步不可避免一样，这种改变也将继续下去。

(11)这些思想改变将影响我们的政府、经济结构、教育哲学和军事立场，因为旧前提是建立在我们社会的所有这些方面的深层次之中的。

(12)没有人能够预见什么样的新模式将从这些激烈改变中产生出来。我们希望，这个改变期或许具有智慧的特性，而不是具有暴力或对于暴力的恐惧的特性。的确，这个议案的最终目的是使这样一种转变成为可能。

(13)我们的结论是，下一个5至10年，将是一个可以与美国历史上的联邦制时期相媲美的时期。政府、教育和技术的新哲学必须既在政府内部，也在公共媒体中得到讨论，特别是在有影响的市民中得到讨论。夏威夷大学和州政府能够在这些讨论中发挥带头作用。

38 都市文明中的生态学和灵活性[①]

就我们所说的生态健康可以意味着什么的问题，提出一个 502 抽象(但并非特殊或最终目的)的概念，将是一件方便的事情。这样的普遍概念既会指导资料的搜集，也会指导对于观察趋势的评价。

这样，我提出，一个健康的人类文明生态应被限定为以下一些方面：

一个与高度人类文明相结合的环境系统，在那里，文明的灵活性将与环境的灵活性相匹配，以创造一个持续发展的复杂系统——它对于即便是基本(硬程式化的)特性的缓慢变化来说，都是开放的。

我们现在开始思考这个系统的健康定义中的某些术语，并将它们与现存世界的各种条件连接起来。

---

① 1970年10月，作者召集和主持了一个小型的5天会议，其主题为“一个大城市的生态重建”，由温纳-格伦基金会赞助。会议的一个目的是联合纽约市市长约翰·林赛办公室的计划制订者们，一起考察生态学理论的相关组成部分。这篇论文为这次会议所写，随后得到修改。已经增加了第六节“理论的传播”，并阐述了会议之后的想法。

“高度文明”

503 自从引入金属、轮子和书写体铅字以来，人—环境系统似乎确实逐渐变得不稳定了。欧洲的森林砍伐、中东和北非的人造沙漠都是这个陈述的证明。

文明已经有了兴衰。开发自然的新技术或开发他人的新技术，促成了文明的兴起。但是，当其达到以那种特殊方式能够达到的极限时，每一个文明都必然衰落。新的发明提供了充裕的空间或灵活性，但是随着那个灵活性的耗尽，它就会毁灭。

人要么是太聪明了，在这种情况下，我们注定要灭亡；要么就是还不够聪明，以至于不能将其贪婪限制在不会摧毁现行总体系统的道路上。我更倾向于第二个假设。

这样，对于“高度”做出限制，便是必要的了。

(1)(即便有可能)返回到澳大利亚土著居民、因纽特人和布须曼人的淳朴，(也)是不明智的举动。这样一种回归将涉及推动该回归之智慧的丧失，并且只会重新开始那个全部过程。

(2)因此，在技术方面，应该假定一个“高度”文明具有各种各样的新发明，只要它们为促进、维持(甚至增加)这种普遍智慧所必需。这很有可能包括计算机和复杂的传播手段。

(3)一个“高度”文明将(在教育和宗教机构中)包括任何以下因素：它们对于维持人类种群的必要智慧来说是必不可少的，对于为人类提供物质的、美学的和创造性的满足来说也是必不可少的。在人类的灵活性与文明的灵活性之间将存在一种匹配。文明中将会有多样性，不仅能够容纳人们基因的和经验的多样性，而且能够提供不可预言的改变所必需的灵活性和“前适应性”(preadaptation)。

(4)一个“高度”文明将被限制在它与环境的交往之中。它 504
只有在作为一种促进必要改变的手段的情况下(就像变形中的蝶蛹必须依靠自己的脂肪来生存一样)，才可以消耗不可替代的自然资源。对于其他情况而言，文明的新陈代谢必须依赖于“地球太空船”(Spaceship Earth)从太阳那里得到的能源收益。在这一联系中，重大的技术进步是必需的。依靠现在的技术，如果仅仅使用光合作用、风、潮汐和水力作为能源，这个世界就只可能维持其目前人类种群的一小部分。

灵活性

要在几代人中，获得任何类似上述梦想的那种健康系统，甚或走出我们文明现在陷入的毁灭性的命运鸿沟，将需要非常巨大的**灵活性**。因此，正确的态度是带有几分小心来考察这个概念。它的确是一个至关重要的概念。我们与其说应该评价相关变量的价值和趋势，不如说应该评价这些趋势和生态灵活性之间的关系。

追随阿什比，我假定，任何生物系统(例如，生态环境，人类文明，以及作为两者之组合的系统)都可以根据相互连接的变量来得到描述，以至于对于任何特定变量来说，都存在耐受阀(threshold of tolerance)的上限和下限，一旦超过了它，就肯定会发生不适、异常和最终死亡。在这些限定范围之内，变量可以移动(或被移动)，以便获得**适应**。当一个变量在应力之下必须取一个接近其耐受上限或下限的值时，借用青年文化的一句话，我们会说，系统的这个变量“绷紧”了，或者，在这方面缺少灵活性。

但是，因为这些变量是相互关联的，所以一个变量的绷紧通常意味着如果不推进那个绷紧的变量，其他变量就不可能得到改变。这样，灵活性的丧失就会蔓延到整个系统。在极端情况下，系统将只接受那些为那个绷紧的变量而**改变耐受限度**(the tolerance limits)的改变。例如，一个人口过剩的社会寻
505 求各种改变(增加食品，新的道路，更多的房屋等)，这些改变将使得人口过剩的病理或致病条件更加舒适。但是，正是这些临时改变在较长时间内可能导致更根本的生态病理。

在普遍的意义上，可以把我们时代的各种病理看成是下述过程的累积性结果，即为回应这种或那种的压力(特别是人口压力)，而耗尽灵活性，并拒绝承受那些压力的副产品(例如流行病和饥荒)——它们是应对人口过剩问题的古老的矫正剂。

生态学分析者面临一个悖论：一方面，如果他的任何建议要得到遵从，那么，他就必须首先推荐任何能为系统提供关于灵活性的正预算的东西；另一方面，他必须与之打交道的人和各种机构具有耗尽所有可用灵活性的自然倾向。他必须创造灵活性，并且防止文明随即便扩展到该灵活性之中。

由此可知，虽然生态学家的目的是要增加灵活性，而且就此而言，比起大部分福利计划制订者(他们倾向于增加法律控制)来，他不那么专横，但他也必须施展权威，以便维持这种灵活性的存在，或使其有可能被创造出来。在这一点上(如同

在不可替代的自然资源的问题上一样)，他的建议肯定是专横的。

社会灵活性是像油或钛一样宝贵的资源，也必须以适当的方式加以预算，以便能够(像储备一样)被用于必要的变化之中。一般来说，既然灵活性的“耗尽”是由文明中的再生(即逐步升级)子系统造成的，那么，最终正是这些子系统必须得到控制。

这里值得注意的是，如同熵就是负熵一样，灵活性就是专化性(specialization)。灵活性可以定义为**未承诺的变化之潜力**(uncommitted potentiality for change)。

当电话总机的如此之多的线路处于使用中，以至于再有一个呼叫就有可能堵塞系统时，它就显示了最大的负熵、最大的专化性、最大的信息负荷和最大的刚性。当它的通道都没有被承诺时，它就显示了最大的熵和最充分的灵活性(在这个特殊例子里，不使用状态不是一种承诺状态)。

将要注意到的是：灵活性的预算是分数化的(fractiona- 506
ting)(不像资金预算或能源预算那样是做减法的)。

灵活性的分布

再次追随阿什比，我认为，灵活性在一个系统的许多变量中的分布是一个非常重要的问题。

上述梦想中的健康系统可以和走钢丝的杂技演员做一比较。为了维护他的基本前提(“我在钢丝上”)的持续正确，他必须自由地从一个不稳定位置移向另一个不稳定位置，也就是某些诸如他手臂的位置和他手臂移动速度的变量必须具有极大的灵活性，他以此来维持其他更加基本和一般特性的稳定。如果他的手臂给固定住了或麻木了(与传播相分离)，那么他肯定就会掉下来。

在这一联系中，有趣的是思考我们的法律系统的生态学。出于明显的理由，通过法律来控制那些社会体系得以依赖的基本道德和抽象原则，是一件困难的事情。的确，从历史的角度来说，美国就是被建立在宗教自由和思想自由的前提下的，教会和国家的分离就是典型的例子。

相反，编写能够修正人类行为的更短期和更表面的细节的定律，则是一件非常容易的事情。换句话说，随着定律的增多，我们的杂技演员的手臂活动逐渐受到了限制，但是得到了可以从钢丝上掉下来的自由。

顺便注意一下关于杂技演员的类比能够在一个更高层次上得到运用的情况。在杂技演员*学习*以适当方式移动手臂的那段时间，他下面必须有安全网，这也正是为他提供了从钢丝上掉下来的自由。对于最基本的变量来说，在通过社会改变来学习和创造一个新系统的过程中，自由和灵活性或许都是必不可少的。

这些是秩序和失序的悖论，生态学分析者和计划制订者必须对此进行认真思考。

507 尽管如此，至少可以论证的是：在过去的100年中，特别是在美国，社会改变往往已趋向灵活性在文明变量中的不当分布。那些应该灵活的变量已经被固定，而那些应该相对稳定的变量(即只是缓慢的变化)则被放开了。

但即便如此，法律肯定不是稳定基础性变量的合适方法。这个工作应该由教育和人格形成的过程来完成，也就是由我们社会系统的那些正在和有望经历最大动荡的部分来完成。

思想的灵活性

一个文明的运行是建立在各种程度的普遍性思想的基础上的。这些思想(或显或隐地)表现在人的行为和相互作用之中，其中有些思想是明显的，并且得到了清晰界定，其他思想则是含糊的，并且许多是无意识的。有些思想得到了广泛共享，其他思想在社会的各种子系统中则是有差别的。

如果一份关于灵活性的预算要成为我们理解环境—文明如何发挥作用的问题的中心成分，如果某种类型的病理是与这个预算的不明智花费有关联，那么，思想的灵活性就的确将在我们的理论和实践中扮演重要的角色。

一些基本文化观念方面的例子将使这个问题变得清晰起来。

> “黄金律”“以眼还眼”和“公正”。
>
> “稀缺经济学的常识”与“富裕的常识”。
>
> “那东西的名字叫‘椅子’”与语言的许多具体化前提。
>
> “适者生存”与“有机体加上环境的生存”。
>
> 大规模生产、挑战和骄傲等等的前提。
>
> 移情的前提，关于如何决定人格的思想，教育理论，等等。

人际关系、支配、爱等等的模式。

508 一个文明中的观念(像所有其他变量一样)是相互连接的，这种连接部分地通过某种心理逻辑来达到，部分地通过关于行动的准具体效应(the quasi-concrete effects)的共识来达到。

这个决定思想(和行为)的复杂网络的特性是：网络中的特定连接往往是弱连接，但是，任何特定思想或行为都通过许多相互交织的线索而受制于多重决定。我们睡觉时关灯，这部分地受到稀缺经济的影响，部分地受到移情前提的影响，部分地受到隐私观念的影响，部分地是要减少感官输入，等等。

这一多重决定是一切生物领域的特性。在典型意义上，动物或植物以及每个行为细节的每一个解剖学特点，都是由基因和生理两个层次上的多重相互作用的要素所决定的；与之相应，任何现行的生态系统过程都是多重决定的结果。

而且，一个极不寻常的发现是：生物系统的任何特征竟然都是直接由其满足的需求所决定的。饮食与其说是由饥饿所支配，不如说是由食欲、习惯和社会规范所支配，而呼吸与其说是由缺氧所支配，不如说是由二氧化碳过量所支配。

相比之下，人类计划制订者和工程师的产品的建造，是为了以某种直接得多的方式满足那些特殊的需求，也相应地不那么容易存活。饮食的多重原因很有可能是要保证这个必要行为在多种环境和应激下的进行，而如果饮食只是被低血糖症所控制，那么，这个单一的控制通道的紊乱就会导致死亡。基本的生物功能并非由那些致命的变量所控制，计划制订者们注意到这个事实是有好处的。

在这个复杂的背景下，建构一个思想灵活性的理论，并构想一份灵活性的**预算**，就不是一件容易的事情了。不过，对于这个重要的理论问题来说，存在两条线索。它们都来自进化或学习的随机过程，借助它们，诸如此类的相互联系的思想系统得以形成。首先，我们考虑“自然选择”，它掌控哪些思想将会
存活得最为长久；其次，我们应考虑这个过程有的时候是如何 509
发挥作用的，以至于造成了进化的困境。

(更广泛地说，我把我们的文明已陷入的命运鸿沟视为进化困境的一个特殊情况。那些提供短期好处的路线已经获得了采纳，已经获得了严谨的程序，并且已经开始在更长时间内被证明是灾难性的。这是由于丧失灵活性而导致灭绝的范式。当出于使单一变量最大化的目的而选择行动路线时，这一范式肯定就是更加致命的了。)

在一个简单的学习实验(或任何其他经历)中，一个有机体——特别是一个人——获得了大量的信息。他学习某种有关实验室气味的东西；他学习某种有关实验者行为模式的东西；他学习某种有关他自己的学习能力和如何感觉“对”与“错”的东西；他通过学习知道了世界上存在“对”和“错”；等等。

如果他现在要接受另一个学习实验(或经历)，他将获得一些新的信息项：第一个实验中的某些信息项将重复出现或得到确证；某些信息项则将会受到反驳。

总之，在第一次经历中获得的某些思想将在第二次经历中**继续存在**，自然选择将反反复复地坚持：那些继续存在的思想比起那些没有继续存在的思想来，将会存活更长的时间。

但是，在心灵进化中，也存在一种灵活性经济。那些在重

复使用中幸存下来的思想实际上是被一种特殊方式加以处理的，这种方式不同于心灵处理新思想的方式。**习惯形成**(habit formation)的现象把那些在重复使用中幸存下来的思想挑选出来，并将其置于或多或少的独立类别之中。这些得到信任的思想然后就成为当下可用的思想，无须谨慎的审视，而心灵的那些更加灵活的部分就可能被存储起来，以用于更新的问题。

换句话说，一个特定思想的使用**频率**成为其在思想生态中继续存在的决定因素，我们就将这种思想生态称为"心灵"；除此之外，下述事实进一步促成了某个频繁得到使用的思想的继续存在，即习惯的形成往往倾向于将此思想从批评性审视的领域中排除出去。

510 但是一个思想的幸存确实也由它与其他思想的关系所决定。各种思想可以相互支持或相互矛盾；它们可以更容易，或更不容易结合在一起。它们能够以复杂的未知方式在极化系统(polarized systems)中相互影响。

通常情况下，更普遍和更抽象的思想会在重复使用中幸存下来。因此，更普遍的思想往往成为其他思想依据的**前提**。而这些前提就成了相对固定的了。

换句话说，在思想生态中，存在一种进化过程，它与灵活性的经济学相关联，这个过程决定着哪些思想将成为硬程式化的东西。

同样的过程决定这些硬程式化的思想成为其他思想集群(constellations)中的核心或节点，因为这些其他思想的继续存在依赖于它们如何适应于那些硬程式化的思想。[①] 由此可知，硬程式化思想中的任何改变都可能涉及整个相关集群的改变。

但是，在特定时间段的范围内，某个思想的验证频率不同于下述证明，即长期来看，那个思想要么是真实的，要么是实用的。今天，我们发现，有几个深深植根于我们的生活方式中的前提在由现代技术实现时，就是不真实的，也是会引起疾病的。

灵活性的运用

上面主张说，一个系统的全面灵活性依赖于使其许多变量处于它们的耐受限度之内。但是，对于这个一般概括来说，存在部分颠倒的情况。

由于许多社会的子系统都不可避免地是再生出来的，所以 511
系统作为一个整体往往“扩展”到任何未被使用的自由领域。

曾有观点认为，“自然界厌恶真空”(nature abhors a vacuum)，对于任何生态系统的改变来说，确实似乎存在着某种未被使用的变革潜力。

也就是说，如果一个特定变量太长时间地停留在某个中间值上，那么，其他变量就将侵犯它的自由，缩小其耐受限度，直到其活动自由成为零，或更准确地说，直到只能以干扰侵犯

① 在一片红杉林或一片珊瑚礁的生态中，确实普遍存在类比的关系。最常见的或“优势的”物种有可能成为其他物种集群中的节点，因为一个系统的新成员的存活通常将取决于其生活方式如何适应一个或更多的优势物种的生活方式。在这些既是生态的又是心理的语境中，“适应”一词是“匹配灵活性”的低层次类比。

性变量的代价而获得任何进一步的活动。

换句话说，根据这一事实，不改变其值的变量就难以成为硬程式化的。的确，这一阐述硬程式化的变量之起源的方式只是描述习惯的形成的另一种方式。

如同一位日本禅师曾经告诉我的那样，“变得习惯于任何事物是可怕的。”

从所有这一切可以推知，为了维持一个特定变量的灵活性，要么必须运用那个灵活性，要么必须直接控制那些侵犯性的变量。

我们生活在一个似乎喜欢禁令甚于喜欢积极要求的文明之中，因此，我们试图通过立法(例如以反托拉斯法)来禁止侵犯性的变量；我们也试图通过从法律上打击侵犯权威的手段来捍卫“公民的自由权利”。

我们试图禁止某些侵犯行为，但更加有效的方法或许是鼓励人们认识他们的自由和灵活性，并且更为经常地使用它们。

在我们的文明中，即便是生理身体——其恰当的功能是通过将其推向极端值而维持它的许多变量的灵活性——的运动也成为一场“吸引许多观众的体育比赛”(spectator sport)，社会规范的灵活性也是如此。我们为了异常行为的替代性体验而去电影院或法院，或者阅读报纸。

理论的传播

所有理论运用于人类事务的首要问题涉及那些计划执行者
512 的教育。这篇论文主要是向计划制订者们介绍理论，它至少是一种使得某些理论思想可以为他们所用的尝试。但是，在一个大城市的10至30年时间的重建中，计划及其执行必须通过几百个人和几十个委员会的大脑与双手。

出于正确的理由而做正确的事情，这重要吗？那些修改和执行计划的人有必要理解引导计划制订者的生态学见解吗？或者，原初的计划制订者应该在其计划结构中投入附带的刺激措施——这些措施将吸引那些后来的计划执行者，而他们的理由又完全不同于激发了该计划的那些人的理由——吗？

这是一个古老的伦理学问题，一个(例如)困扰了每个精神科医生的问题。如果他的病人因为神经质或不恰当的理由而重新调整了传统生活，那么他应该满意吗？

在传统意义上，这个问题不仅是道德的，也是一个生态学的问题。一个人得以影响另一个人的手段是他们关系中的思想生态的一部分，是他们的关系存在于其中的更大生态系统的组成部分。

《圣经》中最艰深的看法是圣保罗《加拉太书》中的经文，“上帝是轻慢不得的”，这个看法适合于人与他的生态之间的关系。下述辩护是没有用的，即一个特殊的污染或开发的罪恶只是一个小罪恶，或者，它不是故意的，或者它是出自善意。或者，“如果我不做，其他什么人也会做”。生态过程轻慢不得。

另外，美洲狮吃鹿，肯定不是为了保护草地，以便使之免受过度放牧的消耗。

事实上，如何按照我们认为的有益于生态的方向，把生态学论证传播给那些我们希望影响的人，这个问题本身就是一个生态学问题。我们并非处于我们所计划的生态之外，我们始终并且不可避免地是它的一部分。

这里有着生态学的魅力和恐怖：这一科学思想正不可逆转地成为我们自己的生态社会系统的一部分。

513 于是，我们生活的世界不同于美洲狮的世界，那头美洲狮既不会因为有了关于生态的思想而烦扰，也不会因为有了这种思想而得到赐福。我们会。

我相信，这些思想不是罪恶，而我们最大的(生态)需求是随着它们的发展而传播它们，并随着它们通过其传播(生态)过程的发展而传播它们。

如果这个判断是正确的，那么，内含于我们计划中的生态思想比起计划本身来就更加重要了，在实用主义的祭坛上牺牲它们，也就成了愚蠢的事情。长远来看，用肤浅的感情用事的论调来“推销”这些计划是得不偿失的，这些论调将遮蔽或抵触更加深刻的见解。

中英文术语对照表

A

Abel 亚伯
Acclimation 顺应，适应
Acculturation 文化适应
Adam 亚当
and Eve 和夏娃
Adaptation 适应
Addiction 瘾，上瘾，成瘾
Aegistheus 埃癸斯托斯
Aesthetics 美学
Agamemnon 阿伽门农
Alcoholic pride 嗜酒者的骄傲
Alcoholics Anonymous 嗜酒者互诫协会
Alcoholism 嗜酒
Alice in Wonderland 《爱丽丝梦游仙境》
Ames，Adelbert Jr. 小阿德尔伯特·埃姆斯
Analogy 类比
Andaman Islands 安达曼群岛
Animism 泛灵论
Anonymity 匿名
Anthropology 人类学
Appleby，Lawrence 劳伦斯·阿普尔比
Aquinas，St. Thomas 圣托马斯·阿奎那
Arabia Deserta 《阿拉伯沙漠》
Arapesh 阿拉佩什
Aristotle 亚里士多德
Armaments races 军备竞赛
Art 艺术
Ashby，W. Ross W. 罗斯·阿什比
Asymmetry 不对称
Atreus 阿特柔斯

Civilization　文明

Clemenceau，Georges　乔治·克列孟梭

Coding　编码

Collingwod，Robin George　罗宾·乔治·科林伍德

Commitment　致力于，投入

Common sense　常识

Communication　传播，沟通，交流

Communication theory　传播(沟通)理论

Communication：The Social Matrix of Psychiatry　《传播：精神病学的社会矩阵》

Comparison　比较

Competition　竞争

Complementary relationship　互补的关系

Computers　计算机，计算器

Consciousness　意识

Context　语境，情境，背景

Control　控制

Courtship　求婚，求偶

Craik，K. J. W.　K. J. W. 克雷克

Creation（*Omphalos*）：*An Attempt to Untie the Geological Knot*　《创造(肚脐)：一个解开地质结的尝试》

Creativity　创造性

Creatura　受造物

Creel，George　乔治·克里尔

Critique of Judgment　《判断力批判》

Cultural differences　文化差异

Cultural evolution　文化进化，文化演化

Cultural relativist　文化相对主义者

Culture change　文化变迁

Culture contact　文化接触

Cultural Learning Institute　文化研究中心

Cumulative interaction　累积性的相互作用

Cuvier，Georges　乔治斯·居维叶

Cybernetics　控制论

D

DDT　一种杀虫剂，dichloro-diphenyl-trichloroethane 的缩写

Dadi　得到许可的

Darwin，Charles　查尔斯·达尔文

Da Vinci，Leonardo　列奥纳多·达·芬奇

Death instinct　死亡本能

Deduction　演绎

“Defense in depth”　“纵深防御”

Democracy　民主

Democritus　德谟克里特

Description　描述

Form 形式
Fortes，Meyer 迈耶·福蒂斯
Foundations Fund for Psychiatry 精神病学基金会基金
Fourteen Points “十四点和平原则”
Frank，L. K. L. K. 弗兰克
Free enterprise 自由企业
Free will 自由意志
Fremont-Smith，Frank 弗兰克·弗里蒙特-史密斯
Freud，Sigmund 西格蒙德·弗洛伊德
Frog’s egg 青蛙卵
Fromm-Reichmann，Frieda 弗里达·弗洛姆-赖克曼
Fry，William 威廉·弗赖伊
Fundamental 基本的，基础的
Fundamentalism 原教旨主义

G

Galieo 伽利略
Game theory 博弈论
Garden of Eden 伊甸园
Gemütlichkeit 舒适气氛
Genesis 《创世纪》
Genetic variability 遗传变异(性)
Genetics 遗传学
George，Lloyd 劳合·乔治
Ginsburg，Benson 本森·金斯伯格
Gnostics 诺斯替教派
God 上帝，神
Goebbels，Joseph 约瑟夫·戈培尔
Goethe，Johann Wolfgang von 约翰·沃尔夫冈·冯·歌德
Good and evil 善与恶
Gosse，Philip Henry 菲利普·亨利·戈斯
Grace 优雅
Grammar 语法
Great Chain of Being，*The* 《存在巨链》
Greeting 问候

H

Habit 习惯
Habit of perception 感知(知觉)习惯
Habituation 习惯化
Haeckel，Ernst 恩斯特·海克尔
Haley，Jay 杰伊·黑利
Hallucination 幻觉
Hamlet 哈姆雷特
Harlow，H. F. H. F. 哈洛
Harrison，Ross 罗斯·哈里森
Hate 讨厌，恨
Hebephrenia 青春型精神分裂症
Henley，William Ernest 威廉·欧内斯特·亨利
Heraclitus 赫拉克利特

I

J

K

Kevembuangga　凯维姆布安格
Keynes，J. M.　J. M. 凯恩斯
Kinesics　身势语
Korzybski，Alfred　阿尔弗雷德·科日布斯基

L

Laing，Ronald　罗纳德·莱恩
Lamarck　拉马克
Langley Porter Clinic　兰利·波特诊所
Language　语言
Lasker，Albert D.　阿尔伯特·D. 拉斯克
Latouche，Robinson　鲁宾逊·拉图什
Lavoisier，Antoine　安托万·拉瓦锡
Law of conservation of energy　能量守恒定律
"Law of Prochronism"　"早记日期错误定律"
Leach，Edmund　埃德蒙·利奇
Learning　学习
Legislation　立法
Lerner，I. M　I. M. 雷纳
Lévi-Strauss，Claude　克劳德·列维-斯特劳斯
Lewin，Kurt　库尔特·卢因
Lilly，John C.　约翰·C. 利利
Lindsay，John　约翰·林塞
Lineal thinking　线性思维
Logic　逻辑
Logical types　逻辑类型
Logical Types，Theory of　逻辑类型论
Lorentz，Konrad　康拉德·洛伦兹
Love，爱，喜欢
Lovejoy，Arthur O.　阿瑟·O. 洛夫乔伊

M

Macaulay　麦考利
Macbeth　麦克白
McCulloch，Warren　沃伦·麦卡洛克
McPhee，Colin　科林·麦克菲
Macy Foundation　梅西基金会
Magic　巫术，魔法
Maier，N. R. F.　N. R. F. 梅尔
Malinowski，Bronislaw　布罗尼斯拉夫·马林诺夫斯基
Mammals　哺乳动物
Manus　马努斯
Map-territory relationship　地图—疆域的关系
Mapping　制图
Marquis，D. G.　D. G. 马奎斯
Materialism　唯物主义
Matter　物质
Maturity　成熟
Maximization　最大化

N

O

Oceanic Institute　海洋协会
Octopus　章鱼
Ontology　本体论
Operant conditioning　操作性条件反射
Order　秩序，顺序，阶
Orestes　俄瑞斯忒斯
Organization　组织
Orgasm　性高潮
Origin of Species　《物种起源》
Orthotopic transplants　原位移植
Osmundsen，Lita　利塔·奥斯蒙得森
Overcompensation　过度补偿

P

Paralinguistics　副语言
Paranoia　狂妄症
Parthenogenesis and dream　单性生殖与梦
Pascal，Blaise　布莱士·帕斯卡尔
Pask，Gordon　戈登·帕斯克
Patoet　正确(的)
Pattern　模式
Paul，St.　圣保罗
Pavlovian learning　巴甫洛夫(式)的学习
Perception　感知，知觉
Perceval，John　约翰·珀西瓦尔
Petroushka　《彼得鲁什卡》
Philosophie Zoölogique　《动物学哲学》
Phylogeny　种系发生
Play　游戏，玩乐，玩耍
Pleroma　普累若麻
Plog，Fred　弗雷德·普洛格
Poetry　诗歌
Pollock，Jackson　杰克逊·波洛克
Population increase　人口增长
Power　权力，力(量)
Practice　实践，练习
Prayer　祷文
Prediction　预测
Pregiraffe　前长颈鹿
Primary process　初级过程
Principia Mathematica　《数学原理》
Probability　概率，或然性，可能性
Progress　进步
Prohibition　禁酒令
Prospero　普罗斯彼罗
Prosser，C. L.　C. L. 普罗瑟
Pryor，Taylor　泰勒·普赖尔
Psychedelic drugs　迷幻药
Psychiatry　精神病学
Psychoanalysis　精神分析(学)
Psychological frames　心理学框架
Psychology　心理学
Psychotherapy　心理治疗
Psychotic break　精神崩溃

Q

R

S

西克沃斯
Simmonds, N. W.　N. W. 西蒙兹
Sin　罪(过)
Sing dadi　不被许可的
Smith, Bernard　伯纳德·史密斯
Social planning　社会计划
Social Science Research Council　社会科学研究理事会
Sociology　社会学
Socrates　苏格拉底
Somatic change　体细胞改变
Special Creation　神创论
Specialization: 专化性
Stead state　稳定状态，稳态
Stevenson, Robert Louis　罗伯特·路易斯·史蒂文森
Stochastic process　随机过程
Stroud, John　约翰·斯特劳德
Structure　结构
Stupidity　愚蠢
Subjectivity　主观性
Succoring-dependence　照顾—依赖
Supernumerary double legs in Coleoptera　鞘翅目昆虫的超数双足
Suppression　压抑
Surrender　投降
Survival　生存，幸存，存活
Symmetry　对称
Synaptic summation　突触总和
Synecdoche　举偶法
Systems theory　系统论

T

Taoism　道教
Technology　技术
Teilhard de Chardin　泰亚尔·德·夏尔丹
Teratological variation　畸形变异
Thyestes　梯厄斯忒斯
Tinbergen, N.　N. 丁伯根
Tolerance　宽容
Totemism　图腾崇拜
Transcendence versus immanence　超越性与内在性
Transcontextual process　跨语境过程
Transference in psychotherapy　心理治疗中的移情
Trauma　创伤
Trial and error　试误
Trieben　冲动
Trobriand Islanders　特罗布里恩岛民
Tschambuli　德昌布利
"Twelve Steps" of Alcoholics Anonymous　嗜酒者互诫协会的"十二个步骤"
"Twelve Traditions" of Alcoholics

图书在版编目(CIP)数据

心灵生态学导论/(英)格雷戈里·贝特森著;殷晓蓉译.—北京:北京师范大学出版社,2023.3

(心理学经典译丛)

ISBN 978-7-303-24803-2

Ⅰ.①心… Ⅱ.①格… ②殷… Ⅲ.①心理学理论 Ⅳ.①B84-0

中国版本图书馆 CIP 数据核字(2019)第 132504 号

北京市版权局著作权合同登记 图字:01-2019-2125

图书意见反馈 **gaozhifk@bnupg.com** **010-58805079**

营销中心电话 010-58807651

北师大出版社高等教育分社微信公众号 新外大街拾玖号

XINLING SHENGTAIXUE DAOLUN

出版发行:北京师范大学出版社 www.bnup.com

北京市西城区新街口外大街 12-3 号

邮政编码:100088

印　　刷:北京盛通印刷股份有限公司

经　　销:全国新华书店

开　　本:890 mm×1240 mm　1/32

印　　张:22

字　　数:550 千字

版　　次:2023 年 3 月第 1 版

印　　次:2023 年 3 月第 1 次印刷

定　　价:138.00 元

策划编辑:周益群　　责任编辑:周益群　林山水

美术编辑:宋　涛　　装帧设计:李向昕

责任校对:韩兆涛　　责任印制:马　洁

版权所有　侵权必究

反盗版、侵权举报电话: 010-58800697

北京读者服务部电话:010-58808104

外埠邮购电话:010-58808083

本书如有印装质量问题,请与印制管理部联系调换。

印制管理部电话:010-58805079

Steps to An Ecology of Mind
Copyright © 1972 by the Estate of Gregory Bateson
Foreword © 2000 by Mary Catherine Bateson
All rights reserved. Originally published 1972
University of Chicago Press edition 2000

All Rights Reserved.
版权所有，侵权必究。

北京市版权局著作权合同登记 图字:01-2019-2125